중국의 부상과 동아시아
- 인식과 대응전략 -

평화재단 평화연구원 편

이수형·이문기·조성렬·신정화

홍현익·변창구·장용석　지음

2012

백산서당

책을 내면서

냉전 종식 이후 지난 20여 년 동안 국제정치의 무대에서는 힘의 대전환이 진행되고 있다. 1990년대 이래 미국의 세계패권이 위축 또는 쇠퇴하고, 중국을 비롯한 '나머지국가들의 부상'으로 국제질서는 불안정하면서도 구조적으로 변화하고 있다. 오늘날 국제정치의 중심무대는 중국과 인도 등의 지속적인 고도성장을 바탕으로 미국과 유럽에서 아시아로 빠르게 이동하고 있다. 이제 아시아 지역이 국제정치의 전략적 영역으로 등장하고 있음은 부인할 수 없는 현실이 되었다.

미국의 압도적인 군사력 때문에 중국의 부상과 신국제질서 형성에 관한 논의가 주로 경제적 패권 혹은 동아시아 지역패권의 수준에서 다뤄지고 있지만, 중국의 부상은 점차 지역 차원을 넘어 세계정세에까지 지대한 영향을 미치고 있다. 이 때문에 미국과 중국은 오바마 행정부에 들어와 매년 한 차례씩 안보·경제 분야의 장관급 전략·경제대화를 갖고 양국 현안뿐만 아니라 당면한 국제현안에 관해서도 정례적으로 협의해 오고 있다.

하지만 미국과 중국의 전략적 협력은 국제질서의 재편을 둘러싸고 때때로 긴장관계를 보이기도 했다. 2010년 3월과 9월에 발생한 천안함 사태와 센카쿠열도 사태 등의 처리문제를 놓고 미·중 양국이 갈등을 드러내기 시작했다. 이를 계기로 미국은 '아시아로의 중심축 이동(Pivot to Asia)'을 선언했고, 중국은 이를 자국에 대한 포위망 구축으로 인식해 반발하고 있다. 미·중 양국은 이 지역에 대한 영향력 확보를 위해 본격적으로 경쟁하고 있다.

이와 관련하여 최근 전개되고 있는 아시아 지역의 리더십 교체가 어느 때보다도 주목을 받고 있다. 새로 등장할 리더십의 성격에 따라 향후 아시아지역, 특히 동북아지역 질서재편의 성격과 방향이 영향을 크게 받을 수밖에 없기 때문이다.

2012년 1월 타이완에서 마잉주 총통이 재선에 성공했고, 3월에는 러시아의 푸틴 대통령이 4년 만에 다시 권좌에 올랐다. 4월에는 북한에서 김정은이 국방위원회 제1위원장에 취임함으로써 공식적인 권력승계절차를 마쳤다. 11월에는 미 대통령선거에서 오바마 미 대통령이 재선에 성공했고, 중국에서 당 전국대표대회가 열려 시진핑 국가주석을 비롯한 제5기 지도부가 선출됐다. 한국에서는 12월 19일 대통령선거를 앞두고 있다. 일본에서는 보수 자민당의 집권이 예상되는 가운데, 머지않아 내각 해산과 총선거가 실시될 것으로 보인다.

푸틴의 러시아와 김정은의 북한, 시진핑의 중국과 같은 옛 북방삼각의 경우 정권계승의 성격이 강함에도 불구하고 시대적 상황변화에 따라 대외정책의 방향이 변화될 가능성이 있다. 한·미·일의 옛 남방삼각의 경우에는 어떤 리더십이 등장하느냐에 따라 그 변화의 폭이 더 커질 것으로 보인다. 리더십 교체로 동북아 6개국이 모두 새로운 관계를 맺게 되면서, 동아시아 신질서의 방향이 구체화될 것으로 전망된다.

이러한 동아시아 국제질서의 재편과정에서 주요변수는 중국의 부상에 따른 미·중 강대국 관계의 향배와 이를 둘러싼 역내 국가들의 대응전략이다. 이 때문에 중국의 부상과 동아시아 질서재편에 대한 중국의 국가전략과 미국의 인식과 대응전략을 분석할 필요가 있다. 또한 미·중 강대국 관계에 대한 남북한과 일본, 러시아, ASEAN 등 동아시아 각국들의 인식과 대응전략을 파악하는 것이 중요하다. 이러한 분석은 한국의 대외전략을 수립하기 위한 인식적 기초가 된다.

* * * * *

이 책은 여덟 개 장으로 구성되어 있다. 이 책의 필자들은 공통적으로 중국의 부상에 대한 각국의 인식과 대응전략의 중요성을 강조하면서, 동아시아 질서변화와 관련하여 다음과 같이 세 가지 주제를 다루고 있다.

첫째, 중국의 부상에 따라 변화되고 있는 동아시아 국제질서의 성격이 무엇인가 하는 질문에 대해 먼저 답하고 있다. 둘째, 중국의 부상에 대해 동아시아 각국은 외교, 군사, 경제 측면에서 어떻게 대응을 하고 있는지 분석하고 평가하였다. 셋째, 격동적이고 불확실한 동아시아 국제질서 재편과정에 대해 진단하고 각국의 대응전략을 분석함으로써 한국의 대외전략 수립에 필요한 시사점을 도출하고, 이에 기초하여 한국의 대응전략을 제시하였다.

제1장은 미국과 중국으로 대변되는 강대국 정치의 특징을 유형화하고, 강대국 정치가 한반도에 미칠 영향에 대해 분석한다. 미·중 관계는 전략적 협력과 적대적 경쟁의 두 가지로 나타날 수 있다. 아직 힘의 이동이 진행 중이어서 전략적 협력관계는 당분간 이루어지기 어렵다. 적대적 경쟁관계가 성립할 가능성이 상대적으로 높지만, 동아시아의 지리적 특수성과 경제적 상호의존 심화로 양극적 세력구조가 구축되기는 어려울 것으로 전망된다.

제2장은 국제질서 재편에 대한 중국의 국가전략을 살펴본다. 중국은 국내적 분열방지를 국가안보의 최우선 목표로 간주하면서 대규모 군사력 증강을 계속하고 있다. 국제사회에서 책임대국을 자처하지만, 서방국가들과 무역불균형과 위안화 절상 문제로 갈등을 빚으면서도 세

계경제에 대한 목소리를 높이고 있다.

제3장은 중국의 부상과 신국제질서 재편에 대한 미국의 인식과 대응전략을 다루고 있다. 미국은 중국과 전략·경제대화를 통해 관여하면서도, 동맹네트워크를 강화해 중국의 지역패권국화를 견제하고 있다. 미국은 역외 균형자 역할을 강화하면서도 장기적으로 다자적 안보관계의 구축과 환태평양동반자협정(TPP)을 추진하고 있다.

제4장은 중국의 부상과 신국제질서 재편에 관한 일본의 인식과 대응전략에 대해 살펴보고 있다. 일본의 외교안보정책은 중국군을 실질적인 위협으로 인식한 방위정책에 기초하면서 미국과의 군사적 연대를 강화하고 중국을 억지하는 데 두고 있다. 일본의 대외경제정책도 역시 중국의 경제대국화에 따른 통합과 견제로 집약될 수 있다.

제5장은 러시아의 인식과 대응전략에 관한 것이다. 러시아는 중국의 동북지역 개발에 맞서 실용주의적 극동전략을 취하고 있다. 러시아는 미국을 견제하기 위해 쿠릴열도에 대한 실효적 지배 강화, 러·중 연합군사훈련 등 중국을 활용하면서도, 극동지역에서 중국의 영향력 확대를 견제하기 위해 한국 등과 경제협력을 강화하고 있다.

제6장은 아세안의 인식과 대응전략에 대해 살펴보고 있다. 아세안 국가들은 중국의 부상을 위기이자 기회로 인식한다. 이들은 중국의 아세안 분할지배 전략을 차단하기 위해 개별적이 아닌 집단적 대응전략을 구사한다. 아세안은 전략적 파트너로 중국뿐 아니라 다른 아시아 국가들과 협력관계를 구축함으로써 균형을 꾀하고자 한다.

제7장은 북한의 인식과 대응전략에 대해 살펴보고 있다. 북한은 중국의 부상을 활용하기 위해 대중국 협력관계를 강화하면서도 지나친 중국 의존을 경계하여 헤징전략을 추구한다. 북한은 중국에 대해 제한적 편승 전략을 취하면서도 중국에 대한 연성균형의 일환으로 미국과 러시아와의 관계개선 및 협력확대를 추구하고 있다.

제8장은 중국의 부상과 동아시아국가들의 대응전략을 고려하여 한국의 대외전략을 제시하고 있다. 한국은 지정학과 분단국가 요인 때문에 외부 안보환경의 변화에 수동적으로 대응해 왔으나, 이제 중견국가로서 능동적인 대외전략을 수립할 것을 주장한다. 평화중견국가론에 기초해 한국의 G2 강대국 외교전략과 동아시아정책을 제안하고 있다.

여기서 다룬 주제들은 해당 분야의 국내최고권위를 자랑하는 전문가들이 집필해 주었다. 이 책에 실린 글들은 각자 집필한 논문들을 묶어 단행본으로 만든 것이 아니라, 작년부터 매월 한 차례씩 평화재단 평화연구원에 모여 주제별로 발표하고 공동으로 토론한 내용들을 바탕으로 다듬어진 것들이다. 그 뒤 학술지 게재 등을 통해 해당 분야의 전문가들로부터 객관적인 학문적 검증을 거친 논문들이다.

이 책이 나오기까지 (재)평화재단의 법륜 이사장과 윤여준 원장, 김형기 원장으로부터 물심양면의 지도편달이 큰 힘이 되었다. 또한 연구모임이 원활하게 진행하는 데는 박정태, 김희자 등 평화재단 실무진의 도움이 컸다. 아울러 이 책이 나오기까지 편집에서 교정·교열 등 어려운 일을 도맡아 해 주신 백산서당의 김철미 대표가 없었으면 이 책이 세상에 나오기 어려웠을지도 모른다. 모쪼록 이 책이 우리나라 차기정부의 외교통상 및 국방안보 전략을 수립하는 데 조그마한 보탬이 되기를 기대해 본다.

2012년 11월 15일
집필진을 대표하여
조 성 렬

중국의 부상과 동아시아
— 인식과 대응전략 —

책을 내면서 · 3

|제1장| 국제정치의 지형 변화와 동아시아 강대국 정치 / 이수형 ····13

1. 서 론 · 13

2. 21세기 국제정치의 지형과 아시아 시대의 도래 · 15
   1) 국제정세의 주요 특징 · 15
   2) 아시아시대의 도래 · 19

3. 동아시아에서 미·중 강대국의 정치 유형 · 22
   1) 전략적 협력관계 · 22
   2) 적대적 경쟁관계 · 27

4. 미·중 강대국 정치와 남북한 한반도 정치 · 31
   1) 동아시아 정치에서의 미·중 헤징전략 · 31
   2) 미·중 헤징전략과 남북한 한반도 정치 · 37

5. 결론: 정책적 함의 · 41

|제2장| 중국의 이중적 국가정체성과 실용주의 대외전략 / 이문기 …47

1. 머리말 · 47

2. G2구상의 제기와 중국의 대응 · 50
   1) G2구상의 제기배경과 함의 · 50
   2) G2구상에 대한 중국의 대응 · 52

3. 중국의 외교전략 · 55
   1) 중국의 국가발전 비전과 외교전략: 내치 우선의 외교전략 · 55
   2) 중국의 국제적 위상과 외교전략: 개도국과 강대국의 이중 정체성 · 59

4. 중국의 군사전략 · 64
   1) 중국의 국가안보 전략: 평화와 안정, 방어적 국방정책 · 65
   2) 중국의 군사력 증강과 '적극적 방어' 전략 · 70

5. 중국의 경제전략 · 77
   1) 중국의 경제발전 전략: 경제성장 방식의 전환과 세계경제에서 영향력 증대 · 79
   2) 중국과 세계경제: 몇 가지 쟁점과 중국의 대응전략 · 82

6. 맺음말 : 한국에 대한 함의 · 90

|제3장| 중국의 부상과 미국의 아시아·태평양 전략 / 조성렬 …………99

1. 문제제기 · 99

2. 중국의 부상 및 신국제질서에 대한 미국 내의 평가 · 101
   1) 미국 학계, 언론계의 평가 · 101
   2) 미국 정부의 견해 · 106

3. 중국의 부상과 신국제질서에 대비한 미국의 아·태 전략 · 110
   1) 미국의 아·태 외교전략 · 110
   2) 미국의 아·태 군사전략 · 115
   3) 미국의 아·태 경제전략 · 120

4. 미국 대외전략 및 파급영향의 평가 · 124
  1) 미국 내 중국 인식 및 대외전략에 대한 평가 · 124
  2) 아·태지역 및 한반도 정세 파급 전망 · 128
5. 맺음말 · 132

|제4장| 중국의 부상과 일본의 통합·균형·억지전략 / 신정화 ·········· 139

1. 머리말 · 139
2. 중국의 부상에 대한 일본의 인식 및 기본전략 · 140
  1) 중국의 부상에 대한 일본의 인식 · 140
  2) '대국' 중국에 대한 일본의 기본전략 · 145
3. 중국의 경제대국화와 일본 경제정책의 변화 · 148
  1) 일·중 명목GDP의 역전 · 148
  2) 대중 경제정책의 변화 · 150
  3) FTA전략과 동아시아경제공동체 구상 · 156
4. 중국의 군사대국화와 일본 방위정책의 변화 · 159
  1) 1990년대: 중국 국방비의 '투명성' 요구와 '통합전략' · 159
  2) 2000년대: '잠재적 위협' 중국과 '통합·억지전략' · 164
  3) 2010년대: '현실적 위협' 중국과 '억지전략' · 170
5. 맺음말 · 176

|제5장| 중국의 부상과 러시아의 실용주의 극동전략 / 홍현익 ········ 183

1. 서론 · 183
2. 중국의 동북지방 개발정책 강화와 러시아의 대응기조 · 184
  1) 중국의 동북지방 개발정책 강화 및 동해로의 진출 · 185
  2) 중국의 부상과 동진정책에 대한 러시아의 인식 · 188
  3) 러시아의 대응전략 기조로서의 실용주의적 양면정책 · 192

3. 러시아의 실용주의적 극동전략 · 195

  1) 러시아의 극동개발 경제정책 강화 · 196
  2) 러시아의 군사·안보정책 · 210
  3) 러시아의 외교정책 · 217
  4) 북·러 관계 정상화와 경협을 통한 한반도 정책 강화 · 220

4. 한국의 대외정책에 대한 함의 · 222

|제6장| **중국의 부상과 ASEAN의 대응전략 / 변창구** ··················229

1. 서 론 · 229

2. 중국의 부상을 보는 이론적 관점 · 231

3. 중국의 부상에 대한 ASEAN의 인식 · 237

  1) ASEAN의 위협 인식 · 237
  2) ASEAN의 기회 인식 · 242

4. 중국의 부상에 대한 ASEAN의 대응전략 · 248

5. 결 론 · 254

|제7장| **북한의 자주-의존의 딜레마와 헤징전략 / 장용석** ···········261

1. 서 론 · 261

2. 중국의 부상에 대한 북한의 인식 · 264

  1) 북·중관계 성격: 전략적·비대칭적 협력과 갈등 · 264
  2) 북한의 대중국 인식: 세력균형 변화와 경계 · 270

3. 북한의 대중국 헤징전략 · 275

  1) 정치·외교적 대응: 자주와 연성균형 · 277
  2) 군사적 대응: 자위와 내적 균형 · 286
  3) 경제적 대응: 자립과 실용주의 · 289

4. 결론: 평가 및 정책적 시사점 · 295

|제8장| 한국의 G2 강대국 외교전략과 동아시아 정책 / 조성렬 ·····303

1. 문제제기 · 303

2. 한국의 외교안보 신패러다임과 대외전략 기조 · 305
    1) 한국 외교안보 신패러다임의 필요성 · 305
    2) 새로운 외교안보 패러다임의 유형 · 308
    3) 한국의 G2 강대국 외교전략 · 313

3. 중견국가 한국의 대외전략 기본방향 · 318
    1) 대외분야의 국가목표 · 318
    2) 대외분야의 국가이익 · 320
    3) 대외전략의 3대 결정요인과 기본정책 방향 · 322

4. 새로운 동아시아 선린외교 정책의 모색 · 325
    1) 외교안보 정책 · 325
    2) 대외경제정책 · 332
    3) 국방정책 · 338

5. 맺음말 · 344

▷ 찾아보기 · 350

| 제 1 장 |

국제정치의 지형 변화와 동아시아 강대국 정치

이 수 형*

1. 서 론

 미국과 소련, 자유진영과 공산진영 간의 체제경쟁으로 상징되었던 냉전체제가 종식된 지도 20여 년이 흘렀다. 지난 20여 년 동안 국제정치에서 목격되었던 크고 작은 현상들 중에서 국제정치의 한복판을 관통하는 도도한 시대적 추세를 꼽으라면 단연 힘의 대전환이라 할 수 있을 것이다. 즉 미 패권의 쇠퇴 내지 축소와 소위 나머지 국가들의 부상으로 기존의 미국 중심의 국제질서가 구조적 변화에 직면하면서 불안정하고 유동적인 글로벌 정세를 부각시키는 가운데 새로운 국제질서의 태동을 예고하고 있다는 것이다.[1]

---

* 국가안보전략연구소 연구위원. 이 글은 조선대 동북아연구소, 『동북아연구』 제27권 1호 통권 제34호(2012)에 게재된 논문임.

1) 미 패권의 쇠퇴 및 축소에 관한 논의에 대해서는 다음을 참조. Christopher Layne, "The Waning of U.S. Hegemony-Myth or Realist?: A Review Essay," *International Security* 34-1 (Summer 2009), pp. 147-172; Christopher Layne, "Graceful Decline: The End of Pax Americana," *The American Conservative* 9-5 (May 2010), pp. 30-33; Paul K. MacDonald and Joseph M. Parent, "Graceful Decline?: The Surprising Success of Great Power Retrenchment," *International*

힘의 대전환 및 나머지 국가들의 부상과 관련하여 지역 차원을 뛰어넘어 글로벌 정세에 지대한 영향을 미치고 있는 변수가 바로 중국의 부상이라 할 수 있다. 근대 이후 국제정치에서 오랜 시간 동안 동면에 들어갔던 중국이 마침내 긴 잠에서 깨어나 국제정치의 지각판을 흔들고 있는 것이다. 중국의 부상으로 이제 국제정치의 중심 무대도 미국과 유럽 중심의 대서양에서 중국과 인도로 상징되는 아시아로 중심축이 빠르게 이동하고 있다. 특히 중국의 부상으로 21세기 아시아 지역이 국제정치의 전략적 영역으로 등장하면서 이 지역의 안보질서는 불확실하고 유동적인 성격을 갖게 되었다.[2]

이런 맥락에서 이 글은 새롭게 변화하는 국제정세의 주요 특징을 살펴보는 가운데 국제정치의 중심 무대로 부각되고 있는 동아시아에서 강대국 정치의 성격과 이들이 빚어내는 파열음을 분석하고, 이에 대한 남북한 한반도 정치의 성격을 진단해 보고자 하는 것이다. 먼저 이 글의 제2절에서는 힘의 대전환으로 인한 국제정세의 주요 특징을 간단히 진단하고 아시아 시대의 도래가 갖는 국제정치적 함의를 살펴본다. 제3절에서는 동아시아에 있어서 미·중 강대국 정치의 유형(ideal types)을 전략적 협력관계와 적대적 경쟁관계로 구분하여 각각의 성격과 특징을 분석하고자 한다. 제4절에서는 동(북)아시아 정치에서 미국과 중국의 헤징전략의 특징을 분석하고 미·중 강대국 정치가 남북한의 한반도 정치에 미치는 영향을 분석하고자 한다.

Security 35-4 (Spring 2011), pp. 7-44.

2) Aaron L. Friedberg, "The Geopolitics of Strategic Asia, 2000-2020" in Ashley J. Tellis, Andrew Marble, and Travis Tanner (eds.), *Asia's Rising Power and America's Continued Purpose* (Washington, D.C.: The National Bureau of Asian Research, 2010), pp. 25-44.

2. 21세기 국제정치의 지형과 아시아 시대의 도래

1) 국제정세의 주요 특징

세기의 전환기에 발생한 냉전체제의 붕괴는 지정학적 지진이었고, 이는 20세기 두 번에 걸친 세계대전의 여파로 수립된 얄타와 베르사유 질서를 전복시켰다. 독일 통일은 얄타 질서를 뿌리째 뽑아 버렸고, 소연방, 유고슬라비아, 그리고 체코슬로바키아의 해체는 주로 베르사유 질서를 해체시켰다.[3] 이러한 국제체제의 급격한 변화와 관련하여 주기적으로 등장한 중요한 논쟁 중의 하나는 소위 '탈냉전체제'라 회자되어 왔던 냉전 이후의 국제체제를 어떻게 규정할 것인가 하는 '체제의 성격과 특징'을 규명하는 것이었다. 이와 관련하여 일부 학자들은 미국 중심의 단극상황(unipolar moment)을 강조하였고,[4] 또 다른 학자들은 미국 유일의 단극체제(unipolar system)와 제국으로서의 미국으로까지 논쟁의 지평선을 확장시켜 나갔다.[5] 냉전 이후의 체제논쟁에서 보여주고 있는

---

[3] Ronald D. Asmus, "Double Enlargement: Redefining the Atlantic Partnership after the Cold War" in David C. Gompert and F. Stephen Larrabee (eds.), *America and Europe: A Partnership for a New Era* (Cambridge: Cambridge University Press, 1998), pp. 24-25, 이수형 역, 『미국과 유럽의 21세기 국제질서』(서울: 한울아카데미, 2000), p. 51.

[4] Charles Krauthammer, "The Unipolar Moment," *Foreign Affairs* 70-1 (1990), pp. 23-33; Christopher Lane, "The Unipolar Illusion: Why New Great Powers Will Arise," *International Security* 18-4 (Spring 1993), pp. 5-51; Charles Kupchan, "After Pax Americana: Benign Power, Regional Integration and the Sources of Stable Multipolarity," *International Security* 23-2 (Fall 1998), pp. 40-79.

공통점은 주요 국제정치 행위자들 간의 힘의 격차에 논의의 초점이 맞추어져 있다는 점과 행위자들의 힘이 이동하고 있다는 사실이다.

냉전체제 붕괴 이후 지난 20년간 국제체제는 엄청난 변화 양상을 보여주었다. 지난 20년간 진행된 권위·권력의 분산 추세는 새로운 세계적 강대국의 출현, 국제기구의 재정적자 악화, 지역 블록의 잠재적 확대, 비국가 행위자 및 네트워크 힘의 증가 등을 촉진시켜 왔으며, 이러한 추세는 앞으로도 가속화될 것이다. 국제무대의 행위자들이 많아짐으로써 국제체제가 강화될 수도 있고, 아니면 국제체제가 더욱 분해되어 국제협력이 무력화될 수도 있다. 행위자 유형이 다양하고, 특히 국제공동체가 직면한 초국가적 과제가 산적해 있어 향후 20년간 국제체제가 세분화될 가능성이 높다.[6]

이런 맥락에서 지난 20년간 진행되어 온 전 세계의 부와 경제력의 대이동은 그 규모 및 속도, 흐름의 변화 측면에서 근대 역사상 유례가 없는 것이다. 지난 500년 동안 세 번에 걸쳐 힘의 지형을 바꾼 대이동

---

5) G. John Ikenberry, "Institutions, Strategic Restraint and the Persistence of American Postwar Order," *International Security* 23-3 (Winter 1998-99), pp. 43-78; William C. Wohlforth, "The Stability of a Unipolar World," *International Security* 24-1 (Summer 1999), pp. 5-41; William C. Wohlforth, "The Transatlantic Dimension" in Roland Dannreuther (ed.), *European Union Foreign and Security Policy: Towards a Neighbourhood Strategy* (London and New York: Routledge, 2004), pp. 186-201; William C. Wohlforth, "Unipolarity, Status Competition, and Great Power War," *World Politics* 61-1 (January 2009), pp. 28-57; Stephen M. Walt, "Alliances in a Unipolar World," *World Politics* 61-1 (January 2009), pp. 86-120.

6) National Intelligence Council, *Global Trends 2025: A Transformed World* (Washington, D.C.: U.S. Government Printing Office, November 2008), 박 안토니오 역, 『변모된 세계 글로벌 트렌드 2025』(서울: 한울, 2009), p. 23.

이 있었는데, 그것은 나라들 사이의 삶, 그 정치와 경제, 그리고 문화를 탈바꿈하는 힘의 분배에서 일어난 근본적인 변화였다. 첫 번째 대이동은 서방 세계의 부상으로, 이는 15세기에 시작하여 18세기 말 극적으로 가속도가 붙었던 과정이었다. 두 번째 대이동은 19세기를 마감하면서 일어났던 변혁으로 미국의 부상이다. 지금 일어나고 있는 세 번째의 엄청난 힘의 대이동은 나머지의 부상(the rise of the rest)이라고 부를 수 있다.7) 특히 2008년 하반기 국제 금융위기의 여파는 나머지 국가들의 부상을 보다 극명하게 보여주는 가운데 중국과 인도, 그리고 러시아와 브라질로 대변되는 브릭스(BRICs) 국가들의 부상으로 국제질서의 다극화를 앞당기고 있다. 이와 동시에 지역적 · 지구적 차원에 걸친 비국가 행위자들의 등장, 부와 권력의 분산화 경향은 국제질서의 다극화를 뛰어넘어 기존의 사고로는 이해하기 힘든 무극체제(nonpolarity)라는 새로운 국제질서의 등장을 예고하고 있다.8)

21세기에 들어와 보다 분명하게 나타나고 있는, 국제정치의 구조적 힘의 대전환을 반영하는 '국제질서의 다극화와 무극체제의 도래'라는 새로운 국제정세의 중요한 특징은 다음과 같다. 첫째, 미 국력의 쇠퇴 및 축소에 따른 지구적 지도력 행사 능력의 축소와 더불어 부상하는 비서구적 국가들이 지구적 책임 역할을 방기하거나 또는 회피하고자 하는 경향이 커질 것이라는 점이다. 즉 미 국력과 지구적 지도력 행사

---

7) Fareed Zakaria, "The Future of American Power: How America Can Survive the Rise of the Rest," *Foreign Affairs* 87-3 (May/June 2008), pp. 18-43; Fareed Zakaria, *The Post-American World* (New York and London: W.W. Norton & Company, 2008), 윤종석 · 이정희 · 김선옥 역, 『흔들리는 세계의 축: 포스트 아메리칸 월드』(서울: 도서출판 베가북스, 2008), pp. 22-23.

8) Richard N. Haass, "The Age of Nonpolarity: Why Will Follow U.S. Dominance," *Foreign Affairs* 87-3 (May/June 2008), pp. 44-56.

능력의 쇠퇴, 지구적 책임을 결한 중국 권력의 상대적 부상, 금융위기의 여파에서 헤어나지 못하고 있는 유럽 국가들의 내부 지향적 안보정향 확대, 지역적 행위자의 안보 자율성 증대 등으로 향후 국제체제는 기존의 자유주의적 규범에 기초한 국제제도의 효율적 작동 여부에 의문이 생기는 동시에 탈구조적 안보체제(less structured security system)가 부각됨에 따라 국제질서의 불안정성이 더욱 증폭될 수 있다.9)

둘째, 세계화로 인한 지정학적 안보경쟁의 격화 가능성이 증대될 것이다. 세계화는 역설적으로 부상하는 국가들의 지속적 경제성장을 지탱하는 데 필요한 천연자원 경쟁을 위한 지정학적 안보경쟁을 추동시킬 가능성을 증대시키고 있다. 따라서 자원, 에너지 공급, 해상교통로, 식량 등을 둘러싼 부상하는 국가들의 지정학적 경쟁은 지정학에 대한 새로운 인식의 전환을 강요하는 가운데 영토 및 영유권분쟁 유발 및 초국가적 환경문제를 더욱 악화시킬 것이다.10) 특히 지정학적 안보경쟁의 가능성은 세계정치의 중심 무대로 등장한 아시아 지역을 기점으로 소위 해양, 항공, 우주, 그리고 사이버 공간이라는 지구적 공유지(global commons)에 대한 경쟁이 격화될 가능성이 그 어느 때보다도 높다.11)

셋째, 힘의 구조적 분산으로 지역적 국제질서의 독자성이 더욱 중요해지게 되면서 각 지역의 차별적 지정학이 내포하고 있는 전략적 의미가 그 어느 때보다도 국가의 외교안보 정책에 중요한 결정인자로 작용

---

9) Stephen F. Szabo, "Welcome to the Post-Western World," *Current History* 110-732 (January 2011), p. 10.
10) Stephen F. Szabo (2011), p. 9.
11) 아시아의 안보와 지구적 공유지 경쟁에 대해서는 다음을 참조. Abraham M. Denmark, "Asia's Security and the Contested Global Commons" in Ashley J. Tellis, Andrew Marble, Travis Tanner (2010), pp. 170-203.

할 가능성이 높아지고 있다는 점이다. 즉 체제가 행위자에게 미치는 구조적 제약이 상대적으로 떨어져, 각 지역 주요 국가들의 안보 자율성이 보다 확대되면서 지역의 국제질서가 체제에 미치는 영향이 보다 중요해지게 될 것이다.

2) 아시아 시대의 도래

21세기에 들어와 많은 사람들은 21세기는 아시아의 시대라고 언급한다. 21세기는 이른바 아시아의 세기로 이 지역의 양대 산맥인 중국과 인도가 아시아의 세기를 주도하고 있을 뿐만 아니라 동아시아와 동남아시아의 여러 작은 국가들 역시 부상하고 있다. 이로 인해 아시아 국가들이 정치적 주도권과 지적 영향력을 서구에서 넘겨받을 것이라는 의견이 지배적이다.[12]

경제성장에 기초한 아시아의 부상은 1960년대 일본에서 시작하여 1970년대 대만·홍콩·싱가포르·한국으로 번지고 곧이어 태국·말레이시아·인도네시아로 확산되었으며, 1990년대 이후에는 중국과 인도의 성장이 급격하게 부각되고 있다. 비록 1990년대 후반 동아시아의 금융위기로 아시아의 눈부신 경제성장 추세가 둔화되기는 했지만, 중국과 인도의 지속적인 고도성장은 여전히 아시아의 전략적 부상을 웅변적으로 대변하고 있다. 소위 친디아(Chindia)로 상징되는 중국과 인도의 부상은 오늘날의 국제 정치경제에 상당한 영향을 미치고 있으며,[13]

---

12) Bill Emmott, 손민중 역, 『2020 세계경제의 라이벌: 글로벌 패권을 둘러싼 중국·인도·일본의 미래전략』(서울: 랜덤하우스코리아, 2010), p. 36.

13) 인도와 중국의 부상에 따른 아시아에서의 미국의 전략적 이해관계에 대해서는 다음을 참조. Breena E. Coates, "India, Chindia, or an Alternative?: Opportunities for American Strategic Interests in Asia," *Comparative Strategy* 28

이에 따라 세계의 주요 국가들은 이들의 행보에 지대한 관심을 보이면서 이들 국가와의 협력관계를 중시하고 있다. 알다시피 중국과 인도는 전 세계 면적의 9.7%를 차지하고 이들의 인구는 23.5억 명으로 전 세계 인구의 37.5%를 차지하고 있는 거대 국가이다.

아시아 시대의 도래와 관련하여 마부바니(Mahbubani)는 오랜 기간 역사의 방관자였던 아시아인들(중국인, 인도, 무슬림 외 다른 아시아인들)이 이제 세계사의 주역으로 떠올랐으며, 아시아인들은 많은 영역(자유시장 경제, 과학과 기술, 실적 중심 사회, 법의 지배)에서 서구의 최고 관행을 습득하였을 뿐만 아니라 자신만의 방식으로 혁신을 이뤄 내고 있으며, 서구에서는 보지 못한 방식으로 새로운 형태의 협력을 창출하고 있다고 하였다. 그는 아시아인들의 부상은 피할 수 없으며 서구인들은 이제 국제통화기금(IMF), 세계은행(World Bank), 유엔안전보장이사회 같은 지구적 제도들에서 압도적 지배를 양보할 때가 되었다고 주장하였다.[14]

한편 동아시아 지역 수준에서의 권력 이동을 논한 강(Kang)은 21세기에 중국이 지리, 국력, 정체성 등으로 동아시아의 중심 국가가 될 것이라고 전망하면서 중국을 중심으로 하는 위계적 질서가 동아시아에 창출될 것으로 보았다.[15] 또한 카플란(Kaplan)은 중국으로 인하여 동반구(Eastern Hemisphere)의 세력균형이 변동되고 있다고 하면서 중국의 영

(2009), pp. 271-85. 친디아의 부상에 대해서는 다음을 참조. Pete Engardio, *Chindia: How China and India are Revolutionizing Global Business*, 박형기·박성희 역, 『친디아: 아시아 시대를 열다』(서울: 도서출판 ITC, 2007).

14) Kishore Mahbubani, *The New Asian Hemisphere: The Irresistible Shift of Global Power to The East* (New York: Public Affairs, 2008), pp. 51-99.

15) David C. Kang, *China Rising: Peace, Power, and Order in East Asia* (Columbia: Columbia University Press, 2007), p. 201. NEAR 재단, 『미·중 사이에서 고뇌하는 한국의 외교·안보』(서울: 매일경제신문사, 2011), p. 24에서 재인용.

향력은 중앙아시아로부터 남중국해, 러시아 극동지역에서부터 인도양에 이르기까지 확대되고 있다고 지적하였다.16)

아시아 시대의 도래와 관련하여 무엇보다 주목을 끄는 나라는 단연 중국의 부상이다. 최근 중국의 급속한 부상은 미·중 양국의 G-2체제라는 신조어의 생산과 더불어 동아시아 지역을 국제정치의 중심 무대로 부각시키고 있다. 제2차 세계대전 이후 동아시아 지역에 이해관계를 갖고 있는 미국의 입장에서 동아시아 지역이 국제정치의 중심 무대로 부각되고 있다는 사실은 결코 달갑지 않은 현실이다. 지역 차원을 넘어 세계적 강대국으로 부상하고 있는 중국으로 인해 이제 미국은 만의 하나 동아시아에서 중국판 먼로주의에 직면할 수도 있을 뿐 아니라17) 세계적 차원에서 다양한 쟁점에 걸쳐 중국과 적대·경쟁·협력 또는 공조체제를 구축하면서 국제질서의 안정과 자신의 영향력 확대를 도모해야 하는 상황에 직면할지도 모르기 때문이다.

이와 더불어 아시아의 많은 국가들은 아시아의 시대를 반기면서도 한편으로는 아시아 시대의 기관차라 할 수 있는 중국의 부상에 대해 우려감을 갖고 있는 것도 사실이다. 비록 인도와 일본 등 아시아의 크고 작은 많은 국가들이 부상의 대열에 합류하고 있는 것은 사실이지만, 이들 국가 중 그 어느 나라도 지역적 차원을 뛰어넘어 지구적 차원으로의 부상에는 아직까지 한계를 보이고 있다. 그렇기 때문에 동아시아에 자리 잡은 중국의 부상으로 이 지역 주변 국가들은 그 어느 때보다도 중국의 강대국화에 민감해지고 있다. 아세안(ASEAN)을 중심으로 한 동남아시아 지역 국가들뿐만 아니라 동아시아 부상의 또 다른 한 축을 형성하고 있는 인도마저도 중국의 행보에 민감한 반응을 보일 수밖에

---

16) NEAR 재단(2011), p. 24.

17) John J. Mearsheimer, "The Future of the American Pacifier," *Foreign Affairs* 80-5 (September/October 2001), pp. 46-61.

없는 상황을 맞이하고 있는 것이다.

3. 동아시아에서 미·중 강대국의 정치 유형

1) 전략적 협력관계

적어도 동아시아라는 지역 차원에서 미·중 강대국 정치에서 나타날 수 있는 첫 번째 유형으로 전략적 협력관계를 들 수 있다. 미·중의 전략적 협력관계는 쇠퇴 또는 축소의 과정을 겪고 있는 미의 패권과 부상하고 있는 중국의 힘이 협조적 이중주(concert duet)에 기초해 있는 유형이다.18) 즉 미·중의 전략적 협력관계는 미·중 간 권력배분의 변화가 구조적 차원에서 발생하여 그 격차가 상당히 줄어든 상황에서 나타날 수 있는 유형이다. 따라서 전략적 협력관계에서 미·중 양국이 지속적인 협력관계를 유지해 나가기 위해서는 지역적·지구적 차원에서의 경쟁과 협력이 복합적으로 공존하는 양국관계에서 그 대차대조표의 결과가 적어도 양국 모두에게 최소 만족과 최소 불만족으로 나타나도록 구조적 권력배분을 관리해 나가는 것이 전제되어야 한다. 즉 전략적 협력관계에서 미·중 양국의 경쟁이 격화되더라도 양국은 공동이익의 증대에 따라 이익균형의 논리가 강하게 작동할 수 있도록 의식적인 조정 노력을 기울여 나가야 한다. 그러므로 미·중 전략적 협력관계

---

18) Evelyn Goh, "US Strategic Relations with a Rising China: Trajectories and Impacts on Asia-Pacific Security" in Kevin J. Cooney, Yoichiro Sato (eds.), *The Rise of China and International Security: America and Asia Respond* (London and New York: Routledge, 2009), pp. 67-79.

에서 중요한 것은 과연 미·중 간 협조체제가 구축되어 제대로 작동할 수 있느냐가 관건이다.[19]

역사적 경험을 통해 보았을 경우 일반적으로 유럽 협조체제나 유엔 안보리 상임이사국 체제와 같은 강대국 협조체제는 주요 국가들 간의 전쟁(major war)의 산물로 탄생했으며, 이는 강대국 간에 정책과 이데올로기의 합의를 필요로 했다. 따라서 강대국 협조체제는 주요 강대국 간 지역적·세계적 핵심 이익에 대한 상호 이해를 바탕으로 현존 질서를 유지·지속시켜 나가기 위한 질서유지 메커니즘인 것이다. 특정 지역에서 강대국 협조체제가 형성되기 위해서는 지역의 주요 국가들 사이에서 확연히 구분되는 특정 국가의 강대국 자격이 묵시적·구체적으로 인정되어야 함과 동시에 그에 따른 각자의 세력권(spheres of influence)도 상호 보장되어야 한다.[20]

가장 대표적인 강대국 협조체제인 유럽 협조체제의 경험에 비추어 보아[21] 강대국 협조체제의 근본적인 규칙과 규범, 그리고 작동원리 등

---

19) Douglas T. Stuart, "Toward Concert in Asia," *Asian Survey* 37-3 (March 1997), pp. 229-44; Amitav Acharya, "A Concert of Asia?," *Survival* 41-3 (Autumn 1999), pp. 84-101.

20) 아시아·태평양 지역에서 미국과 중국 각자의 세력권 인정 문제에 대해서는 다음을 참조. Robert Ross, "The Geography of Peace: East Asia in the Twenty-first Century," *International Security* 23-4 (Spring 1999), pp. 81-118.

21) Richard B. Elrod, "The Concert of Europe: A Fresh Look at an International System," *World Politics* 28 (January 1976), pp. 159-74; John Mueller, "A New Concert of Europe," *Foreign Policy*, Winter (1989-1990), pp. 3-16; Branislav L. Slantchev, "Territory and Commitment: The Concert of Europe as Self-Enforcing Equilibrium," *Security Studies* 14-4 (October/December 2005), pp. 565-606; 전재성, "19세기 유럽 협조체제에 대한 국제제도론적 분석: 현실주의와 구성주의 제도론의 시각에서," 『한국과 국제정치』 제15권 2호(1999), pp. 33-60.

은 다음과 같다. 첫째, 협조체제의 구성국은 인정받은 강대국만이 될 수 있고, 또한 지역의 나머지 국가들에게 후견국이 되어야 한다. 따라서 지역의 나머지 국가들은 그들의 이해관계가 관련되어 있을 경우에만 협조체제의 참여국이 될 수 있고, 강대국 협조체제는 회의 외교를 통해 지역적·세계적 현안 문제들을 관리해 나간다. 둘째, 지역 차원의 영토 변경 문제는 강대국의 이해관계와 불가분의 관계에 있다. 강대국들은 협조체제를 통해 수락 가능하고 적절한 영토 변경선을 결정한다. 그렇기 때문에 회의 외교와 영토 변경에 대한 강대국의 제재력은 협조체제를 유지하는 가장 근본적인 수단이다. 셋째, 협조체제에서는 강대국과 약소국이라는 주체와 객체의 명확한 차등적 관계가 형성되고, 객체의 운명은 협조체제에서 결정되지만, 주체인 강대국은 상호 굴욕을 당해서는 안 된다. 따라서 강대국들은 자신들의 사활적 이익이나 위신과 명성 등이 도전받지 말아야 하며, 강대국 중 일국이 협조체제를 주도하거나 일방에게 과도한 책임을 부과하면서 잉여 이득을 챙겨서도 안 된다. 이러한 규칙과 규범에 입각해서 강대국 협조체제는 상호 이익과 행동을 수렴하여 잠재적 갈등요인을 완화시키면서 지역적·세계적 평화와 안정을 도모하는 것이다.

　복합적 성격을 내포하고 있는 21세기 국제정치 환경을 고려했을 경우 당분간 미·중 강대국의 협조관계는 지역적·세계적 차원에서 가시화되기는 힘들 것으로 보인다. 왜냐하면 우선 미·중 간 힘의 이동이 아직 진행 중에 있으며, 미·중 양국에서도 협조관계의 구축에 대해 합의된 입장이 존재하지 않기 때문이다. 더군다나 19세기 산업화의 시대와는 달리 21세기 지구화와 정보화의 시대에는 그 어느 때보다 주요 행위자들 간의 힘의 이동과 분산이 활발하게 진행되고 있기 때문에 미국과 중국이라는 양국의 협조체제만으로는 국제적 차원에서는 말할 것도 없이 지역적 차원에서도 유의미한 협조관계가 작동하기 어려운 것이 오늘의 현실이다. 이런 맥락에서 미·중의 전략적 협력관계 유형은 적어도 동아시아 지역의 주요 중추적 중견국가들(pivotal middle powers)[22]의 안보 자율성을 증대시키면서 경제적 상호 의존성을 보다 확대·심화시켜 나가는 가운데 지역 다자협력체를 촉진시킬 수 있는 환경을 제공할 수도 있을 것이다.

한편 동아시아 지역에서 미·중의 전략적 협력관계가 작동했을 경우 가장 애매한 입장에 처할 수 있는 국가는 아마도 러시아와 일본이 될 것이다. 왜냐하면 러시아와 일본은 분명 지역의 강대국이지만 미국과 중국의 위상에는 못 미칠 것이다. 카나(Khanna)에 따르면 향후 국제정치의 권력구조는 미국, 유럽연합, 그리고 중국이 제1세계(first world), 이들 주변의 주요 국가들이 제2세계(second world), 그리고 나머지 국가들이 제3세계(third world)로 구성될 것이다.[23] 특히 제1세계 주변에 위치해 있는 제2세계 국가들은 제1세계 국가들의 지구적 세력 기반을 확장하고 그들의 경쟁 상대를 약화시키는 초강대국의 전략에 비유되는 최상의 권력투쟁의 장(premier arena)이 된다. 따라서 제2세계 국가들은 다극세계의 경도점(tipping-point)이 되는 국가들로 이들의 결정은 지구적 세력균형을 바꿀 수 있는 것이다.[24]

이러한 카나의 논리에 따른다면 아시아·태평양 지역에서 제2세계

---

22) Robert S. Chase, Emily B. Hill, Paul Kennedy, "Pivotal States and U.S. Strategy," *Foreign Affairs* 75-1 (1996), pp. 33-51; Carsten Holbraad, *Middle Powers in International Politics* (London: Macmillan, 1984); Mehmet Ozkan, "A New Approach to Global Security: Pivotal Middle Powers and Global Politics," *Perceptions* 11-1 (2006), pp. 77-95.

23) Parag Khanna, *The Second World: Empires and Influence in the New Global Order* (New York: Random House, 2008)

24) Parag Khanna (2008), p. xxiv.

의 선두국인 러시아와 일본의 외교정책적 입장은 매우 중요하다. 그렇기 때문에 미국과 중국은 이들과의 선린·우호관계를 매우 중시할 수밖에 없을 것이다. 그러나 역설적으로 러시아와 일본은 미·중의 전략적 관계에 일정 정도 협력하면서도 강대국으로 부상하기 위한 자신의 입장을 고려, 특정 쟁점에 대해 독자 행보를 강화할 가능성도 배제할 수 없다. 러시아와 일본의 지정학적 위치를 고려했을 경우, 미·중의 전략적 협력관계에서 강대국으로 부상하고자 하는 러시아와 일본의 야망으로 미·중 양국의 경쟁이 촉진되는 역설적인 상황이 연출될 수도 있다.

동아시아 차원에서는 미·중의 강대국 협조체제가 가시화되기 어려울지라도 적어도 동북아 차원에서는 그 위력을 발휘할 수 있다. 우리가 중시해야 할 점도 바로 이 부분이다. 특히 동북아 차원에서 미·중의 협조관계가 보다 가시화될 경우 이는 경우에 따라서는 이 지역 약소국의 안보이익이 희생될 가능성도 배제할 수 없다. 왜냐하면 강대국 협조의 중요한 규범 중의 하나가 지역의 약소국들을 객체화하여 그들의 이해관계는 강대국의 협조관계에서 무시, 양보, 타협, 강압, 희생 등 다양하게 나타날 수 있기 때문이다. 따라서 동북아시아 지역에서 미·중 강대국 협조관계가 구체화 되었을 경우 이 지역 나머지 국가들의 외교적 행보는 매우 복잡하고 다양하게 나타날 것이며, 때에 따라서는 우방국이나 동맹국 간에 안보딜레마가 주기적으로 나타날 가능성도 배제할 수 없다. 특히 지역의 다양한 안보문제와 관련하여 객체와 주체의 차등적 관계에서 약속국의 안보이해는 위협균형보다는 이익균형의 논리에 따라 협조관계의 결과에 좌우될 것이다.

결과적으로 구조적 차원에서 세력배분이 발생하여 등장하는 전략적 협력관계의 미·중 관계는 상당히 가변적인 성격을 가지고 있다. 왜냐하면 미·중의 협력관계가 양국의 전략적 사고의 결과에 따라 달리 나타날 수 있기 때문이다. 일반적으로 전략이란 목표를 설정하고 행동방향이나 방침을 정해 목표달성을 위해 효율적으로 필요한 가용자원을 배분하는 일체의 행태와 관련되어 있다. 그렇기 때문에 전략적 협력관계에서 미·중 협력은 베일에 가려 있는 양국의 궁극적 목표를 달성하기 위한 하나의 수단적 관계이기 때문에 이 같은 관계는 유동성이 강한 유형이라 볼 수 있다. 그러므로 유동성이 강한 미·중 전략적 협력관계가 보다 안정성을 확보하기 위한 최대 관건은 권력행사 방법이나 위기관리 양식 등 양국 간, 그리고 다자 간 차원에서 지역적·지구적 현안의 문제를 해결할 수 있는 규범과 제도의 유지와 발전에 달려 있는 것이다.

2) 적대적 경쟁관계

미·중 적대적 경쟁관계는 미 국력의 쇠퇴 및 축소와 중국의 급부상이 지속되는 가운데 지역적·세계적 차원에서 다양한 쟁점 영역에 걸쳐 양국 이해관계의 편차가 커지면서 나타날 수 있는 유형이다. 그렇기 때문에 미·중 적대적 경쟁관계는 기본적으로 세력균형과 세력전이를 근간으로 하고 있는 유형이다. 즉 미·중 적대적 경쟁관계는 부상하는 도전자 중국의 궁극적 목적이 현존하는 미국의 지배적 지위를 침해하고자 하는 의도를 가지고 있는 것으로 보고, 중국의 현상 타파적인 수정주의 입장이 부각되는 유형이다.

이런 맥락에서 보았을 때, 미·중 적대적 경쟁관계는 크게 3가지 결과를 가져올 수 있다. 첫째는 아시아·태평양 지역에서 중국이 미국의 헤게모니에 성공적으로 도전하여 중국 지배로의 세력전이가 일어나는 경우이다. 둘째는 미·중 간의 적대적 경쟁관계가 위기와 갈등으로까지 비화되어 미국의 지배적 지위가 재천명되는 실패한 세력전이의 경우이다. 셋째는 미·중 양국이 각자의 세력권을 유지하면서 주기적인 갈등을 동반하는 가운데 상호 억지와 봉쇄를 취하는 새로운 양극적 세력균형이 발생하는 경우이다.[25]

이러한 3가지 가능한 결과와 관련해서 미·중 적대적 경쟁관계는 적어도 중국이 위치하고 있는 동아시아 지역 전체에 걸쳐 중국의 영향력 확대와 이에 대한 미국의 견제 내지 억지정책이 가시화될 경우 언제든지 나타날 수 있는 시나리오이다. 미·중 적대적 경쟁관계가 동아시아 지역에서 여러 쟁점 영역에 걸쳐 지속될 경우 이는 새로운 냉전구도로 고착될 가능성도 배제할 수 없으며, 미국과 중국을 중심축으로 다른 국가들 간에 다양한 형태의 세력균형 현상이 심화될 가능성도 높다. 이에 따라 미국과 중국을 제외한 다른 국가들의 안보적 자율성은 많은 제약을 받을 것으로 예상되며, 이는 지난 1970년대 국제체제의 성격과 유사한 특징을 보일 것이다. 다만 미·중 적대적 경쟁관계에서 가장 중요한 것은 이 지역에 대한 중국의 의도와 인식으로 현재 미·중 군사력의 편차를 고려했을 경우 미·중 간의 군사충돌 가능성은 매우 낮다고 볼 수 있다.

세력균형의 관점에서 보았을 때, 미·중 적대적 경쟁관계는 지난 냉전 당시 유럽 지역을 중심으로 펼쳐진 미국과 소련의 관계와 유사한 양상을 보일 것이지만, 기본적으로 다음과 같은 점에서 근본적으로 그 성격을 달리할 것이다. 첫째, 무엇보다 미·중 적대적 경쟁관계에서 국가 이념적 가치는 상대적으로 큰 위력을 발휘하지 못할 것이라는 점이다. 비록 미국과 중국의 정치이념이 상호 대립적인 성격을 보이고 있지만, 그럼에도 불구하고 미·중 적대적 경쟁관계의 근원은 이념에 기반을 두고 있는 것이 아니라 힘의 격차를 가져오는 경제적 요인이라는

---

25) Evelyn Goh (2009), p. 79.

점이며, 동아시아 지역 국가들의 국가 이념적 가치는 지난 시기 동류(like-minded) 국가군을 형성한 유럽과는 현저하게 차이가 날 정도로 이질적이라는 점 때문이다.

둘째, 미·중 적대적 경쟁관계는 지난 냉전체제에서 구조화되었던 진영 논리의 유효성이 상대적으로 크게 약화될 것이라는 점이다. 이는 기본적으로 동아시아 지역의 국가군이 정치·경제·사회·문화, 그리고 종교적 측면에서 매우 다양하고 이질적인 성격을 가지고 있을 뿐만 아니라 부상하는 지역 국가들의 다양한 정책 및 이 지역의 지리적 특수성과 냉전의 잔재, 경제적 상호의존의 심화 등으로 미국과 중국을 축으로 한 해양세력 대 대륙세력, 혹은 동맹 대 동맹과 같은 이분법적 세력 구조가 구축되는 것이 결코 쉽지 않기 때문이다.[26]

셋째, 미·중 적대적 경쟁관계에서 위기와 갈등의 가시적 표출 변수는 무엇보다 영토 및 영유권분쟁에 의해 나타날 가능성이 매우 높다는 점이다. 물론 지역적·세계적 차원에서 미·중 관계의 갈등적 측면을 부각시킬 수 있는 다양한 쟁점 변수들이 존재한다. 예를 들면 인권, 가치, 무역불균형, 위안화 평가절상 등 양국 간 현안문제에서부터 해양·우주·사이버 공간에 걸친 미·중 간 군사경쟁의 격화, 그리고 핵확산, 테러, 환경, 기후변화, 에너지·자원확보 경쟁 등 국제적 쟁점에 이르기까지 크고 작은 쟁점들이 미·중 관계의 변화 양상에 영향을 미칠 수 있다.[27]

---

26) 이와 관련하여 미·중 관계에 있어서 동아시아 국가들이 일반적으로 채택하고 있는 정책적 입장에 대해서는 다음을 참조. Evelyn Goh, "Great Powers and Hierarchical Order in Southeast Asia: Analyzing Regional Security Strategies," *International Security* 32-3 (Winter 2007/08), pp. 113-157.

27) 지역적·세계적 차원에서 다양한 쟁점 영역에 걸친 미·중 관계에 대한 분석에 대해서는 다음을 참조. Kerry Dumbaugh, *China-U.S. Relations in the 110th*

그럼에도 불구하고 영토 및 영유권 문제가 가장 큰 폭발력을 갖고 있는 것은 이것이 주권과 내정간섭의 문제와 직결되어 있기 때문이다. 미·중 관계에서 중국의 부상과 관련된 주제 중의 하나는 중국의 의도와 목표가 현상유지나 타파 중 어떠한 정책 성향을 보일 것인지에 관한 논쟁과 관련이 있다.[28] 중국 지도부가 자신의 의도와 목표를 공개적으로 천명하지 않는 이상 분명 이를 판단하기는 쉽지 않을 것이다. 그러나 필자는 중국이 자신의 주변 지역에 대해서는 적어도 현상타파의 정책 성향을 보일 것이라 판단한다. 이와 관련하여 중국이 자신의 주변 지역을 세력권으로 하고자 할 때 등장하는 문제가 바로 영토 및 영유권 문제이다. 냉전체제가 가시화된 시기 전후에 동아시아 지역에서는 유럽과는 달리 영토 및 영유권 쟁점이 완전하게 해결되지 않았고, 이 문제는 오늘날까지 지속적으로 동아시아 갈등의 잠재적 요인으로 남아 있다.

중국의 부상과 그에 따른 주변 지역으로의 영향력 확대는 필연적으로 영토 및 영유권이라는 지역적 휴화산을 활화산으로 변화시킬 가능성이 농후하다. 바로 이 대목에서 미·중 적대적 경쟁관계가 가시적으로 표출될 수 있다. 비록 미국은 이 지역에서 영토 및 영유권 문제와 직접적인 이해관계가 없지만 대만과 티베트 문제 등에서는 간접적인 영향력을 행사하고 있으며, 영유권 문제를 놓고 중국과 이해당사자 관계에 있는 국가들은 주로 미국의 우방국 혹은 동맹국이거나 이 지역의

Congress: Issues and Implications for U.S. Policy (Washington, D.C.: Congressional Research Service, 2009).

28) Alastair Iain Johnston and Robert S. Ross (eds.), *Engaging China: The Management of a Rising Power* (New York: Routledge, 1999); G. John Ikenberry, "The Rise of China and the Future of the West: Can the Liberal System Survive?," *Foreign Affairs* 87-1 (January/February 2008), pp. 23-37.

상대적 약소국들이기 때문에 이들 국가는 중국과 갈등관계가 형성될 경우 미국의 지원을 요청할 수 있기 때문이다. 그렇기 때문에 이러한 문제와 결부되어 있는 동아시아 지역에 대한 중국의 영향력 확대는 결코 이 지역에 대한 미국의 이해관계와 상호 수렴되기 힘든 구조이다. 따라서 동아시아 지역은 세력균형이나 세력전이와는 별도로 위협균형이나 이익균형의 논리에서 영토 및 영유권 쟁점을 놓고 관련 국가들의 직간접적인 이해관계로 인해 미·중 적대적 경쟁관계가 보다 가시화될 수 있는 환경이 마련되어 있다.

4. 미·중 강대국 정치와 남북한 한반도 정치

1) 동아시아 정치에서의 미·중 헤징전략

지난 냉전시대 죽의 장막, 중국 카드 등으로 회자됐던 미·중 관계는 21세기 들어와 중국의 부상이 보다 확연해짐에 따라 양국관계 역시 보다 복잡하고 모순적인 양상을 주기적으로 표출해 왔다. 특히 중국의 부상을 바라보는 미국의 인식과 정책적 태도는 현상적인 면에서는 매우 혼란스러움을 노출시켜 왔다. 부시 행정부 초반 전략적 경쟁자관계로 출발했던 미·중 관계는 9·11테러를 계기로 협력적 측면이 나타났고, 2006년에 들어와서는 책임 있는 이해상관자(responsible stakeholder)로 협력적 성격의 미·중 관계가 공식화되었으며,[29] 오바마 행정부에 들어와서는 중국의 등장을 환영하는 동시에 국제무대에서 중국의 역할 증

---

29) Robert B. Zoellick, "U.S.-China Relations," Committee on International Relations U.S. House of Representatives (May 10, 2006).

〈표 1-1〉 미국과 중국의 전략적 이점

미 국	중 국
정치・경제・군사 영역에서의 지구적 우위	경제・정치 영역에서의 지구적 영향력
기술적 우월	대규모이고 사업가적인 인구
안정적인 국내정치	일부 영역에서의 기술적 동등성과 대규모의 과학 공동체
역동적이고 유연한 경제	지역적으로 중국에게 유리한 군사적 이점
동맹국과 파트너 국가들과의 지구적 네트워크	일련의 제한적 우발사태에 초점을 둔 능력
미국의 이익에 유리한 현존 국제체제	개도국과의 강한 연대
교양 있고 사업가적인 인구	이윤이 아니라 정치적 목적을 위해 당이 통제하는 주요 회사들
자율적이고 효과적인 법 체제	-
연성권력의 지구적 지배	지역적・지구적으로 증대되고 있는 연성권력

출처: Abraham M. Denmark, "China's Arrival A Framework For A Global Relationship" in Abraham M. Denmark and Nirav Patel (eds.), *China's Arrival: A Strategic Framework For A Global Relationship* (Center for a New American Security, 2009), p. 163.

대가 타국의 안보와 행복을 희생하지 말 것을 약속해야 한다는 전략적 재보증(strategic reassurance)으로까지 발전하였다.[30] 그러나 미・중 관계의 협력적 측면을 강조하는 이러한 수사적 표현의 이면에는 현실주의적 시각을 반영한, 중국의 부상에 따른 영향력 확대를 적극적으로 견제하고자 하는 미국의 의도도 강하게 반영되어 있다.

중국 역시 이러한 미국의 대중 인식과 정책적 태도에 대해 다양한

---

30) James B. Steinberg, "Administration's Vision of the U.S.-China Relationship," Deputy Secretary of State Keynote Address at the Center for a New American Security, Washington, D.C. (September 24, 2009).

수사적 표현으로 대응하면서 자신의 영향력 확대를 도모해 왔다. 개혁·개방의 대외정책의 상징이었던 도광양회(韜光養晦) 이후 중국은 유소작위(有所作爲)와 화평굴기(和平屈起) 등을 통해 국제사회에 대한 자국의 입장을 설명하면서 중국의 부상에 따른 국제사회 일각에서 커져가는 우려감을 완화시키고자 하였다. 그러나 중국은 최근 들어 돌돌핍인(咄咄逼人)을 통해 자신의 영향력 확대 의지를 보다 분명히 나타냄과 동시에 자국에 대한 미국의 압력과 간섭에 대해 적극적으로 대처해 나가고자 하는 입장을 보여주고 있다.

이와 같은 다양한 수사적 표현이 동원된 작용·반작용의 미·중 관계는 지역적·세계적 현안 쟁점들을 둘러싸고 주기적으로 협력과 경쟁이라는 모순적이고 과도기적인 양상을 보이고 있는 것 같지만, 역설적으로 양국의 정책은 치밀하게 계산된 전략적 결과물로 해석하는 것이 보다 합당할 것이다. 즉 미국과 중국은 21세기 들어와 상호 정책적 의도와 상황의 불확실성에 따라 위험을 분산코자 하는 소위 헤징전략(hedging strategy)을 추구하고 있는 것이다. 지역적·세계적 차원에서 다양한 영역에 걸쳐 서로 비교우위를 갖고 있는 미국과 중국이 강대국 국제정치에서 헤징전략을 추구하는 근본적인 배경은 다음과 같다.

우선 21세기 들어와 미국이 중국의 현재 의도와 아시아에서 미국의 이익을 위해 헤징전략에 의존하는 4가지 주요 가정은 다음과 같다.[31] 첫째, 미국의 정책결정자들은 현재의 중국이 경제·안보·규범·제도 등 현존하는 국제체제의 현상유지에 지속적인 이해관계를 가지고 있는 것으로 판단한다. 둘째, 그럼에도 불구하고 중국은 대만의 어중간한 지위와 단극 지배적인 미국의 위상과 같은 특정 측면에 대해 불만족해하고 있다. 셋째, 아시아에서 다양한 행위자와 경쟁적 이익을 고려했을

---

31) Evan S. Medeiros, "Strategic Hedging an the Future of Asia-Pacific Stability," *The Washington Quarterly* 29-1 (Winter 2005-2006), pp. 147-148.

경우 쌍무적 무역과 투자를 제한함으로써 중국을 봉쇄하고 균형을 이루는 경제적 비용은 너무나 크다. 따라서 자신의 안보이익을 헤징하는 것은 미국에게 최적의 선택이다. 마지막으로 명확히 외적 균형과 봉쇄정책을 통해 중국과 대결하는 것은 중국이 적으로 변해 미국이 피하고자 하는 결과에 도달하는 경우이다.

미국은 이러한 헤징전략을 통해 현존 국제체제로 중국의 정치·경제적 통합을 지속·심화시켜 나가고, 지역적·세계적 차원에서 중국의 건설적이고 평화적인 역할을 고무시키며, 중국의 인권·법치 및 민주주의를 증진하고, 아시아·태평양 지역에서 미국의 정치·경제적 지도력을 유지하면서 이 지역에서 미국의 군사행동의 자유도 지속시켜 나가는 것이다.[32] 따라서 2006년과 2009년에 나타난 '책임 있는 이익상관자', '전략적 재보증'과 같은 표현은 모두 이러한 목적을 달성하기 위한 미국의 헤징전략의 한 부분인 것이다. 따라서 미국의 헤징전략의 궁극적 목적은 중국의 부정적인 선택의 위험을 제한하고 긍정적인 선택가능성을 증진시켜 미국이 원하는 방향으로 중국의 부상에 따른 힘의 투사 방향을 이끌어 나가고자 하는 것이다.

기존의 패권국가가 헤징전략을 선택하는 경우와 마찬가지로 강대국 정치에서 부상하는 국가가 헤징전략을 선택하는 경우도 매우 드물지만, 중국의 헤징전략은 강대국으로 재부상하기 위해 지속적인 경제성장을 추구하는 가운데 자신의 영향력, 레버리지, 그리고 행동의 자유를 극대화하기 위한 일반적인 외교정책 목표에서 기인한다. 보다 구체적으로 중국의 헤징전략은 국제안보 환경과 미·중 관계의 불확실성 심화에 의해서 나타나고 있다.

특히 중국의 정책결정자들과 분석가들은 경제성장을 위해서는 미국

---

32) Abraham M. Denmark (2009), pp. 159-180.

〈표 1-2〉 미·중 상호불신의 원천과 영역별 오인

영역 혹은 쟁점	미국의 대외정책에 대한 중국의 인식	중국의 대외정책에 대한 미국의 인식
국제체제의 구조적 변화	o 미 패권 및 지배력 유지 o 중국의 부상 억제	o 미국을 대체 o 미·중 관계는 제로섬게임
정치·가치 체계	o 사회주의에 대한 평화 진화전략 o 서구화, 국가분열 조장	o 권위주의 체제의 불안정성 o 국내 안정을 위한 국제적 위기 조성(민족주의 조장)
외교	o 부정의와 협소한 국익 중심 o 북한과 이란의 체제변화 기도 o 대테러전은 지역적·국제적으로 미국의 이익권 확대	o 국제적 규범과 레짐 강화에 책임 있는 역할 미비 o 아시아에서 미국의 영향과 이익을 희생으로 지역적 지배 도모
경제와 무역	o 미국의 경제적 실패 희생양으로 미·중 경제마찰 활용	o 중상주의적 입장 강화 o 희소자원의 전략적 접근
에너지와 기후변화	o 이라크 전쟁과 미국의 중동정책은 지구적 오일공급 통제 욕망 o 기후변화는 중국의 부상을 막기 위한 서구의 음모	-
국가안보	o 미국은 중국의 최대 안보 위협국 o 중국 주변국과의 안보협력 강화는 대중 포위전략의 일환	o 대중 불신은 미국 체제(군부, 정보기관, 의회)에서 일정 정도 제도화되어 있음 o 주요 지역에 대한 군사계획의 불투명성 o 사이버 안보영역과 첨단기술에 대한 스파이 행위에 대한 우려
불신의 원천	o 정치전통, 가치체계, 정치문화의 상이성(구조적 불신 원천) o 정책결정과정에 대한 이해와 평가의 부족 o 미비한 힘의 격차에 따른 의도의 불확실성	

출처: Kenneth Lieberthal and Wang Jisi, *Addressing U.S.-China Strategic Distrust* (Washington, D.C.: The Brookings Institution, 2012), pp. 7-38 참조 작성.

시장과 투자, 그리고 기술에 대한 지속적인 접근이 필요하면서도 국가의 재건과 지역적 열망을 이루기 위한 장기적이고 최대의 위협은 미국이라는 이중적 인식에 따른 결과이기도 하다.[33] 따라서 중국의 헤징전

---

33) Evan S. Medeiros (Winter 2005-2006), pp. 153-154; Rosemary Foot, "Chinese Strategies in a US-hegemonic Global Order: Accommodating and Hedging," *International Affairs* 82-1 (2006), pp. 77-94.

략은 미국과 마찬가지로 협력적이면서도 경쟁적인 성격을 모두 가지고 있다.

현재의 미·중 강대국 정치에서 나타나는 헤징전략의 핵심으로 '관여와 통합 기제'와 '균형'이라는 요소가 크게 부각되고 있다. 헤징전략의 관여와 통합 기제는 현존하는 다양한 국제체제의 기제를 활용하여 경제적 상호의존의 심화 및 다자주의적 안보협력을 통해 미·중 강대국 정치의 안보딜레마를 완화시켜 나가고자 하는 것이다. 반면 헤징전략의 또 다른 핵심 요소인 균형은 자신의 군사력 증강 및 주변 지역 국가들과의 외교안보적 협력관계를 발전시켜 향후 세력균형의 수단으로 삼고자 하는 것이다. 따라서 강대국 정치의 헤징전략은 오인에 따른 상호 불신의 악순환과 경쟁적인 균형 요소의 작용·반작용으로 지역적 불안정을 야기할 수 있는 위험성을 내포하고 있는 것이다. 2010년 3월 한반도에서 발생한 천안함 사태, 중·일 영토분쟁을 둘러싼 미·중 관계, 그리고 인도를 기축으로 한 동아시아 지역에 대한 미국과 중국의 경쟁적 외교협력 관계 등은 헤징전략의 외적 균형 요소가 표출된 전형적인 사례라 할 수 있다. 한편 국제 금융위기를 둘러싸고 불거져 나온 미·중 간의 환율 논쟁은 헤징전략에 있어서 연성균형의 성격을 엿볼 수 있는 사례이기도 하다. 이는 강대국 정치의 헤징전략이 연성균형 전략과도 매우 흡사한 성격을 갖고 있다는 측면을 보여주는 것이기도 하다.[34]

이처럼 현재 미·중 양국이 구사하고 있는 헤징전략은 기본적으로 불안정한 상호작용의 유형으로 세심하게 관리되지 않는다면 언제든지 전통적인 강대국 세력균형의 논리로 전환될 수 있는 과도기적이면서

---

34) 이에 대해서는 다음을 참조. Brock Tessman and Wojtek Wolfe, "Great Powers and Strategic Hedging: The Case of Chinese Energy Security Strategy," *International Studies Review* 13 (2011), pp. 215-241.

도 임시방편적 성격을 내포하고 있다. 또한 강대국 정치의 헤징전략이 보다 이론적이고 분석적인 성격을 갖기 위해서는 고(Goh)가 주장하듯이[35] 균형, 편승, 봉쇄, 책임전가 등과는 차별적인 특징들이 제시되어야 한다. 아무튼 미·중 관계의 변화 양상은 미·중 양국이 헤징전략의 어느 요소를 강조하느냐에 따라 적대·경쟁·협력·공조 등 다양한 조합을 보일 수 있다.

2) 미·중 헤징전략과 남북한 한반도 정치

해방과 분단, 그리고 한국전쟁 이후 냉전기의 한반도 안보지형에서 가장 핵심적인 변수는 남북한의 한반도 정치와 이를 외적 균형의 수단으로 삼으면서 지역의 질서를 유지하고자 했던 강대국 정치의 현상유지 정책이라 할 수 있다. 지난 냉전기에는 우선적으로 체제 변수가 강하게 작동하였기 때문에 남북한을 중심으로 전개되었던 한반도 정치는 현상유지라는 강대국 정치의 영역에서 벗어날 수 없었으며, 남북한의 안보적 자율성도 극히 제한적이었다. 또한 세기의 전환기를 맞이하여 발생한 국제체제의 급격한 변화는 한반도 및 동북아 지역 정치에 새로운 변화의 전기를 마련하는 것 같았으나, 한반도 안보지형의 핵심적 변수 중의 하나인 외적 균형이라는 강대국 정치의 기본 구조는 변화되지 않았다.

냉전 이후 남북한 중심의 한반도 정치는 현상타파의 안보정책을 추진해 왔다. 남북한의 관계 변화를 통해 한반도 통일이라는 남한의 현상타파 정책이 주로 강대국 정치와의 이해와 협력을 통해 전개되었다면, 북한의 현상타파 정책은 핵무기 개발이라는 군사안보적 성격에 치중

---

35) Evelyn Goh, "Understanding hedging in Asia-Pacific Security," *PacNet 43* (August 31, 2006), pp. 1-3.

되어 왔다. 그러나 1993년 3월 북한의 핵확산금지조약(NPT) 탈퇴 선언을 계기로 공식화된 북한의 군사안보적 현상타파 정책은 한반도 정치에 이중의 전략적 딜레마를 부과해 왔다. 하나의 딜레마가 남북한의 한반도 정치에 부과한 것이라면, 또 다른 딜레마는 한반도 및 동북아 지역의 강대국 정치에 부과한 것이다. 특히 북한의 핵개발 문제가 한반도 정치에 부과한 이중의 전략적 딜레마의 함의는 그것이 상황에 따라 '따로 또 같이' 작동할 수 있는 남북한과 강대국의 한반도 정치를 구조적으로 일체화시키는 결과를 낳고 있다는 점이다. 나아가 남북한과 강대국의 한반도 정치의 일체화는 역설적으로 강대국 협조체제의 근본적 작동원리인 주체와 객체의 차등적 관계라는 의도하지 않은 결과를 가져와 객체의 안보 자율성을 심히 제약하는 구조적 변수로 작동할 가능성을 높이고 있다는 점이다.

이러한 상황에서 미·중 강대국 정치가 남북한 한반도 정치 및 그에 따른 남북한의 안보 자율성에 미치는 영향을 살펴보면 다음과 같다. 첫째, '관여와 통합, 그리고 균형'의 요소를 가지고 있는 미·중 강대국 정치에서 '관여와 통합'의 성격이 부각될 경우 강대국 정치가 남북한 한반도 정치에 미치는 영향은 제한적이며, 그에 따라 남북한의 안보 자율성도 상대적으로 높을 것이라고 예상할 수 있다. 즉 남북한의 한반도 정치는 어느 정도 강대국 정치의 파열음에서 벗어나 남북한 당사자가 보다 자율적이고 적극적으로 한반도 정치를 운영해 나갈 수 있는 공간을 확보할 수 있다는 점이다. 그러나 강대국 정치의 영향이 최소화되었을 경우에도 남북한이 한반도 정치의 자율성과 적극성을 가시적으로 점증시켜 나가기 위해서는 서로에 대한 정책방향 및 접근방법에서 최소한의 공통적 입장을 도출해 내야 가능해진다. 만약 이것이 불가능하다면 '관여와 통합'의 강대국 정치는 남북한 한반도 정치의 경색 내지 정체국면과 결부되어 역으로 남북한의 안보 자율성을 제약할 수 있는 강대국 협조체제로 전환될 여지도 있다. 특히 김정일 사망으로 북한체제의 안정성이 불확실한 상황에서 김정은 체제의 안착을 통해 한반도의 안정과 현상유지를 바라는 미국과 중국의 공통적 입장은 그 동기나 목적이 서로 다를지라도 미·중 강대국 협조체제는 남북한의 한반도 정치에 큰 위력을 발휘할 수 있는 것이다.

둘째, 미·중 강대국 정치에서 '균형'의 성격이 강화될 경우 남북한의 한반도 정치는 강대국 동맹정치의 구도로 편입되어 한반도 정치의 자율성이 극히 제약될 수 있다는 점이다. 최근 미국의 아시아 중시 정책의 강화와 선택과 집중을 통해 아시아·태평양에서 미국의 안보이익을 강조하고 있는 새로운 방위전략 지침은 무엇보다도 미국의 대중정책에 있어 균형 요소의 중요성을 강조하고 있다.36) 미·중의 동아시아 강대국 정치에서 헤징전략의 균형 요소가 표출된 전형적인 사례로는 2010년 3월 한반도에서 발생한 천안함 사태, 중·일 영토분쟁을 둘러싼 미·중 관계, 그리고 남지나해 문제를 둘러싸고 벌어지는 중국과 동남아 관련 국가들, 그리고 미국과의 관계 등 동(북)아시아 지역에 대한 미국과 중국의 경쟁적 외교관계를 들 수 있다. 따라서 현재 미·중 양국이 구사하고 있는 헤징전략은 기본적으로 불안정한 상호작용의 유형으로 세심하게 관리되지 않는다면, 언제든지 전통적인 강대국 세력균형의 논리로 전환될 수 있는 과도기적이면서도 임시방편적인 성격을 내포하고 있다.

그러나 균형 요소가 강조되는 미·중 강대국 정치가 한반도 정치의 주역인 한국과 북한에게 미치는 영향은 상당히 달리 나타날 수 있다. 즉 균형 요소가 강조되는 미·중 강대국 동맹정치에서 북·중 동맹과는 달리 한미동맹은 미국의 대중 균형정책의 일환으로 활용될 여지가

---

36) US Department of Defense, *Sustaining U.S. Global Leadership: Priorities for 21st Century Defense* (January, 2012), p. 2.

높다는 점이다. 이는 기본적으로 한미동맹의 주둔형 동맹 유형에서 기인하는 것으로 주한미군의 전략적 유연성과 불가분의 관계에 있기도 하다. 이에 따라 한국의 안보 자율성은 상대적으로 위축될 뿐만 아니라 동맹 딜레마에 따른 동맹 갈등이 주기적으로 표출될 개연성도 높은 것이다.

반면 강대국 동맹정치에서 균형 요소가 강조되더라도 이것이 북·중동맹 및 북한에 미치는 영향은 한·미동맹과 한국의 그것과는 사뭇 다르게 나타날 수 있을 뿐만 아니라 어떤 면에서는 북한에게 유리한 전략적 환경이 조성될 수도 있다. 이에 대한 논리적 근거로는 다음과 같은 점을 지적할 수 있다. 첫째, 동북아 강대국 정치에서 미·중 균형정책이 부각될수록 북·중동맹의 특성을 고려했을 경우 중국에게는 북한의 전략적 가치가 그만큼 높아질 수 있다. 둘째, 핵의 국제적 쟁점화를 시도해 온 북한에게 강대국 정치의 균형정책은 역으로 강대국 간의 상호 경쟁 기회를 활용하여 자신의 자율적 안보이익을 위한 전략적 선택지를 넓혀 줄 수 있다는 점이다. 즉 북한은 강대국 정치의 균형정책을 전략적 기회로 인식, 핵 쟁점을 최대한 활용하여 한반도 정치를 부차적인 것으로 만드는 동시에 의도적으로 미국↔북한↔중국이라는 전략적 삼각관계를 조성해 나갈 수 있다는 점이다.

이런 점에서 동북아를 중심으로 펼쳐지는 강대국 동맹정치가 남북한 한반도 정치에 미치는 영향은 우선적으로 한·미동맹 관계에 보다 불리하게 작용할 가능성이 높고, 이에 따라 한국의 안보 자율성 및 입지도 상대적으로 제약될 가능성도 높다고 볼 수 있다. 나아가 강대국 동맹정치의 파열음으로 인해 한국은 남북한 한반도 정치에서도 주도권을 잡기보다는 북한의 한반도 정치의 방향과 입장으로부터 주기적인 민감성과 취약성을 보다 많이 노출시킬 개연성이 크다.

5. 결론: 정책적 함의

　21세기 들어 지역적·세계적 차원에서 진행되고 있는 힘의 이동은 아시아 국가들의 부상과 더불어 자연스럽게 아시아 정치를 국제정치의 중앙무대로 부각시키고 있다. 특히 그러한 과정을 통해 나타나고 있는 중국의 세계적 강대국으로의 부상은 미국은 말할 것도 없이 중국 자신의 안보전략의 변화뿐만 아니라, 대부분의 동아시아 지역 국가들에게 기존 안보전략의 검토와 새로운 대안적 안보전략의 모색을 강하게 추동하고 있다.
　이와는 달리 아직도 분단체제의 적폐에서 헤어나지 못하고 있는 한국은 과거와 마찬가지로 동맹 균형 혹은 편승을 축으로 안보전략을 추구하고 있다. 현재 한국이 추구하고 있는 동맹 중심의 안보전략은 우리의 제반 현실과 여건을 고려해 보았을 경우 어느 정도 나름의 적실성을 갖고 있다는 사실을 외면하기는 쉽지 않다. 그럼에도 불구하고 지역적·세계적 차원의 국가 단위에서 빠르게 진행되고 있는 힘의 이동이라는 일반적 국제정치의 현상과 우리의 핵심적인 안보 지역에서 거대한 소용돌이를 불러일으킬 수 있는 힘의 이동이 진행되는 상황을 고려했을 경우, 이제 한국도 기존 안보전략에 대한 검토와 향후 이중적 성격의 한반도 정치에서 한국의 안보 자율성을 증진시켜 한반도의 평화와 안정을 도모해 나갈 수 있는 대안적 안보전략을 모색하는 것도 중요하다.
　한편 미·중 동북아 강대국 정치가 남북한의 한반도 정치에 미치는 영향은 기본적으로 미·중 관계의 변화 양상에 따라 달리 나타날 가능성이 높다. 즉 미·중 강대국 정치의 관여와 통합의 성격이 부각될 경우, 남북한의 한반도 정치는 어느 정도 강대국 동맹정치의 파열음에서 벗어나 남북한 당사자가 보다 자율적이고 적극적으로 한반도 정치를 운영해 나갈 수 있는 공간을 확보할 개연성이 높다. 반면 미·중 강대국 정치의 균형 성격이 부각될 경우, 남북한의 한반도 정치는 강대국 동맹정치의 구도로 편입되어 한반도 정치의 자율성이 극히 제약될 수 있다는 점이다. 그러나 균형의 성격이 강조되는 미·중 강대국 정치는 한·미동맹 및 한국, 그리고 북·중 동맹 및 북한에 사뭇 다른 영향을 미치는 것으로 나타났다.

이런 맥락에서 보았을 때, 향후 남북한 관계의 한반도 정치는 미·중 안보적 상호작용이 빚어내는 파열음으로부터 구조적으로 영향을 받을 수밖에 없을 것이다. 이에 따라 동북아 차원에서 전개되는 미·중 강대국 정치의 다양한 형태와 성격은 남북한의 한반도 정치에 큰 위력을 발휘할 수 있다. 따라서 미·중 동북아 강대국 정치의 적폐를 최소화하기 위해 우리는 우선적으로 남북한의 한반도 정치에서 서로에 대한 정책방향 및 접근방법에서 최소한의 공통적 입장을 도출해 내야 할 것이다.

참 고 문 헌

NEAR 재단, 『미·중 사이에서 고뇌하는 한국의 외교·안보』(서울: 매일경제신문사, 2011).
손민중 역, 『2020 세계경제의 라이벌: 글로벌 패권을 둘러싼 중국·인도·일본의 미래전략』(서울: 랜덤하우스코리아, 2010).
전재성, "19세기 유럽협조체제에 대한 국제제도론적 분석: 현실주의와 구성주의

제도론의 시각에서," 『한국과 국제정치』 제15권 2호(1999).

Acharya, Amitav, "A Concert of Asia?," *Survival* 41-3 (Autumn, 1999).
Asmus, Ronald D., "Double enlargement: redefining the Atlantic partnership after the Cold War" in David C. Gompert and F. Stephen Larrabee (eds.), *America and Europe: A Partnership for a New Era* Cambridge: Cambridge University Press (1998). 이수형 역, 『미국과 유럽의 21세기 국제질서』(서울: 한울아카데미, 2000).
Chase, Robert S., Emily B. Hill, Paul Kennedy, "Pivotal States and U.S. Strategy," *Foreign Affairs* 75-1 (1996).
Cheng, Joseph Y. & Zhang Wankun, "Patterns and Dynamics of China's International Strategic Behavior," *Journal of Contemporary China* 11(31) (2002).
Coates, Breena E., "India, Chindia, or an Alternative? Opportunities for American Strategic Interests in Asia," *Comparative Strategy* 28 (2009).
Denmark, Abraham M., "China's Arrival: A Framework for a Global Relationship" in Abraham M. Denmark and Nirav Patel (eds.), *China's Arrival: A Strategic Framework for a Global Relationship* (Center for a New American Security, 2009).
Dumbaugh, Kerry, *China-U.S. Relations in the 110th Congress: Issues and Implications for U.S. Policy.* (Washington, D.C.: Congressional Research Service, 2009).
Elrod, Richard B., "The Concert of Europe: A Fresh Look at an International System," *World Politics* 28 (January, 1976).
Engardio, Pete, *Chindia: How China and India are Revolutionizing Global Business.* 박형기·박성희 역, 『친디아: 아시아 시대를 열다』(서울: 도서출판 ITC, 2007).
Foot, Rosemary, "Chinese Strategies in a US-hegemonic Global Order: Accommodating and Hedging," *International Affairs* 82-1 (2006).
Fravel, Taylor, "Regime Insecurity and International Cooperation: Explaining China's Compromises in Territorial Disputes., *International Security* 30-2 (Fall, 2005).
Goh, Evelyn, "US Strategic Relations with a Rising China: Trajectories and Impacts

on Asia-Pacific Security" in Kevin J. Cooney, Yoichiro Sato (eds.), *The Rise of China and International Security: America and Asia Respond*, London and New York: Routledge, 2009.

Goh, Evelyn, "Great Powers and Hierarchical Order in Southeast Asia: Analyzing Regional Security Strategies," *International Security* 32-3 (Winter, 2007/08).

_____, "Understanding hedging in Asia-Pacific Securit,," *PacNet* 43 (31 August, 2006).

Haass, Richard N., "The Age of Nonpolarity: Why Will Follow U.S. Dominance," *Foreign Affairs* 87-3 (May/John, 2008).

Holbraad, Carsten, *Middle Powers in International Politics* (London: Macmillan, 1984).

Ikenberry, G. John, "The Rise of China and the Future of the West: Can the Liberal System Survive?," *Foreign Affairs* 87-1 (January/February, 2008).

_____, "Institutions, Strategic Restraint and the Persistence of American Postwar Orde,," *International Security* 23-3 (Winter, 1998-99).

Johnston, Alastair Iain, "Is China a Status Quo Power?," *International Security* 27-4 (Spring, 2003).

_____ and Robert S. Ross (eds.), *Engaging China: The Management of a Rising Power* (New York: Routledge, 1999).

Kang, David C., *China Rising: Peace, Power, and Order in East Asia* (Columbia: Columbia University Press, 2007).

Khanna, Parag, *The Second World: Empires and Influence in the New Global Order* (New York: Random House, 2008).

Krauthammer, Charles, "The Unipolar Moment," *Foreign Affairs* 70-1 (1990).

Kupchan, Charles, "After Pax Americana: Benign Power, Regional Integration and the Sources of Stable Multipolarity," *International Security* 23-2 (Fall, 1998).

Layne, Christophe,, "Graceful Decline: The End of Pax Americana," *The American Conservative* 9-5 (May, 2010).

_____, "The Waning of U.S. Hegemony-Myth or Realist?: A Review Essay," *International Security* 34-1 (Summer, 2009).

_____, "The Unipolar Illusion: Why New Great Powers Will Arise," *International Security* 18-4 (Spring, 1993).

MacDonald, Paul K. and Joseph M. Parent, "Graceful Decline?: The Surprising Success of Great Power Retrenchment," *International Security* 35-4 (Spring, 2011).

Mahbubani, Kishore, *The New Asian Hemisphere: The Irresistible Shift of Global Power to the East* (New York: Public Affairs, 2008).

Mearsheimer, John J., "The Future of the American Pacifier," *Foreign Affairs* 80-5 (September/October, 2001).

Medeiros, Evan S., "Strategic Hedging an the Future of Asia-Pacific Stability," *The Washington Quarterly* 29-1 (Winter, 2005-2006).

Mueller, John, "A New Concert of Europe," *Foreign Policy* (Winter, 1989-1990).

National Intelligence Council, *Global Trends 2025: A Transformed World* (Washington, D.C.: U.S. Government Printing Office, 2008). 박 안토니오 역, 『변모된 세계 글로벌 트렌드 2025』(서울: 한울, 2009).

Ozkan, Mehmet, "A New Approach to Global Security: Pivotal Middle Powers and Global Politics," *Perceptions* 11-1 (2006).

Richardson, Michael, "China seen by ASEAN as Market," *International Herald Tribune* (April, 2002).

Ross, Robert S., "The Geography of Peace: East Asia in the Twenty-first Century," *International Security* 23-4 (Spring, 1999).

_____, "Beijing as a Conservative Power," *Foreign Affairs* 76-2 (March/April, 1997).

Shambaugh, David, "China Engages Asia," *International Security* 29-3 (Winter, 2004/5).

_____, "China or America: Which Is the Revisionist Power?," *Survival* 43-3 (Autumn, 2001).

Slantchev, Branislav L., "Territory and Commitment: The Concert of Europe as Self-Enforcing Equilibrium," *Security Studies* 14-4 (October/December, 2005).

Steinberg, James B., "Administration's Vision of the U.S.-China Relationship," Deputy Secretary of State Keynote Address at the Center for a New American Security Washington, D.C. (September, 2009).

Stuart, Douglas T., "Toward Concert in Asia," *Asian Survey* 37-3 (March, 1997).

Szabo, Stephen F., "Welcome to the Post-Western World," *Current History* 110-732 (January, 2011).

Tellis, Ashley J., Andrew Marble, Travis Tanner (eds.), *Asia's Rising Power and America's Continued Purpose* (Seattle and Washington, D.C.: The National Bureau of Asian Research, 2010).

Tessman, Brock and Wojtek Wolfe, "Great Powers and Strategic Hedging: The Case of Chinese Energy Security Strategy," *International Studies Review* 13 (2011).

US Department of Defense, *Sustaining U.S. Global Leadership: Priorities for 21st Century Defense*, 2012.

Walt, Stephen M., "Alliances in a Unipolar World," *World Politics* 61-1 (January, 2009).

Wohlforth, William C., "Unipolarity, Status Competition, and Great Power War," *World Politics* 61-1 (January, 2009).

_____, "The Transatlantic Dimension" in Roland Dannreuther (ed.), *European Union Foreign and Security Policy: Towards a Neighbourhood Strategy* (London and New York: Routledge, 2004).

_____, "The Stability of a Unipolar World," *International Security* 24-1 (Summer, 1999).

Zakaria, Fareed. *The Post-American World.* (New York and London: W.W. Norton & Company, 2008). 윤종석·이정희·김선옥 역, 『흔들리는 세계의 축: 포스트 아메리칸 월드』(서울: 도서출판 베가북스, 2008).

_____, "The Future of American Power: How America Can Survive the Rise of the Rest," *Foreign Affairs* 87-3 (May/June, 2008).

Zoellick, Robert B., "U.S.-China Relations," Committee on International Relations U.S. House of Representatives (May, 2006).

| 제 2 장 |

중국의 이중적 국가정체성과 실용주의 대외전략

이 문 기*

1. 머리말

　21세기 국제정치의 최대 관심사는 단연 '중국의 부상'이라 할 것이다. 중국의 부상은 이미 1990년대부터 줄곧 제기되었던 문제이며, 전 세계 학자들과 각국의 외교정책 담당자들이 오랫동안 주시하고 분석해 온 사안이다. 이 과정에서 중국의 부상을 둘러싸고 낙관적 전망과 비관적 전망이 논쟁되었을 뿐 아니라 대응을 놓고도 '봉쇄론'과 '수용론'이 대립하였다.
　중국의 부상 전망에 대해 유보적이거나 부정적인 입장에서 주로 제시하는 근거는 과도한 국가개입주의 정책의 부작용으로 나타난 시장경제 질서의 비규범성과 불투명성, 거품경제 등의 문제를 지적한다. 또한 정치사회적 요인으로는 극심한 빈부격차와 관료부패, 그리고 일당권위주의 체제의 경직성과 대중민족주의 분출 등의 부정적 요인이 지적되었다.
　중국 사회에서 이러한 문제는 앞으로도 상당 기간 근본적인 해결을

---

* 세종대 중국통상학과 교수. 이 글은 한국아시아학회, 『아시아 연구』 제15권 2호(2012년 6월)에 게재된 논문을 수정·보완한 것임.

기대하기 어려운 과제임에 분명하다. 그럼에도 불구하고 최근 중국의 미래를 전망하는 중론은 중국의 부상에 대해 낙관적 전망이 지배적이다. 이는 이상의 난제가 단기간 내에 해결되기 어려움에도 불구하고 대세를 흔들 정도의 심각한 문제가 되지 않거나, 혹은 중국 지도부가 적절히 관리하면서 점진적으로 개선해 나갈 것이라는 판단에 근거한 것이다.

특히 2008년에 발생한 미국발 세계 금융위기는 중국의 부상에 대한 믿음을 더 확고하게 해 주는 중요한 계기가 되었다. 중국은 국내 경제사회적 위기국면을 효과적인 정책대응으로 극복했으며, 나아가 중국의 안정적인 경제성장은 세계경제의 위기극복에도 결정적인 기여를 한 것으로 평가받았다. 이 시점부터 중국의 국제적 위상은 'G2'라는 별칭으로 통하게 되었고, 국제질서의 성격은 그 실체적 존재 여부와 무관하게 'G2시대'라는 규정이 자연스럽게 통용되고 있다.

이 글은 미국과 더불어 세계질서를 주도하는 강대국으로 부상하고 있는 중국의 대외전략을 검토하고자 한다. 중국은 이미 1990년대 중반부터 최고지도부가 공개적으로 '중화민족의 위대한 부흥'을 제창하였고, 2004년 이후부터는 '평화적 부상론'(和平崛起論)이라는 수사를 통해 강대국화의 의지를 드러낸 바 있다. 이런 중국의 열망이 세계 금융위기라는 외적 환경의 변화로 인해 좀 더 빨리 현실로 다가오게 되었다.

그렇다면 중국은 최근 자국의 국제적 지위 상승과 영향력 확대가 예상보다 빨리 진행되는 현실을 어떻게 받아들이고 있을까? 또 중국인의 오랜 염원인 강대국화의 열망을 어떤 방식으로 실현하려 하는가? 이런 질문은 궁극적으로 중국의 부상이 기존 세계질서에 어떤 변화를 가져올 것인가에 모아질 것이다. 특히 이는 한반도를 포함한 동아시아 지역에서는 중국과 경제, 안보 등 구체적이고 민감한 현안을 맞대고 있다는 점에서 더욱 중요한 문제라 할 수 있다. 이 글은 이와 같은 근본적인 문제의식을 가지고 최근 중국의 국제정세 인식과 대외전략을 구체적으로 살펴보고자 한다.

이 글은 제2절에서 최근 중국의 부상을 기정사실화하면서 통용되는 'G2시대'의 의미를 살펴본다. 미국에서 제안된 G2구상에 대해 중국이 거부하는 이유에 대해 알아볼 것이다. 이를 통해 중국이 현재의 국제정세 변화를 어떻게 이해하고 스스로의 위상과 영향력을 어떻게 평가하고 있는지를 보여줄 것이다.

다음 제3절에서 제5절까지는 중국의 대외전략을 외교, 군사, 경제 세 가지 영역으로 나누어 살펴볼 것이다. 외교전략에서 중국은 적어도 2020년까지는 경제발전과 사회안정이라는 국내적 도전과 과제에 우선적으로 치중하는 '내치 우선의 외교전략' 기조를 유지할 것임을 강조한다. 군사전략에서는 대외 안보환경의 안정과 평화가 곧 중국이 당면한 최고의 국익이라는 중국의 국방정책 기조를 확인한다. 하지만 이런 정책기조에도 불구하고 중국은 동아시아 지역에서 해군력 위주의 군사력을 빠른 속도로 증강시키고 있는데, 이런 이중적 군사전략이 갖는 함의를 살펴볼 것이다. 경제전략에서는 '경제성장 방식의 전환'으로 집약되는 중국의 경제발전 전략을 살펴보고, 중국과 세계경제의 관계에서 2000년대 중반 이후 새로운 변화추세를 정리한다. 특히 2008년 세계 금융위기 이후 중국과 미국 사이의 여러 가지 갈등 이슈에 대한 중국의 입장을 살펴본다.

마지막으로 결론에서는 이 글의 주요 내용을 요약·정리하고, 한국 외교정책에 대한 함의를 정리한다. G2시대 중국은 향후 최소 10년간은 개발도상국과 강대국이라는 이중적 정체성을 유지하면서 실용주의적 대외전략을 계속 유지할 것으로 전망한다. 이런 전략은 기본적으로 세계질서에 대한 도전과 변혁보다는 참여와 편승을 추구하는 과거 전략의 연속이라 할 수 있다. 향후 10년 정도가 중국의 부상에 따른 동아시아 지역 질서 재편이 가장 극적으로 전개되는 시기가 될 것인바, 이런 변화에 한국이 능동적으로 대응하기 위한 방향에 대해 논의한다.

2. G2구상의 제기와 중국의 대응

1) G2구상의 제기배경과 함의

국제사회에서 미·중 양국의 협력과 주도적 역할의 필요성을 제기한 G2 개념이 처음 등장한 것은 2004년이었다. 이는 미국의 피터슨 국제경제제연구소 소장 버그스텐이 G7 무용론을 주장하면서, 미국은 향후 세계경제 질서에서 미·EU, 미·중, 미·일, 미·사우디 이들 4개의 G2관계를 형성하는 것이 바람직하다는 의견을 제시하면서부터 시작되었다.1) 그 이후 G2는 서방의 많은 언론과 전문가들 사이에 유행하는 개념이 되었고, 점차 G2국가를 미·중관계로 지칭하여 이해하기 시작했다. 또한 하버드대의 퍼거슨 교수는 미국과 중국이 경제적 공동운명을 형성했다며, '차이메리카'(Chimerica) 개념을 제안하였고, 최초 제안자인 버그스텐은 2008년 6월 『포린 어페어즈』 기고문에서 미국과 중국이 평등한 협력관계를 기초로 세계경제를 공동 관리해야 한다고 주장하였다.2)

---

1) Fred C. Bergsten, "A New Foreign Economic Policy for the United States," Fred C. Bergsten and Institute for International Economics, *The United States and World Economy: Foreign Economic Policy for the Next Decade* (Washington: Institute for International Economics, 2005), p. 22.

2) William Pesek "China+U.S=G2, The New World Economic Order," *Bloomberg* (September 21, 2006); Fred C. Bergsten, "A Partnership of Equals: How

이처럼 G2 개념의 기원은 사실상 세계경제 질서에 신흥 강자로 부상한 중국을 미국이 적극적으로 수용하여 협력적 관계를 형성해야 한다는 아이디어에서 시작된 것이었다. 그리고 이 아이디어는 2008년 미국발 세계 금융위기를 계기로 미국 외교정책의 전략적 개념으로 발전하였다. 또한 2009년 초 오바마 정부 출범 직전에 있었던 중국의 인민우호협회와 미국의 윌슨센터가 공동 주최한 미중수교 30주년 기념 토론회에서 키신저, 브레진스키 등 거물 정치인들이 미·중 간의 협력을 강조했다.[3] 이들은 당면한 세계 경제위기의 극복을 위해서뿐 아니라 핵무기 확산방지, 에너지, 지구온난화 등 지구적 의제에 대해서도 양국 간에 협력이 절실하다고 주장했다. 즉 경제협력을 넘어 세계적 차원의 정치·안보문제 전반에 대한 파트너십을 강조한 것이다.

이와 같이 최근 몇 년 사이 G2 개념이 보편화되는 과정은 중국의 급부상에 따른 세계질서의 변동에 대비하기 위한 미국의 세계전략 또는 세계관리라는 맥락에서 비롯되었다. 즉 미국이 단독으로 세계질서를 유지하고 이끌어 가는 데 역량의 한계를 인정하고, 새롭게 부상하는 중국을 국제사회의 새로운 협력 국가로 끌어들여야 한다는 것이다. 물론 이러한 인식이 미국의 정부 및 학계의 일치된 의견을 반영하는 것은 아니다.

21세기 중국의 부상에 대한 미국의 대응전략은 세 가지 입장으로 대별된다. 첫 번째 입장은 중국의 부상은 현 미국 주도의 국제질서 내에 중국이 편입되는 과정이므로, 미국은 이를 저지하기보다는 국제사회에서 중국이 건설적인 역할과 책임을 다하도록 유도해야 한다는 입장이

Washington Should Respond to China's Economic Challenge?," *Foreign Affairs* (Jul/ Aug 2008).

3) Henry A. Kissinger, "The Chance for a New World Order," *The International Herald Tribune* (January 12, 2009).

다. 두 번째 입장은 첫 번째와 정반대의 시각에서 중국은 미국과 근본적으로 다른 정치체제와 가치규범을 가지고 있기 때문에, 결국 중국은 자국 중심의 새로운 국제질서 구축을 꾀할 것이므로 중·미 간의 충돌은 피할 수 없다는 입장이다. 이런 시각의 대중국 전략은 봉쇄전략을 제시한다. 세 번째 입장은 위 두 가지 입장을 절충으로 중국의 부상은 궁극적으로 현 국제질서에 대한 도전이 될 수밖에 없지만, 그것이 가까운 미래에 현실화되기 어려울 뿐 아니라 미국이 어떻게 대응하는가에 따라 충분히 통제 가능하다고 본다.

　미국에서 제안한 G2구상은 위 세 가지 입장 중에서 첫 번째와 세 번째 입장을 반영한 것이다. 그리고 이런 입장은 오바마 정부의 대중국 정책에도 반영되는 미국 내 주류적 시각으로 볼 수 있다. 즉 중국이 향후 기존 국제질서에 대해 순응적으로 편입할 가능성과 도전적으로 나올 가능성을 모두 열어 두지만, 우선 중국과 협력관계를 유지하면서 새로운 양자관계 구축을 모색하겠다는 것이다.

2) G2구상에 대한 중국의 대응

　미국에서 제기된 G2구상은 중국에서 큰 반향을 불러 일으켰다. 사실 오랜 기간 동안 강대국의 꿈을 염원해온 중국 입장에서, 미국과 대등한 국력을 인정받고 세계질서를 공동으로 주도한다는 구상은 마땅히 환영할 만한 것이었다. 하지만 2009년 금융위기 이후 미국이 전략적 차원에서 G2구상을 추진하려 하자, 중국 정부는 부정적인 입장을 보였다. 원자바오 총리는 G2구상에 대해 국제무대에서 공개적으로 반대의사를 표명했다. 2009년 5월 원자바오 총리는 중-EU 정상회담이 끝난 후 진행된 기자회견에서 "미국과 중국에 의한 세계 지배를 말하는 것은 전적으로 근거가 없고 잘못된 것이며, 한두 국가나 강대국 집단이 모든 국제문제를 해결하는 것은 불가능하다"고 지적하였다. 계속해서 원자바오 총리는 11월 중국을 방문한 오바마 미국 대통령과의 회담에서도 G2구상에 대한 반대입장을 또 다시 밝혔다.4)

중국은 G2 개념이 서방에서 촉발된 세계경제 위기의 책임을 중국에게 공동 부담시키려는 의도를 가진 것으로,5) 궁극적으로 미국의 패권 연장을 위한 책략에서 비롯된 것으로 이해한다.6) 또한 향후 국제질서에서 미국과 중국의 협력 필요성은 인정하지만, 양국 간 현격한 국력 격차와 여러 가지 제약 요인 때문에 당분간은 실현 가능성이 없다는 주장이 일반적이다.7) 물론 중국 내부에서도 금융위기를 계기로 미국과의 국력 관계가 점차 대등해지고 있다는 인식을 전제로 미국의 압박에 중국이 더 적극적으로 대응해야 하고, 심지어 미국이 주도하는 현 국제질서의 재편에 적극적으로 나서야 한다는 주장도 없지 않다.8)

하지만 이런 주장은 소수에 불과하고 대다수 전문가와 정부는 대단히 신중한 입장을 견지한다. 중국 내 대표적인 미국 전문가이자 후진타

---

4) "溫家寶會見美總統奧巴馬,"『人民日報』2009. 11. 19.
5) 서방에서 금융위기 이후 세계경제 회복과 국제질서 안정에 중국이 더 많은 책임과 역할을 수행해야 한다는 대표적인 주장은 다음을 참조. Elizabeth C. Economy and Adam Segal, "The G-2 Mirage: Why the United States and China Are Not Ready to Upgrade Ties," *Foreign Affairs* (May/ June 2009).
6) 宮力, "美國的覇權焦慮 與中國的應對方略,"『現代國際關係』2010年 第11期, pp. 14-16.
7) 裾國飛, 陳文鑫, "中美 '兩國集團'構想的由來及可行性分析,"『現代國際關係』2009年 第6期, pp. 18-22.
8) 주로 민족주의 성향 지식인들과 군에서 이런 강경한 주장이 제기된다. 이런 주장을 담은 대표적인 책은 다음을 참조. 宋曉軍 外,『中國不高興』(南京: 江蘇人民出版社(2009), (한국어판) 쑹샤오쥔 외, 김태성 옮김,『앵그리 차이나』(서울: 21세기북스, 2009).

오 주석의 외교 브레인으로 알려진 베이징대 교수 왕지쓰(王緝思)는 금융위기에도 불구하고 향후 20~30년 동안 세계 어떤 나라도 미국에 대해 전면적인 도전을 제기할 능력을 갖추기 힘들 것이라고 단언한다.[9] 중국 정부의 입장도 같다. 2010년 3월 원자바오 총리는 금융위기 이후 중국 외교가 공세적으로 바뀌었고, 심지어 오만해졌다는 서방의 비판에 대해 중국은 국내문제가 산적한 개발도상국으로서 '평화적 발전' 노선을 계속 견지할 것이고, 금세기 중반 혹은 그 이후에나 가능한 중등 수준의 발전국가가 되더라도 결코 패권을 추구하지 않을 것이라고 언급하였다.

심지어 일부 전문가는 향후 세계질서에서 중국이 2위 자리를 유지하는 것 자체가 힘겨운 도전이 될 것으로 본다. 역사적 경험에서 볼 때 미국이 자국의 패권 유지를 위해 강력한 견제와 압박을 가할 것이라고 주장한다. <환구시보>(環球時報)는 2010년 8월 3일자에 "'세계 2위' 자리는 함정이 가득하다"라는 제목의 기사를 1면 전체에 실었다. 현대국제관계 연구원 장융(江涌) 주임은 이 글에서 "2차 대전 이후 자본주의 진영의 2위 자리는 영국, 독일, 일본이 계속 바뀌었고, 자본주의 밖의 2위 소련도 있었지만, 미국은 이들 2인자들을 압박하며 여력을 주지 않았다"며 지난 60년 동안 미국이 어떻게 2위 국가들을 누르며 패권을 지켜 왔는지를 설명한다. "미국은 수에즈운하 사건의 혼란을 틈타 영국과 프랑스를 내쫓고, '별들의 전쟁'으로 소련 경제를 망가뜨렸으며, 환율 문제 등으로 일본 경제를 압박했다"는 것이다.[10] 즉 중국은 한편으로는 세계 2위의 대국으로 성장한 데 대한 자부심도 있지만, 다른 한편

---

9) 王緝思, "樂觀看待中美關係," 『南風窓』 2008年 21期(10. 15).

10) "'世界第二'位置充滿陷穽," 『環球時報』(2010. 8 3). 이 기사에 대한 국내 언론의 소개는 다음을 참조. 박민희, "'넘버2' 중국의 판세분석," 『한겨레신문』 (2010. 8. 5).

으로는 산적한 국내적 과제와 미국의 견제 등을 고려할 때 아직은 국제사회에서 목소리를 키울 때가 아니라는 입장이다. 따라서 과거 덩샤오핑이 언급한 '도광양회 유소작위'(韜光養晦 有所作爲) 외교방침을 계속 유지해야 한다는 것이다.[11]

이처럼 G2구상에 대한 중국 내 반응은 한편으로 중국의 지위 상승에 대한 자부심과 기대감을 가지면서, 다른 한편으로는 중국의 현 수준이 국제사회의 지도국가로 나서기에 부족하다는 인식과 함께 G2체제가 결국 미국의 패권 유지라는 전략적 의도 속에서 나온 것이라 의심하고 있다.

3. 중국의 외교전략

1) 중국의 국가발전 비전과 외교전략: 내치 우선의 외교전략

중국의 외교정책과 전략을 제대로 이해하기 위해서는 중국의 국내정치 및 국가발전 전략에 대한 이해가 선행되어야 한다. 일국의 외교정책이란 자국의 국가발전 목표를 추구하기 위해 유리한 외부 환경과 국제관계를 조성하기 위한 대응책이라 할 수 있다. 따라서 외교는 기본적으로 국내정치의 연장선상에 있는 것이며 중국 역시 예외일 수 없다. 특별히 중국의 외교정책에서는 이런 특성이 더욱 강조될 필요가 있다. 그것은 중국이 국가 규모, 역사적 경험, 체제 전환 국가의 불확실성 등

---

11) "中國走向'大外交'," 『人民日報 海外版』(2011. 2. 8); 王緝思, "中國的國際定位問題與'韜光養晦 有所作爲'的戰略思想," 『國際問題研究』 2011年 第2期, pp. 4-9.

여러 가지 측면에서 매우 특수한 상황에 처해 있기 때문이다. 특히 중국은 경제총량(GDP)에서는 세계 2위의 대국이지만, 1인당 GDP는 세계 평균의 46.8%(2010)에 불과한 개발도상국가라는 이중적 정체성을 가진 국가다. 또한 지니계수 0.5에 이르는 극심한 빈부격차와 취약한 사회보장 체계 등의 문제 때문에 여전히 성장과 안정, 그리고 체제 전환의 완성이라는 내부적 도전과 과제가 산적해 있는 국가다. 따라서 중국의 외교정책은 여전히 국내 발전과 연계된 국가발전 목표 속에서 하나의 부분이라는 점에 특별히 주목하여 분석할 필요가 있다.

중국 지도부는 1990년대 후반 이후 장기적 국가발전 목표를 일관되게 제시하고 있다. 중국공산당 창당 100주년(2021)을 겨냥하여 2020년까지 '전면적 소강(小康)사회 실현'을 달성하고, 중화인민공화국 건국 100주년(2049) 즈음인 2050년까지 '중등 선진국가 진입'이라는 비전을 제시하고 있다. 특히 21세기 초반 20년의 시기를 기본적으로 대내외적 환경이 중국의 국가발전에 매우 유리하다고 판단하는 '전략적 기회의 시기'(戰略機遇期)로 규정하고 있다.[12] 중국은 국가발전 비전에서 1990년대 중반 이후 중국 지도부의 각종 공식 연설에서 자주 언급되는 '중화민족의 위대한 부흥'을 실현하는 목표 시점을 2050년으로 잡고 있다.[13] 2020년 전면적 소강사회 실현은 그 중간 지점으로서 주로 산적한 국내적 과제를 해결하고 선진국으로 도약하기 위한 준비를 완성하는 단계라 할 수 있다. 중국은 이런 비전에 따라 향후 최소 10년은 경제발전과 사회안정이라는 국내발전 과제를 우선시하면서, 대외전략은 국내적 발전을 위한 안정적인 대외환경 조성에 중점을 둘 것이다. 즉 '내

---

12) 江澤民, "全面建設小康社會, 開創中國特色社會主義事業新局面: 江澤民在中國共產黨第16次全國代表大會上的報告"(2002. 11. 17).

13) 중국 지도부가 '중화민족의 부흥'을 공식적으로 언급한 것은 1997년 제15차 당대회이며, 그 이후 당대회나 중요 연설에서 반복적으로 등장하고 있다.

치 우선의 외교정책'이 상당기간 지속될 것으로 전망된다.

중국정부가 2011년 9월 6일 대외전략에 대한 공식 입장으로 발표한 『중국 평화발전 백서』(中國的和平發展白皮書, 이하『백서』)에서도 이런 내용은 확인된다. 중국 정부는 13,000자 분량의 이『백서』발간의 목적을 "중국은 어떤 국가인가, 부강하고 현대화된 중국이 나아갈 방향은 무엇인가, 중국이 추구하는 전략적 목표는 무엇인가, 그리고 중국의 발전이 세계에 던지는 의미는 무엇인가 등과 같은 국내외의 관심과 토론이 집중된 질문에 대해 분명한 해답을 제시하기 위한 것"이라고 밝히고 있다.[14] 이『백서』역시 기본적으로 2003년 이후 중국 대외전략의 기본 개념으로 확립된 '평화발전(和平發展)론'의 의의를 재차 강조한 것이지만, 특별히 국내발전과 대외전략의 비전을 종합한 개념으로서 평화발전의 개념과 구상을 제시하고 있다는 점에서 좀 더 체계적이라 평가할 수 있다.

『백서』에서 중국은 "내적으로 발전과 화합을 추구하고, 외적으로 협력과 평화를 추구하는 평화발전이라는 총체적 목표를 실현"하기 위한 구체적인 정책방향으로 다섯 가지를 제시하였다. 첫째, 경제발전 방식의 전환을 가속화한다. 둘째, 시장과 인적자원의 비교우위를 더욱 활성화한다. 셋째, 조화로운 사회(和諧社會) 건설을 가속화한다. 넷째, 호혜공영의 개방전략을 실시한다. 다섯째, 평화적인 국제환경과 유리한 외부조건을 조성한다.

이상 다섯 가지 정책방향 중에서 앞의 네 가지는 기본적으로 국내 경제・사회발전과 관련된 것이며, 다섯 번째가 대외정책과 관련된 것이다. 중국의 국가발전 전략에서 주된 관심이 국내 경제발전과 사회안정에 치중되어 있고, 대외전략과 관련된 정책 비중이 상대적으로 작다

---

14) "解讀<中國的和平發展>白皮書,"『解放日報』(2011. 9. 12).

는 점을 확인할 수 있다. 『백서』는 이상과 같이 국내외 발전전략을 제시한 후 다음 장에서 중국의 평화발전 대외전략을 추진하기 위한 정책 방향으로 다시 다섯 가지를 제시하였다. 첫째, 조화로운 세계 건설 추진, 둘째 자주독립의 평화외교 추진, 셋째 상호신뢰, 호혜, 평등, 협력의 신안보관 선도, 넷째 적극적이고 진취적인 국제적 책임관 주도, 다섯째 선린우호의 지역협력이 그것이다.

『백서』의 전체 내용을 통해 알 수 있는 중국 대외전략의 함의는 다음과 같이 정리할 수 있다. 첫째, 국내발전과 대외전략의 관계에서 상대적으로 국내 경제사회 발전에 치중하고 있다는 점이다. 적어도 '2020년 전면적 소강사회 실현'이라는 목표 시점까지는 지속가능한 경제성장 방식 모델의 구축과 사회안정을 가장 중요한 국가적 과제로 인식하고 있다.

둘째, 신흥 강대국은 반드시 기존 질서와 충돌하면서 패권을 추구할 것이라는 서구적 경험과 달리 중국은 평화적 부상을 실현할 것임을 강조한다. 중국의 평화적 부상은 지난 300여 년 동안 서구 강대국 흥망사의 경험에서 보여준, 신흥 강대국은 반드시 기존 질서를 타파하고 새로운 패권을 추구한다는 경험적 법칙에 대한 전면 부정이며, 새로운 강대국화의 모델을 제시하는 것이라는 의의를 부여한다.

셋째, 『백서』에서 중국은 자국의 발전 수준과 국가 정체성을 개발도상국이라고 누차 강조하고 있다. 중국은 국제사회 책임에 적극적으로 임하겠다고 표명하면서도, 그 구체적 설명에서는 개발도상국으로서 국제법 등 국제규범을 성실히 준수하고 국력에 상응하는 책임과 의무를 다하겠다는 입장이다. 즉 국제사회에 대한 책임부담 요구에 응하되, 서방 선진국의 입장이 아닌 신흥 시장경제 국가와 개발도상국의 입장에 서겠다는 것이다.

넷째, 국방정책 측면에서 방어적 성격을 강조한다. 중국은 탈냉전 시대 부각되는 다양한 비전통적 안보위협에 대응하기 위해 국방 현대화 추진이 매우 중요하다고 인식한다. 하지만 그 목적은 전적으로 자국의 주권과 영토를 보호하기 위한 것이며, 어떤 국가와도 군비경쟁을 하거나 군사위협을 가할 의사가 없다고 주장한다. 이와 동시에 자국의 주권과 안보, 그리고 정치안정과 관련된 이른바 '핵심이익'에 대해서는 단호한 대응에 나설 것임도 분명히 한다.

2) 중국의 국제적 위상과 외교전략: 개도국과 강대국의 이중 정체성

중국은 현재 국제적 위상과 정체성을 "개혁개방 중인 사회주의 개도국이며, 신속히 부상하고 있는 대국"으로 규정하고 있다.[15] 이러한 자기인식은 현재 중국이 직면한 다면적이고 복잡한 국내외적 도전과제를 종합적으로 고려한 것으로서 적어도 2020년까지는 기본적으로 유지될 것으로 보인다. 특히 2008년 세계 금융위기 이후 세계질서가 새로운 전환기에 접어든 상황에서 향후 10년의 시기를 중국의 부상을 실현하는 관건적 시기로 판단한다. 여기서 관건적 시기는 매우 유리한 환경을 맞이한 황금기라는 의미와 엄중한 도전과 과제를 극복해야 한다는 위험한 시기의 의미를 동시에 갖는다. 황금기란 미국 및 서방 주도의 국제질서가 위기를 맞으면서 중국 등 비서구 국가의 위상과 영향력 제고가 필연적인 추세가 될 것인바, 중국의 국력이 비약적으로 성장할 수 있는 유리한 환경이 조성되는 시기를 의미한다. 반면 엄중한 도전의 시기란 강대국과의 평화외교와 함께 주변 지역의 분쟁 요인을 잘 관리하

---

15) 이런 규정은 2005년 당중앙 정치국 집체학습에서 보고된 보고서의 내용으로, 중국의 대다수 학자들과 지도자들이 자주 언급하는 내용이다. 張宇燕, "全球化進程中的國際格國與中國發展," 唐晋 主編, 『大國外交』(北京: 華文出版社, 2009).

면서 평화적인 대외환경을 계속 유지해야 하고, 대내적으로는 빈부격차 완화 등 정치사회적 과제를 해결해야 하는 시기임을 의미한다.[16] 즉 한편으로 국내적 발전과 다양한 정치사회적 과제를 해결하면서, 다른 한편으로는 세계적 강대국으로 부상하려는 열망을 동시에 드러낸 것이다.

이처럼 중국은 현실적인 한계와 딜레마, 그리고 전략적 의도성으로 인해 향후 최소 10년, 길게는 30년 정도 '사회주의 개도국'이라는 정체성을 표방하면서 세계적 강대국을 지향하는 복합적 이미지를 유지할 것으로 보인다.[17] 그런데 이런 과도기적 이중 정체성은 앞으로 국제사회의 주요 현안과 쟁점에서 상당한 혼란을 야기할 가능성이 높다. 중국과 외부세계(서방) 모두 새로운 환경과 변화에 적응해야 하는데, 그 과정에서 불가피하게 상당한 두려움과 부적응 현상이 나타날 수밖에 없기 때문이다.[18]

그렇다면 이런 과도기에 중국이 취할 외교전략의 기본 방향은 무엇이고, 이를 제약하는 요인은 무엇일까? 먼저 중국은 지난 20여 년간 견지했던 외교전략 기조인 '도광양회 유소작위'의 원칙을 계속 유지할 것이다. 즉 내부의 안정과 발전이 우선이라는 기조를 유지하면서, 최대한 신중한 자세로 평화로운 국제환경 조성에 주력할 것이다. 이를 위해서는 대국 관계, 특히 미국과의 관계를 평화적으로 관리·유지하는 것이 관건이다. 향후 최소 10년간 중국은 미국과의 관계에서 다양한 경쟁적·갈등적 이슈에도 불구하고 점진적으로 '협력 우위'의 양국관계 유

---

16) 金燦榮, 劉世强, "未來十年的世界與中國: 國際政治視角," 『現代國際關係』 2010年 30周年 特輯號, pp. 26-40.

17) 이동률, "중국 비전2020: 초강대국화 전략," 이동률 편, 『중국의 미래를 말하다』(서울: 동아시아연구원, 2011), pp. 35-38.

18) 李軍, "中國與世界: 在適應和調整中進入新階段," 『當代世界』 2011年 第1期

지를 위해 노력할 것이다.

사실 중·미 간 양자관계만을 고려하면 기본적으로 경쟁관계이지만, 상호의존적 협력의 공간 또한 갈수록 확장되고 있는 상황이라는 점에서 양자 간 협력 우위의 갈등관계가 상당기간 지속될 가능성이 높다. 특히 경제적 측면에서는 양자 간에 강력한 의존 구조에서 여러 가지 이익갈등 요인에도 불구하고 충돌보다는 타협과 협력을 통해 공존을 모색할 가능성이 더 높아 보인다. 마치 냉전시대 미소관계가 전략적 대결관계 속에서 '공포의 핵균형'을 유지했듯이, 21세기 초 중·미관계도 '공포의 재정균형'을 실현할 가능성이 높다는 것이다.[19]

문제는 타이완, 남사군도, 한반도와 같은 동아시아 주변 지역의 분쟁요인이 중·미 간 충돌로 발전할 가능성이다. 특히 이들 이슈가 최근 중국이 비타협적 대응을 분명히 하고 있는, 이른바 '국가 핵심이익'에 해당한다는 점에서[20] 양국 간에 첨예한 갈등 이슈가 될 가능성이 높다. 즉 중·미 간 경쟁관계가 지속적인 협력관계를 유지할지, 아니면 충돌양상으로 급격히 변할지를 판가름하는 가장 민감한 이슈가 동아시아 지역에 집중되어 있다는 것이다.

둘째, 중국적 가치규범에 입각한 체제 전환의 완성과 이를 국제사회에서 인정받기 위한 노력을 경주할 것이다. 중국의 체제 전환에서 기본적으로 경제체제는 큰 강을 건넌 것으로 평가할 수 있다. 2001년 말 WTO 가입을 계기로 세계 자본주의 질서의 규범체계 속에 이미 편입되면서 돌이킬 수 없는 단계에 진입했기 때문이다.[21] 하지만 정치·사회

---

19) Joseph S. Nye, "American and Chinese Power after the Financial Crisis," *The Washington Quarterly* 33-4 (October 2010).

20) Michael D. Swaine, "Perceptions of an Assertive China," *China Leadership Monitor* 32 (2010).

21) 이문기, "WTO 시대 신발전전략과 중국모델의 변용," 전성흥 편, 『중국모델

적 체제 전환은 아직도 진행 중이고, 그 궁극적 지향이 무엇인지 명확한 답을 제시하지 못하고 있다. 중국 내에서 2000년대 이후 정치체제 개혁을 둘러싸고 활발한 담론이 전개되고 있지만, 아직도 '모색과 실험'의 단계라 할 수 있다.22) 다만 중국 학자들의 다양한 주장과 정부의 공식 입장을 종합하면 서구적 다원민주주의를 배제하고 중국 고유의 가치와 특수성을 고려한 중국식의 독특한 민주주의 제도를 만들겠다는(創新) 방향성은 분명해 보인다.23)

그런 의미에서 향후 중국의 정치체제 전환과 강대국 부상의 논리는 기존 시장경제 전환의 시기와는 다르게 중국적 가치규범의 창출이라는 맥락에서 진행될 가능성이 높다.24) 최근 부각되는 중국의 소프트파워 강화 전략도 이런 맥락에서 이해할 수 있는 문제다. 대외적으로는 '화평굴기론'과 같이 기존 서구에서의 강대국 부상 경험과 다른 방식으로 대국 부상을 추구하고, 대내적으로는 중국적 가치규범이 반영된 정치・사회・경제제도를 구축하면서 국제사회에서 존중받는 강대국이 되겠다는 것이다.25)

론: 개혁과 발전의 비교역사적 탐구』(서울: 부키, 2008).
22) 2000년대 이후 중국 정치체제 개혁방안에 대한 다양한 아이디어에 대한 요약 정리는 다음을 참조. 조영남, 『후진타오 시대의 중국정치』(서울: 나남, 2007), pp. 55-105.
23) 中華人民共和國國務院新聞辦公室, 『中國民主政治建設白書』, 新華網(2005. 10. 19).
24) 중국의 부상을 서구와의 이익충돌의 관점이 아닌, 중국적 가치규범의 부상이라는 관점에서 접근하는 분석은 주로 유럽 학자들에 의해 시도되고 있다. 이런 관점의 저작으로는 다음을 참조. 마틴 자크, 안세민 옮김 『중국이 세계를 지배하면』(서울: 부키, 2010); 마크 레너드, 『중국은 무엇을 생각하는가』(서울: 돌베개, 2011).
25) 중국 내부에서 이런 주장과 논의는 홍수를 이루고 있으며, 비교적 초기의

셋째, 중국은 신흥 시장경제 국가와 개도국의 입장에서 국제사회에 대한 책임의 점진적 확대와 규칙의 변화를 모색할 것이다. 중국이 국제사회에서 '책임대국' 이미지를 형성하려는 노력은 1997년부터 시작되었다. 지난 10여 년간 진행된 중국의 노력은 크게 주변 지역에 대한 적극적 역할, 다자주의 외교활동 적극 참여, UN을 통한 외교활동 강화 등으로 표출되었다. 그런데 최근 강조되는 또 다른 경향은 국제사회에서 서방 선진국과의 차별화 전략이라 할 수 있다. 국제사회에서 책임과 역할을 적극적으로 하되, 신흥 경제대국(BRICs+남아공)과 개발도상국의 대변자 입장에 서겠다는 것이다.[26] 이런 노력의 대표적인 사례로서 2000년부터 3년마다 열리는 '중국-아프리카 협력포럼'과, 서방 중심의 '다보스 포럼'에 맞서 2002년에 중국 주도로 출범시킨 '보아오(博鰲) 포럼'이 있다.

정리하자면 중국의 외교전략은 적어도 2020년까지는 국내 경제발전과 정치·사회적 문제 해결을 우선시하는 내치 우선의 외교전략 기조가 계속 유지될 것이다. 즉 중국이 적어도 향후 10년 이내에 기존 서구 중심의 국제질서에 대한 수정주의 전략을 채택하기보다는 기본적으로 참여와 편승이라는 기존의 전략을 계속 유지할 것으로 전망된다. 하지만 이와 동시에 중국은 국제적 지위 제고와 영향력 확대를 계속 추구할

대표적인 주장은 다음을 참조. 葉自成, 『中國大戰略: 中國成爲世界大國的主要問題及戰略選擇』(北京: 中國社會科學出版社, 2003), pp. 116-117. 중국의 소프트파워 강화 외교전략에 대한 소개는 다음을 참조. 조영남, 『21세기 중국이 가는 길』(서울: 나남, 2009), pp. 175-217.

26) 2011년 4월 13-14일에 중국 산야(山亞)에서 열린 제3차 BRICs 회의에서는 남아공을 새로운 회원국으로 받아들이고, 5개국 정상이 모여 국제적 의제에 대한 상호 협력을 강조했다. 장리리(張歷歷), "중국과 브릭스가 세계발전을 함께 이끌자," 『PRESSIAN』(2011. 5. 8). http://www.pressian.com/article/article.asp?article_num=10110508125919.

것이기 때문에, 중국과 외부세계 간의 '중국 부상'의 성격을 둘러싼 인식 격차와 논란은 계속 확대될 것이다. 특히 현재까지도 부단한 모색과 실험을 진행하고 있는 국내 정치사회 제도는 서구적 가치규범과 제도의 전면 수용보다는 중국적 가치규범에 입각해서 서구로부터 학습한 제도를 재구성하는 방식으로 나아갈 것이 확실해 보인다. 이는 장기적으로(2020년 이후) 대외전략 측면에서도 중국이 좀 더 적극적이고 공세적인 정책을 펼칠 경우를 가정한다면, 기존 서구중심의 국제질서에 중대한 도전을 초래할 가능성이 매우 높다는 것을 시사한다.

4. 중국의 군사전략

주지하듯이 중국은 세계 2위의 경제대국이면서 동시에 군사비 지출 분야에서도 세계 2위의 군사대국이다. 폴 케네디의 지적처럼 세계적 패권국가가 되는 기본조건으로 경제력과 군사력이 최소 필요조건이라면,[27] 중국의 강대국화를 논할 때 경제적 부상과 함께 중국의 군사적 부상에 대한 면밀한 고찰은 매우 중요하다. 즉 G2시대 중국의 대외전략이 힘을 앞세운 '패권 지향적 국가'가 될 것인지, 아니면 중국의 주장대로 '평화 지향적 국가'가 될 것인지 여부는 중국의 국방정책과 군사능력에 의해 결정되는 문제다. 이를 위해 먼저 중국 군사전략의 상위 개념으로서 국가안보 전략의 특징을 살펴보고, 다음으로 최근 중국의 군사력 강화의 현황과 군사전략에 대해 전망해 볼 것이다.

---

27) 폴 케네디, 이일수 외 역, 『강대국의 흥망』(서울: 한국경제신문사, 1988).

1) 중국의 국가안보 전략: 평화와 안정, 방어적 국방정책

일국의 군사전략은 국방정책의 일환이며, 국방정책은 국가안보 전략이라는 좀 더 큰 범주의 일환이라 할 수 있다. 따라서 최근 중국의 군사력 증강이 주는 파급효과를 이해하기 위해서는 먼저 당면한 세계정세와 안보환경을 중국이 어떻게 인식하는가 하는 좀 더 포괄적인 질문에서 시작되어야 한다. 중국 지도부가 인식하는 대외환경과 외교전략의 기본 방향은 앞 절에서 분석하였고, 이 절에서는 국가안보와 관련된 중국의 인식과 전략을 살펴볼 것이다.

중국은 역사적으로 독특한 안전보장관을 갖고 있다. 근대 이전에는 중국을 정점으로 중국 문화가 주변국에 침투된 정도에 따라 서열을 매겨 지배하는 '화이질서'(華夷秩序)를 추구했다. 또 아편전쟁 이후 서구 열강의 반식민지로 전락하는 굴욕을 경험하였고, 현재의 중화인민공화국은 중국공산당이 국민당과의 내전 승리로 수립한 혁명정권이다. 이런 길고도 복잡한 역사적 맥락에서 중국에서는 국가안보와 관련하여 자신들의 고유하고 특이한 안보 관념이 형성되었다. 이는 현재 중국 지도부가 생각하는 국가 안보전략에도 그대로 적용되는데, 세 가지로 정리된다.

첫째, 다른 서방 국가와 가장 큰 차이점으로 국내적 분열 방지를 국가안보에서 가장 중요한 목표로 간주한다는 점이다. 중국은 역사적으로 분열과 통합을 끊임없이 반복했고, 근대 이후 중국의 혁명사에서도 한편으로 외부의 적인 제국주의와의 싸움을 전개하면서, 다른 한편으로 내부의 분열과 혼란 속에서 내전이 지속되었다. 중국의 최고지도자에게 요구되는 가장 중요한 자질이 바로 국가분열의 위기를 관리·통제하는 능력이며, 군의 주된 역할 역시 이를 해결하기 위한 수단으로

간주된다. 중국의 인민해방군은 형식적으로 '국가의 군대'이면서 '당의 군대'라는 이중적 성격을 갖지만, 사실상 '당의 영도'에 절대 복종하는 '당의 군대'로 존재하는 것도 이런 안보 관념을 반영하는 것이다. 즉 군의 임무가 외세 침략에 대한 방어적 목적과 함께 중국공산당의 대내적 통치안정을 지탱하는 유력한 물리적 수단으로 인식되고 있다.

둘째, 강한 현실주의적 경향으로서 '힘에 대한 숭배' 관념이 강하다.[28] 이는 역사적으로 볼 때 중국인은 종교적 내세 관념이 약하고 현실주의 경향이 강하다는 점, 근대 시기 서구 열강의 침략에서 얻은 교훈, 공산혁명 시기 내전 경험 등의 요인 등이 복합적으로 작용한 것이라 할 수 있다. 현대 중국에서도 문화대혁명과 1989년 톈안먼(天安門)사건 등의 혼란이나 최근에도 빈번하게 발생하는 소수민족 분리주의 운동에 대한 억압에서도 여지없이 군의 투입을 통해 문제를 해결했다. "힘(군사력)이 약하면 분열하고 당한다"는 관념이 지배적으로 작동하고 있는 것이다. 특히 국가위신이나 존엄성, 영토문제 등에서는 지나칠 정도로 '자신의 힘'에 의존하는 경향성을 보여주고 있다.

셋째, 실용주의적 경향성이 강하다. 앞서 언급했듯이 중국은 자국의 영토(중핵 지역과 변방 지역 모두 포함)가 침범당하거나 분열의 위험에 빠지면 단호하게 무력을 사용하는 경향이 강하다.[29] 하지만 무력은 현실

---

28) Alastair Iain Johnston, *Cultural Realism: Strategic Culture and Grand Strategy in Chinese History* (Princeton, New Jersey: Princeton University Press, 1995).

29) Johnston의 연구에 따르면, 중국은 기원전 1100년(서주)부터 1911년 청 멸망(신해혁명)까지 총 3,790회의 국내·국제전쟁을 치렀다. 물론 이 수치는 중국의 국가분열 시기에 벌어진 수많은 내전을 모두 포함한 것이다. 비교적 안정된 왕조 시기인 명나라 시기에도 연평균 1.12회나 전쟁을 치른 것으로 분석하였다. Alastair Iain Johnston, *Cultural Realism: Strategic Culture and Grand strategy in Chinese History* (Princeton, New Jersey: Princeton University Press, 1995), p. 27.

적 이해타산에 근거해 매우 제한적으로 사용하였다. 특히 자국의 힘이 상대적으로 열세이거나 군사력 사용의 대가가 너무 크다고 판단될 때에는 다양한 비군사적 수단을 통해 안보문제를 해결하려 한다. 중국의 이런 경향은 역사적으로 무력 사용을 경원시했던 유가사상과 손자사상의 영향도 컸을 것으로 이해된다.30) 특히 중국은 '강한 국가'(제국)와 '약한 국가'(분열)를 반복했던 역사적 경험이 있는데, 이 과정에서 힘에 의존하는 패권주의 전략과 비군사적 수단에 의존하는 타협적 대외전략이 번갈아서 등장하곤 했다. 대체로 약한 국가에서 강한 국가로의 전환기에 내부적 안정과 경제발전이 중요시되는데, 이 시기에는 무력 사용을 상대적으로 억제하면서 평화적 대외환경을 중시하는 현상유지 전략을 지향한다. 서방의 한 연구자는 중국의 이런 대외전략을 실용주의적 성향의 '타산적 전략'(calculative strategy)으로 개념화하였다.31) 개혁개방 이후 현재까지가 바로 약한 국가에서 강한 국가로 전환하는 과도기로서 국가안보 전략에서 타산적 전략을 추구하는 전형적 시기에 해당한다고 볼 수 있다.

최근 중국의 부상과 군사전략은 이와 같은 중국 특유의 세 가지 안전보장 관념(내치 우선, 현실주의, 실용주의)을 바탕으로 세계정세에 대한 중국 지도부의 인식이 반영된 결과라 할 수 있다. 냉전 종식 이후 세계정세와 안보정책에 대한 중국 지도부의 기본 인식은 다음 세 가지 요인

---

30) 유가사상은 국가질서(천하체계)의 안정을 실현하기 위해 현명한 군주를 정점으로 강한 도덕성과 위계성에 기초한 왕도정치의 원리를 강조하기 때문에 대외관계에서 군사력 사용을 매우 제한하였다. 또한 중국 전통의 군사전쟁 이론이라 할 수 있는 손자병법의 경우 힘의 논리에 기초한 군사교리라기보다는 전쟁에서 가장 덜 잔인하고 피해를 최소화하는 방법으로 승리하기 위한 책략을 다룬 사상이다.

31) Michale D. Swaine, Ashley J. Tellis, *Interpreting China's Grand Strategy: Past, Present, and Future* (Santa Monica: RAND, 2000).

에 의해 규정되고 있다.32) 첫째, 소련의 와해와 중·미 간 수교로 적어도 핵을 보유한 초강대국으로부터의 직접적 군사위협은 사라졌고, 이로 인해 중국의 안보정책은 변경 지역과 주변국에 보다 역점을 둘 수 있게 되었다 둘째, 중국은 1989년 톈안먼사건 이후 미국의 압력에 대응하면서 개혁개방 정책의 가속화를 위해 주변국과의 경제관계에 중심을 둔 선린외교를 추구하였다. 특히 1990년대 중반 이후 현재까지 다자외교(예컨대 ASEAN, 상하이협력기구, 6자회담) 및 '주변국 외교'에 중점을 두고 있다. 셋째, 경제발전이라는 최우선적 국가발전 목표를 실현하기 위해 주변 지역의 안정과 평화를 중시함과 동시에 에너지 자원과 안전한 해상교통로 확보의 전략적 가치가 크게 제고되었다.

요컨대 중국의 탈냉전기 정세인식과 국가안보 목표는 포괄적으로 '주권 및 영토수호, 경제발전과 현대화 달성, 국내 정치사회 안정 유지' 세 가지로 집약된다. 이런 맥락에서 보면 중국이 국방정책에서 일관되게 강조하는 주변 지역의 안정과 평화유지, 군사력의 방어적 사용과 같은 주장은 상당한 논리적 일관성이 있어 보인다.

그런데 외부의 시각, 특히 인접국인 우리나라의 입장에서 볼 때 이런 중국의 주장은 많은 모순과 쟁점을 야기한다. 먼저 중국이 주장하는 주권과 영토보전의 범위가 타이완과 현재 동남아 4개 국가와 분쟁 중인 남사군도를 포함하고 있기 때문이다. 또한 최근 중국과 일본 간의 첨예한 대립이 있었던 댜오위다오(釣魚島; 일본명 센카쿠열도) 역시 양국 간에 충돌 위험이 매우 높은 지역이라 할 수 있다.33) 심지어 중국 내

---

32) 김태호, "중국의 '군사적 부상': 한국의 안보환경을 중심으로," 김태호 외, 『중국 외교연구의 새로운 영역』(서울: 나남, 2008), pp. 75-76.

33) 이문기, "중국의 해양도서 분쟁 대응전략: 조어도와 남사군도 사례를 중심으로,"『아시아연구』제10권 3호(2008), pp. 29-60. 중국은 2010년 이전까지만 해도 영토, 주권의 핵심 이익의 대상으로 타이완과 남중국해는 명시적으로 밝히

일부 국수적 강경론자들은 제주도 남서쪽의 우리 해역인 이어도를 중국의 관할 해역으로 주장하기까지 한다.34) 타이완과 남중국해는 동아시아 지역에서 무력충돌의 위험이 가장 높은 지역이며, 만약 중국과 이들 국가 간에 무력충돌이 현실화된다면 지역 차원의 국제분쟁으로 비화될 가능성이 매우 높다. 즉 중국의 입장에서는 자국 영토의 수호라고 주장하지만, 외부 입장에서는 명백하게 국가 간 갈등과 안보불안을 야기하는 위협적인 문제인 것이다.

다음으로 중국과 한반도의 관계에서 중국의 군사력 증강은 우리에게 항상적인 안보불안을 안겨 주는 위협이 될 수 있다. 예컨대 평택 미군기지 건설이나 제주도 강정마을 해군기지 건설사업의 찬반 논쟁에서 북한, 미국 요인뿐 아니라 중국의 군사적 위협 문제가 중요한 쟁점으로 대두되는 것이 그 사례다. 또한 '북한문제'와 '중국변수'의 상관성이 갈수록 커지는 상황에서 중국 군사전략의 향방은 우리가 예의주시할 문제라 할 수 있다.35) 2010년 천안함 사태 이후 서해상에서 실시된

고 있지만, 댜오위다오의 경우 명시적으로 규정하지는 않았다. 그러나 2010년과 2012년 이 섬을 둘러싼 일본과의 첨예한 대립의 과정에서 중국의 일부 언론은 댜오위다오를 핵심이익으로 규정하고 있다. 중국 정부의 공식입장으로서 댜오위다오를 중국의 핵심이익으로 규정하는지는 아직 불명확하지만, 중국 내부에서는 사실상의 핵심이익 대상으로 이해하는 경향이 강화되고 있다.

34) 김애경, "한중간에 존재하는 잠재적 영토 및 해양경계 획정 문제," 정재호 편, 『중국을 고민하다』(서울: 삼성경제연구소, 2011), pp. 271-317. 이어도의 경우 섬이 아니라 수중암초이기 때문에, 엄밀하게 말해서 영토문제가 아니라 해양관할권(200해리 배타적 경제수역)의 문제다. 한중 간에는 서해(및 남해)에서 양국 간 배타적 경제수역이 겹치는 해역에 대한 관할권 협상이 완료되지 않았다. 하지만 이어도의 위치가 한국의 마라도에서 149km(81해리), 중국의 퉁다오(童島)에서 245km(133해리) 떨어져 있기 때문에, 한국의 영해관할권이라는 점은 의심의 여지가 없다.

35) 북한문제를 둘러싼 한·중 간 갈등요인에 대한 분석은 다음을 참조. 신상진,

한·미 합동 군사훈련에 대해 중국 정부가 강경한 어조로 비난한 것이 좋은 사례다. 외교부 대변인 친강(秦剛)이 황해(한국의 서해)상에서의 한·미 군사훈련을 중국 안보와 관련된 핵심이익을 침해하는 행위라고 강력 비판하면서, 중국의 핵심이익 범위에 서해를 포함시키는 것이 아닌가 하는 의구심을 야기하기도 하였다.36) 즉 남북관계의 돌발변수가 발생할 경우 이에 대한 우리(한·미 공조)의 대응이 곧 중국과의 군사적 긴장으로 확대될 가능성이 매우 높다는 것이다. 이런 의미에서 중국의 군사안보 전략을 이해할 때, 비록 중국이 '방어적 국방정책'의 논리를 통해 한반도의 평화와 안정을 지지한다고 하지만, 현실적으로는 '북한 변수'의 가변성 때문에 한·중 양국 간에도 군사적 긴장이 고조될 수 있다는 점에 주의할 필요가 있다.

2) 중국의 군사력 증강과 '적극적 방어' 전략

중국의 군사력은 최근 20여 년 동안 높은 경제성장을 바탕으로 꾸준히 증강되었다. 중국의 군사력 증강을 보여주는 가장 일반적인 지표인 군사비 지출의 경우, 중국 정부의 공식발표에 근거할 때 1998년부터 2007년까지 20년간 국방비 평균 증가율이 15.3%로서, 같은 기간 평균 경제성장률 10% 수준을 크게 상회한다. 물론 미국 등 서방에서는 중국

"중국의 외교안보전략의 자산, 북한과 북핵을 읽는 중국의 독법," 정재호 편 (2011), pp. 167-221. 2010년 연평도 사건 직후 서해상에서 실시한 한·미 합동 군사훈련에 대해 중국은 자국의 안보를 위협한다는 논리로 강경하게 비난하기도 했다.

36) 2010년 7월 중에 중국군과 외교부에서 이 훈련에 대해 총 9차례의 입장 표명이 있었다. 이들 발언은 모두 유사하며, 주요 내용에 대한 소개는 다음 기사를 참조. "韓美擬在黃海聯合軍演 中方第九次闡明立場," 『中國新聞網』(2010. 8. 10), http://military.people.com.cn/

당국이 공개하는 국방비에 첨단무기 도입 및 연구개발비 등이 다른 예산에 은닉 처리되었다며, 실제 국방비는 2~3배에 이를 것으로 본다. 2006년도 국방비의 경우 중국 정부 발표는 2,979.38억 위안(373.82억 달러)인 데 반해, 스톡홀름 국제평화문제연구소(SIPRI)는 약 1.5배에 달하는 540.78억 달러로 추정했으며, Military Balance는 약 3.2배에 달하는 1,220억 달러로 추정한 바 있다.[37] 국방비의 정확한 내역은 알 수 없지만, 중국 당국의 공식발표에 근거하더라도 경제성장률에 비해 훨씬 더 많은 액수의 국방비를 사용했음은 명백하다. 중국의 군사비는 러시아를 앞질러 미국에 이은 세계 2위이며, 군사력 수준에서도 가까운 시일 내에 러시아를 능가하여 세계 2위가 될 전망이다. 그렇다면 중국의 군사력 증강은 주변국가 및 세계질서에 직접적인 위협이 될 것인가? 이 문제는 중국의 군사능력과 의지 요인을 종합적으로 고려하면서 판단할 문제다.

중국의 군사전략은 마오쩌둥 시기 대규모 병력 투입과 지상에서의 게릴라전을 상정하는 '인민전쟁론'을 유지하다, 1985년부터 국경지역의 소규모 분쟁 및 제한적 국지전에 대비한 '유한 국부전쟁론'(有限局部戰爭論)'으로 전환하였다. 그 이후 '유한 국부전쟁론' 앞에 여러 가지 수식어가 부가되면서 군사전략 개념을 변화시켜 왔다. 걸프전 이후 1993년에는 '첨단기술 조건 하의 국부전쟁'을 제시했고, 2002년 후진타오 집권 이후에는 '정보화 조건 하의 국부전쟁'을 제시했다.[38] 이런 변화

---

[37] 1996년부터 2007년까지 이들 3개 기관의 국방비 금액 차이에 대한 비교 검토는 다음을 참조. 하도형, "중국 국방정책의 평가와 전망: 방어적인가 공세적인가?," 이동률 편(2011).

[38] 미국의 한 학자는 이와 같은 군사전략에서 1985년 '국부전' 개념이 도입되면서 군사 태세가 기존의 '방어 위주'에서 '공세 태세 위주'로 전환되었다고 주장한다. Richard D. Fisher, *China's Military Modernization: Building for Regional*

는 1990년대 이후 전쟁의 양상이 갈수록 첨단기술과 정보전에 의해 주도되는 상황을 반영한 것이다. 실제로 중국은 1990년대 이후 비대한 재래식 병력을 감축하고 군의 현대화·정예화를 위해 많은 노력을 전개했다. 하지만 1990년대 말까지 중국군의 현대화 계획은 군사기술의 낙후성, 병력 규모의 비대, 장비의 노후화 등과 같은 고질적인 문제를 충분히 해결하지 못한 것으로 평가된다.39) 이는 기본적으로 상응하는 경제력이 뒷받침되지 못했기 때문이라 할 수 있다. 실제로 1998년에 발행한 중국 정부의 『국방백서』에서 "국방건설은 국가 경제대국 건설에 복종한다"고 명시하듯이, 국가자원의 분배에서 국방 분야보다는 경제발전 분야를 더 중시했음을 알 수 있다.40)

중국군의 현대화와 본격적인 군사력 증강은 2000년대 이후에 시작되었다.41) 2000년대 중국의 군 현대화 패턴의 변화는 다양한 측면에서 관찰되는데, 우선 세계 최대의 무기 수입국으로 등장한 점을 들 수 있

Global Reach (Westport & London: Greenwood, 2008), p. 70.
39) 김태호(2008), pp. 83-85.
40) 『중국국방백서』는 1998년부터 2년마다 발행하는데, 2002년의 백서에서는 "국방건설은 국가 경제건설 대국에 복종한다"는 문구가 완전히 삭제되었으며, "중국은 국방건설과 경제건설의 협력 발전 방침을 견지하고,…… 경제발전의 기초 위에서 국방과 군 현대화를 추진한다"는 방침으로 대체되었다. 또한 가장 최근의 보고서인 2010년 백서에서는 "국가안보와 발전이익에 부합하는 강력한 국방 및 강군 건설은 중국 현대화의 전략적 임무"라고 적시하였다. 이처럼 중국 정부의 공식입장인 『국방백서』에 나타난 국방정책 기조의 변천을 통해 볼 때, 중국에서 본격적인 군사력 증강은 2000년대 이후임을 확인할 수 있다. 이상의 분석에 대해서는 다음을 참조. 하도형(2011), pp. 178-182.
41) 2000년 이후 중국군의 전력증강 추이에 대해서는 다음을 참조. 김태호, "중국의 '군사적 부상': 2000년 이후 전력증강 추이 및 지역적 함의," 『국방정책연구』제73호(2006), pp. 163-203.

다. 2001년에서 2005년까지 중국은 2003년(2위)을 제외하면 줄곧 1위를 차지하였고, 이 기간 동안 러시아로부터 획득한 무기체계 및 군사기술 비용은 약 133억 달러에 달한다. 이는 1990년대 10년 동안 연평균 10억 달러를 지출한 것과 비교하면 2.6배(연간 26억 달러)에 해당한다. 또한 이 시기에 전통적인 지상군 중심의 병력구조를 해공군력을 강화하는 방향으로 전환하였다. 2009년 중국군의 병력 현황은 육군이 73.2%, 해군이 11.6%, 공군이 15.1%로서 1978년 대비 육군은 10%가량 축소된 반면, 해군과 공군은 각각 약 4%와 10% 정도 증가하였다. 최근에 해공군력 강화를 보여주는 대표적인 사례는 많다. 해군의 경우 2012년 9월 25일 67,000톤급 항공모함 랴오닝(遼寧)호가 취역에 성공함으로써 세계에서 열 번째, 동북아 최초의 항공모함 보유국이 되었으며, 2025년까지 9만 톤급의 대형 항공모함을 건조한다는 목표를 가지고 추진 중이다. 또한 SLBM(잠수함 발사 탄도미사일) 발사 능력을 갖춘 핵추진 잠수함을 10척 확보한 것으로 알려졌다. 공군의 경우 제4세대 스텔스기인 젠(殲)-20을 개발하여 2011년에만 열 차례 이상 시험비행에 성공했다.[42] 최대 사거리 3000km에 달하는 대함 탄도미사일(ASBM) 둥펑(東風)21-D를 2011년 2월에 실전 배치했고,[43] 무인정찰기 샹룽(翔龍)도 언론에 공개했다.[44]

그렇다면 중국의 종합적인 군사능력은 어느 정도일까? 중국의 군사력을 동북아 주변 국가들과 비교한 서방의 유력 보고서를 종합하면, 중국의 군사력은 최근 급성장에도 불구하고 세계적 차원에서는 미국에 크게 못 미치고, 지역적 차원에서는 러시아와 일본에 비해 부분적 우위를 지키고 있지만, 질적인 면에서는 우위를 장담하기 어려운 수준으로

---

42) "高淸: 我軍殲-20戰機第10次試飛完成," 『環球網』(2011. 6. 4).
43) 『環球網』(2011. 2. 21).
44) "中판 글로벌호크 샹룽," 『연합뉴스』(2011. 7. 4).

〈표 2-1〉 동북아 국가들의 중·장거리 타격/투사 및 방어능력 개관

	중장거리 탄도탄	전략잠수함	항모/ 구축함	폭격기/ 급유기	탄도탄 방어능력	군사 위성
미국	IR~ICBM +핵 500	핵잠 14+57	핵항모 11 구축함 78	폭격기 90 급유기 512	PAC-3, 다수 THAAD 다수 Aegis SM-3 84	116
러시아	IR~ICBM +핵 430	핵잠 15+24 공잠 28	재래항모 1 구축함 19	폭격기 76 급유기 20	S-300/400 2065	63
중국	IR~ICBM +핵 81	핵잠 3+9 공잠 56	핵항모 1 개발중 구축함 28	폭격기 82 급유기 18	S-300 240+	21
북한	IRBM +핵 10~50-	핵잠 0 (공잠 84)	핵항모 0 구축함 0	폭격기 0 급유기 0	없음	(1?)
일본	없음	핵잠 0 (공잠 18)	준항모 3 구축함 42	폭격기 0 급유기 4	PAC-3 16+ Aeigis SM-3 6	5
한국	없음	핵잠 0 (공잠 11)	핵항모 0 구축함 10	폭격기 0 급유기 0	PAC-2 소수 (Aegis SM-2 1)	1
대만	없음	핵잠 0 (공잠 4)	핵항모 0 구축함 4	폭격기 0 급유기 0	PAC-3 6	1

* 핵잠수함은 핵탄두 미사일+핵발전 엔진을 장착한 전술잠수함을 의미. 공격잠수함(공잠), 구축함 등의 괄호 부분은 전략미사일 장착이 불가능한 것을 의미. 폭격기는 장거리 폭격기를 의미.
* 자료: Jane's Sentinel Security Assessment 2010, Military Balance 2010, US National Air and Space Intelligence Center (NASIC), "Ballistic and Cruise Missile Threat" (2009) 등 종합. (재인용) 황병덕 외, 『중국의 G2 부상과 한반도 평화통일 추진전략』 보고서(통일연구원, 2011), p. 68.

평가된다(<표 2-1> 참조). 결국 최근 중국의 '군사적 부상'은 세계적 차원의 문제라기보다는 지역적 차원에서 상대적 증강을 의미하는 것이다. 이는 중국이 가장 염려하는 안보불안 지역인 타이완과 남사군도에서 미군에 맞선 군사적 억지능력 확보를 위해 중국이 노력하고 있음을 보여준다.

위에서 살펴보았듯이 2000년대 이후 중국이 군 현대화 전략의 방향을 첨단무기 개발과 장비 현대화, 그리고 해공군력 강화에 초점을 두면

서 군사적 위력을 과시하는 배경도 이 지역에서의 안보보장 문제 때문인 것으로 보인다.

이상의 군사능력보다 더 중요한 문제가 중국의 군사력 사용에 대한 의지의 문제라 할 수 있다. 중국은 급속한 군사력 증강의 목적이 영토와 주권수호를 위한 '적극적 방어능력' 확보와 '국부적 전쟁 승리'에 있음을 분명히 하고 있다. 미국은 중국의 이러한 군사전략을 '반접근(anti-access)전략'으로 개념화하였다.[45] '반접근 전략'이란 타이완 유사시 중국군의 타이완 장악을 위해 미국 해공군의 대만해협 접근을 최대한 지연·억지시킬 수 있는 군사적 능력의 확보를 의미한다. 중국은 이를 위해 해군력 강화에 초점을 맞추고 있다. 해군력에 기초한 타이완 및 남사군도 지역의 해양방위 경계선을 두 개의 도련선(島鍊線; island chain)으로 구분하여 단계적인 발전계획을 추진 중이다. 2010년까지 제1도련(오키나와-타이완-남중국해를 연결하는 선)까지 군사적 억지력을 확보하고, 2020년까지 그 범위를 제2도련(미국령 사이판-괌-인도네시아)으로 확장하겠다는 것이다. 이와 같은 중국의 군사전략이 세계적 차원의 투사능력 확보에 있지는 않지만, 제2도련선의 범위가 일본과 필리핀을 넘어 서태평양 지역에 이른다는 점에서 상당히 공세적인 성격을 동시에 갖는 것이라 할 수 있다.

이렇게 보면 중국의 '적극적 방어'는 전략적으로는 방어 개념이지만, 실제 전장에서의 전술적 운용은 다분히 공격적인 개념을 내포한 것이다. 과연 중국의 군사력이 실제로 미국의 해공군 접근을 거부할 정도로 충분한 능력을 갖추었는지는 확신할 수 없지만, 중국의 군사전략이 그런 목표에 맞춰져 있다는 점은 분명해 보인다. 국내 한 연구자에 따르면, 실제 대만 유사시 중국이 3~4척의 미 항공모함 저지능력을 확보하

---

[45] '반접근전략' 개념은 미 국방부가 제시한 개념으로 2001년판 『4년 주기 국방검토서』(DQR)에 처음 등장하였다.

〈그림 2-1〉 중국의 해양전략

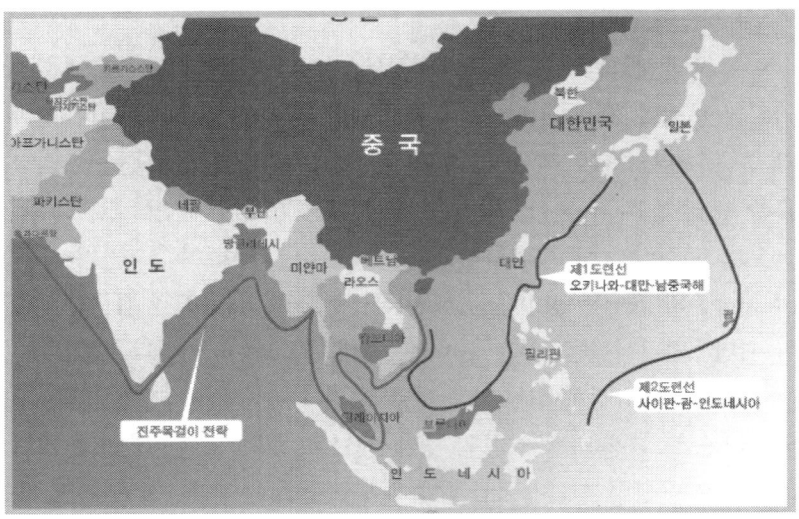

출처: 두두차이나; http://duduchina.co.kr/?p=5875.

기 위해서는 인공위성 감시체계, 공군, 전략미사일군('제2포병')과의 입체적인 작전을 수행할 전투력을 확보해야 한다. 그런데 전반적으로 중국의 군 전력이 이런 목표에 맞춰 최근 크게 향상되고 있지만, 당장 그런 능력을 확보했다는 데는 회의적인 분석을 내놓고 있다.46)

결국 중국의 적극적 방어전략(혹은 '반접근전략')은 기본적으로 타이완해협 유사시에 미군의 접근을 저지하고, 남중국해 지역의 해상교통

---

46) 김태호(2008), pp. 94-101. 특히 중국이 가장 취약한 분야로 잠수함 능력을 꼽는다. 중국은 2005년까지 2척의 핵잠수함(SNN)을 포함해 총 31척의 잠수함을 취역시켰다. 하지만 3~4개의 미국 항모전단에 대응하려면 18~24척을 직접 투입하고, 여기에 모항으로의 귀환, 보수·보급에 참여하는 잠수함을 계산하면 총 54~96척이 필요한 것으로 분석하였다. 또한 공군력을 지원할 중국의 항공모함 능력도 아직은 취약한 것으로 보인다.

로 보호를 목표로 하며, 현재 중국의 전력이 이런 목표에 충분히 이르렀는지는 확신할 수 없는 상태라 할 수 있다. 그러나 최근 중국군의 급속한 전력증가 추세를 고려하면 향후 5~10년 후에는 불가능한 문제가 아니라는 점에서 지속적인 관심과 대응이 요구된다고 하겠다.

5. 중국의 경제전략

중국의 부상을 가장 분명하게 보여주는 영역은 경제분야다. 개혁개방 이후 30년 동안(1978~2008년) 연평균 9.9%의 경이적인 성장률, 국내총생산(GDP)에서 2010년을 기준으로 일본을 추월하여 세계 2위로 부상, 외환보유고 3조 2천억 달러(2011년)로 압도적 세계 1위 등의 몇 가지 지표가 이를 증명한다. 또한 향후 중국의 경제성장 추세에 대해서도 낙관적인 전망이 지배적이다. 서방의 많은 연구기관의 전망에 따르면, 명목 국내총생산에서는 2030~40년경에 미국을 추월하여 세계 1위의 경제대국이 될 것으로 전망하고, 구매력지수(PPP)로 계산하면 이보다 10년 정도 앞당겨질 것이라는 예측이 지배적이다.

〈표 2-2〉 중국경제(실질GDP)의 성장률 전망 (단위:%)

기간 \ 기관	Global Insight	Economist Intelligence Unit	Goldman Sachs
2011–2015년	7.2	5.5	5.8
2016–2020년	6.4	4.4	5.0

출처: Craig K. Elwell and Marc Labonte, *Is China a Threat to the U.S. Economy?* (CRS Reports for Congress), January 23, 2007.

〈표 2-3〉 미국과 중국의 국내총생산(GDP) 성장률 비교

연도	국내총생산(GDP) (billion dollars)			1인당 국내총생산(GDP) (dollars)		
	중국	미국	중국/미국(%)	중국	미국	중국/미국(%)
2006	9,839	13,244	74.3	7,473	44,196	16.9
2010	13,882	16,041	86.5	10,247	51,702	19.8
2015	22,210	20,169	110.1	15,838	62,309	25.4
2020	35,734	27,584	129.5	25,102	75,971	33.0

출처: Global Insight, 출처: Craig K. Elwell and Marc Labonte, *Is China a Threat to the U.S. Economy?*에서 재인용.

한편 중국의 경제적 부상은 단지 위와 같은 양적 성장뿐 아니라 중국과 세계경제의 관계에서도 그 성격에서 큰 변화가 있다. 1990년대까지 중국의 성장은 주로 외국의 자본과 기술 유인에 의존한 성장, 대외수출에 의존한 성장모델이었다. 이런 이유로 중국은 '세계의 공장'이라는 별칭으로 통했으며, 중국의 세계경제에 대한 영향력은 제한적이었다. 하지만 2000년대 이후 중국과 세계경제의 관계는 크게 변하고 있다. 과거 세계 각국의 자본을 받아들이는 수동적인 위치에서 점차 중국이 세계경제에 직접적 영향력을 행사하는 능동적이고 주도적인 위치로 변하고 있다. 즉 중국과 세계경제의 관계가 과거 '세계의 공장'에서 '세계의 시장·투자자·규칙 제정자'로 변하고 있다.[47] 이로 인해 세계경제에서 차지하는 중국의 위상과 영향력은 질적으로 큰 변화가 진행 중이다. 중국의 영향력 확대는 중국과 세계경제 간의 상호의존성이 더욱 확대됨과 동시에 크고 작은 갈등 이슈가 더 많이 생성될 것임을 의미한다. 즉 향후 세계경제의 발전과 경제질서 변화에서 중국변수가

---

[47] 조영남, "중국의 부상과 동아시아 지역질서의 변화," 『중소연구』 제34권 2호 (2010), pp. 43-47.

크게 부각될 것이다. 아래에서는 먼저 2000년대 이후 중국의 대내외적 경제발전 전략을 살펴보고, 다음으로 최근 중국과 세계경제의 관계에서 야기되는 주요 갈등 이슈에 대한 중국의 대응전략을 살펴봄으로써 향후 중국의 대외 경제전략의 실질을 파악해 보고자 한다.

1) 중국의 경제발전 전략: 경제성장 방식의 전환과 세계경제에서 영향력 증대

지난 30년간 진행된 중국의 경제체제 전환 과정은 크게 세 단계로 구분된다. 첫 번째 단계는 1978년 개혁개방의 시작부터 1991년까지의 시기로 시장경제 체제로의 전환을 위한 준비단계라 할 수 있다. 이 시기는 기본적으로 기존 계획경제 체제의 골간을 유지한 채 새로운 시장경제 개혁 요소를 외연적으로 확대하면서 조심스럽게 체제 전환을 시도한 시기라 할 수 있다. 하지만 개혁의 속도와 범위, 그리고 정치체제 개혁에 대한 내부의 이견이 증폭되면서 국내정치적으로는 상당한 혼란이 있었다.

다음으로 본격적인 시장경제 체제 전환이 시작된 두 번째 단계는 1992년 초 덩샤오핑의 남순강화 이후 2001년 말 WTO 가입까지의 시기다. 남순강화를 계기로 시장경제 체제의 정당성과 우월성에 대한 국내적 합의 달성에 성공하였고, 이를 바탕으로 파상적인 체제개혁을 단행했다. 이 시기에 계획경제 체제의 핵심요소인 국유기업에 대한 대대적인 개혁을 단행했고, '사회주의 시장경제 체제'라는 중국식 경제체제의 기틀을 확립했다.

세 번째 단계는 2002년 WTO 가입 이후의 시기로서, 중국의 시장경제 체제가 세계 자본주의 질서의 규범 속에 본격적으로 편입됨으로써 적어도 경제체제 측면에서 돌이킬 수 없는 단계로 진입한 시기다.[48]

이 시기부터 중국과 세계경제는 불가분의 상호의존성이 형성되었고, 세계 경제질서 변화에서 '중국의 부상'이라는 변수가 핵심요인으로 부각되었다. 또한 2002년 이후 중국의 대내외 경제전략이 질적으로 새로운 전환을 시도하고 있는바, 대내적 측면에서는 '과학적 발전관'에 기초한 '경제성장 방식의 전환'을 추구하고, 대외적 측면에서는 '세계경제의 투자자, 규칙 제정자'로서의 위상 변화를 추구하고 있다.

먼저 대내적 경제발전 전략의 전환을 살펴보기로 한다. 2000년대 이후 경제발전 측면에서 중국은 두 가지 중대한 도전에 직면하였다. 하나는 지난 시기 연평균 10% 수준의 고도성장에도 불구하고 여전히 중국은 최소 20년 이상 고도성장을 지속해야 하는데, 과연 어떻게 장기적이고 지속가능한 성장모델을 구축할 것인가 하는 문제다. 다른 하나는 지난 20여 년 동안 '선부론'에 입각한 불균형발전 전략을 통해 전체 경제 규모의 양적 성장은 이루었지만, 극심한 빈부격차와 불균형 문제로 인해 사회불안이 심각한데 이를 어떻게 해결할 것인가이다.

중국 지도부는 이런 고민을 반영하여 '과학적 발전관'이라는 새로운 정책이념과 '경제성장 방식의 전환'이라는 정책기조를 제시하였다. '인본주의(以人爲本)에 기초한 전면적·협조적·지속가능한 발전'으로 정의되는 과학적 발전관은 과거 불균형발전론에 입각한 성장만능주의 발전전략에서 균형발전론에 입각한 질적 성장론으로의 전환을 추구하는 것이다. 구체적인 정책방향으로 수출 위주의 성장방식에서 내수 중심 성장으로의 전환, 지역 간·계층 간 불균형발전에서 균형발전으로의 전환, 자원 남용의 개발주의 성장에서 친환경적 발전방식으로의 전환, 그리고 외자 도입의 대가로 국내시장을 개방하는 '시장·기술 교환 전략'에서 '자체기술 개발전략'(自主創新能力的提高)으로의 전환 등이

---

48) 이문기, "중국 제4세대 지도부의 신발전전략의 함의와 전망," 『중소연구』제30권 2호(2006), pp. 53-54.

포함된다.[49)]

다음으로 대외 경제전략 측면에서는 과거 '세계의 공장'에서 '세계의 시장, 투자자, 규칙 제정자'로서의 변화가 진행되고 있다. 첫 번째 변화는 중국이 내수 중심의 성장모델을 추구하면서, 중국의 내수시장이 점차 미국을 대체하는 '세계의 시장'으로 주목받고 있다는 점이다. 이런 변화는 중국과 세계경제 양측 모두에게 큰 영향을 미친다. 중국의 입장에서는 과거 수출 의존적 경제구조에서 가졌던 약점인 외부 요인에 따른 위험성을 크게 감소시키는 효과가 있다. 반면 세계 각국은 중국시장에 대한 의존도가 높아지게 되고, 세계에 대한 중국의 주도권과 정치적 영향력의 증가로 이어지게 된다. 즉 중국경제의 내수 중심 성장모델로의 전환은 비단 중국의 경제발전 전략의 필요성도 있지만, 이로 인한 외교안보적 파급효과도 적지 않다는 것이다. 중국경제에서 수출 비중의 감소와 내수 비중의 증대는 곧 중국이 외적 압력과 환경요인에서 더 자유로워짐에 따라 외교안보 측면에서도 자주성이 더 강화될 수 있다는 것을 의미하기 때문이다.

두 번째 변화는 중국이 외자 유치를 위해 각종 특혜를 제공하는 시대가 지나고, 이제 중국 자본이 해외로 진출하는 시대로 전환 중이라는 점이다. 주지하다시피 중국은 2011년 말 기준 외환보유고가 3조 2,000억 달러에 달하는 세계 1위의 외환보유국이다. 이 같은 막대한 외환보유고를 이용하여 중국은 세계 각지에 직접투자와 공적개발원조(ODA)를 확대하고 있다. 중국의 해외투자는 2002년 27억 달러에서 2010년 688억 달러로 급증했다. 이에 따라 전 세계 해외 직접투자에서 중국이 차지하는 비중이 2007년 1%(18위)에 불과했지만, 2010년에는 5.1%로 세계 5위 투자국으로 부상했다. 중국의 해외투자는 아시아, 아프리카,

---

49) 이문기(2006), 앞의 글.

라틴아메리카 등 개발도상국에 대한 에너지 및 자원 확보가 주된 목적이지만, 최근에는 기술, 브랜드, 유통망 확보 등을 목적으로 미국과 유럽 지역에 대한 투자도 크게 증가하고 있다.[50] 중국의 해외투자 증가로 세계경제에서 중국의 영향력이 크게 증가함은 물론이고, 상당수 개발도상국으로부터 외교적 호의와 충성심마저 구매하는 상황이다.[51]

세 번째 변화는 세계경제 시스템의 개혁과 새로운 제도 및 규칙 제정에 중국이 적극적으로 나서면서 세계경제의 '규칙 제정자'로 부상하고 있다. 이런 현상은 세계 금융위기 이후 'G20' 체제가 등장하면서 본격적으로 나타나고 있는데, 국제통화기금(IMF) 의결권 재분배 요구, 기축통화 개혁과 위안화 국제화 추진, 신흥 경제대국(BRICs)과 개발도상국가의 발언권 강화 등을 강하게 주장한다.[52]

2) 중국과 세계경제: 몇 가지 쟁점과 중국의 대응전략

중국의 경제적 부상에 따라 중국과 세계의 관계는 여러 가지 갈등이 생성되고 있다. 특히 2000년대 중반 이후 중국의 경제발전 전략이 과거와 같은 세계경제 체계 속에 단순히 편입이나 편승하는 차원을 넘어 공세적인 해외 진출로 나타나면서 갈등은 점차 첨예화되고 있다. 또한 2008년 이후 미국발 세계 금융위기는 미국을 위시한 선진국과 중국의

---

50) 특히 선진국 주요 기업에 대한 M&A에 적극적으로 나서는데, 중국 정부의 적극적인 지원에 힘입어 중국 기업의 해외 M&A는 2010년 전체 해외투자액 중 42.3%나 차지하였다. 박월라 · 최의현, 『중국기업의 해외직접투자 현황과 시사점』(서울: 대외경제정책연구원, 2011).

51) "'Money Can Buy Love," *Foreign Policy* (July/August 2010).

52) 지만수, "G20 정상회의에서 나타난 중국의 전략과 경제적 이해관계," 『현대중국연구』제12집 1호(2010), pp. 246-283.

이해관계를 더 크게 벌려 놓는 계기가 되면서 여러 가지 현안에서 갈등이 드러나고 있다. 이러한 갈등은 사실상 세계경제 질서에서 패권을 유지하고 있는 미국과의 첨예한 대립으로 나타나고 있다. 가장 첨예한 이슈는 국제무역 불균형 해결을 위한 중국의 환율조정 문제와 국제금융체제와 기축통화 개혁 이슈라 할 수 있다. 이러한 갈등 이슈에 대한 중국의 대응전략을 살펴봄으로써 중국의 대외 경제전략의 실질을 파악할 수 있을 것이다.

먼저 중국의 경제적 부상 이후 가장 첨예한 쟁점이 중국과 서방 국가(특히 미국) 간의 무역불균형 문제다. 현재 미국의 대외 무역적자에서 중국이 차지하는 비중은 약 40% 수준이다. 특히 주목할 점은 세계 금융위기 이후 미국의 무역적자는 감소하는 추세인데, 유독 중국에 대한 적자는 계속 증가하고 있다는 점이다. 1990년 이후 미국의 전체 무역적자에서 중국이 차지하는 비중은 평균 24% 정도를 차지하였는데, 2006년에는 28%, 2007년에는 31%, 2009년에는 45%를 차지함으로써 그 비중이 계속 증가하고 있다.[53]

이와 같은 미국의 무역적자가 최근 'G20' 회의 등에서 미국이 자국의 패권적 지위를 이용하여 중국의 환율 자유화와 인민폐 평가절상을 강하게 제기하는 배경이다. 즉 미국은 자국 경제위기 극복을 위한 조정비용을 중국에 전가시키려는 압력을 행사하고 있다. 미국은 이런 압력 행사의 논리적 근거로 기축통화인 달러화의 유지, 세계경제 위기 시 유동성 제공, 국제사회에 대한 원조, 자국의 시장개방 정책 등과 같은 세계경제의 안정과 발전을 위한 공공재 제공 비용의 분담을 주장한다.[54]

---

53) 김동훈, "미중 무역관계 2025," 김병국·전재성·차두현·최강 공편, 『미중관계 2025』(서울: 동아시아연구원, 2012), p. 113.

54) 사실 역사적으로 볼 때 미국의 이런 요구는 낯설지 않다. 제2차 세계대전 이후 세계경제의 패권을 장악한 미국은 자국의 재정적자와 무역적자의 위기

하지만 중국은 미국의 이런 압력에 강하게 반대한다. 중국은 현재 미국과 선진국 경제위기의 근본 원인은 선진국 내부의 저축과 소비의 불균형, 방만한 국가재정, 국제 금융자본 규제의 실패, 무역수지 불균형 등 다양한 요인이 복합적으로 작용한 결과라고 지적한다. 즉 선진국과 중국(및 신흥국) 간의 무역불균형은 여러 가지 원인 중 하나에 불과하며, 환율조정과 같은 미국의 요구는 당면한 위기의 본질적 해법과도 거리가 멀다는 것이다.

나아가 중국은 향후 세계경제의 지속적 성장을 위한 길은 선진국과 개발도상국 간의 불평등 해소가 더 중요하다고 지적한다. 즉 국제무역 불균형의 문제를 세계경제에서 남북 간 발전 격차의 문제라는 완전히 다른 차원의 문제로 전환시키려 하고 있다. 미국은 향후 세계경제의 새로운 발전을 위한 모멘텀으로 선진국과 일부 신흥국(주로 중국) 간의 무역불균형 해소를 강조하는 반면, 중국은 선진국과 신흥국 및 개발도상국, 그리고 최빈국이 모두 관계되는 남북 간의 발전불균형의 문제로 인식하고 있다.[55] 중국이 자국의 정체성을 개발도상국으로 규정하고,

---

전환 비용을 상대 국가(흑자국)에 대한 압박을 통해 해결하는 패턴을 반복해 왔다. 1960년대부터 1980년대까지 미국의 주된 압력 대상 국가는 서독과 일본이었다. 양국은 미국의 압력에 의해 환율과 재정・통화정책의 조정을 통해 상당한 비용을 부담한 바 있다. 1985년 미국과 일본 사이의 플라자 합의와 1987년 미국과 서독 사이의 루브르합의가 대표적이다. 김동훈, "미중 무역관계 2025," 김병국・전재성・차두현・최강 공편, 『미중관계 2025』(서울: 동아시아연구원, 2012), pp. 114-118.

55) 지만수(2010), pp. 256-258. 또 중국은 최근 '포용적 성장론'이라는 새로운 경제사회 정책이념을 제기하고 있는데, 중국은 이 개념을 내부정책뿐 아니라 국제사회의 공통 의제로 설정하려는 노력을 전개하고 있다. 이는 중국이 신흥국 및 개발도상국가와 경제성장에 대한 정책이념의 공유를 통해 연대의식을 강화하려는 시도로 해석할 수 있다. 이문기, "중국 경제사회 정책의 신개념, 포

G20 회의에서 '개도국의 대표자' 입지를 강조하는 것도 이런 맥락이다.

이와 같은 큰 인식 차이 때문에 미국의 압박과 중국의 방어 논리 간의 대결국면이 단기간 내에 쉽게 해결될 가능성은 낮아 보인다. 즉 과거 1970~80년대의 유사한 상황에서 미국이 서독과 일본에 대한 압박으로 문제를 해결했던 방식이 향후 미국의 대중국 압박에서도 그대로 통할 가능성은 낮다는 것이다.[56] 미국의 압박이 통하지 않는 또 다른 중요한 이유도 있다. 과거 서독과 일본은 냉전체제 하에서 사실상 미국의 안보우산 아래 있었지만, 현재 중국은 미국과 외교안보 측면에서도 경쟁관계에 있다는 점에서 중국이 쉽사리 수용할 이유가 없다. 결국 이 문제는 단기간 내 협상 타결보다는 장기간의 협상을 통해 양국이 서로의 파국을 피하면서 수용 가능한 수준의 미세한 조정을 계속해 나갈 가능성이 높을 것으로 전망된다.

두 번째 이슈는 국제 통화금융 체제 개혁의 문제다. 국제 금융위기 이후 중국은 국제 통화금융 체제 개혁을 강하게 제기하고 있다. 이 이슈는 세계 1위의 외환보유고와 미국 국채의 최대 채권국인 중국의 입장에서 기축통화인 달러화의 약화는 곧 중국 국부의 자산가치를 감소시키는 결과를 초래하기 때문에 가장 실질적인 이해관계를 가진 문제이기도 하다. 중국 정부의 국제 통화금융 체제에 대한 입장은 한편으로는 '국제 통화체제의 다원화'를 주장하면서, 다른 한편으로는 달러체제의 급격한 해체가 가져올 위험 관리를 위해 국제금융 기구에서의 발언권 강화를 통한 '달러체제에 대한 감독 강화'로 요약된다. 즉 기존 달러체제의 급격한 대체보다는 현재의 달러화 기축통화 체제가 갖는 위험

용적 성장론의 함의와 전망," 『중소연구』 제35권 제4호(2011/2012년 겨울), pp. 75-97.

56) 김동훈, "미중 무역관계 2025," 김병국·전재성·차두현·최강 공편, 『미중관계 2025』(서울: 동아시아연구원, 2012), pp. 107-135.

요인을 분산시키고 선진국 중심의 불합리성을 보완할 필요가 있다는 주장이다.

국제 기축통화 체제의 다원화를 위한 구체적 조치로는 동아시아 지역 무역에서 위안화 결제 확대 정책으로 구체화되고 있다. 2008년 12월부터 홍콩, 마카오 및 광둥성 등 주강삼각주 지역과 아세안과의 위안화 무역결제를 추진하고, 2009년 8월에는 동북3성과 주변국(러시아, 몽골, 북한) 간의 교역에도 확대하기로 하였다. 이런 추세는 향후 한국, 일본, 중앙아시아 등으로 점차 확대될 전망이다. 즉 중국은 세계경제 차원에서 달러체제에 대해 도전하기보다는 동아시아 지역에서 위안화 결제를 확대하면서 점진적으로 국제 기축통화 체제의 다양화를 실현하겠다는 것이다.

다른 한편으로 중국은 국제 금융기구에서 중국의 발언권 강화를 강하게 요구하고 있다. 국제통화기금(IMF)과 세계은행에서 중국이 행사할 수 있는 투표권이 경제력에 비해 현저하게 낮다는 주장이다. 2010년 5월 기준으로 세계 2위의 경제력을 보유한 중국이 국제통화기금과 세계은행에서 가진 투표권은 각각 6위다. 그 중 세계은행의 경우 5개국이 지분 2.78%로서 공동 6위이기 때문에 11위와 다름없는 6위다.[57] 중국은 G20 회의에서 신흥국과 개도국의 대변자를 자처하면서 이들 기구에서 발언권 확대를 꾀하고 있다. 이를 통해 달러체제에 대한 감독 강화와 자국(및 개도국)의 이익이 침해받는 상황을 예방하겠다는 것이다. 이처럼 국제 통화금융 체제 개혁에 대한 중국의 입장은 기존 질서의 급격한 변혁보다는 미국 및 세계경제의 불안정성에서 비롯되는 자국의 위험요인 완화를 일차적 목표로 하면서 점진적으로 자국의 영향력을 확대하려는 전략이다.

---

57) 지만수(2010), pp. 269-270.

세 번째 이슈는 동아시아 지역 경제협력 아키텍처를 둘러싼 주도권 경쟁 문제다. 이 문제 역시 기본적으로 중국과 미국의 전략적 경쟁구도를 반영하며, 동시에 역내 주요 경제주체인 한국, 일본, 아세안(이하 ASEAN) 등의 이해관계를 반영한다. 동아시아 지역의 경제협력체 구성 방안은 1993년 미국 주도로 아시아태평양 경제협력 공동체(이하 APEC)가 설립되면서 본격화된 이후 다양하고 복잡한 회의체와 제도설계가 시도되었다.

ASEAN은 1992년에 회원국 간에 FTA 협상을 개시하여 2002년에 6개 회원국 간 협상이 타결되었고, 이어서 2010년까지 10개 회원국의 협정이 타결되었다. 또한 1997년 동아시아 금융위기 이후 ASEAN과 한·중·일 3국이 모이는 'ASEAN+3'가 성립되어 동아시아 지역의 금융 및 경제협력 방안을 구체화하기 시작했다. 그 결과 2000년 5월 치앙마이 이니셔티브가 체결되었다. 2008년에부터 한·중·일 3국이 별도로 정례적인 정상회의를 개최하고 있다. 이와 같이 동아시아 지역 경제협력 강화를 위한 제도 구축 노력은 지난 20년 동안 여러 가지 회의체와 제도가 복잡하게 얽히면서 진행되었다. 이 과정에서 아세안 10개국, 아세안과 중국, 한국과 미국 간에 FTA가 체결되었고, 일본은 미국이 주도하는 환태평양 경제공동체(이하 TPP)에 가입하는 등 지역 내 경제개방과 협력은 큰 진전이 있었다. 하지만 다양한 회의체 중 어떤 것도 역내 모든 국가가 합의할 수 있는 경제협력체를 주도하지는 못하고 있다. 향후 동아시아 지역 경제협력의 과제는 복잡하고 얽힌 여러 가지 제도 간의 '과잉경쟁'의 문제를 해결하는 것이라 할 수 있다.[58]

---

58) 李巍, "東亞經濟地域主義的終結? 制度過剩與經濟整合的困境," 『當代亞太』 2011年 第4期, pp. 6-32.

〈표 2-4〉 동아시아 지역 주요 국가의 경제협력에 대한 입장

국가	선호 기제	전략적 목표
미국	APEC, TPP 및 동아시아 정상회의	동아시아 지역의 경제, 안보 분야 영향력 유지(중국 견제)
중국	ASEAN+3, 한·중·일 3국 정상회의	미국 등 역외 국가의 개입과 영향력 차단 (중국 주도)
일본	동아시아 정상회의, 한·중·일 3국 정상회의	미국의 대중국 견제를 활용하면서 한·중·일 협력 추진
ASEAN	ASEAN, 동아시아 정상회의	중국과 일본 주도의 질서를 견제하기 위해 미국의 개입 활용

참고: 李巍, "東亞經濟地域主義的終結? 制度過剩與經濟整合的困境," 『當代亞太』 2011年 第4期, p. 19.

역내 모든 국가들이 자국의 경제이익(나아가 안보이익)을 고려한 복잡한 계산을 하지만, 최근 추세를 반영하는 가장 단순한 대립구도는 미국과 중국 간의 이해대립이라 할 수 있다. 일반적으로 지역 아키텍처 모델은 역내 모든 구성원이 자유롭게 가입할 수 있는 선단식(convoy) 모델과 일정한 진입장벽을 두고 멤버십과 공동의 규칙을 강조하는 클럽(club) 모델로 나뉜다.[59] 이 중 중국이 선호하는 모델은 전자인데, 이를 위해 'ASEAN+3'의 틀 안에서 경제협력의 제도화를 꾀하고 있다. 반면 미국은 자국 주도의 경제질서 규범에 기초한 강한 연대를 추구하는 클럽모델을 선호하는데, 그 구체적인 제도로 동아시아 국가는 물론이고 호주와 뉴질랜드, 칠레까지를 포함하는 환태평양동반자협정(TPP)을 추진하고 있다.

---

59) Stephan Haggard, "Organizational Architecture of the Asia-Pacific," Paper prepared for ADB Flagship Study, Institutional for Regionalism, Hawaii (August 9-11); 손열, "미중관계와 동아시아: 경제 아키텍처를 둘러싼 전략적 경쟁," 김병국·전재성·차두현·최강 공편, 『미중관계 2025』(서울: 동아시아연구원, 2012), p. 171.

중국이 동아시아 지역 국가들만으로 구성되는 선단식 모델을 선호하는 이유는 다음 세 가지를 들 수 있다. 첫째, 중국이 세계 2위의 경제대국이지만 독자적으로 국가 간 경제질서와 규범을 주도할 만한 위치에 있지 않기 때문이다. 즉 당장의 경제발전에 유리한 개방과 협력체계는 적극적으로 추구하되, 규범성이 강한 제도화는 시간을 두고 점진적으로 만들어 가는 것이 현재 중국의 발전수준에 부합한다고 판단한다. 둘째, 중국이 가장 공을 들여 협력관계를 구축하고 있는 ASEAN이 선단모델을 채택하고 있기 때문이다. ASEAN 국가들은 개별 국가들이 각기 복잡한 국내문제를 안고 있기 때문에 선단모델을 채택하는데, 중국 역시 이들 국가와 높은 수준의 제도적 통합은 어렵다고 판단한다. 셋째, 미국과의 경쟁 때문이다. 미국이 TPP 체제에 동아시아 국가를 끌어들이려는 노력을 노골화하자, 중국은 이에 맞서는 대안으로 지리적 기준을 강조하는 모델을 통해 미국을 역외자로 배제하고자 한다.[60]

미국과의 경쟁관계에서 중국의 경제 아키텍처 구상은 한편으로는 ASEAN과의 협력관계를 주축으로 활용하여 미국 주도의 질서에 맞서고, 다른 한편으로는 한국 및 일본과의 FTA를 통해 미국의 영향권에서 한국과 일본을 중립화시키려는 전략을 취하고 있다. 그리고 중국은 시간이 갈수록 자국의 경제적 영향력이 커지기 때문에, 지금 당장 갈등이슈로 만들지 않는다면 장기적으로 중국이 원하는 질서 형성에 유리하다고 보고 있다.

요컨대 중국의 경제전략에서도 외교전략의 특징과 유사하게 중단기적으로 세계질서에 대한 도전과 변혁을 시도하기 보다는, 일차적으로 자국의 안정과 발전을 저해하는 외적 위험요인의 제거에 초점을 맞추

---

60) 손열, "미중관계와 동아시아: 경제 아키텍처를 둘러싼 전략적 경쟁," 김병국·전재성·차두현·최강 공편, 『미중관계 2025』(서울: 동아시아연구원, 2012), pp. 172-173.

는 전략을 추진하고 있다. 중국의 이런 전략은 한편으로 세계경제에서의 위상과 영향력 확대를 꾀하면서, 다른 한편으로 개도국의 입장에서 국제적 책임의 부담을 완화하려는 이중적 전략으로 해석할 수 있다.

6. 맺음말 : 한국에 대한 함의

이상에서 살펴본 중국의 대외전략은 다음과 같이 요약된다. 첫째, 외교전략 측면에서 중국은 적어도 2020년까지는 국내 경제발전과 정치사회적 문제 해결을 우선시하는 내치 우선의 외교전략 기조를 계속 유지할 것이다. 즉 중국이 적어도 향후 10년 이내에 기존 서구 중심의 국제질서에 대한 수정주의 전략을 채택하기보다는, 기본적으로 '개도국'이라는 정체성을 바탕으로 국제질서에 참여와 편승이라는 기존의 전략을 계속 유지할 것으로 전망된다. 하지만 이와 동시에 중국은 국제적 지위 제고와 영향력 확대를 계속 추구할 것이기 때문에, 중국과 외부세계 간에 '중국 부상'의 성격을 둘러싼 인식 격차와 논란은 계속 확대될 것으로 전망된다.

둘째, 군사전략 측면에서 중국은 국가안보 목표를 포괄적으로 "주권 및 영토 수호, 경제발전과 현대화 달성, 국내 정치사회 안정 유지" 세 가지로 규정한다. 이런 맥락에서 중국의 국방정책은 주변 지역의 안정과 평화 유지, 대만 수호를 핵심으로 하는 '적극적 방어능력'(반접근능력) 확보를 위해 해공군력 중심의 군사력 증강을 꾀하고 있다. 즉 향후 상당 기간(30년 이내)에 중국의 군사능력이 세계적 영향력을 행사할 가능성은 없어 보이지만, 동아시아 지역에서 미국과 힘의 균형을 유지하는 방향으로 군사력은 계속 강화될 것이다.

셋째, 경제전략 측면에서는 2002년 WTO 가입 이후 중국의 대내외 경제전략은 질적인 변화가 진행되고 있다. 대내적으로는 '과학적 발전관'에 기초한 '경제성장 방식의 전환'을 추구하고, 대외적으로는 과거 세계 각국의 자본을 받아들이는 수동적인 위치에서 점차 중국이 세계 경제에 직접적인 영향력을 행사하는 능동적이고 주도적인 위치로 변하고 있다. 즉 중국과 세계경제의 관계가 과거 '세계의 공장'에서 '세계의 시장·투자자·규칙 제정자'로 변하고 있다.

요컨대 중국의 대외전략은 적어도 중단기(2020년까지)적으로는 세계질서에 대한 도전과 변혁보다는 참여와 편승이라는 기존의 전략을 유지하되, 점진적으로 강대국으로서의 위상과 영향력을 제고하는 전략을 취할 것이다. 이 과정에서 중국은 한편으로 개발도상국이라는 국가 정체성을 유지하고, 다른 한편으로 강대국화의 추구라는 이중적인 전략을 취할 것이며, 이로 인해 중국의 부상을 둘러싼 인식의 격차와 혼란은 계속 심화될 것으로 전망된다. 이런 이중성과 복합성은 특히 동아시아 지역에서 가장 두드러지게 드러날 것인바, 중국의 부상으로 인한 동아시아 지역 질서의 재구성은 향후 10년이 관건적 시기가 될 것이다.

그렇다면 중국의 이런 대외전략이 향후 동아시아 지역 질서의 재구성 과정에서 한국의 대외전략에 주는 함의는 무엇인가? 한·중 양자관계 측면과 한반도를 포함하는 동아시아 지역 차원의 두 가지 문제로 나누어 살펴볼 수 있다. 먼저 양자관계 측면에서 중국의 부상에 따른 한·중관계의 변화를 단적으로 표현하면, '갑을관계'의 급격한 역전에 따른 국력, 교류, 인식 측면에서 비대칭성의 심화로 요약할 수 있다. 비즈니스에서 관행적으로 사용되는 갑을 개념은 상대적으로 우월한 협상력을 보유한 쪽을 갑으로, 그렇지 못한 쪽을 을로 지칭한다. 20년 전 수교 당시 양국관계는 군사외교 측면에서는 중국에 우위가 있었지만, 전반적인 교류에서 한국이 갑, 중국이 을의 위치에 있었다.

하지만 2000년대 중반 이후 양국관계는 갑을관계가 급격하게 역전되고 있다. 이런 현상은 한국에서 중국의 중요성은 날로 커지는 데 반해, 중국에서 한국의 중요성과 비중은 점차 축소되는 추세를 반영한다. 장기적으로 이런 관계 역전은 더욱 심화될 것이고, 이로 인해 양국이 서로를 대하는 '인식의 격차'와 혼란은 더욱 심화될 것이다.[61] 최근 한·중관계에서 나타나는 여러 가지 불편한 감정과 정책 갈등은 양국관계의 격차 확대를 심리적으로 충분히 수용하지 못하는 우리 인식의 한계와도 관련이 있다. 특히 한·중관계의 문제를 한·미관계와 연동시켜서 한국의 대미외교와 대중외교를 영합적(zero-sum) 구도로 인식한다면, 향후 한국외교에 큰 재앙이 될 수도 있을 것이다.

다음으로 우리의 외교전략은 동아시아 지역에서의 미·중관계 변동에 주목할 필요가 있다. 즉 한·미동맹과 한·중관계 사이의 균형을 어떻게 추구할 것인가의 문제인데, 이를 바꿔서 애기하면 미국과 중국 사이에서 한국의 외교적 선택폭을 얼마나 그리고 어떻게 넓혀 낼 것인가 하는 문제라 할 수 있다. 가까운 시일 내에 중·미관계가 대결과 충돌 국면으로 치닫는다면, 한국외교는 매우 곤혹스런 딜레마에 빠질 것이다. 다행히 미·중관계의 양상이 충돌보다는 협력 위주로 관계가 지속되고 있다.

흔히들 미·중관계를 전략적 경쟁자로서 협력과 갈등의 복합적 관계로 규정하는데, 최근 10여 년간 중·미관계의 양상은 협력적 기조를 우위에 두면서 갈등적 현안을 적절히 관리하는 패턴을 반복하였으며,

---

61) 정재호는 이런 현상을 '한중관계의 한미관계화'로 규정한다. 즉 과거 미국에 일방적으로 의존하던 한국외교가 2000년대 이후 재조정 과정에서 큰 혼란을 겪었듯이, 한·중관계 역시 향후 관계 재조정 과정에서 심각한 외교적 딜레마와 혼란을 초래할 수 있다는 것이다. 정재호, "한중관계의 일곱 가지 장애물," 정재호 편, 『중국을 고민하다』(서울: 삼성경제연구소, 2011), pp. 13-22.

이런 양상은 적어도 향후 10년은 계속될 것으로 전망된다. 그 이유는 무엇보다 양국이 처한 국내 사정과 현실적 국익 때문이다. 미국은 심각한 국가 재정적자와 경제침체의 위기를 극복하기 위해서, 중국은 극심한 빈부격차와 사회불안 해소를 위해서 양국 간의 협력이 절실하다. 특히 경제적 상호의존에 따른 '공존의 길' 모색에 대한 요구가 매우 높다. 과거 냉전체제 하에서 미·소관계가 적대적 경쟁관계이면서도 '공포의 핵균형'을 유지했다면, 21세기 미·중관계는 적어도 향후 10년 혹은 그 이후 상당 기간 경제적 상호의존을 바탕으로 '공포의 재정균형'이 유지될 수밖에 없다는 것이다.62) 이는 전략적 차원에서 향후 미·중관계가 갈등 사안을 적절히 관리하면서 타협과 협력 중심으로 구조화 될 가능성이 높다는 점을 시사한다.

이런 경향은 최근 동아시아 정세 변화에서도 확인된다. 2011년 12월 김정일 사후 김정은 후계체제에 대한 미·중 양국의 신속한 동시 승인이나, 2012년 1월 타이완 총통선거에서 분리독립을 주장하는 민진당 후보보다는 친중국 성향의 국민당 마잉주(馬英九) 후보를 미·중 양국이 동시에 막후 지원한 사례가 그렇다. 양국 모두 동아시아 지역의 급격한 변화보다는 '안정' 그 자체를 중시하는 전략적 이해관계를 반영한 것이다.

20세기 미국 외교사 최고의 브레인이자 1970년대 극비리에 중국과의 수교협상을 성사시킨 헨리 키신저 박사는 최근에 출판한 저서에서 향후 미·중관계는 단순한 파트너십의 유지를 넘어 새로운 역사를 함께 써 나가야 할 '공동 진화'(co-evolution)의 관계로서 '환태평양 공동체' 형성의 필요성을 역설했다.63) 만약 그의 희망처럼 향후 미·중관

---

62) Joseph S. Nye, "American and Chinese Power after the Financial Crisis," *The Washington Quarterly* 33-4 (October 2010).

63) 헨리 키신저, 권기대 옮김,『헨리 키신저의 중국 이야기』(서울: 민음사,

계가 새로운 단계의 협력관계로 발전한다면 한반도의 운명에는 어떤 영향을 미칠까?

　미·중 간 협력관계의 구조화는 우리에게 단기적으로는 외교적 숨통이 트이는 기회이지만, 장기적으로는 위기일 수도 있다는 점에 유념하면서 외교적 대비를 철저히 할 필요가 있다. 향후 미국과 중국이 세계적 차원은 아니더라도 동아시아 지역 차원에서 양국 간 협상에 의해 그 방향이 결정될 수도 있기 때문이다. 그렇게 되면 한반도의 운명은 또다시 양 강대국의 이익 놀음에 의해 결정되고, 남북관계는 영구 분단으로 갈 수도 있다. 이렇게 보면 기회는 10년이다. 중국의 부상에 따른 기회를 살리고 위기에 대비하는 적극적이고 창조적인 외교력이 절실한 시기다. 무엇보다 남북관계 개선을 통해 한반도 문제에서의 주도권을 회복하는 것이 시급한 과제라 할 것이다.

참고문헌

김동훈, "미중 무역관계 2025," 김병국·전재성·차두현·최강 공편, 『미중관계 2025』(서울: 동아시아연구원, 2012).
김애경, "한중간에 존재하는 잠재적 영토 및 해양경계 획정 문제," 정재호 편, 『중국을 고민하다』(서울: 삼성경제연구소, 2011).
김재철, "세계 금융위기와 중국의 대미정책," 『중소연구』제34권 2호(2010).
김태호, "중국의 '군사적 부상': 2000년 이후 전력증강 추이 및 지역적 함의," 『국방정책연구』 제73호(2006).
_____, "중국의 '군사적 부상': 한국의 안보환경을 중심으로," 김태호 외, 『중국외교연구의 새로운 영역』(서울: 나남, 2008).
마크 레너드, 장영희 옮김, 『중국은 무엇을 생각하는가』(서울: 돌베개, 2011).
마틴 자크, 안세민 옮김, 『중국이 세계를 지배하면』(서울: 부키, 2010).

박민희, "'넘버2' 중국의 판세분석," 『한겨레신문』(2010. 8. 5).
박월라・최의현, 『중국기업의 해외직접투자 현황과 시사점』(서울: 대외경제정책연구원, 2011).
이동률, "중국 비전2020: 초강대국화 전략," 『중국의 미래를 말하다』(서울: 동아시아연구원, 2011).
이문기, "중국 제4세대 지도부의 신발전전략의 함의와 전망," 『중소연구』 제30권 2호(2006).
_____, "WTO 시대 신발전전략과 중국모델의 변용," 전성홍 편, 『중국모델론: 개혁과 발전의 비교역사적 탐구』(서울: 부키, 2008).
_____, "중국의 해양도서 분쟁 대응전략: 조어도와 남사군도 사례를 중심으로," 『아시아연구』 제10권 3호(2008).
_____, "중국 경제사회 정책의 신개념, 포용적 성장론의 함의와 전망," 『중소연구』 제35권 제4호(겨울, 2011/2012).
장리리(張歷歷), "중국과 브릭스가 세계발전을 함께 이끌자," 『PRESSIAN』(2011. 5. 8).
정재호, "한중관계의 일곱가지 장애물," 정재호 편저, 『중국을 고민하다』(서울: 삼성경제연구소, 2011).
조영남, 『후진타오 시대의 중국정치』(서울: 나남, 2007).
_____, "중국의 부상과 동아시아 지역질서의 변화," 『중소연구』 제34권 2호(2010).
"中判 글로벌호크 샹룽," 『연합뉴스』(2011. 7. 4).
지만수, "G20 정상회의에서 나타난 중국의 전략과 경제적 이해관계," 『현대중국연구』 제12집 1호(2010).
하도형, "중국 국방정책의 평가와 전망: 방어적인가 공세적인가?," 이동률 편 (2011).
황병덕 외, 『중국의 G2부상과 한반도 평화통일 추진전략 보고서』(통일연구원, 2011).
헨리 키신저, 권기대 옮김, 『헨리 키신저의 중국 이야기』(서울: 민음사, 2011).

Altman, Roger, "The Great Crash, 2008: Geopolitical Setback for the West," *Foreign Affairs* (Jan-Feb, 2009).
Bergsten, Fred C., "A New Foreign Economic Policy for the United States," Fred C. Bergsten and Institute for International Economics, *The United States and World Economy: Foreign Economic Policy for the Next Decade*

(Washington: Institute for International Economics, 2005).

_____, "A Partnership of Equals: How Washington Should Respond to China's Economic Challenge?," *Foreign Affairs* (Jul/Aug, 2008).

Economy, Elizabeth C. and Adam Segal, "The G-2 Mirage: Why the United States and China Are Not Ready to Upgrade Ties," *Foreign Affairs* (May/June, 2009).

Johnston, Alastair Iain, *Cultural Realism: Strategic Culture and Grand Strategy in Chinese History* (Princeton, New Jersey: Princeton University Press, 1995).

Kissinger, Henry A., "The Chance for a New World Order," *The International Herald Tribune* (January 12, 2009).

Naughton, Barry, "China's Emergence from Economic Crisis," *China Readership Monitor* 29 (2009).

Nye, Joseph S., "American and Chinese Power after the Financial Crisis," *The Washington Quarterly* 33-4 (October, 2010).

Pesek, William, "China+U.S=G2, The New World Economic Order," *Bloomberg* (September 21, 2006).

Swaine, Michale D. and Ashley J. Tellis, *Interpreting China's Grand Strategy: Past, Present, and Future* (Santa Monica: RAND, 2000).

_____, "Perceptions of an Assertive China," *China Leadership Monitor* 32 (2010).

Wang, Jisi, "China's Search for a Grand Strategy: A Rising Greater Power Finds Its Way," *Foreign Affairs* (March/April, 2011).

中華人民共和國國務院新聞辦公室. "中國民主政治建設白書," 『新華網』(2005. 10. 19).

江澤民, "全面建設小康社會, 開創中國特色社會主義事業新局面: 江澤民在中國共產黨 第16次全國代表大會上的報告"(2002. 11. 17).

葉自成, 『中國大戰略: 中國成爲世界大國的主要問題及戰略選擇』(北京: 中國社會科學出版社, 2003).

張宇燕, "全球化進程中的國際格國與中國發展," 唐晋 主編, 『大國外交』(北京: 華文出版社, 2009).

金燦榮·劉世强, "未來十年的世界與中國: 國際政治視角," 『現代國際關係』(2010年 30周年 特輯號).

李軍, "中國與世界: 在適應和調整中進入新階段," 『當代世界』 2011年 第1期.

"解讀<中國的和平發展>白皮書," 『解放日報』(2011. 9. 12).
褚國飛·陳文鑫, "中美 '兩國集團'構想的由來及可行性分析," 『現代國際關係』 2009年 第6期.
李巍, "東亞經濟地域主義的終結? 制度過剩與經濟整合的困境," 『當代亞太』 2011年 第4期.
宋曉軍 外, 『中國不高興』(南京: 江蘇人民出版社, 2009) (한국어판) 쑹샤오쥔 외, 김태성 옮김, 『앵그리 차이나』(서울: 21세기북스, 2009).
王緝思, "樂觀看待中美關係," 『南風窓』 21期(2008. 10. 15).
_____, "中國的國際定位問題與'韜光養晦 有所作爲'的戰略思想," 『國際問題研究』 2011年 第2期.
任仲平, "迎戰國際金融危機的'中國答卷'," 『人民日報』(2010. 1. 5).
"'世界第二'位置充滿陷阱," 『環球時報』(2010. 8. 3).
"中國走向'大外交'," 『人民日報 海外版』(2011. 2. 8).
"韓美擬在黃海聯合軍演 中方第九次闡明立場," 『中國新聞網』(2010. 8. 10).
"高淸: 我軍殲-20戰機第10次試飛完成," 『環球網』(2011. 6. 4).

| 제 3 장 |

중국의 부상과 미국의 아시아·태평양 전략

조 성 렬*

1. 문제제기

2008년 월스트리트 발(發) 금융위기 이후 미국의 쇠퇴는 기정사실로 받아들여지고 있다.[1] 하지만 세계 1위인 미국의 국방비가 세계 10위권 안에 드는 나머지 국가들의 국방비 총액보다 1.5배 이상 많을 뿐 아니라[2] 첨단 군사기술 면에서도 타국의 추종을 불허한다. 그렇기 때문에 상당 기간 미국의 군사적 유일패권체제가 유지될 것으로 전망되기도 한다. 그 때문인지 신국제질서에 관한 논의는 주로 중국의 부상에 따른 경제적 패권이나 동아시아 지역패권의 수준에서 다루어지고 있다.

경제적으로 볼 때, 미·중 관계는 상호 의존적이며 심지어 경제적

---

* 국가안보전략연구소 책임연구위원. 이 글은 국가안보전략연구소, 『국제문제연구』 제12권 제1호 통권 45호(2012년 봄)에 게재된 논문을 일부 보완한 것임.
1) Paul Kennedy, "American Power Is on the Wane," *The Wall Street Journal* (January 14, 2009).
2) 2009년 기준 미국의 국방비는 6,903억 달러로 제2~10위인 중국, 프랑스, 영국, 독일, 일본, 사우디아라비아, 러시아, 호주, 한국 등 9개국의 국방비 총액 4,329억 달러보다 1.6배 정도 많다. 국방부 편, 『2010 국방백서』, 대한민국 국방부, p. 270.

공생관계(economic symbiosis)라고 표현되기도 한다.3) 중국은 2012년 6월 말 현재 3조 4,000억 달러의 외화를 보유하고 있고 그 가운데 절반 정도가 미국 국채이다. 그럼에도 불구하고 미국과 중국 사이에는 지향하는 가치와 정치체제의 이질성 때문에 갈등의 요소를 내포하고 있다. 무엇보다 매년 10%가 넘은 중국의 경제적 급성장과 경제성장률을 초과하는 군사비 지출로 인해 미국 내에서는 어떤 방식으로든 중국의 부상에 대응해야 한다는 목소리가 높다.

2010년 들어 천안함 사태를 둘러싼 미·중의 상이한 태도를 비롯해 센카쿠열도 부근에서의 중·일 마찰 등 동아시아 지역에서 중국과 관련된 대립과 충돌이 발생하자, 미국 내에서는 대중국 전략을 포함한 아·태 전략 전반을 재검토해야 한다는 목소리가 더욱 높아졌다. 하지만 여전히 미국이 경제적·군사적으로 세계 패권국가이기 때문에 미국의 대외전략, 특히 대중국전략은 신국제질서의 향방에 큰 영향을 미치며, 그에 따라 한국의 국익도 크게 영향을 받는다.

이 글에서는 우선 미국의 쇠퇴와 신국제질서의 태동을 바라보는 미국 학계 및 언론계의 평가를 살펴본 뒤 미국 정부의 공식 입장을 알아본다. 다음으로 중국의 부상에 따른 미국의 대외전략을 외교·안보전략, 군사전략, 경제전략 셋으로 나누고 그 성격을 규명해 본다. 이어서 중국의 부상과 신국제질서에 대한 미국 내 인식과 전략을 평가해 보고, 미국의 대외전략이 동아시아 및 한반도에 미치는 영향에 대해 분석한다. 끝으로 중국의 부상에 대한 미국의 대외전략이 우리의 대외전략 수립에 주는 시사점에 관해 살펴본다.

---

3) Christopher M. Clarke, "US-China Duopoly Is a pipedream," *Yale Global* (August 6, 2009).

2. 중국의 부상 및 신국제질서에 대한 미국 내의 평가

1) 미국 학계, 언론계의 평가

중국의 빠른 경제성장으로 GDP 면에서 미국을 추월할 것으로 전망되는 2020년까지 적어도 아시아지 역에서는 신국제질서가 도래할 것이라는 점에 대해서는 미국 전문가들 사이에 이견이 없다. 하지만 그 결과 만들어질 신국제질서의 모습은 새로운 국제경제 질서에만 국한될지, 국제질서 전반의 주도권을 의미하는지에 따라, 그리고 몇 나라가 국제질서를 주도할 것인가에 대한 평가에 따라 다극적 국제질서, 미·중 양극적 국제질서, 중국 주도의 단극적 국제질서 등으로 나뉜다.

신국제질서 형성과정에서 중국의 부상이 평화적으로 이루어질지, 아니면 미·중 간에 경쟁적·적대적으로 진행될지에 대해서도 견해가 엇갈린다.[4] 한편에선 신국제질서의 형성과정에서 미국과 중국 사이에 치열한 경쟁이 진행될 수밖에 없으며 궁극적으로 중국이 아시아에서 미국을 밀어내고 이 과정에서 군사충돌의 가능성까지 있다고 보는 반면,[5] 다른 한편에선 미국이 중국의 영향력 증대를 받아들이고 중국과 협력체제를 구축해 나간다면 중국의 부상이 미국에게 도전이 되기보다 기회가 될 수 있다고 평가한다.[6]

---

4) 대표적인 논쟁으로는 다음을 볼 것. Zbigniew Brzezinski & John J. Mearsheimer, "Clash of the Titans," *Foreign Policy* (Jan/Feb 2005).

5) Brzezinski & Mearsheimer, *op. cit.;* John J. Mearsheimer, *The Tragedy of Great Power Politics* (New York: Norton, 2001).

다음에서는 신국제질서의 전망을 중심에 놓고 중국의 평화적 부상에 관한 평가를 살펴보기로 한다.

(1) 다극적 국제질서

미국 내에서 중국의 부상에 따라 향후 2020년까지 적어도 아시아 지역에서는 다극적 신국제질서의 도래가 불가피함을 인정하는 시각이다. 브레진스키도 미국이 쇠퇴하지만 중국이 그 자리를 차지하기보다는 혼돈의 시대가 될 것이라고 전망한다.[7] 여기서 다극적 국제질서가 미국과 경쟁적일지, 평화적으로 이루어질지 두 가지로 의견이 나뉜다.

경쟁적 다극질서가 될 것이라는 견해로는 탈·탈냉전(the-post-post-cold-war)론이 있다. 『뉴욕타임스』의 토머스 프리드먼은 경제질서에 의해 신국제질서가 형성될 것이라고 보고 현 국제질서가 중국, 인도, 러시아 등의 등장 및 재등장으로 미국과 함께 다극화된 탈·탈냉전에 접어들었다고 주장한다.[8] 냉전은 미·소 세력균형에 의한 양극체제, 탈냉전은 유일 초강대국 미국 주도의 단극체제이며, 현 국제질서는 다자간 세력균형에 따른 다극화 시대에 들어선 것으로 평가하고 있다.

미국 주도의 단극질서에서 다극질서가 평화적으로 이루어질 것으로

---

6) Brzezinski & Mearsheimer, *op. cit.*; G. John Ikenberry, "The Rise of China and the Future of the West: Can the Liberal System Survive?," *Foreign Affairs* 87 (January/February 2008); Zbigniew Brzezinski, "The Group of Two That Could Change the World," *Financial Times* (January 13. 2009).

7) Zbigniew Brzezinski, *Strategic Vision: America and the Crisis of Global Power* (Basic Publishing, 2012), pp. 75-89.

8) Thomas L. Friedman, "The Post-Post-Cold War," *The New York Times* (May 10, 2006).

보는 견해로는 『뉴스위크』 국제판 편집장 파리드 자카리아의 '나머지의 부상'(the rise of the rest)론이 있다. 이 견해에 따르면 중국, 인도 등 규모는 크지만 그 동안 경제적으로 침체해 있었던 거대국가들이 세계화의 영향으로 급격한 경제성장을 경험하면서 국제질서에서 미국 패권의 상대적 위축을 초래했다. 하지만 미국은 앞으로도 상당 기간 세계 최고 수준의 하드파워와 소프트파워를 바탕으로 세계 패권을 유지할 것으로 전망한다.9)

(2) 미·중 양극적 국제질서

미·중 양극적 국제질서가 형성될 것으로 전망하는 시각은 초강대국 미국이 중국의 부상에 따른 영향력 증가를 용인하고 이를 전제로 중국과 협력체제 구축에 나설 것으로 바라보고 있다. 이들은 중국의 부상이 미국에게 도전이 되기보다 미·중 협조에 의한 신국제질서가 운영될 수 있다는 견해를 가지고 있다.10)

먼저 미국과 중국의 경제적 공생관계를 나타내는 개념으로 중국과 미국의 양극체제를 가리키는 신조어인 차이메리카(Chimerica)론이 있다. 나이얼 퍼거슨 미 하버드대 교수가 자신의 저서인 『금융의 지배』에서 처음 사용했다.11) 중국이 자국산 저가상품을 수출해 달성한 경상수지

---

9) Zakaria, Fareed, *The Post-American World* (New York: W.W. Norton and Company, 2008), 윤종석 외 옮김, 『흔들리는 세계의 축: 포스트 아메리칸 월드』 (베가북스, 2008).

10) Brzezinski & Mearsheimer, *op. cit.*; Ikenberry, *op. cit.*

11) Niall Ferguson, "Not Two Countries, but One: Chimerica," *Telegraph* (March 4, 2007). http:''www.telegraph.co.uk/); Niall Ferguson, *The Ascent of Money: A Financial History of the World* (New York: Penguin Books, 2008).

흑자로 미국의 국채를 구입하면 미국은 적자재정을 보충하고 세계 최대 시장으로서 중국의 상품을 소비했다. 그러면 중국은 다시 무역흑자를 달성해 이를 바탕으로 미국의 채권을 사들이면서 미국과 중국 사이에 의존적 공생 관계가 형성됐다. 그 결과 중국은 수출증대를 통한 경제성장과 일자리 창출을 달성했고, 미국은 적자재정에도 소비를 지속할 수 있었다.12)

차이메리카가 미·중 경제관계를 나타낸 것이라면, 미·중 국제관계를 종합적으로 나타낸 개념으로 G2(group of two) 또는 G2콘도미니엄("G2" condominium)13)이 있다. G2체제란 미·중 두 나라가 경제위기·중동사태·기후변화·핵확산 등 각종 국제현안을 해결하는 시대의 도래를 의미하는 것으로 2006년 무렵 미국 학계에서 이 개념이 처음 대두되었다. 이 용어가 주목받기 시작한 것은 2009년 1월 베이징에서 개최된 미·중 수교 30주년 기념 학술행사에서 즈비그뉴 브레진스키가 'G2 회의'를 주창하면서부터다.14) 그 뒤 2009년 4월 G20 런던정상회의 때 버락 오바마 미 대통령과 후진타오 중국 국가주석이 만나 전략-경제대화(S&ED)를 열고 모든 차원에서 관계를 강화하기로 합의하면서 'G2체

---

12) 퍼거슨 교수는 금융위기 이후의 논문에서는 중국의 계속되는 자금유입으로 미국에서 저금리가 유지되어 소비수요가 증가하고 부동산투기가 발생했으며 결국 2008년 미국의 금융위기로 이어졌다고 분석하고, 중국의 수출과 미국의 수입으로 이뤄진 양국의 결합이 세계경제의 불균형을 유발해 차이메리카가 붕괴했다고 분석했다. Niall Ferguson & Moritz Schularick, "The End of Chimerica: Amicable Divorce of Currency War?," *Harvard Business School Working Paper* 10-037 (October 2009).

13) Daniel Twining, "Diplomatic Negligence: The Obama Administration Fumbles Relations with India," *The Weekly Standard* 15-32 (May 10, 2010).

14) Zbigniew Brzezinski, "The Group of Two that could change the world," *Financial Times* (January 13, 2009).

제론'이 더욱 부각되었다.

(3) 중국 주도의 단극적 국제질서

새롭게 전개될 신국제질서가 중국의 경제적 부상에 따라 평화적으로 이루어질 것이라는 점에 주목하여 베이징 컨센서스(Beijing Consensus)라는 개념으로 파악하는 견해가 있다. 이 개념은 2004년 골드만삭스의 선임자문역 라모가 처음으로 제시한 것이다.[15] 베이징 컨센서스는 미국식 시장경제체제의 대외 확산 전략인 워싱턴 컨센서스(Washington Consensus)에 대응하는 개념으로, 기본적인 사유재산권을 인정하되 혼합적인 소유구조를 채택하고 정부의 폭넓은 개입을 특징으로 하는 중국식의 '시장 권위주의 모델'의 대외 확산을 의미한다.

중국의 부상으로 형성될 신국제질서가 팍스아메리카나처럼 일방적으로 이루어질 것으로 보는 '경제적' 팍스시니카('economic' Pax Sinica)로 평가하는 시각이 있다.[16] 팍스시니카는 과거 중화체제의 영광을 재현한다는 것으로, 부시 행정부의 상무부 차관(당시) 크리스토퍼 파딜라는 '경제적' 팍스시니카의 출현을 경고하면서 중국이 아시아 경제구조를 만들 기회를 갖지 못하도록 하기 위해 현재 진행 중인 아시아 지역 통합에 미국이 적극 동참해야 한다고 주장한다.[17]

---

15) Joshua Cooper Ramo, *The Beijing Consensus*, Foreign Policy Centre (May 2004).
16) AFP, "From Pax Americana to Pax Sinica," www.asiaone.com.sg (July 10, 2008); Daud Hermawan, "Coming Era of Pax Sinica," *The China Post* (February 6, 2010). 다우드 허마완은 2070년 전후에 '팍스 시니카'가 완전히 실현될 것으로 전망하고 있다.
17) AFR, *op. cit.* 팍스 시니카론에 대한 비판으로는 다음을 볼 것. Kim Jin Hyun, "Pax Sinica? Impossible!," *PacNet* 10, Pacific Forum CSIS (February 8, 2011).

〈표 3-1〉 신국제질서의 성격에 대한 미국 학계, 언론계의 평가

유형 성격	미국 주도의 국제질서	다극적 국제질서	미·중 양극적 국제질서	중국 주도의 국제질서
경쟁적	○ 팍스아메리카나	○ 탈·탈냉전	-	○ '경제적' 팍스시니카
협력적	○ 워싱턴 컨센서스	○ 나머지의 부상	○ 그룹2(G2) ○ G2콘도미니엄 ○ 차이메리카	○ 베이징 컨센서스

2) 미국 정부의 견해

(1) 부시 행정부의 중국 평가

미국 정부의 견해는 신국제질서의 성격과 같은 학계, 언론계의 거대 담론과 달리 중국에 대한 평가나 미·중관계의 성격 규정에 국한되어 있다. 중국의 부상이 본격화할 시기에 해당하는 미 행정부는 연임한 부시 행정부(2001~08)이다. 부시 행정부의 대중 전략은 1기와 2기로 구분해서 볼 수 있다. 부시 행정부는 출범 초기 미·일동맹을 중심에 두고 동아시아 정책을 구상하였다. 이러한 정책구상의 바탕에는 「제1차 아미티지 보고서」가 있다. 부시 1기 행정부에서 미 국무부 부장관을 맡게 되는 아미티지의 주도로 작성된 이 보고서에서 미국은 미·일동맹의 전략대화를 강조하며 중국으로 하여금 아시아 지역의 정치·경제문제에 적극적인 세력(positive force)이 되도록 권고하는 데 그쳤다.18)

부시 행정부는 2기에 들어와 로버트 졸릭 미 국무부 부장관이 중국을 책임 있는 이해상관자(responsible stakeholder)로 규정하였다.19) 그는

---

18) Richard Armitage & Joseph Nye Jr., *The United States and Japan: Advancing toward a Mature Partnership*, INSS Special Report (October 2000), p. 7.

19) Robert B. Zoellick (then U.S. Deputy Secretary of State), "Whither China: From

중국이 국제체제에 적응하는 것을 넘어 국제체제가 성공할 수 있도록 협력함으로써 전통적인 패권경쟁의 방식을 뛰어넘어 '강대국으로의 평화적 부상'(China's 'peaceful rise' to great power status)[20]을 실현하라고 촉구했다. 라이스 국무장관도 미·중관계의 성격을 "경쟁과 협력이 동시에 이루어지는 복잡 미묘한 관계"라고 설명했다.[21]

아미티지, 나이가 주도해 작성한「제2차 아미티지 보고서」에서도 2020년까지 중국이 '책임 있는 이해상관자'가 될 수 있다고 평가하면서 새로운 아시아 질서에 대해 제언하고 있다.[22] 이 보고서는 일극적인 아시아 관리(a unipolar US management of Asia), 미·일동맹-중국의 양극체제(a bipolar structure with the US and Japan facing China), 미·중 공동관리(a condominium between the US and China) 주장을 모두 비판하면서 강력한 미·일동맹에 기초한 미·중·일 3각 협력(tri-lateral cooperation)을 아시아 신국제질서의 대안으로 제시하고 있다.[23]

부시 2기 행정부에서 미 국무부 동아태 차관보를 지냈던 토마스 크리스텐슨은 미국과 동맹국들이 아시아에서 새로운 냉전이 시작되는 것을 원하지 않았으며, 미·중의 영향력 추구를 제로섬게임으로 보지

Membership to Responsibility- Promoting Constructive Engagement," Remarks to National Committee on U.S.-China Relations, New York (September 21, 2005).

20) Zheng Bijian, "China's 'Peaceful Rise' to Great-Power Status," *Foreign Affairs* (Sep./Oct. 2005).
21) Condoeezza, Rice, "Rethinking the National Interest: American Realism for a New World," *Foreign Affairs* (Jul./Aug. 2008).
22) Richard Armitage & Joseph Nye Jr., *The U.S.-Japan Alliance: Getting Asia Right through 2020*, CSIS Special Report (February 2007), p. 4.
23) Armitage & Nye, *op. cit.*, p. 23. 이 보고서에서는 중국이 '책임 있는 당사자'가 되었는지 판단하는 지표로 △북한, 이란의 행동 변화에 대한 요구, △타이완에 대한 평화적인 접근의 두 가지를 들고 있다.

않았다고 회고했다. 이 때문에 당시 미국이 취했던 대중국 전략이 중국을 봉쇄하려는 것이 아니라 중국 지도부로 하여금 중국의 점증하는 영향력을 사용할 수 있는 선택지들(choices)을 지정(shape)해 주려는 장기적인 노력이었다고 자평하고 있다.24)

(2) 오바마 행정부의 중국 평가

오바마 행정부에 들어와 중국의 부상에 대한 대책으로 떠오른 개념이 전략적 재보증(strategic reassurance)이다. 이 개념은 "상대방의 의도에 대한 전략적 불신을 없애기 위한 조치"25)를 의미하는 것으로, 제임스 스타인버그 미 국무부 부장관이 사용하면서 이 개념이 다시 주목을 받기 시작했다.26) 그는 중국이 국제사회의 일원이 되기 위해서는 중국의 발전과 국제적 역할이 다른 나라의 안보와 번영을 희생시키는 것이 아님을 보여주는 재보증 조치를 취해야 한다고 주장했다. 이 같은 전략적 재보증 조치를 취함으로써 미국과 그 동맹국들이 중국에게 갖고 있는 군사력 증강의 목적, 자원 독식과 같은 전략적 불신(strategic mistrust)을 제거하라고 요구한 것이다.27)

---

24) Thomas J. Christensen, "Shaping the Choices of a Rising China: Recent Lessons for the Obama Administration," *The Washington Quarterly* 32:3 (July 2009), pp. 91-92.

25) Banning Garrett, "The Need for Strategic Reassurance in the 21st Century," *Arms Control Today* (March 2001).

26) 이 개념을 둘러싼 미국 내의 논란에 관해서는 다음을 볼 것. Josh Rogin, "The End of the Concept of Strategic Reassurance'?," *Foreign Policy* (November 6, 2009).

27) James B. Steinberg, "Administration's Vision of the U.S.-China Relationship," Keynote Address at the Center for a New American Security, Washington, D.C.

하지만 미국의 전략적 재보증 요구는 중국 측에 의해 사실상 거부되었다. 2010년 3월 제임스 스타인버그 미 국무부 부장관과 제프리 베이더 NSC 아시아담당 보좌관이 중국을 방문했을 때, 중국 정부는 공식적으로 "남중국해는 중국의 핵심이익"이라며 미국이 요구한 전략적 재보증 조치를 거부하였다.28) 이러한 중국 측 태도는 명백히 미국의 기존 권익에 대한 도전으로 받아들여졌다. 그리하여 클린턴 미 국무장관은 2010년 7월 아세안지역포럼(ARF)의 연설에서 "남중국해의 항행 자유는 미국의 국익이며, 이 해역의 영토분쟁 관련국의 다국 간 협의를 지지한다"고 밝혔다.29) 이러한 발언은 전략적 재보증 요구를 사실상 포기한 것을 의미한다.

한편 중국이 일본을 제치고 세계 제2의 경제대국이 된 후 처음 갖는 2011년 1월 19일 미·중 정상회담을 앞둔 연설에서 힐러리 클린턴 국무장관은 미국과 중국이 G2체제의 일원이라는 것을 공개적으로 부인했다. 그는 오늘날 양자관계만큼 중요한 것은 없지만, 미국과 중국 모두 그러한 개념을 거부한다며 "G2는 없다"고 단언했다. 그 대신 국제사회에는 지역 및 글로벌 현안을 다루는 핵심 행위자, 동맹, 제도, 신흥 강대국 등이 있다고 설명하고 있다.30)

(September 24, 2009).

28) Edward Wong, "Chinese Military Seeks to Expand Its Naval Power," *The New York Times* (April 23, 2010).
29) Comments by Secretary Clinton in Hanoi, Vietnam, Discusses U.S.-Vietnam Relations, ASEAN Forum, North Korea (July 23, 2010).
30) Hillary Rodham Clinton, "Inaugural Richard C. Holbrooke Lecture on a Broad Vision of U.S.-China Relations in the 21st Century," Benjamin Franklin Room, Washington, D.C. (January 14, 2011).

3. 중국의 부상과 신국제질서에 대비한 미국의 아·태 전략

1) 미국의 아·태 외교전략

(1) 외교전략의 목표와 방향

미국의 외교정책은 민주당과 공화당이 서로 다른 경향성을 드러내고 있다. 미국 민주당의 외교정책은 국제협조주의의 입장에서 다른 나라들과의 군사적 대결을 피하는 경향이 있으며, 다자주의에 기초하여 유엔 등 국제제도를 중시하고 소프트파워를 중시하는 외교를 전개하는 경향성이 뚜렷하다. 반면 미 공화당의 외교정책은 미국의 국익을 명확히 규정하고 단독행동이나 힘의 외교, 고립주의 등의 특징을 나타내며, 때로는 타국과의 군사적 대결도 불사한다는 자세를 취한다.

이러한 차이에도 불구하고 냉전 종식 이후 미국의 외교정책은 민주당이나 공화당 모두 압도적인 국력을 바탕으로 세력균형에 의한 전통적인 국제질서를 거부하는 미국 주도의 단극체제를 지향해 왔다. 클린턴 민주당 정권은 '관여와 확대' 전략을 내걸면서 군사적 우위에 의한 패권을 거부하면서도 자유무역의 확산을 통해 미국의 경제적 우위를 만들고자 했다.[31] 부시 공화당 정권은 '자유의 확산'을 외교목표로 내걸고 군사적 우위에 기초한 미국 주도의 국제질서를 유지하고자 하였다.[32]

---

31) The White House, *A National Security Strategy of Engagement and Enlargement* (February 1995).

미국발 금융위기 직후 등장한 오바마 대통령은 대선 공약을 통해 아시아의 안정과 번영을 위해 지속적으로 관여(engage)한다며 다음과 같은 아시아·태평양 전략을 내놓았다.33) 첫째, 미국은 한국, 일본, 호주 등 기존 동맹국들과 강력한 동맹관계를 유지하고 인도와는 동반자관계를 심화시킨다. 둘째, 미국은 대중국 관여를 통해 분야별로 경쟁과 협력을 병행하면서 21세기 공통과제의 해결에 중국의 책임 있는 역할을 하기를 기대한다. 셋째, 미국은 새롭고 항구적인 아시아 집단안보체제를 창출한다. 넷째, 미국은 미국 경제를 강화하고 미국인들에게 더 많은 일자리 창출을 제공하는 FTA에 대해 찬성한다.

이러한 오바마 대통령의 집권 초기 아·태 전략은 중국의 부상에 따른 영향력 확대에 대응해 미국의 국익을 관철시켜 나가려 한 것이라는 점에서 기존 미국의 대외정책 목표에서 벗어난 것이 아니다. 하지만 오바마 행정부의 아·태 전략이 '아시아로의 중심축 이동'(pivot to Asia)이라는 이름으로 변화된 모습을 나타내면서 미국은 다자주의적 접근을 강조하기 시작했다.

2010년 5월 오바마 대통령은 새롭게 미 대외정책의 기본원칙을 담은 「미 국가안보 전략」을 발표했다. 이 보고서는 미국 경제의 쇄신(renew)을 외교정책의 목표로 삼고, 미국 리더십의 쇄신34)과 이에 기초한 다

---

32) The White House, *The National Security Strategy of the United States* (September 2002).

33) Platform Drafting Committee, The Draft 2008 Democratic National Platform: Renewing America's Promise (August 7, 2008); Barack Obama, "New Challenges for a New World," Ronald Reagan International Trade Center, Washington, D.C. (July 15, 2008)을 주로 참고. http://news.bbc.co.uk/1/shared/bsp/hi/pdfs/15_07_08 obama_speech.pdf); AAPI for Obama, "Obama: Working for the Asian American and Pacific Islander Community," p. 6. http://www.asianamericansforobama.com/home/files/AAPI_Fact_Sheet.pdf).

자적 접근을 통해 국가이익을 추구할 것임을 밝혔다. 오바마 행정부는 이제 세계적 위기를 미국 홀로 감당할 수 없으며, 국제질서의 불안정성이 심화됨에 따라 포괄적 관여(comprehensive engagement)를 통한 다자적 접근방식으로 위협에 대처해야 한다는 입장을 취하고 있다.35) 이러한 미국의 '아시아 중시' 외교는 동맹 네트워크의 구축과 다자 지역주의 참여 확대라는 두 방향에서 이루어지고 있다.

(2) 세부 추진정책

① 동맹 네트워크의 구축

미국은 오랫동안 아시아·태평양 지역에서 전통적인 쌍무동맹(hub & spokes)을 통해 배타적인 영향력을 행사해 왔다. 하지만 부시 행정부 때부터 중국의 부상에 대한 공동대응 및 비전통적 안보위협에 대한 다자적 대응의 필요성, 미국의 외교·안보적 변환(transformation)에 따른 쌍무 군사동맹의 한계 노정 때문에 동맹 네트워크가 주목을 받게 되었다. 미국은 이러한 동맹 네트워크를 활용해 중국의 부상을 견제하고 신국제질서의 주도권을 잡고자 한다.

아·태지역에서 동맹 네트워크의 첫발을 내딛은 것은 각기 미국과 동맹관계를 맺고 있던 일본과 호주가 직접 안보협력 관계를 맺기 시작하면서부터다. 2007년 3월 '일·호 안보협력 공동선언'을 채택한 데 이어 미·일·호 3국 간 장관급 전략대화를 발족함으로써 중국의 부상에 대응하고자 하는 3국의 전략적 협력이 본격화되었다.

한·미·일 3자 협력의 분위기는 2010년 3월에 발생한 천안함 사태

---

34) Barack Obama, "Renewing American Leadership," *Foreign Affairs* (July/August 2007).

35) The White House, *National Security Strategy* (May 2010), pp. 11-12.

를 계기로 고조되었다. 한·미 연합 해상훈련에 일본 해상자위대 간부 4명이 옵서버로 참석한 데 이어, 10월 한국 해군 주도로 부산 앞바다에서 실시된 PSI훈련에 처음으로 일본 해상자위대 구축함이 참가하였다. 한때 칸 나오토 총리가 한반도 유사시 자위대를 파견할 수 있다고 발언하여 물의를 일으키기도 했고, 한·일 국방장관 회담에서 군사정보보호협정(GSOMIA), 상호군수지원협정(ACSA)의 체결이 구체적으로 추진되기도 했다. 하지만 과거사 문제의 미해결로 한·일 군사협력의 추진은 유보되어,[36] 당분간 주한미군이 미·일 연합훈련에 참가하고 PSI훈련에 협력하는 선에서 진행될 것으로 보인다.

② 지역안보 대화의 참가

오바마 행정부는 아·태지역 전반에 대한 리더십을 확보하기 위해 오래된 동맹국과의 관계를 강화할 뿐만 아니라 ASEAN과의 관계를 한층 강화하고자 한다. 특히 오바마 대통령은 ARF, EAS 등 기존 지역안보 기구에 적극 참가하여 중국의 부상에 따른 역내 지역분쟁이 평화적으로 해결될 수 있도록 역외균형자(offshore balancer) 역할을 담당함으로써 아·태지역 신국제질서 형성의 주도권을 확보하고자 하고 있다.

2009년 11월 오바마는 미 대통령으로서는 처음으로 ASEAN 회의에 참석했으며, 클린턴 미 국무장관이 ARF회의에 참석하여 중국보다는 늦었지만 아세안과 우호협력조약(TAC)을 체결하고, 베트남, 라오스, 태국, 캄보디아 등의 국가들과 메콩강 하류 구상(Lower Mekong River Initiative)에 참가하기로 했다.[37] 한 발 더 나아가 미국은 2010년 아세안 확대국방장관회의(ADMM+Plus 8)에 중국과 함께 가입하고, 제5차 동아

---

36) 정민정, "한일군사정보보호협정 체결과 관련한 주요 쟁점," 『이슈와 논점』 487호(2012. 7. 6.)

37) White House (2010), op. cit.

시아정상회의(EAS)에서 러시아와 더불어 공식 참여국 지위를 부여받았다. 그리하여 2011년 제6차 EAS에 오바마 대통령이 미국 대통령으로서는 처음으로 참가하였다.

아·태지역에 대한 미국의 적극적인 관여 움직임에 대해 오바마 대통령은 2011년 11월 17일 호주 의회의 연설에서 "미국은 태평양 지역의 강대국이며 계속 그렇게 남을 것"이라고 밝히고, 향후 미국의 전략적 우선순위(top priority)를 아시아·태평양에 두겠다고 선언했다. 이는 미국이 진정한 '아시아·태평양 국가'의 일원으로서 중국의 영향력 확대를 더 이상 방치하지 않고 리더십을 행사하겠다는 의지를 행동으로 보여주기 위한 약속인 것으로 평가된다.

③ 미·중 전략·경제 대화

미국과 중국은 상대를 가장 중요한 양자관계로 인식하여 2005년 8월부터 부장관급의 고위 안보대화를 시작했으며 2006년 9월부터는 장관급 전략경제 대화를 실시해 왔다. 그 뒤 미·중 관계의 중요성이 한층 높아지면서 2009년 1월 런던 G20정상회의에서 오바마 미 대통령과 후진타오 국가주석은 고위급대화와 전략경제 대화를 통합하고 한 단계 격을 높인 미·중 전략·경제대화(S&ED)에 합의하였다. 이에 따라 워싱턴과 베이징에서 제1차 미·중 전략·경제대화(2009. 7. 27~28)와 제2차 미·중 전략·경제대화(2010. 5. 24~25)가 개최되었다.

제3차 미·중 전략·경제대화(2011. 5. 9~10)에서는 산하에 '미·중 전략안보 대화'를 만들어 첫 대화를 진행했다. 스타인버그 미 국무부 부장관과 장즈쥔(張志軍) 중국 외교부 상무부 부장이 주재한 이 회의에 고위 국방 관계자들도 참석하였다. 여기서 아·태지역의 정세를 다룰 '미·중 아·태 협의회'를 만들기로 하였다. 추이톈카이(崔天凱) 중국외교부 부부장과 커트 캠벨 미 국무부 동아태 차관보가 참석하는 이 대화

틀의 창설은 아·태지역에서 미국이 중국의 역할과 이익을 인정하고 중국도 미국의 역할을 인정한다는 의미로 해석되고 있다.

제4차 미·중 전략·경제대화(2012. 5. 2~3)에서는 과거 강대국 관계가 경쟁을 지속하던 운명이었던 것과 달리 "전략적 소통과 실무협력을 심화하고 지속적이고 호혜적인 관계를 추진하여 역사적 파국을 피하자"는 데 인식을 같이했다. 그리고 제3차 대화에서 합의했던 차관급 안보전략 대화를 개최하여 기존 2+2회의에서 3+3회의로 확대·강화되고, 미·중 아태협의회를 하반기 중에 개최하기로 합의하였다. 미·중 아태협의회는 창설 이후 2012년 하반기까지 네 차례나 열려 아태 문제에 관해 상호협의를 통해 문제를 해결해 나가는 기제로 정착되고 있다.[38]

2) 미국의 아·태 군사전략

(1) 군사전략의 목표와 방향

백악관이 발표한 오바마 행정부의 「미 국가안보 전략보고서」(NSS, 2011)는 당면한 안보위협을 테러리즘, 대량살상무기, 우주·가상공간의 비대칭적 위협, 화석연료 의존, 기후변화와 전염병, 실패국가, 국제범죄 네트워크 등으로 규정하고 있다. 이러한 국제적 위협에 대비해 「4개년 국방보고서 2010」(QDR2010)에서 미 국방부는 군사전략 목표를 폭력적 극단주의에 대한 대항, 침략의 억제와 격퇴, 국제적·지역적 안보의 강화, 미래의 군사력 건설 등 네 가지로 제시하였다.[39] 이 네 가지 가운데 중국에 대한 전략과 관련된 것은 침략의 억제와 격퇴, 국제적·지역적

---

38) 김흥규, "제4차 미·중 전략·경제대화와 진화하는 미·중관계: 한국에 대한 함의와 더불어," 『KNSI코리아연구원 현안진단』 제217호, pp. 5-6.
39) DoD, *Quadrennial Defense Review Report* (February 2010), pp. 11-16.

안보의 강화 등 두 가지이다. 이 두 전략을 미 합참 보고서를 중심으로 살펴본다.40)

먼저 미국은 원거리 전력투사와 대규모 작전을 지속적으로 수행할 수 있는 유일한 국가로서, 중국의 침략을 억제하고 격퇴할 수 있는 군사력의 유지 및 대응능력 확보에 주력하고 있다. 중국의 침략을 억제하기 위해 핵무기 및 미사일방어(MD)체제, 재래식 군사력을 유지하고, 중국의 침략을 격퇴하기 위해 중국의 접근차단·지역거부 능력(anti-access and area denial capability)을 무력화시킬 수 있는 군사독트린과 접근보장(지구, 사이버, 우주) 전략을 수립한다.

다음으로 미국은 전략 우선순위와 국가이익에서 점차 커다란 부분을 차지하고 있는 아시아·태평양 지역의 안보 강화에 역점을 둔다. 이를 위해 지역안보 협력을 더욱 촉진하고, 지속적으로 군사력의 전진배치와 작전상의 접근기회를 유지함으로써 역내 국가들의 국내안전과 외부의 공통위협에 대처한다. 미국은 아시아 안보구조가 여전히 미국과의 양자동맹을 축으로 하고 있지만, 점차 공식·비공식의 다자관계와 양자 간 안보관계의 확대로 점차 복잡해지고 있다고 평가하고 있다. 이에 따라 미국은 전통적인 쌍무동맹 관계 네트워크를 재정비함과 동시에 다자적 안보관계의 구축을 지향한다.

2012년 1월 5일 오바마 대통령은 향후 10년간의 국방 청사진을 담은 신국방전략지침(new defense strategy guidance)을 발표했다. 이번에 발표된 신국방전략지침은 4,500억 달러의 군사비 감축을 골자로 하여, '두 개의 주요 전쟁 승리전략'을 공식적으로 폐기하고 10년 안에 미 육군을 57만 명에서 49만 명으로 감축한다는 내용을 담고 있다.41) 이러한 신

---

40) The Joint Chiefs of Staff, *The National Military Strategy of the United States of America: Redefining America's Military Leadership* (February 8, 2011).

41) DoD, *Sustaining U.S. Global Leadership: Priorities for 21st Century Defense*

국방전략지침에 따라 기존 세부 국방정책의 변경이 불가피하게 되었다.

(2) 세부 추진정책

① 중국 접근차단 능력의 무력화

2012년 1월에 발표된 신국방전략지침은 국방예산의 감축과 그에 따른 병력감축에도 불구하고 유럽보다 아·태지역을 전략적으로 더욱 중요하다고 규정하고 있다. 이 때문에 미 국방부는 새로운 군사능력의 획득, 기존 장비의 현대화, 부상하는 중국의 위협에 맞설 새로운 방법의 개발 등을 통해 중국의 도전에 대응할 준비를 하고 있다.[42]

미 국방부는 중국의 접근차단 능력(anti-access capability)을 무력화하기 위해 동아시아 탄도미사일방어(BMD)망을 구축하고 있다. 일본은 1998년 8월 북한의 장거리 우주로켓 발사를 계기로 미국과 BMD 협력에 박차를 가해 왔고, PAC-3와 SM-3로 구성된 이중 방어체제를 구축하는 한편, 미국과의 상호 운용성과 공동작전 능력을 강화해 왔다. 미국은 한국과도 BMD협력을 추진하고 있으며, 한국도 BMD 구축에 관심을 표명하고 있는 것으로 알려져 있다.[43]

미국은 타이완해협에 대한 중국의 위협이 급속히 증가하여 양안 간의 군사적 균형이 깨지고 있다고 판단하여, 중국의 군사력 투사에 대한 경계를 강화하고 타이완을 보호하기 위해 타이완해협의 군사력 균형

(January 2012).

[42] R. Michael Schiffer, Written Statement of Mr. R. Michael Schiffer Deputy Assistant Secretary of Defence, East Asia Before the House Armed Services Subcommittee on Readiness (March 15, 2011), p. 11.

[43] DoD, *Ballistic Missile Defense Review Report* (February 2010), p. 33.

을 모색하고 있다. 그리하여 중국의 반발에도 불구하고 2010년 1월 타이완에 대해 64억 달러어치 최신무기의 판매를 결정하였다.

② 해외미군의 아·태지역 전진배치

아시아·태평양 지역에서 미국은 군사력을 추가로 증강·배치하기보다 해외미군 재배치 및 전략적 유연성을 강화하는 방향으로 재편하고 있다.44) 미국은 괌, 오키나와 주둔 해병원정대를 주축으로 괌을 역내 기동타격부대 전력의 중심 허브로 운영할 계획이다. 주일미군은 2개 미 공군기지의 이전, 미·일 지휘·통제, 미·일 MD 연계, 미·일 작전조정 능력 개선 등과 함께 후텐마기지의 역외 이전과 미 해병원정대 8,000명의 괌 및 한반도 이전을 추진 중이다.

주한미군은 북한군에 대한 공격 억제 및 대응과 함께 전략적 유연성에 따라 지역 및 글로벌 전개를 위한 접근성 보장 등 두 가지 임무를 수행한다. 실제로 주한미군 역사상 처음으로 미 2사단 제7기갑 연대 4수색대대 경보병 500여 명의 대대급 단위부대가 한반도 방위 목적이 아니라 해외에서 실시되는 '발리카탄 2011' 연합연습(2011. 4. 5~15)에 참가하였다. 또한 주한 미8군 지휘병력 150명이 주일미군과 일본 자위대의 야마사쿠라 연합훈련(2012. 1.2 4~ 2.6)에 참가하였다.45)

이와 함께 미 국방부는 2016년까지 호주 북부의 다윈 기지에 미 해병대 2,500명을 주둔시키고 싱가포르에는 최신예 군함을 배치한다는 방침을 밝혔다. 베트남은 남중국해를 둘러싼 분쟁이 발생하자 2009년부터 미 해군의 항구 방문 및 선박 수선을 허용하기 시작했으며, 2011년 8월에는 베트남전쟁 종식 이후 38년 만에 미 해군 함정의 캄란만

---

44) Alles, *op. cit.*, pp. 3-5.

45) 『연합뉴스』(2012. 1. 20).

베트남 해군기지 방문을 허용하였다. 또한 미국은 필리핀 정부와 수빅 만을 근거지로 한 미군 함정의 작전, 미군의 순환배치, 그리고 양국군의 연합훈련 확대에 대해 협의하고 있다. 현재 필리핀에는 남북 이슬람 반군에 대한 토벌작전을 지원하기 위해 '필리핀 합동 특수작전부대' 소속의 미군 600명이 2002년부터 무기한 주둔하고 있다.[46]

③ 동맹국・우호국과의 군사협력 강화[47]

미국은 국방예산의 감축으로 한정된 군사자원의 효율적 사용을 위해 동맹국과 우호국에 대한 억제력을 제공하는 대가로 지역 차원에서 안보분담을 확대하라고 요구하고 있다. 실제로 미국은 한반도 군사적 긴장이 고조되자, 동해에서 미 항공모함이 참가한 한・미 연합훈련(2010. 7.2 5~28)을 실시하고, 같은 해 10월에는 부산 앞바다에서 확산방지구상(PSI) 훈련을 실시하였다. 북한군의 연평도 포격사건 직후에는 서해 격렬비도 인근 해상에서 항모 조지 워싱턴호가 참가한 한・미 연합 해상훈련(11. 28~ 12.1)을 실시하는 등 무력시위를 벌였다.

미국은 한국에 대한 억제력을 제공하는 것 외에도 동맹국들과의 안보 연계를 통해 지역 안정을 도모하고자 하고 있다. 이러한 미국의 전략에 따라 한국과 일본은 한・일 수색 및 구조훈련(SAREX)을 실시하고 있으며, 한・일 군사정보보호협정(GSOMIA) 및 상호군수지원협정(ACSA) 체결에 관해 논의하기도 했다. 그밖에도 환태평양훈련(RIMPAC), 코브라골드훈련(Cobra Gold) 등을 실시하고 있다.

아시아・태평양 국가들이 미국을 끌어안으려는 움직임이 활발한 것은 중국의 군사적 부상과 남중국해의 분쟁 영토에 대한 중국의 독단적

---

46) Craig Whitlock, "Philippines May Allow Greater U.S. Military Presence in Reaction to China's Rise," *The Washington Post* (January 26, 2012).

47) The Joint Chiefs of Staff, *op. cit.*, pp. 13-14.

태도에 대한 직접적인 반응으로 평가된다. 미국은 필리핀 내 미군의 군사력 강화가 중국의 부상을 봉쇄하려는 시도가 아니라고 말하고 있지만, 2012년 1월 오바마 대통령이 발표한 신국방전략지침은 이라크, 아프간 전쟁 이후 아시아·태평양 지역에 군대를 증강해 '재균형'(rebalance)'을 취하려는 의도로 평가된다.[48]

3) 미국의 아·태 경제전략

(1) 대외 경제전략의 목표와 기본방향

전후 미국의 전통적인 대외 경제전략은 자유무역주의를 통해 경제적 영향력을 유지한다는 것이었다. 이를 위해 미국은 기축통화(key currency)인 달러화를 바탕으로 관세무역일반협정(GATT), 국제통화기금(IMF), 세계은행, 아시아개발은행, 그리고 근년 들어 세계무역기구(WTO) 같은 국제기구를 자국의 경제적 국익을 극대화하고 다른 국가들에 대한 영향력을 확보하는 정책수단으로 적극 활용해 왔다.

미국은 아시아 지역에서는 지역협력 체제보다 양자동맹을 선호했다. 미국을 배제한 아시아 지역주의를 견제하고 양자동맹을 통해 지역의 안정과 자국의 영향력을 유지하고자 한 정책은 1990년대 중반까지 계속되었다. 1990년대 들어 미국이 비형식적이고 법적 효력이 없는 아시아·태평양경제협력기구(APEC)를 주도하면서 동아시아경제그룹(EAEG) 구상과 아시아통화기금(AMF) 구상을 좌절시킨 이유이기도 하다.

그럼에도 불구하고 1997년 아시아 외환위기 이후 동아시아 지역에서 지역주의 움직임이 본격화되자, 부시 행정부는 동아시아 지역경제

---

48) DoD(2012), *op cit.*, p. 2.

협력에 참여하고 지속적으로 미국의 영향력을 유지하기 위해 동아시아 국가들과 쌍무적으로 FTA를 체결하는 방향으로 선회하였다. 부시 행정부가 쌍무적인 FTA를 추진한 것은 배타적인 경제협력체의 등장을 막기 위한 것일 뿐만 아니라, 동아시아 경제협력 체제가 수립됐을 때 미국이 구성원으로서 일정한 지분을 확보하려는 전략이었다.[49]

미국의 금융위기 이후 등장한 오바마 행정부의 아·태 경제전략은 부시 행정부가 취했던 아시아 지역에서의 지분 확보를 넘어 지역협력 체제의 구축을 적극적으로 주도하겠다는 것이다. 오바마 대통령은 경제성장을 증진하고 수백만 개의 일자리를 지키기 위한 노력의 일환으로 2010~14년 5년 동안 수출을 2배로 늘리겠다는 목표를 담은 국가수출구상(NEI)를 발표하였다.[50] 이러한 목표를 달성하기 위해 미국은 재정위기가 계속되고 있는 유럽보다 세계경제의 성장 축으로 자리 잡은 아시아에 눈을 돌리지 않을 수 없었다. 오바마 행정부가 새롭게 착수한 것이 바로 환태평양동반자협정(TPP)이다.

(2) 세부 추진정책

미국이 취한 아·태지역에 대한 관여의 결정판은 바로 미국의 TPP 참가 및 확대 구상이다. 2006년 미국은 APEC의 핵심 축인 동아시아에서 자국이 배제된 채 역내 국가들끼리 자유무역협정(FTA)의 체결이 가속화되자 이를 견제하려는 의도에서 아·태 자유무역협정(FTAAP)을 제창하였다. 그러나 2008년 부시 미 행정부는 FTAAP의 실현을 위한 단기적 방편으로 TPP에 전면 참가하기로 결정하였다.[51]

---

49) 백창재, "동북아 안보와 한·미·중 협력," 『동북아 삼각협력체제: 한·미·중, 한·미·일 협력』(세종연구소, 2011), p. 16.
50) White House (2010), op. cit.

오바마 미 행정부는 취임 직후 TPP 참가 여부에 대한 결정을 유보했지만, 2009년 11월 오바마 대통령의 일본 방문 때 TPP 협상에 '관여'(engage)한다는 입장을 밝혔다.52) 미국이 처음으로 TPP 참가의사를 밝힌 것은 2009년 12월 론 커크 미 무역대표부(USTR) 대사가 미 의회에 제출한 서신을 통해서였다. 그는 세계경제의 성장동력인 아시아에서 미국이 경제적 이익을 확대하기 위해서는 TPP가 환태평양 경제통합의 플랫폼이 되도록 해야 한다면서, 참가국의 범위도 현재 호주, 브루나이, 칠레, 뉴질랜드, 페루, 싱가포르, 베트남에서 여타 아시아·태평양 국가들로 확대되어야 한다고 주장했다.53)

이처럼 미국이 TPP 추진에 적극적으로 나선 이유는 크게 정치안보적인 동기와 경제적인 동기로 나누어 볼 수 있다. 먼저 정치안보적인 동기는 무엇보다 동아시아와 태평양 지역에서 약화된 자국의 영향력을 회복하고 중국이 ASEAN+3를 통해 추진하는 동아시아자유무역협정(EAFTA)을 견제하려는 의도이다.54) 미국은 TPP를 통해 한편으로 중국을 APEC 안에 묶어 두면서, 다른 한편으로 중국의 주도권을 저지한다는 양면적 목적을 갖고 있다. 이러한 미국의 TPP 참가 및 확대 구상은 동아시아 경제통합의 주도권을 중국에서 미국으로 바꾸기 위한 미국의 아시아 경제통합의 '새판 짜기'('wholesale reconfiguration)로 묘사된

---

51) 內閣官房,「包括的經濟連携に關する檢討狀況」("包括的經濟連携に關する基本方針" 資料 1(2010. 10. 27).

52) The White House, "Remarks by President Barak Obama at Suntory Hall," news release (November 14, 2009). www.whitehouse.gov/the-press-office/remands-president-barack-obama-suntory-hall(검색일: 2012. 1. 17).

53) Ronald Kirk, Letter from Executive Office of the President to Nancy Pelosi, Speaker U.S. House of Representatives, Washing, D.C. (Dec. 14, 2009).

54) 강선주, "환태평양경제동반자협정(TPP)과 동아시아 지역협력,"『주요 국제문제분석』, 외교안보연구원(2011. 12. 28), p. 6.

다.55)

다음으로 경제적 동기는 첫째, 경제회복과 고용창출을 위해 오바마 대통령이 제시한 국가수출구상(NEI)을 달성하기 위한 것이다. 수출증대를 위해서는 경제성장의 동력이 살아 있는 아시아 지역과의 연계성이 매우 중요하기 때문에 미국은 이 지역에서 쌍무적인 FTA와 함께 미국 중심의 새로운 경제·통상 협력체제를 구축할 필요성이 절실했다. 만약 미국이 배제된 채 EAFTA가 체결될 경우 미국의 연간 수출이 최소 250조 달러가 줄어들어 20만 명의 고소득 일자리가 사라질 것으로 전망되기 때문이다.56)

둘째, 지금까지 미국은 APEC을 강조해 왔으나, 너무 많은 국가가 참여하고 있고 회원국의 일방적 자유화 외에 자유무역을 촉진할 수 있는 기제를 발전시키는 데 실패했다는 점에서 새로운 경제협력 체제를 구축할 필요성을 느껴 왔다.57) 그리하여 TPP를 모델협정으로 하여 궁극적으로는 FTAAP를 창설하여 APEC을 대체할 수 있는 지역경제 협의체제로 제도화되길 희망하고 있다.58)

---

55) Claude Barfield and Philip I. Levy, "Tales of the South Pacific: President Obama and the Transpacific Partnership," *International Economic Outlook*, No. 2, AEI Online (December 2009), p. 7.

56) Fred Bergsten and Jeffrey J. Schott, Submission to the USTR in Support of a Trans-Pacific Partnership Agreement, Peterson Institute for International Economics (January 25, 2010), p. 2.

57) 강선주, 앞의 글, pp. 7-8.

58) 김양희, "미국의 동아시아 신개입전략과 일본의 TPP전략," 『TPP와 동아시아, 분석 및 제언』 KNSI 특별기획 제36-2호(2011. 11. 30), p. 8.

4. 미국 대외전략 및 파급영향의 평가

1) 미국 내 중국 인식 및 대외전략에 대한 평가

(1) 신국제질서의 단계적 형성 가능성

 중국의 부상에 따른 신국제질서에 관한 미국 내의 다양한 견해는 장기적인 국제정세를 전망하는 데 일정한 도움을 주고 있지만, 당면한 국제정세를 이해하고 대응하기에는 다소 불충분한 것으로 보인다. 중국의 부상이 단번에 이루어지는 것이 아니듯, 신국제질서도 갑자기 형성되는 것이 아니라 중국의 대외전략에 따라 단계적으로 형성된다는 특징을 갖고 있다. 하지만 미국 내의 기존 논의들은 중국의 의도와 전략을 제대로 반영하지 않고 있기 때문에 이를 충분히 설명하지 못하고 있는 것으로 보인다.
 중국이 세계 2위의 경제대국으로 부상한 것은 사실이나, 중국의 경제적 헤게모니를 상정한 '베이징 컨센서스'는 단기간 내에 성립할 수도 없고 중국의 전략가들도 고려하지 않고 있다. 제도적 측면에서 볼 때 중국이 새로운 국제질서를 창출한 것이 아니라 미국이 만들어 놓은 국제질서의 틀 내에서 성장한 데 불과하다. 실제로 중국과학원의 『중국현대화보고 2008』에서 제시한 '평화비둘기(和平鴿) 구상'에서 중국은 신국제질서를 제안하기보다 UN, ASEM, APEC 등 기존 국제질서를 토대로 중국의 대외전략 구상을 설계하고 있다.[59]

---

 59) 中國科學院中國現代化硏究中心, 『中國現代化報告(2008)-國際現代化硏究』

또한 브레진스키의 지적대로 중국은 군사력과 경제력 등 하드파워를 크게 성장시키는 데는 성공했으나 아직까지 하드파워 면에서도 미국과의 격차가 크며, 특히 소프트파워 면에서는 매우 취약하다. 중국의 경제규모가 아직 미국의 1/4에도 미치지 못하고 군비지출도 미국의 1/7에 불과하다.[60] 중국이 공자학원의 전 세계 확산 등을 통해 소프트파워를 강화시켜 오고는 있지만 아직까지 미국의 소프트파워를 뒤쫓기에는 많은 시간이 필요하다. 그렇기 때문에 중국의 전략가들은 'G2체제'론에 대해서도 부정적인 시각을 갖고 있다.[61]

그러나 중국이 자신의 대외전략을 '평화로운 부상'이라고 주장하지만, 그렇다고 장기적으로 중국이 세계패권의 야욕이 없다고 생각할 수는 없다. 중국의 대외전략은 단번에 미국 패권을 대체하려 하기보다는 미국 단극체제를 중국이 포함되는 다극체제로 전환하는 것을 당면한 최우선의 목표로 설정하고 있기 때문이다. 중국의 다극체제 전환 전략은 지속적인 높은 경제성장을 전제로 한 단계적인 해양통제권의 강화를 토대로 하고 있다.

중국은 경제성장에 필요한 해상교통로 확보를 명분으로 영토방어, 근해방어, 중근해방어, 원해작전 등으로 해양통제권을 단계적으로 강화하는 도련전략(島鏈戰略)을 추진해 왔다.[62] 냉전시대의 중국은 연안

(北京大學出版社, 2008), pp. 212-214.

60) 빅터 차·김일권, "빅터 차 선임고문과의 인터뷰: 중국의 부상에 따른 동북아지역 안보환경의 변화와 한국과 미국의 대응 전략," CSIS, Office of the Korea Chair (2010. 12. 12). http://csis.org/files/publication/101222_ NA_interview _Korean_Version.pdf.

61) 중국 현대국제관계연구원 장용 주임은 지난 60년 동안 미국이 어떻게 2위 국가들을 누르며 패권을 지켜왔는지 분석하며 G2 개념에 대한 경계감을 드러냈다. 江湧, "世界第二位置充滿陷穽,"『環球時報』(2010. 8. 3).

62) 도련전략이란 1982년 당시 해군 총사령관이자 당군사위 부주석이던

방어에 주력하여 접경지역의 국가 외에는 개입을 최대한 자제해 왔다. 하지만 탈냉전시대의 중국은 2010년까지 1단계로 동아시아 해양에 대한 영향력 확보에 주력하고 있다.63) 중국은 2020년까지 2단계로 서태평양 및 인도양 구역에 대한 군사적 영향력 확보를 목표로 2척 이상의 항공모함 도입을 서두르고 있다. 2040년까지 3단계로 중국은 전 지구적 차원에서 개입능력의 확보를 지향하고 있다. 미국이 아시아에서 중국의 군사적 우위를 용인하지 않겠다는 의지를 표출하고 있는 만큼, 중국의 의도대로 아시아 지역에서 미·중 세력균형이 이루어질지 단정적으로 말할 수는 없다. 하지만 이러한 중국의 의도가 실현될 경우에는 아시아의 신국제질서가 단계적으로 형성될 가능성이 높다.

(2) 위험대비 차원의 대외 전략

오바마 미 행정부의 아·태 전략은 기본적으로 미·중 전략적 신국제질서의 전망 속에서 수립된 것이다. 이러한 미·중 양국의 전략적 관계 속에서 미국이 취하고 있는 전략은 외교, 국방, 경제의 세 분야로 나누어서 살펴볼 수 있다.

먼저 미국의 아·태 외교전략은 기본적으로 중국에 대한 관여

류화칭(劉華淸)이 제안한 해군 해양계획의 청사진이다. 원문은 다음과 같다, "到二〇一〇年爲止, 確立第一島鏈內的制海權, 使其內海化; 到二〇二〇年 確保第二島鏈內的制海權; 到二〇四〇年爲止取得可以遏制美國海軍在太平洋, 印度洋支配權的力量," 劉華淸, 『劉華淸回憶錄』(北京: 解放軍出版社, 2004), p. 436.

63) 일본 방위성 방위연구소는 중국 해군이 이미 제1도련 전략의 목표를 넘어 제2도련 전략을 수행하고 있다고 평가하고 있다. 日本防衛省 防衛研究所,『中國安全保障レポート2011』(2012. 2), pp. 10-12.

(engagement)에 방점을 찍고 있다. 이러한 관여전략은 앞에서 살펴본 중국의 부상에 대한 미국 정부의 인식에서 비롯된 것이다. 미국 정부는 중국의 부상에 따른 신국제질서가 신흥 강대국의 출현에 따른 패권전쟁이라는 과거 역사가 되풀이된다기보다 아직 경험하지 않은 궤적을 그릴 것으로 보고 있다. 그렇기 때문에 미국은 중국에 대한 관여를 강화하면서 경제적 상호의존도를 높여 가고자 한다. 2005년부터 시작된 전략대화는 바로 미·중 관계의 파국을 막기 위한 안전판의 역할을 하고 있는 것이다.

다음으로 미국의 아·태 국방전략은 당면한 외교정책과 달리 중장기적인 성격을 갖고 있기 때문에 중국의 군사적 부상과 그에 따른 패권경쟁에 대비하는 균형(balance)전략의 성격이 강하다. 미국은 신국방전략지침에 따른 국방비와 전력감축에도 불구하고, 중국의 지정학적 약점을 활용하여 한국과 필리핀을 전진기지로 하고 일본과 호주를 후방기지로 하여 중국을 견제하기 위해 동맹관계를 활용하고 있다.

끝으로 미국의 아·태 경제전략은 아시아 경제의 통합과정에 관여(engagement)해 경쟁력을 회복하는 데 초점이 맞춰져 있다. 미국이 중국의 경제적 영향력이 확대되는 것을 견제해 궁극적으로 이 지역 경제통합의 주도권을 쥐려는 의도가 없다고 할 수는 없으나, 당면 목표는 동아시아 경제통합 과정에서 자국이 배제되는 것을 피하는 데 있다. 이것은 아시아 국가들이 안보적으로 중국을 경계하면서도 경제분야에서는 중국과 협력해 성장의 기회를 잡고자 하고 있는 것과 같은 이유다.

이처럼 미국의 대외전략은 기본적으로 외교·경제분야에서 중단기적으로 관여정책을 취하면서도 국방분야에서는 장기적으로 균형정책을 취하고 있다. 이와 같은 양면적인 전략은 종합적으로 볼 때 위험대비전략(a hedge strategy)이라고 부를 수 있을 것이다. 위험대비 전략이란 미국이 아시아의 평화·번영을 위해 중국과 밀접하고 건설적인 관계를 유지하면서도, 중국의 부상이 위협과 불안전 요인이 될 경우 다른 아시아 국가들과 동맹을 맺어 중국의 팽창주의와 균형을 맞출 수 있도록 대비하는 전략을 가리킨다.[64]

이처럼 미국이 중단기적으로 대중국 관여정책을 취하면서도 장기적으로 중국의 패권 도전에 대비하는 위험대비 전략을 채택하는 이유는 미국이 아직 중국의 전략적 의도에 대해 불신감을 갖고 있기 때문이다. 하지만 이와 같은 위험대비 전략이 오히려 중국의 군비증강에 명분을 제공하여 오히려 역내 군비경쟁을 촉진하는 안보딜레마에 빠지고 미국이 제시한 높은 수준의 자유무역 요구가 오히려 중국의 경제적 영향력 확대를 촉진할 가능성도 배제할 수 없다.

2) 아·태지역 및 한반도 정세 파급 전망

(1) 아·태지역 정세 파급영향

미국은 2010년도 GDP가 14조 4천억 달러로서 제2차 세계대전 종식 이후 줄곧 1위를 차지해 오고 있고, 중국은 8조 859억 달러로 2010년 2분기부터 일본을 제치고 2위의 경제대국으로 급부상하였다. 현재와 같은 중국의 경제성장 추세로 볼 때, 2020년을 전후하여 중국의 GDP가 미국의 GDP를 추월하기 시작할 것이라는 전망도 나오고 있다.[65] 하지

---

64) Fareed Zakaria, "A 'Hedge' Strategy toward China," *The Washington Post* (November 15, 2010).

65) IMF는 PPP 기준으로 2016년, *The Economist*지는 2019년 무렵에 GDP 규모면에서 중국이 미국을 앞설 것으로 전망하고 있다. China Business News, "How Soon Will China Be the World's Largest Market?" (May 6, 2011). http://cnbusinessnews.com/how-soon-will-china-be-the-worlds-largest-market/#ixzz1nFMk3CyH

만 군사력이나 첨단기술력, 그리고 소프트파워 등을 포함한 종합국력에서는 아직까지 미국과는 커다란 격차가 있다. 특히 중국의 국력 신장은 냉전 당시 소련의 국력과 비견될 수준이지만 아직 군사력 면에서는 옛 소련의 위상에는 미치지 못하고 있다.

이러한 조건에서 중국의 부상으로 태동하게 될 신국제질서는 미국과 중국 사이에 협력과 경쟁이 공존하는 장이 될 가능성이 높다. 중국의 부상에 따른 신국제질서에 대비한 미국의 전략이 양면적이긴 하지만, 미 국무부의 전략과 미 국방부의 전략이 관여와 균형으로 서로 다른 것은 사실이다. 중국 정부와 협상파트너인 미 국무부는 관여를 통해 중국의 협조적 태도를 유도한다는 전략이지만, 미 국방부는 대중국 억제력의 구축을 통해 균형을 추구하다가 유사시 중국을 봉쇄할 수 있는 군사태세를 갖추어 나간다는 전략이다.

이처럼 미국의 아·태 전략은 종합적으로는 조화를 이루고 있으나 국무부나 국방부 차원에서 보면 서로 모순되는 전략이기 때문에, 이에 대한 중국의 전략적 불신도 결코 만만치 않다. 중국은 한편으로는 미국이 구축해 놓은 질서 속에서 경제적 번영을 구가하고 미·중의 전략·경제적 대화를 통해 극단적인 사태를 미연에 방지하고자 하지만, 다른 한편으로는 중국 역시 미국의 전략적 의도에 대한 불신 때문에 접근차단능력을 강화해 가는 것이다.

이러한 미국의 모순된 전략은 장기적으로 볼 때, 아시아 지역의 정세를 불안정하게 만들 수 있다. 2012년 11월 6일에 치러진 미 대선에서 민주당의 오바마 대통령이 재선됨으로써 향후 4년간 미국 정부의 대중국 인식 및 아·태 전략은 유지될 것으로 보인다. 대선 과정에서 오바마 대통령은 공약을 통해 미·중 관계를 현재와 같은 협력관계로서 강

(검색일: 2012. 2. 24).

조하고 있다.66)

(2) 한반도 정세 파급영향

앞에서 살펴본 중국의 단계적 다극화전략에 따라 전 세계적 차원에서 여전히 미국의 유일패권이 유지됨에도 불구하고, 적어도 한반도를 둘러싼 동북아 지역에서는 2010년대 중반까지 군사적 균형에 토대를 둔 미국과 중국 간의 세력균형이 이루어질 것이라는 전망이 있다. 만약 이렇게 된다면 2010년대 중반부터 한반도를 포함한 동북아지 역에서 중국의 발언권은 더욱 강화될 것이다.

최근 벌어지고 있는 아시아 경제의 주도권을 둘러싼 미국과 중국의 경쟁은 한국에게 위기이자 기회가 될 수 있다. 중국은 ASEAN+3과 함께 한·중 FTA, 한·중·일 FTA를 추진하고 있는 반면, 미국은 한·미 FTA를 모델협정으로 삼아 미국·ASEAN FTA와 TPP를 추진하여 지역협력의 주도권을 중국에게 넘기지 않겠다는 전략이다. 미국은 한·미 FTA가 발효되는 2012년 3월 이후 한국정부에게 TPP 참가를 요청할 가능성이 높다. 일본 정부가 TPP에 적극 참가하여 한·미 FTA에 따른 한국 기업의 미국시장 선점을 막고 일본 기업의 경쟁력을 높이려는 점은 우리에게 도전 요인이 된다. 하지만 한국이 TPP 참가문제를 카드로 활용한다면, 한·중 FTA 또는 한·중·일 FTA 협상에서 우리가 유리한 위치를 차지할 수 있다.

지금까지는 동아시아지역에서 미국의 군사적 우위가 유지되고 있었고 중국도 지역안정을 우선시하는 정책을 취했기 때문에, 북핵문제를 비롯한 한반도문제의 해결과정에서 중국은 한국이나 미국에 대해 비교

---

66) CFR, "Campaign 2012: The Candidates on U.S. Policy toward China" (January 25, 2012).

적 협조적이었다고 볼 수 있다. 하지만 2010년 3월 천안함 사태의 처리 과정에서 드러났듯이, 중국이 갖는 한반도에서의 이해는 한국의 입장과 달리 '평화, 안정, 비핵'의 순으로 정리되어 있다.[67] 그렇기 때문에 한국 정부는 북핵문제의 해결을 위해 대북 압박에 동참해 줄 것을 기대하고 있으나, 중국 정부가 이를 받아들일 가능성은 높지 않다. 오히려 중국은 2010년 중반까지 동북아 지역에서 군사력을 키운 뒤에 북핵문제의 해결을 주한미군 문제와 맞교환하자고 나설 가능성도 배제할 수 없다.[68]

중국은 장기적으로 볼 때 강화된 군사력을 토대로 한반도를 포함한 아시아 지역에서 미군철수, 한·미 및 미·일 동맹 폐기 등을 본격적으로 제기할 가능성을 배제할 수 없다. 실제로 중국은 2008년 5월 이명박 대통령의 방중 때 '한·미 군사동맹은 냉전의 유물'이라고 폄하한 데 이어, 2010년 9월 센카쿠열도(중국명 釣魚島) 부근에서 있은 중·일 충돌 직후에 가진 양국 외무장관회담에서 '미·일 동맹은 냉전의 유물'이라고 비난하였으며, 10월 25일 시진핑 국가부주석(당시)은 중국인민지원군이 참전한 한국전쟁을 가리켜 '정의의 전쟁'이라고 주장한 바 있다.

2020년 무렵까지 중국은 단계적으로 동아시아 주변 해역에 대한 해양통제권을 장악하려는 의도를 드러내 보이고 있다. 또한 중국은 중국-파키스탄 철도 연결, 중국-미얀마 파이프라인 연결, 스리랑카 내 항구 확보 등 중국의 영향력을 서태평양뿐 아니라 인도양으로까지 확장하고자 이른바 '진주목걸이(string of pearls, 珍珠鏈)' 전략을 추진하고 있다.[69] 이처럼 미·중이 군사적으로 충돌하지 않으면서도 경제적 주도

---

67) Yang Jiechi, "A Conversation with Yang Jiechi" (January 6, 2011), New York, Council on Foreign Relations. http://www.cfr.org/china/conversation-yang-jiechi/p23777 (검색일: 2011. 1. 20)

68) 조성렬, 『뉴한반도비전(백산서당, 2012), p. 132.

권 및 해상교통로를 둘러싼 대립과 경쟁을 지속한다면, 2020년 전후 동아시아 및 한반도 정세는 군사력이 아니라 경제적 영향력에 의해 미국과 중국의 세력판도가 좌우되는 이른바 '평화적 부상'이 이루어질 가능성도 배제할 수 없을 것으로 전망된다.

5. 맺음말

미국의 쇠퇴와 중국의 부상에 따른 신국제질서의 태동에 대한 미국 학계와 언론계의 평가는 서로 엇갈린다. 여전히 미국이 국제질서를 주도할 것으로 보는 견해에서부터 패권국 미국의 쇠퇴로 다극체제가 등장할 것으로 보는 다극적 국제질서론, 미·중의 타협 가능성을 보는 미·중의 협조체제론 혹은 전략관계론, 그 밖에 중국이 신국제질서를 주도할 것으로 보는 견해 등이 있다. 현 오바마 행정부는 기본적으로 전략관계론의 시각에 입각해 관여전략을 취하고 있는 것으로 평가되지만, 미 국방부는 중국의 부상이 미국의 패권에 도전 요인이 되지 않도록 균형전략을 취하고 있다.

이처럼 미국과 중국의 전략적 경쟁과 협력이 되풀이되는 가운데 한반도 문제에 대한 강대국들의 입김이 점차 세지고 있다. 최근 들어 중국은 라진항 제1부두에 대한 장기 사용권을 통해 동북3성과 동해를 잇는 출해구(出海口)를 확보함으로써 동북아 지역 전역에 대한 영향력을

---

69) Christopher J. Pehrson, *String of Pearls: Meeting the Challenge of China's Rising Power Across the Asian Littoral*, Strategic Studies Institute, US Army War College (July 2006); 劉啓文, "前進印度洋-中共'珍珠鏈戰略'之剖析", 『海軍學術』(雙月刊) 第45卷 第5期, 中華民國100年(2011. 10. 1).

확보해 오고 있다. 특히 김정일 국방위원장 사망 이후 김정은 후계체제가 안정될 때까지 중국은 후원자 역할을 자처하면서 한반도에 대한 영향력을 한층 강화해 나갈 것으로 보인다.

한국은 한·미 전략동맹 구축, 한·미 FTA 체결 등을 통해 미국의 아·태 전략에 적극 협력해 오고 있다. 하지만 이로 인해 중국은 한국이 경제적 이익을 자국에서 얻어 가면서도 안보문제는 미국에 의존하고 있다며 불쾌감을 감추지 않고 있다. 아직까지 아시아 지역을 둘러싼 미·중 간의 전략적 경쟁이 본격화되고 있지는 않지만, 2012년 11월 8일에 출범한 시진핑(習近平) 체제는 경제력과 군사력을 바탕으로 한반도 문제에 자기 목소리를 낼 가능성이 매우 높다.

중국의 부상과 미국의 상대적 쇠퇴에 따른 신국제질서가 한반도에 미치는 영향력을 최소화하도록 하기 위해서는 무엇보다 한반도 문제의 주도권을 우리가 장악하는 것이 가장 중요하다. 한반도 문제의 주도권을 우리가 쥐기 위해서는 남북관계를 개선하여 미·중 강대국의 세력다툼이 한반도 문제에까지 영향을 미치지 않도록 차단해야 한다. 이를 위해 북핵문제의 진전을 바탕으로 남북한 간의 화해·협력을 한 단계 끌어올린 뒤 한반도 평화체제의 구축과 평화통일로 나아가는 것이 바람직하다.

변화하는 국제질서 속에서 중국의 영향력 확대에 대응하는 데는 미국과의 군사 동맹관계를 강화하는 것만으로는 한계가 있다. 한편으로 미국과 일본과의 경제관계를 한층 강화해 중국에 대한 무역의존도를 낮추고, 다른 한편으로 한·중 군사대화를 군사협력으로 확대·강화하여 전략적 신뢰를 쌓아 나갈 필요가 있다. 또한 미·중이 함께 참여하는 동북아 다자안보기구, 나아가 장기적으로 동아시아 공동체를 건설하는 등 이를 제도화하는 것이 바람직한 한국의 전략적 대안이 될 수 있을 것이다.

참고문헌

강선주, "환태평양경제동반자협정(TPP)과 동아시아 지역협력,"『주요국제문제분석』(외교안보연구원, 2011).
국방부 편,『2010 국방백서』(대한민국 국방부, 2010).
김양희, "미국의 동아시아 신개입전략과 일본의 TPP전략,"『TPP와 동아시아, 분석 및 제언』KNSI 특별기획 제36-2호(2011).
김흥규, "제4차 미·중 전략·경제대화와 진화하는 미·중관계: 한국에 대한 함의와 더불어,"『KNSI 현안진단』제217호(2012).
백창재, "동북아 안보와 한·미·중 협력,"『동북아 삼각협력체제: 한·미·중, 한·미·일 협력』(세종연구소, 2011).
빅터 차·김일권, "빅터 차 선임고문과의 인터뷰: 중국의 부상에 따른 동북아지역 안보환경의 변화와 한국과 미국의 대응 전략," CSIS, Office of the Korea Chair(2010. 12. 12).
정민정, "한일군사정보보호협정 체결과 관련한 주요 쟁점,"『이슈와 논점』487호 (2012. 7. 6).
조성렬,『뉴 한반도비전: 비핵·평화와 통일의 길』(백산서당, 2012).

AFP, "From Pax Americana to Pax Sinica," www.asiaone.com.sg (July 10, 2008).
Armitage, Richard & Joseph Nye Jr., "The United States and Japan: Advancing toward a Mature Partnership," *INSS Special Report* (October, 2000).
_____, "The U.S.-Japan Alliance: Getting Asia Right Through 2020," *CSIS Special Report* (February, 2007).
_____, "The U.S.-Japan Alliance: Anchoring Stability in Asia," *A Report of the CSIS Japan Chair* (August, 2012).
Barfield, Claude and Philip I. Levy, "Tales of the South Pacific: President Obama and the Transpacific Partnership," *International Economic Outlook No.2*, AEI Online (December, 2009).
Bergsten, Fred and Jeffrey J. Schott, "Submission to the USTR in Support of a Trans-Pacific Partnership Agreement," Peterson Institute for International

Economics (January 25, 2010).

Bijian, Zheng, "China's "Peaceful Rise" to Great-Power Status," *Foreign Affairs* (Sep/Oct, 2005).

Brzezinski, Zbigniew & John J. Mearsheimer, "Clash of the Titans," *Foreign Policy* (Jan/Feb, 2005).

_____, "The Group of Two that could change the world," *Financial Times* (January 13, 2009).

_____. *Strategic Vision: America and the Crisis of Global Power* (Basic Publishing, 2012).

CFR, "Campaign 2012: The Candidates on U.S. Policy toward China" (January 25, 2012).

China Business News, "How Soon will China Be the World's Largest Market?" (May 6, 2011). http://cnbusinessnews.com/how-soon-will-china-be-the-worlds-largest-market/#ixzz1nFMk3CyH (검색일: 2012. 02. 24).

Christensen, Thomas J., "Shaping the Choices of a Rising China: Recent Lessons for the Obama Administration," *The Washington Quarterly* 32:3 (July, 2009).

Clarke, Christopher M., "US-China Duopoly Is a Pipedream," *Yale Global* (August 6, 2009).

Clinton, Hillary Rodham, Comments by Secretary Clinton in Hanoi, Vietnam, Discusses U.S.-Vietnam relations, ASEAN Forum, North Korea (July 23, 2010).

_____, "Inaugural Richard C. Holbrooke Lecture on a Broad Vision of U.S.-China Relations in the 21st Century," Benjamin Franklin Room, Washington, D.C. (January 14, 2011).

DoD, *Ballistic Missile Defense Review Report* (February, 2010).

____, *Quadrennial Defense Review Report* (February, 2010).

____, *Sustaining U.S. Global Leadership: Priorities for 21st Century Defense.* (January, 2012).

Ferguson, Niall, "Not Two Countries, but one: Chimerica," *Telegraph* (March 4, 2007).

_____, *The Ascent of Money: A Financial History of the World.* (New York: Penguin Books, 2008).

_____ & Moritz Schularick, "The End of Chimerica: Amicable Divorce of Currency War?," *Harvard Business School Working Paper* 10-037

(October, 2009).

Friedman, Thomas L., "The Post-Post-Cold War," *The New York Times* (May 10, 2006).

Garrett, Banning, "The Need for Strategic Reassurance in the 21st Century," *Arms Control Today* (March, 2001).

Hermawan, Daud, "Coming era of Pax Sinica," *The China Post* (February 6, 2010).

Jin Hyun, Kim, "Pax Sinica? Impossible!," PacNet No.10, Pacific Forum CSIS (February 8, 2011).

Kennedy, Paul, "American Power Is on the Wane," *The Wall Street Journal* (January 14, 2009).

Kirk, Ronald, Letter from Executive Office of the President to Nancy Pelosi. Speaker U.S. House of Representatives, Washington, D.C. (Dec. 14, 2009).

Mearsheimer, John J., *The Tragedy of Great Power Politics* (New York: W.W. Norton and Company, 2001).

Obama, Barack, "Renewing American Leadership," *Foreign Affairs* (July/August, 2007).

_____, "New Challenges for a New World," Ronald Reagan International Trade Center, Washington, D.C. (July 15, 2008).

Pehrson, Christopher J., *String of Pearls: Meeting the Challenge of China's Rising Power Across the Asian Littoral*. Strategic Studies Institute, US Army War College (July, 2006).

Platform Drafting Committee, The Draft 2008 *Democratic National Platform: Renewing America's Promise*. (August 7, 2008).

Ramo, Joshua Cooper, *The Beijing Consensus*, Foreign Policy Centre (May, 2004).

Rice, Condoleezza, "Rethinking the National Interest: American Realism for a New World," *Foreign Affairs* (July/August, 2008).

Rogin, Josh, "The End of the Concept of 'Strategic Reassurance'?," *Foreign Policy* (November 6, 2009).

Schiffer, R. Michael, Written Statement of Mr. R. Michael Schiffer Deputy Assistant Secretary of Defence, East Asia Before the House Armed Services Subcommittee on Readiness. (March 15, 2011).

Steinberg, James B, "Administration's Vision of the U.S.-China Relationship," Keynote Address at the Center for a New American Security, Washington, D.C. (September 24, 2009).

The Joint Chiefs of Staff, *The National Military Strategy of the United States of America: Redefining America's Military Leadership.* (February 8, 2011).
The White House, A National Security Strategy of Engagement and Enlargement. (February, 1995).
_____, "Remarks by President Barak Obama at Suntory Hall," news release (November 14, 2009).
_____, *The National Security Strategy of the United States* (September, 2002).
_____, *National Security Strategy* (May, 2010).
Twining, Daniel, "Diplomatic Negligence: The Obama Administration Fumbles Relations with India," *The Weekly Standard* 15-32 (May 10, 2010).
Whitlock, Craig, "Philippines May Allow Greater U.S. Military Presence in Reaction to China's Rise," *The Washington Post* (January 26, 2012).
Wong, Edward, "Chinese Military Seeks to Expand Its Naval Power," The *New York Times* (April 23, 2010).
Zakaria, Fareed. *The Post-American World* (New York: W.W. Norton and Company, 2008). 윤종석 외 옮김, 『흔들리는 세계의 축 포스트 아메리칸 월드』 (베가북스, 2008).
_____, "A 'hedge' strategy toward China," *The Washington Post* (November 15, 2010).
Zoellick, Robert B., "Whither China: From Membership to Responsibility- Promoting Constructive Engagement," Remarks to National Committee on U.S.-China Relations, New York. (September 21, 2005).

江湧, "世界第二位置充滿陷穽," 『環球時報』(2010. 8. 3).
內閣官房, "包括的經濟連携に關する檢討狀況"(「包括的經濟連携に關する基本方針」資料1) (2010. 10. 27).
劉啓文, "前進印度洋-中共'珍珠鏈戰略'之剖析," 『海軍學術』(雙月刊) 第45卷 第5期(2011. 10. 1).
劉華淸, 『劉華淸回憶彔』(北京: 解放軍出版社, 2004).
日本防衛省防衛硏究所編, 『中國安全保障レポート2011』(2012).
中國科學院中國現代化硏究中心, 『中國現代化報告(2008)-國際現代化硏究』(北京大學出版社, 2008).

| 제 4 장 |

중국의 부상과 일본의 통합·균형·억지전략
― 경제·군사분야를 중심으로 ―

신 정 화*

1. 머 리 말

일본과 중국은 동아시아 국제관계를 결정하는 역내 주요 국가이며, 양국관계의 변화는 동아시아 질서에 매우 큰 영향을 미쳐 왔다. 과거 16세기 후반 임진왜란 당시와 19세기 후반 메이지유신 시기 양국은 패권을 둘러싸고 갈등했다. 이 시기 동아시아 지역 질서는 심하게 동요하면서 변화를 일으켰다. 그리고 21세기인 현재 장기불황과 정치적 불안정으로부터 헤어 나오지 못하는 일본과는 대조적으로 중국이 경제·군사대국으로 부상하고 있다. 중국의 대두에 대한 일본의 인식은 무엇이고 대응전략은 무엇인가? 이 글의 문제의식이다.

일본에게 2010년은 차이나쇼크의 해였다. 중국이 명목 국내총생산(GDP)에서 일본을 누르고 세계 제2위의 경제대국으로 등장했다. 또 9월에는 센카쿠열도 중국 어선 충돌사건이 발생하였으며, 이를 계기로 희

---

* 동서대학교 국제학부 교수. 이 글은 국가안보전략연구소,『국제문제연구』제 12권 제2호 통권 46호(2012년 여름)에 실린 논문임.

토류의 수출규제 등 중국은 이전과는 다른 대일 강경자세를 취했다. 그 결과 일본의 대중 감정은 심각할 정도로 악화되었다. 뿐만 아니라 일본 석유수입의 주요 통과 지역인 동중국해뿐만 아니라 남중국해에서도 중국은 베트남과 필리핀 등의 주변 국가들과 다투고 있다. 더 나아가 중국은 급성장하는 경제력을 배경으로 잠수함과 전투기 등 해공군력을 증강시키는 동시에 위성공격병기 및 스텔스기의 개발 등 군비의 근대화를 추진해 왔다. 이에 대해 일본은 중국의 군사력 증강의 의도와 실태가 불투명하다고 의문을 제기하면서, 동아시아의 군사적 안정을 깨는 불안요인으로, 더 나아가 일본의 안전보장에 대한 위협요인으로 작용할 것에 대해 우려를 표명하고 있다.

국제체제에서 부상하는 대국(rising power) 중국을 일본은 어떻게 인식하고 있는가? 또 어떻게 대응하고 있으며, 대응하고자 하는가? 이 글의 중심 테마이다. 제2절에서는 중국의 등장에 대한 일본의 인식 및 대국 중국이 초래할 신국제질서에 대한 일본의 기본 대응전략을 설명한다. 제3정에서는 중국의 개혁·개방에 대한 일본의 관여정책 및 중국의 경제대국화 이후 변화되고 있는 경제정책을 분석한다. 제4절에서는 급격히 성장한 경제력을 배경으로 확장되고 있는 중국의 군사력과 군사활동에 대한 일본의 인식과 대응전략을 분석한다. 마지막 제5절에서는 제2, 3, 4정의 논의를 총괄하면서 일본의 대중전략의 특징을 제시한다.

2. 중국의 부상에 대한 일본의 인식 및 기본전략

1) 중국의 부상에 대한 일본의 인식

일본에게 2010년은 대두하는 중국과의 만남이 본격적으로 시작되는 해였다. 중국의 명목GDP가 일본의 명목GDP를 근소한 차이기는 하나 넘어섰기 때문이다. 즉 중국이 1980년대 이후 일본이 향유해 왔던 제2위의 경제대국 자리를 대체한 것이다. 중국이 개혁・개방정책을 실시한 1979년부터 2010년에 이르는 약 30년 동안 일본과 중국 간의 경제규모는 '일본 우위' → '일・중 대등' → '중국 우위'로 급속하게 이행되었다. 그리고 10~20년 후의 중국은 국제사회에서 경제적 초강대국이 될 것으로 예상되고 있다.

일본의 전문가들이 주목하는 것은 일・중 경제관계에서 '일본 우위'였던 전후의 수십 년간과 비교해 '일・중 대등'의 국면은 겨우 수년간에 불과할 것이며, 그 후 장기간 '중국 우위'의 시대가 도래한다는 사실이다. 그리고 '중국 우위의 일・중관계 시대'(파워 이동)는 일본과 중국의 관계뿐만 아니라 미・일관계, 더 나아가서는 아시아・태평양 지역 전체의 구조변화를 초래할 것으로 판단하고 있다.[1] 그리고 이미 도래한 '일・중 대등' 국면에서 일・중관계, 미・일관계, 아시아・태평양 지역의 구조는 변화하고 있다.

국제사회의 대국으로 등장하고 있는 중국의 미래상으로 일본의 전문가들은 다음과 같은 5개의 시나리오를 제시하고 있다.[2]

첫 번째 상: 바람직한 시나리오로 '성숙한 대국' 중국이다. 우선 경제면에서 중국은 고도 경제성장 정책에서 지속가능한 발전정책으로 경제정책을 전환해 산업구조를 조정한다. 그 결과 중국인 전체의 생활이

---

[1] 東京財団 'アジア安全保障'プロジェクト, 「東京財団政策提言: 日本の對中安全保障戰略―パワーシフと時代の'統合'・'バランス'・'抑止'の追求」(2011. 6), p. 10.

[2] PHP總合研究所 '日本の對中總合戰略' 研究會, 「日本の對中總合戰略―戰略的パートナーとしての中國 登場への期待と日本の方策―」(2008. 6), pp. 15-17.

개선되고 점진적인 민주화가 이루어지는, 이른바 정치·사회발전과 경제발전의 차이가 서서히 축소되어 간다. 다음으로 군사 면에서 미국과 일본 및 주변 국가들과 방위교류·정보교환을 긴밀히 행하고, 군비 및 군사정책에 관해 가능한 한 투명성을 보여 신뢰를 양성한다. 마지막으로 외교 면에서 중국은 개별 현안과 관련해서는 미국의 패권을 억제하는 정책을 실시하나, 결정적·전면적으로 미국과 대립하는 것은 피하고 협조관계를 유지하고자 한다. 그 결과 중국은 경제발전과 사회안정을 이룩하게 되어 자신감을 갖게 되며, 다국 간의 틀에서도 경험을 쌓게 된 중국은 대국으로서 책임을 수행하는 것에 의욕적으로 임하게 되어 일본에게 '신뢰할 수 있는 이웃나라'가 된다.

두 번째 상: 바람직하지 않은 시나리오 ①로 '패권적 대국' 중국이다. 우선 경제 면에서 중국은 다양한 국내문제를 그대로 둔 채 국제정치 시스템에서 존재감을 높이기 위해 경제발전을 계속하면서 그것을 군사력 증강에 투자한다. 다음으로 군사 면에서 미국에는 미치지 못하나 자국의 방위를 넘어 타국에 위협을 줄 정도의 실력을 구비한 군사강국 중국은 주변국과의 영토·영해분쟁에서 강압적인 자세를 취하면서 미국 우위의 국제질서에 대항하는 반미주의, 대국주의를 강화한다. 마지막으로 외교 면에서 중국은 중앙아시아 및 한반도에서 미국을 배제하고자 한다. 그 결과 미국은 중국을 현실적 위협으로 인식하게 되며, 아시아 국가들은 미국과 중국 사이에서 거취를 고민하게 된다.

세 번째 상: 가장 개연성이 높은 시나리오로 '미성숙한 대국' 중국이다. 우선 경제 면에서 중국은 다양한 국내모순·사회문제 때문에 일시적으로 경제성장이 둔화되나, 재차 경제성장을 계속해 정치적으로도 경제적으로도 글로벌한 대국이 된다. 그 결과 일·중 경제관계는 질적·양적으로 확대되고 중국 자본의 일본 투자가 증가한다. 다음으로 군사 면에서 인민해방군의 하이테크화, 근대화를 급속히 추진하지만,

의도 및 전략목표를 불명확하게 함으로써 미국 및 주변 국가들의 경계심을 불러일으킨다. 미국의 군사력에는 미치지 못하나, 미국에 타격을 가할 수 있는 능력 면에서 중국은 미국의 군사적 라이벌로 성장한다. 중국 지도부는 성장을 유지하기 위해 평화적인 국제환경을 바라며 대규모의 군사분쟁은 바라지 않는다. 그러나 대만문제, 남중국해, 동중국해에서의 영토분쟁 등 돌발적인 군사충돌이 일어날 위험성은 존재한다. 마지막으로 외교 면에서 중국은 경제발전을 지속시키기 위해, 전방위외교를 추진해 가는 동시에 덩샤오핑의 '도광양회' 방침을 계승해 미국의 일극지배에는 저항하면서도 완전히 대립을 불러일으키는 사태는 회피하려고 노력한다.

네 번째 상: 바람직하지 않은 시나리오 ②로 '불안정한 대국' 중국이다. 우선 국내정치 면에서 2005년 위법 토지수용 문제로 인해 발생했던 것과 같은 폭동과 데모가 지방과 농촌에서 지속적으로 발생해 중국공산당의 정통성이 훼손된다. 또 대규모 오염사고 및 금융위기가 발생해 제2의 톈안먼 사건과 같은 사태가 발생한다. 다른 한편으로는 다양한 국내 사회문제가 중국의 편협한 민족주의로 연결되고, 이를 중국공산당 지도부가 정권 강화를 목적으로 악용한다. 다음으로 군사면 에서 인민해방군이 착실히 군비를 근대화하고 하이테크화를 추진하나, 군 내부의 의사결정과정과 그 실태가 불투명하기 때문에 미국 및 주변 국가들이 우려를 표명하게 된다. 마지막으로 외교 면에서 대만해협 문제가 긴박해지고, 동중국해 및 센카쿠열도 부근에 중국 전투기 및 함선이 출몰해 제2의 센카쿠사건이 발생하는 등 일·중 간의 긴장이 고조된다.

다섯 번째 상: 개연성은 높지 않으나, 위기관리상 고려할 필요가 있는 시나리오로 '질서 붕괴'의 중국이다. 중국 정부는 경제성장 지상주의를 수정해 지속가능한 발전을 추진하고자 하나 노동연령 인구감소와 노인인구의 증가에 의해 경제성장의 속도가 하락하게 된다. 수입의

〈그림 4-1〉 대국 중국의 미래상: 5개의 시나리오

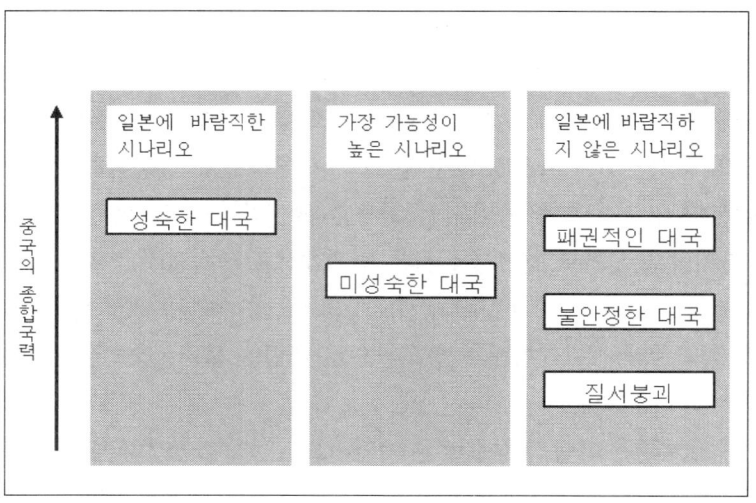

출처: PHP總合硏究所 '日本の對中總合戰略' 硏究會, 「日本の對中總合戰略―戰略的パートナーとしての中國' 登場への期待と日本の方策―」, p. 18에서 재인용.

격차, 도시와 지방의 격차 등이 시정되기도 전에 고도 경제성장이 끝나게 됨에 따라 경제성장의 혜택을 받지 못한 사람들이 그대로 남게 된다. 그 결과 대중들의 공산당에 대한 불만이 고조되어 반공산당 폭동이 지역 연대로 발생하게 된다. 공산당은 강력히 치안강화를 실시하나 폭동에 대처하기에 급급해지고, 여기에 국제사회의 비판이 더해져 국내는 혼란상태에 빠진다.

위의 다섯 가지 중국의 미래상 가운데 일본의 전문가들이 가장 개연성이 높다고 생각하는 상은 세 번째 상인 '미성숙한 대국' 중국이며, 일본에게 가장 바람직한 상은 첫 번째 상인 '성숙한 대국' 중국이다. 다시말해 '패권적인 대국', '불안정한 대국', '질서 붕괴' 중국은 바람직하지 않다는 것이다. 그리고 일본은 '성숙한 대국' 중국이 다음과 같은 조건을 구비하기를 원한다. 동아시아 지역, 더 나아가 아시아·태평양 지역이 지향할 비전을 일본, 미국 등과 공유할 것, 국내외 관계없이 다원적이며 대등한 가치의 공유를 용인하고 사람들의 행복 실현을 중시하는 정책을 수행할 의사와 능력을 소지할 것, 배타적이지 않은 건전한 민족주의를 확대할 것, 역사문제를 외교도구로 이용하지 않으며 경제교류 및 문화교류 등 다른 분야의 정책과 연계시키지 않을 것, 군사력과 군사정책에 관한 투명성이 높을 것, 무력 및 자금력을 사용하는 외교를 하지 않을 것 등이다.[3)]

2) '대국' 중국에 대한 일본의 기본전략

중국의 급속한 경제·군사대국화와 관련해 일본이 택할 수 있는 기본전략은 크게 세 가지이다. 그 하나는 중국의 패권 확대와 대비되는 미국의 패권 축소에도 불구하고 '대미종속형 외교'를 계속하는 것을 통해 중국을 억지(deterrence)하는 전략이다. 또 다른 하나는 중국의 등장에 따라 변동하고 있는 동아시아와 국제정치 구조의 변화에 맞추어 일본 나름의 '독자외교'를 추진해 중국을 통합(integration)하고자 하는 전략이다. 마지막으로는 앞의 두 전략을 일본의 대내외적 상황에 맞게 조정한 이른바 '절충외교'를 실시해 억지정책과 통합정책을 동시에 구사하고자 하는 전략이다.

먼저 대미종속형 외교의 유지와 군사력 강화를 통해 중국을 억지하고자 하는 전략이다. 이 전략은 이미 2001년부터 2006년까지 자민당의 대표적 보수 정치세력이었던 고이즈미 준이치로(小泉純一郎) 수상과 아베 신조(安部晋三) 수상에 의해 실시되었으며, 2010년 센카쿠사건 이후

---

3) PHP總合硏究所 '日本の對中總合戰略' 硏究會, 『日本の對中總合戰略―'戰略的パートナーとしての中國' 登場への期待と日本の方策―』(2008. 6), p. 25.

일본 국민들 사이에서 공감대가 확대되어 가고 있다. 일본의 보수정치 세력들은 현재의 중국은 물론 미래의 중국을 앞 제1절에서 제시한 '불안정한 대국' 중국으로 인식한다. 따라서 중국은 일본의 경제·안보에 부정적인 영향을 미치는 '위협'이며, 더 나아가 전후 일본을 축으로 하여 형성되어 온 동아시아 구조가 중국 중심의 새로운 형태의 중화질서로 변형될 것을 염려한다. 이들은 이에 대한 견제수단으로 가능한 한 중국과의 관계는 확대하지 않은 채, 중국의 대국화에도 불구하고 여전히 세계 강대국으로 존재할 미국과의 군사적 연대를 강화하는 한편, 1990년대 이래의 장기 경제침체에 의해 '상처받은' 일본의 민족주의에 호소하여 군사력 강화를 추진하고자 한다.

두 번째 전략은 경제발전의 중심지가 미국에서 중국으로 옮겨 가고 있는 상황과 이에 따라 변동하고 있는 동아시아와 국제정세의 변화에 맞추어 중국을 통합해 일본의 국익을 실현한다는 것이다. 즉 일본과 중국은 2008년 5월 일·중 정상이 양국 간 관계를 '전략적 호혜관계'로 선언한 것처럼 장기적·세계적 관점에 입각해 자국의 국익을 고려하고, 아시아, 더 나아가 세계의 평화·안정·발전에 공헌하는 가운데 공통이익을 추구하는 관계를 구축한다. 그리고 기존의 대미 종속외교에서 벗어나 중국을 포함하는 아시아 중시 외교를 실시하고, 이를 통해 미국과 중국이라는 두 강대국 사이에서 일본의 영향력을 확보한다는 것이다. 대표적인 예로는 2009년에 등장한 민주당 정권이 『민주당의 정책 INDEX 2009』에서 외교정책으로 제시한 긴밀하고 대등한 미·일 관계의 구축과 동아시아 공동체의 구축을 들 수 있다. 구체적인 내용은 일본 외교의 기반을 미국에 두는 것에는 변함이 없으나, 종전과는 달리 일본의 주체적인 외교전략에 입각해 미국과 역할을 분담한다. 나아가 중국, 한국을 비롯한 아시아 국가들과의 신뢰구축에 전력을 기울여 동아시아 국가들이 정치·경제·안전보장 등에서의 연대를 통해 공존과 공영을 이룩할 수 있게 하겠다는 것이다.4) 그러나 동 전략은 미국의 압력과 중국을 비롯한 동아시아 국가들의 거부 및 국민들의 민주당 지지도 하락에 의해 결국 구상 단계에서 종료되고 말았다.

마지막 전략은 일본의 전문가들이 제시하고 있는 제1전략과 제2전략의 절충안이기도 한데, 통합(integration), 균형(balancing), 억지(deterrence)를 적절히 배합하는 복합전략이다.5) 즉 높아지는 중국의 영향력이 지역 및 세계적 차원에서의 협력을 저해하는 요소로 작용하지 않고 상호 균형을 이룩할 수 있도록 많은 국가들과 연대를 강화하는 동시에, 중국과의 협력분야를 확대해 통합을 진척시킨다. 한편 증강되는 중국의 군사력에 대해서는 위기관리능력 향상을 포함한 억지태세를 강화한다는 것이다. 주목할 점은 이 전략이 미·중관계를 전제로 하고 있다는 사실이다. 일본에게 있어 가장 바람직한 미·중관계는 일본의 유일 동맹국인 미국이 중국에 대한 우위성을 유지하는 가운데 양국이 협조를 심화시켜 가는, 이른바 '계층형 리버럴 질서'이다. 이 질서 하에서 일본은 지금처럼 미·일동맹을 유지하면서 중국과도 경제·사회적 관계를 확대시키는 호혜적인 2국간 관계를 육성하는 것이 가능하다. 따라서 일본 대중전략의 중심은 계층형 리버럴 질서의 유지 또는 계층형 리버럴 질서로부터 중국의 일탈을 방지하기 위한 아시아·태평양지역 통합제도에 미국과 중국의 적극적인 참여를 장려하면서 규칙과 제도, 규범을 강화하는 통합전략이 될 것이다. 그러나 현실에 있어 미·중관계는 협조보다 대립이 두드러지는, 이른바 '비대칭형 세력균형 체제'의

---

4) 日本民主党,『民主党政權政策 Manifesto 2009』(東京: 民主党本部, 2009), p. 12.
5) 東京財団 'アジア安全保障'プロジェクト,『東京財団政策提言: 日本の對中安全保障戰略—パワーシフと時代の'統合'·'バランス'·'抑止'の追求』(2011. 6), pp. 22~25.

특성을 보이고 있다. 이 체제 하에서 일본은 미국 등과 함께 전략적 파트너십의 형성 및 기능적인 협력을 축으로 하는 균형(소프트 균형과 제도적 균형)을 확보하는 것이 필요하며,6) 증대하는 중국의 군사력에 대해서는 2010년 12월에 책정된 『신방위대강』이 제시하고 있는 대로 일본 자신의 노력에 더하여 동맹국 미국과의 협력과 분담이라는 억지전략으로 대처하고자 할 것이다.

3. 중국의 경제대국화와 일본 경제정책의 변화

1) 일·중 명목GDP의 역전

일·중 평화우호조약, 덩샤오핑 중국 부총리의 방일, 그리고 오히라 마사요시(大平正芳) 일본 수상의 방중으로 이어지는 1970년대 말 일본과 중국은 정치적 화해와 경제적 상호의존의 시대로 들어서기 시작했다. 물론 양국관계의 전환을 가져온 직접적 계기는 중국의 개혁·개방 노선이었다. 중국이 기존의 이데올로기 중심의 문화대혁명 노선으로부터 생산 중시 노선으로 방향을 전환하고 일본에 대해 지원을 요청한 것이다.

---

6) 균형(balancing)에는 국제정치학의 현실주의자들이 주장하는 전통적인 세력균형론(Balance of Power)인 하드 균형(hard balancing)과 비군사적 수단(경제·외교·사회적 영향력)을 사용한 국가들 간의 연대에 의해 우월한 국가의 일방적인 행동 및 영향력을 제약하는 소프트 균형(soft balancing), 그리고 각종 포럼·규율·국제제도를 창설하거나 발전시키는 것을 통해 우세한 국가를 다각적으로 견제해 그 행동을 억제하는 제도적 균형(institutional balancing)의 세 종류가 있다.

일본은 중국의 요청을 받아들이는 형태로 중국의 개혁・개방노선에 포괄적인 관여(지원)를 시작했다. 이와 관련한 일본의 공식입장은 중국의 안정이 아시아・태평양 지역의 안정에 중요하며, 더 나아가 세계평화로 이어진다는 것이었으나, 구체적인 정책적 의도는 다음과 같았다. 첫째, 자민당 보수정권의 주장으로, 1972년 발표된 일・중 공동성명에서 중국 측이 중일전쟁(1931~45년)과 관련한 대일 전후배상을 포기한 점을 고려해 전후처리의 관점에서 적극적인 지원을 행한다, 둘째, 일・중 경제관계의 '상호보완성' 또는 중국시장에서 일본의 경제적 이익을 위해서 행한다. 셋째, 일본 외교의 대미 자율성 확보를 위해 또는 미국의 전략적 의도에 봉사하기 위해 지원을 행한다.[7]

<표 4-1> 중국과 일본의 명목GDP(US$)의 추이(1980~2011년)가 제시하고 있듯이, 중국이 개혁・개방정책을 실시하기 시작한 1980년 양국의 명목GDP는 일본이 10,710억 달러, 중국이 2,024억 달러로 일본이 중국보다 약 5배 많았다. 이러한 격차는 1980년대 내내 유지되었으며 1990년대에 들어와서도 크게 변하지 않았다. 그러나 2000년대 들어 양국 간 차이는 축소되기 시작하였다. 2001년 그 차이는 약 3배로 축소되었으며, 10년 후인 2010년 양국의 명목GDP는 근접해졌다. 그리고 2010년, 일본은 54,588억 달러, 중국은 58,782억 달러로 중국이 일본을 근소하기는 하지만 앞지르게 되었다. 이와 같은 상황을 배경으로 일본의 대중 경제정책에도 변화가 보이기 시작했다.

---

7) 徐承元, 『日本の經濟外交と中國』(東京: 慶応義塾大學出版會, 2004), pp. 51-53. 두 번째 정책적 의도에서 제시되는 '상호보완성'이란 양국의 경제구조, 무역구조 및 자원의 배분상황 등이 비교우위의 관점에서 논의된다.

〈표 4-1〉 중국과 일본의 명목 GDP(US$)의 추이(1980~2011년)

연도	1980	1981	1982	1983	1984	1985	1986	1987	1988	1989
일본	1,071.00	1,183.79	1,100.41	1,200.19	1,275.56	1,364.16	2,020.89	2,448.68	2,971.03	2,972.67
중국	202.46	168.37	281.28	301.80	310.69	307.02	297.59	323.97	404.15	451.31
연도	1990	1991	1992	1993	1994	1995	1996	1997	1998	1999
일본	3,058.04	3,484.77	3,796.11	4,350.01	4,778.99	5,264.38	4,642.55	4,261.84	3,857.03	4,368.73
중국	390.28	409.17	488.22	613.22	559.23	727.95	856.08	952.65	1,019.48	1,083.29
연도	2000	2001	2002	2003	2004	2005	2006	2007	2008	2009
일본	4,667.45	4,095.48	3,918.33	4,229.10	4,605.94	4,552.19	4,362.58	4,377.96	4,879.84	5,032.98
중국	1,198.48	1,324.81	1,453.83	1,640.96	1,931.65	2,256.92	2,712.92	3,494.24	4,519.95	4,990.53
연도	2010	2011								
일본	5,458.80	5,855.38								
중국	5,878.26	6,988.47								

*단위: 10억 US$

자료: http://ecodb.net(검색일: 2012.1.20)을 토대로 정리.

2) 대중 경제정책의 변화

일본의 중국 개혁・개방정책에 대한 관여는 첫째, 무역, 둘째, 투자, 셋째, ODA(정부개발원조)라는 3가지 방식으로 이루어졌다.[8] 우선 무역을 보면 국교가 정상화된 1972년의 양국 간 수출입액은 11억 달러에 지나지 않았으나, 중국이 개혁・개방정책으로 전환한 직후인 1981년에는 104억 달러로 10배가량 증가했다. 그리고 10년 뒤인 1991년에는 1981년의 두 배인 200억 달러를 상회하게 되었다.

2001년 12월 중국의 WTO 가맹을 계기로, 일・중무역은 <그림 4-2> 일・중 무역액의 추이(2000~2010년) 제시하듯이 급증했다. 2002년 양국

---

8) 田辺智子・牛島靖歐外, "資料: データで見る中國經濟と日中經濟關係,"『レファレンス』(2006. 2), p. 61.

〈그림 4-2〉 일·중 무역액의 추이(2000~2010년)

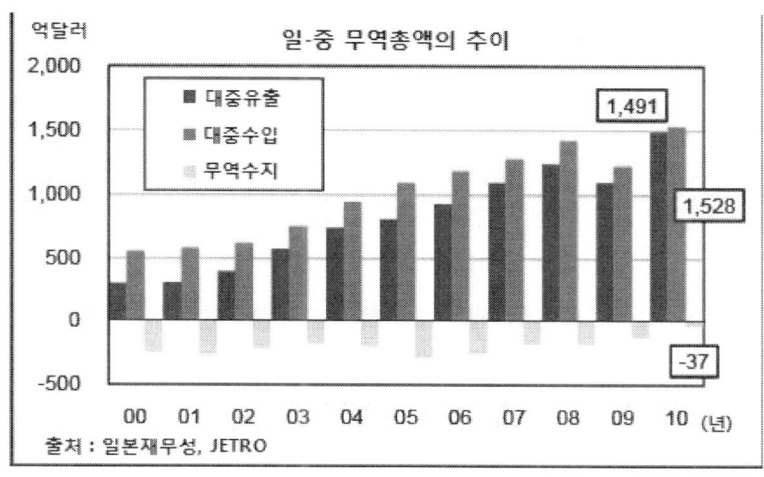

*단위: 억 US$.
자료: 日本財務省, http://www.mafa.go.jp.(검색일: 2012. 2. 15).

의 무역총액은 사상 처음으로 1,000억 달러를 돌파했으며, 중국은 미국을 제치고 일본의 최대 수입 상대국이 되었다. 그 결과 일본 국민들의 일상생활과 관련된 의류, 식품 관련 제품, 그리고 가전제품에서부터 기업이 사용하는 중간재와 완성품에 이르는 광범위한 품목을 중국 제품이 차지하게 되었으며, 일본의 대중무역 적자는 항상화되게 되었다.

2000년대부터 회자되기 시작한, 이른바 중국의 '세계공장화'는 동아시아에 성립되어 있던 '일본·(동)아시아·서구'라는 삼각 무역구조의 붕괴를 의미했다. 즉 일본이 주요 부품·중간재를 중국에 수출하고, 중국에서 조립된 상품을 일본이 수입해 서구시장에 완성품으로 수출하던 일·중 간의 수직분업 관계가 무너진 것이다. 그 결과 일본의 대중 의존도가 심화되었으며, 일본 상품의 국제경쟁력도 저하되게 되었다.[9]

이와 같은 현실을 반영하는 형태로 일본에서는 중국산 저가품이 일본 제품의 경쟁력을 저하시켜 일본 경제의 발전을 방해한다는, 이른바 '중국위협론'이 등장하게 되었다.

다음으로 일본의 대중 직접투자이다. 일본의 직접투자는 중국이 외국 기업의 투자를 받아들이기 위해 '합영기업법'을 제정한 1979년부터 시작되었다. 초기 미약했던 투자는 1984~85년의 제1차 투자붐 시기에는 1억 달러대로, 1987년부터 1989년까지의 제2차 투자붐 시기에는 그 배인 3~4억 달러대로 증가했다. 그리고 중국이 대외개방 정책을 확대한 1992년부터 1995년까지 제3차 투자붐이 발생했으며, 1995년 총 투자액은 44억 7,800만 달러에 달했다. 약 10년 동안 투자액이 44배 이상 증가한 것이다. 대중 투자붐에는 중국의 시장개방 정책, 저렴한 노동력, 그리고 중국시장 자체의 고성장이라는 중국 측 유인 요인에 더해 엔고로 인한 비용 면에서의 경쟁력 저하라는 일본 측 요인이 작용하고 있었다. 특히 1990년대 중후반의 4차 투자붐 시기에는 제조업부문의 투자가 본격화되었으며, 중국 국내시장을 타깃으로 한 투자와 기존 진출 기업의 확장 투자가 증가했다.

2001년 12월 중국의 WTO 가맹에 의한 투자환경 개선에 대한 기대에 힘입어 대중 직접투자는 증가되어, 2005년도에는 역대 최고인 총 65억 3,000만 달러에 달하게 되었다. 이후 대중 직접투자는 점점 감소하여 2000년대 후반에는 40억 달러 전후에서 유지되었다(일본의 대중 직접투자액의 자세한 추이는 <그림 4-3> 참조).

2000년대 중후반 대중투자는 저비용생산을 목적으로 하고 있었다는 점에서는 이전 시기의 대중투자와 유사성을 가졌으나, 중국의 경제발전에 맞추어 비교적 새로운 제품의 투입 및 연구·개발부문의 설치가

---

9) 大西康雄, "中國·東アジアの經濟關係と日本: 政策提言研究,"『IDE-JETRO』(2011. 7).

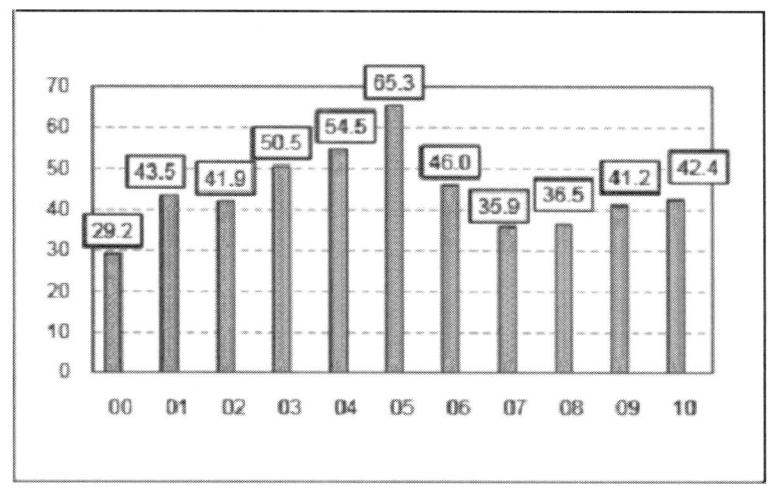

〈그림 4-3〉 일본의 대중 직접투자의 추이(2000~2010년)

*자료: http://www.mofa.go.jp(검색일: 2012. 2. 15).

종종 이루어졌다는 점에서, 또 중국에 공장을 설치할 경우 비용 면에서 경제성이 낮은 일본 내 공장을 폐쇄·축소하는 경우가 늘어났다는 점에서 차별성을 가지고 있었다.10) 그 결과 중국의 저가품에 의해 야기되었던, 이른바 '중국위협론'이 중국의 경제성장이 국내산업의 공동화를 촉진하고 고용에 부정적 영향을 미친다는 내용으로 확대되면서 국민적 공감대를 확보하게 된다.

마지막으로 대중 정부개발원조(ODA)의 문제이다.11) 일본은 대중외교의 주요 수단의 하나로 1980년부터 중국에 ODA를 제공해 왔다.12)

---

10) 今井理之, "様変わりする日中貿易," 『季刊 國際貿易と投資』 No. 49(2002), pp. 50-51.

11) 정부개발원조(Official Development Assistance)로 정부 또는 정부의 실시 기관이 개발도상국의 경제·사회발전 및 복지 향상에 기여하기 위해 개발도상국 또는 국제기관에 행하는 자금·기술공여에 의한 협력을 의미한다.

대중 ODA는 정부대부(유상자금협력=엔차관)과 증여(무상자금 협력과 기술협력)로 구성되었으며, 그 중 변제의 의무가 있는 엔차관의 비중이 높았다.[13] 엔차관은 1980년부터 2000년까지 총 4차에 걸쳐 지급되었으며, 그 총액은 <표 4-2>에서 제시된 것처럼 약4조 엔에 달했다.

〈표 4-2〉 일본의 대중 엔차관(1980~2000)

	제1차	제2차	제3차	제4차(前)	제4차(後)
실시기간(년)	1980~1983	1984~1990	1990~1995	1996~1998	1999~2000
대부자금(엔)	3,309억	5,400억	8,100억	5,800억	3,900억

*자료: 日本外務省, 「對中國ODA實績槪要」(2005. 5). http://www.mofa.go.jp(검색일: 2012. 2. 2 0)를 토대로 작성.

2000년대에 들어와서도 탈출구를 찾지 못하는 일본의 경제침체, 그와는 대비되는 중국경제의 급속한 발전과 군사력의 근대화, 그리고 중국의 제3국에 대한 원조 등을 이유로 일본 국내에서는 대중 ODA 중지를 요구하는 목소리가 나오기 시작했다. 이에 박차를 가한 것이 2004년 고이즈미 수상의 야스쿠니신사(靖國神社) 참배를 시발로 표면화된 중국의 반일 민족주의였다. 동중국해 일본의 배타적 경제수역(EEZ)에서의 중국의 가스 시출, 중국 원자력 잠수함의 일본 영해 침범 등의 사건이 중국 정부 차원의 민족주의를 반영하고 있었다면, 중국인 활동가에 의한 센카쿠섬 상륙, 아시아배 축구경기에서 나타난 중국인의 반일 움직임 등은 민간 차원의 반일 민족주의를 상징하고 있었다.

---

12) 일본은 1991년부터 2000년까지 9년간 세계 1위의 ODA 공여대국였다. 구체적으로 1966년부터 1999년까지 유상자금협력(엔차관, 차관 승락 기준)은 19조 931억 엔, 무상자금협력은 3조 4,150억 엔, 기술협력은 2조 6,128억 엔이었다.
13) 차관의 상환기간은 거치기한 10년, 상환기한 30년이었다.

중국의 경제발전에 일본이 '공헌'했다고 생각해 온 일본정부와 국민들은 경제성장을 배경으로 강화된 중국의 민족주의가 일본을 향하는 것에 충격을 받았다. 2004년 10월 내각 조사부가 행한 "중국에 대한 친근감" 정도를 묻는 여론조사 결과는 중국에 대해 '친근감을 느낀다'가 37.6%인 데 반해, '친근감을 느끼지 않는다'는 58.2%에 달했다. 1978년 조사가 시작된 이래 최대치에 달한 '친근감을 느끼지 않는다'는 58.2%의 비율은 일본 국민들의 중국에 대한 배신감을 적나라하게 나타내고 있었던 것이다. 이후에도 일본 국민들이 중국에 대해 느끼는 친근감 정도는 계속 하락되었다. 약 5년 후인 2010년에는 '친근감을 느낀다'가 20.0%로 하락한 데 반하여, '친근감을 느끼지 않는다'는 77.8%로 증가했다. 성인 일본인 10명 중 8명이 중국에 대해 부정적인 태도를 갖게 된 것이다.[14] 일본 국민들의 대중 인식 악화는 대중 ODA 폐지 여론의 확산으로 이어졌다.[15] 이와 같은 상황에서 일본정부는 2003년 엔차관 공여액을 967억 엔으로 축소했으며, 2005년부터는 신규 엔차관을 중단한다고 선언했다.

엔차관이 중단된 이후에도 일본은 일본의 국익이라는 관점에 입각해 일·중 양국의 공통과제 분야(예를 들면 환경분야) 및 상호이해에 부합하는 분야(예를 들면 교육 및 의료분야) 등에 대해서는 무상자금협력(2005~09년: 총액 1,543.21억 엔)과 기술협력(2005~09년: 총액 1,704.48억 엔)

---

14) 日本內閣府官房政府廣報室, "図10 中國に對する親近感," 『外交に對する世論調査』(http://www8.cao.go.jp, 검색일: 2012. 2. 20).

15) 폐지론에 반대되는 대중 ODA 옹호유지론도 제기되었다. 옹호유지론의 주 내용은 중국의 1인당GDP는 아직 낮으며, 여전히 원조가 필요한 개발도상국이다, 국민 한 사람 당으로 보면 원조액이 적기 때문에 일반 국민의 이해가 낮은 것은 어쩔 수 없다, 그리고 대중 ODA는 대부분 대부이며, 중국은 변제의 무를 이행하고 있다는 것이었다. 今井理之, 앞의 논문, p. 70.

을 행했다.16) 그러나 중국 경제의 지속적 발전에 따라 무상자금협력과 기술협력도 가까운 시일 안에 종료될 것이다.

3) FTA전략과 동아시아경제공동체 구상

제2차 세계대전 이후부터 1990년대에 이르기까지 관세 및 무역에 관한 일반규정GATT) 및 세계무역기구(WTO)의 틀 안에서 경제성장을 구가해 온 일본은 자유무역협정(FTA)을 글로벌한 자유무역체제를 위협하는 것으로 인식하고 그 체결에 부정적인 입장을 취해 왔다. 그러나 장기화되는 경제침체와 그에 대비되는 중국의 경제적 부상을 배경으로 1990년대 말 일본은 FTA에 대한 인식을 변경했다.17) 그리고 2000년에 들어와 중국과 한국이 동아시아지역 통합을 전제로 한 ASEAN과의 FTA(EPT)협상을 적극적으로 추진하기 시작하자, 이에 대항하는 형태로 일본도 ASEAN+3포럼에 참가하는 동시에 FTA와 EPA를 추진하기 시작했다.18)

돌이켜보면 일본은 1997년 발생한 아시아 통화위기 직후에 '아시아 통화기금'(Asian Monetary Fund: AMF) 설치를 제안했다. 경제위기에 처한

---

16) 무상자금협력은 첫째, 환경, 전염병 등 일·중 양 국민이 직면한 공통과제의 해결에 기여하는 부분, 둘째, 일·중 양국의 상호이해, 교류의 증진에 기여하는 부분을 대상으로 이루어졌다.

17) 日本経済産業省, 『通商白書 2008』, pp. 406~407.

18) 자유무역협정(FTA)이란 물품의 관세 및 그 외의 제한적 통상규칙 및 서비스 무역 장벽 등의 철폐를 내용으로 하는 GATT 제24조 및 GATS(서비스무역에 관한 일반협정) 제5조에서 정의된 협정을 말한다. 한편 경제연대협정(EPA)이란 FTA의 요소를 포함하면서도 체결국 간에 경제거래의 원만화, 경제제도의 조화, 협력의 촉진 등 시장제도 및 경제활동의 일체화를 위한 조치도 포함하는 보다 대상 분야가 폭 넓은 협정을 말한다.

아시아 국가들을 지원하는 것을 통해 ASEAN 지역협력의 주도권을 장악하고자 한 것이다. 실제로 통화위기 시 일본은 IMF를 통한 지원과는 별도로 1998년 신미야자와 구상(新宮澤構想)에 입각하여 총액 300억 달러의 구제조치를 취했다. 그리고 이러한 일본의 지원은 2000년 5월 ASEAN+3의 중앙은행에 의한 통화스와프 협정인 치앙마이 이니셔티브 체결로 이어졌다.[19] 그럼에도 불구하고 일본의 AMF 구상은 통화위기는 전부 IMF가 대응해야 한다는 미국 재무성의 주장과 이에 동조한 중국에 의해 이루어지지 못했다. 결국 일본이 주도하고자 한 ASEAN 경제권 구상은 미국과 중국의 반대에 의해 실패로 끝난 것이다.

한편 일본의 FTA전략은 일본기업이 생산・유통 네트워크를 가지고 있는 동아시아 국가, 안전보장과 관련하여 중요한 자원산출국, 그리고 시장 확대가 전망되는 인구 대국과의 관계를 강화하여 물건의 무역뿐만 아니라 서비스, 투자, 사람의 이동, 정부조달, 지적재산권 등을 포함하는 포괄적인 EPA 체결을 지향하는 것이다. 이에 대해 중국의 경우는 자국의 경제발전 및 ASEAN을 중심으로 하는 주변 국가들과의 정치・경제관계의 강화・확대, 그리고 동아시아 및 주변국(ASEAN, 한국, 호주, 인도)과 자원산출국(칠레, 남아프리카, GCC)를 중시하고 있으며, 물건의 무역자유화를 우선시하고 있다.[20] 이처럼 양국의 FTA전략은 자국 경제의 수준을 반영하는 형태로 전개되고 있다.

2009년 현재 일본의 FTA협상 상황을 보면 체결이 완료된 국가와 지역은 싱가포르(2002년), 멕시코(2005년), 말레이시아(2006년), 칠레(2007년), 타이(2007년), 인도네시아(2008년), 브루나이(2008년), 필리핀(2008년),

---

19) 柴田明夫, 「東アジア共同体」(2005. 8), pp. 4-5. hwwp://www.maff.go.jp(검색일: 2012. 2. 20).

20) FTA研究グループ, 「基礎データ編 No.03 日本のFTAについて」(NIRA, 2009. 11), pp. 15-17.

ASEAN 전체(2008년)로 모두 9개이며, 베트남과 스위스와는 서명이 완료된 상태이다. 그리고 한국, 인도, 호주, 페루, 걸프협력회의(GCC)와는 협상 중이다. 이에 대해 중국의 경우는 발효, 협상타결, 서명 완료된 국가와 지역은 모두 8개로 홍콩, 마카오, 칠레, 파키스탄, 뉴질랜드, 싱가포르, 페루, 그리고 ASEAN이다. 협상 중인 국가와 지역은 모두 5개로 호주, 아이슬란드, 코스타리카, GCC, 남부아프리카관세동맹(SACU)이다. 검토 중인 국가와 지역으로는 인도, 노르웨이, 한국, 한·중·일이 있다.

일본과 중국은 좀 더 많은 역내국가들과 FTA를 체결하기 위해 힘쓰는 동시에 동아시아지역의 경제공동체 형성에서 주도권을 장악하기 위해 경쟁하고 있다. 이는 양국이 동아시아 역내국가라는 지리적 조건에 더해 이 지역의 경제성장이 현재는 물론 앞으로의 세계경제도 견인하게 될 것이며, 역내무역 비율의 매해 증가율(1.56배)이 EU25(1.28배), NAFTA(1.30배)보다 높다는 사실과 관련이 있다.[21]

동아시아 지역경제공동체 구성과 관련해 양국은 각기 다른 구상을 가지고 있다. 일본은 ASEAN+6(일본, 중국, 한국, 인도, 호주, 뉴질랜드)이 참가해 폭 넓은 분야를 커버하는 동아시아 포괄적 경제연대(CEPEA)를 구성하고자 한다. 그리고 구성을 위한 토양이 ASEAN을 중심으로 이미 정비되어 있다고 주장한다.[22] 즉 중국과 ASEAN, 한국과 ASEAN, 일본과 ASEAN 사이에는 이미 FTA가 발효되어 있고, 인도, 호주, 뉴질랜드와 ASEAN 사이에서는 EPA협상이 진행 중이며, 그리고 ASEAN경제공동체 창설 계획도 진행되고 있다는 것이다. 이에 대해 중국은 ASEAN+3(중국, 일본, 한국)이 참가해 폭넓은 분야를 커버할 수 있는 경제연대

---

21) 岩田勝雄, "東アジア經濟共同体と日本の對外政策,"『立命館經濟學』第55卷·第1号(2006. 5), pp. 3~6.
22) FTA硏究グループ, 앞의 자료, p. 43.

협정인 동아시아자유무역지역(EAFTA)을 구상하고 있다. 결국 일본이 구상하고 있는 CEPEA이건, 중국이 구상하고 있는 EAFTA이건 자국의 경제이익을 최대한 실현하고 상대방 국가를 견제하고자 하는 목적이라는 점에서는 동일하다.

결국 동아시아의 경제연대를 결정짓는 것은 한·중·일 3개국 간 FTA의 행방이다. 이 세 나라 간에 FTA를 체결할 수 있는 상황이 이루어지지 않는다면 어떠한 제안도 실현불가능하다. 한·일 FTA협상은 2004년 11월 이래 중단상태이며, 한·중·일 FTA협상은 협상의 전단계인 산·관·학 공동연구가 개시되었을 뿐이다. 일본과 중국이 주도권을 경쟁하고 있는 동아시아경제공동체의 실현은 아직 요원한 상태인 것이다.

4. 중국의 군사대국화와 일본 방위정책의 변화[23]

1) 1990년대: 중국 국방비의 '투명성' 요구와 '통합전략'

1980년대 말부터 중국은 국방비를 현격하게 증대시키기 시작했다(<표 4-3> 참조). 1989년 123억 달러에서, 10년 후인 1999년에는 216억 달러에 달했다. 10년 사이에 100억 달러 수준에서 200억 달러 수준으로 2배 증가한 것이다. 이와 대조적으로 일본의 국방비는 1976년 각료 결정으로 GNP 1%를 초과하지 않는다는 기본방침이 결정된 이래 예외적

---

23) "4. 중국의 군사대국화와 일본의 방위정책의 변화"는 신정화, "중국의 부상과 일본 안보전략의 변화,"『국제문제연구』제12권 제2호(2012), pp. 69-95를 수정·보완한 것임.

〈표 4-3〉 1990년대 일본과 중국의 국방비 추이

	연도	1988	1989	1990	1991	1992	1993	1994	1995	1996	1997	1998	1999
일본	금액	371	383	395	404	413	418	420	424	433	435	434	434
	GNP대%	1.0	0.9	0.9	0.9	0.9	1.0	1.0	1.0	1.0	1.0	1.0	1.0
중국	금액	NA	123	132	137	165	153	146	150	166	168	193	216
	GNP대%	NA	2.8	2.7	2.5	2.7	2.1	1.9	1.8	1.8	1.7	1.9	2.0

*자료: Stockholm International Peace Research Institute (SIPRI). *SIPRI, Yearbook: Armaments, Disarmament and International Security* 각년도 통계.

으로 1982년에 1% 틀을 넘는 예산편성이 이루어지기도 하였으나, 기본방침 안에서 실시되어 왔다.24)

일본과 중국의 국방비 총액을 비교하면 1989년 일본은 383억 달러, 중국은 123억 달러로 약 3배의 격차가 있었으나, 10년 후인 1999년 일본은 434억 달러, 중국은 216억 달러로 그 차이가 약 2배로 축소되었다. 중국은 경제성장을 배경으로 국방비를 상승시킬 수 있었으나, 일본은 국방비가 GNP의 1%를 넘어서지 않는다는 기본방침에 더해 1990년대 이래 경제침체로 인해 국방비를 향상시키는 것이 불가능했던 것이다.

일본은 중국의 국방비 증대가 중국이 1980년대의 자원배분에서 국방분야를 소홀히 다루었던 것을 만회하고자 하기 때문이며, 국가 재정지출의 신장률에 비해서는 국방비의 증대가 억제되고 있는 편이라고 받아들였다.25) 그럼에도 불구하고 빠른 GDP의 신장을 배경으로 한 국방비의 급격한 증대를 일본이 좌시할 수는 없었다.

일본은 1993년부터 중국과 정기적으로 안보대화를 개최해 국제 및

---

24) 일본은 중국의 실제 국방비가 공표 수치보다 약 2~3배 높은 것으로 추정하고 있다.
25) 日本防衛省 防衛問題セミナー, 「新たな時代の安全保障と防衛力整備の方向性について」(2011. 9), p. 7.

지역의 안전보장 정세, 중국의 국가발전전략·국방정책, 일본의 안전보장·방위정책, 일·중 방위교류 등을 추진하기 시작했다.26) 1994년 2월 호소가와 모리히로(細川護熙) 수상은 일본을 방문한 주룽지(朱鎔基) 부수상과의 회담에서 중국의 군사비지출의 불투명성에 대해 염려를 표명했다.27) 이에 대해 주 부수상은 중국의 국방은 어디까지나 방위적인 것이라고 설명하는 데 그쳤으며, 이후에도 군사비의 투명성과 관련해서는 소극적인 자세를 취했다.

군사비 증대와 관련한 중국의 의도 및 내역이 불확실하다는, 이른바 '투명성' 문제를 일본이 제기하기 시작한 이유는 중국의 군사비 사용내역에 대한 불확실성이 아시아 국가들로 하여금 중국의 군사적 의도에 대해 오해와 오산, 그리고 장래에 중국이 취할 행동에 대해 우려를 하게 만들고 있다고 판단했기 때문이다.

사실 중국의 군사비지출의 투명성 향상을 일본이 요구하는 것은 문제제기 차원에서는 의미가 있으나, 중국 측의 자세에 실질적인 변화를 가져오게 하는 차원에서는 별 의미가 없다. 중국에 대해 투명성 향상을 가장 강력하게 요구하고 있는 국가가 미국이라는 사실은 차치해 두더라도, 중국이 자국의 안전보장을 위협할 수 있는 최대의 국가로서 두려워하고 있는 국가는 일본이 아니라 미국이기 때문이다.28)

---

26) 일본과 중국은 1993년부터 안보대화를 시작하여 2010년 현재 총 11회를 개최했으며, 1997년부터는 일·중 방위당국 간 협의(차관급)를 시작하여 2010년 현재 총 8회 개최하였다. 그러나 중국은 일본과의 사이에 정치적인 문제가 발생하면, 빈번히 군사교류를 연기 또는 중단시켜 왔다.

27) 細川護熙, 『內訟錄－細川護熙總理大臣日記』(東京: 日本經濟新聞出版社, 2010), p. 397.

28) 중국 인민해방군의 투명성 문제는 미국의 국방정책과 직접적으로 연결돼 있다. 중국 인민해방군은 미국이 군사력 증강을 포함한 중국의 동향에 대해 적대시해 중국의 안전보장의 중대한 이익(대만 유사시의 핵사용을 포함한 군사

중국이 일본의 군사동향과 관련해 최대로 우려하는 점은 대만과의 분쟁발생 시 미국이 군사적으로 개입하고, 그것을 일본이 지원하는 문제이다. 또 일본은 중국이 특히 중시하고 있는 안전보장 과제(대만에 대한 미국의 군사개입 저지 및 미국과의 군사적 균형·안정의 형성)와 관련해서 '주변사태'가 발생할 경우 미국의 활동을 지원할 수 있는 법적 근거를 소유하고 미국과 차세대형 미사일방위 시스템을 공동 개발하는 등 미국과 긴밀히 연계하고 있다. 따라서 중국은 일본의 군사력 자체보다는 중국 및 대만과 관련된 미·일동맹의 동향을 보다 주목·경계하고 있는 것이다.[29]

1995년 12월 일본정부는 냉전 붕괴 후 처음으로 일본 방위정책의 기본이 되는 문서인 "1996년도 이후와 관련하는 방위계획의 대강"(이하 "1995년 방위대강")을 책정했다.[30] "1995년 방위대강"은 국제정세를 "불투명·불확실한 요소가 남아 있으며, 안정적인 안전보장 환경의 확립에는 도달하지 못했으나 기본적인 변화는 없다." 그러나 (일본: 필자) 주변에 "여전히 핵전력을 가진 대규모 군사력이 존재하고 있다"고 분석하였다. 그리고 일본의 안보를 위해서는 '적절한 방위력의 정비'로서의

적 개입, 미·중 간 상호 핵억지 상태를 무너뜨리는 미사일방위 시스템의 배치)을 위협하고 있다고 강하게 우려하고 있다. 만일 미국이 이와 같은 행동을 취하지 않는다면, 미국과의 군사관계를 진전시키겠다는 입장을 취하고 있다.

29) 福田圭一郞, "'軍事の透明性'問題の深層－中國の議論の背景にあるもの－,"『總合調査「世界の中の中國」』(東京: 日本國立國會図書館, 2011), pp. 66-69, 76.

30) "방위계획의 대강"(이하 "방위대강")이란 일본을 둘러싼 국제정세 분석에 기초하여 방위력의 역할 및 자위대의 기본적인 병력구성을 정하는 일본 방위정책의 기본이 되는 문서이다. 그리고 구체적인 방위력 정비는 "중기 방위력 정비계획"에 의거해 추진된다. 이제까지 "방위대강"은 냉전기인 1976년과 냉전종결 후인 1995년, 9·11테러 후인 2004년, 그리고 2012년 책정되었다.

기반적인 방위력의 합리화·효율화·콤팩트화 및 미·일 안전보장체제의 신뢰성 향상을 위한 각종 시책을 계속하여 추진할 것을 제시하였다.

주목할 점은 "1995년 방위대강"이 "1976년 방위대강"에서 제시되었던 '한정 소규모 침략 독력 대처'라는 방침을 삭제한 대신[31] "1976년 방위대강"의 "미국의 핵억지력에 의존한"다는 방침을 계승하면서 핵군축에 노력한다고 언급하고 있었다는 사실이다.[32] "1995년 방위대강"이 핵군축 노력을 언급한 주요 이유는 1995년 8월 중국이 지하핵실험을 통해 핵무기 강화를 시도한 것에 대한 경계의 표현으로, 이 시기 일본은 핵군축 노력을 통해 중국의 핵무기 확장 시도를 억제할 수 있다고 판단하고 있었다고 볼 수 있다.

앞의 "1995년 방위대강"이 냉전 붕괴 후 일본 방위정책의 기본을 제시했다고 한다면, 다음해인 1996년에 발표된 "미일 안전보장조약 공동선언"은 냉전 붕괴 후 미·일동맹의 존재방식을 대내외에 알리는 것이었다.

"미일 안전보장조약 공동선언"의 주요 내용은 다음과 같다. 첫째, 미일안보조약에 근거한 동맹관계가 21세기 아시아·태평양 지역 안정의

---

[31] "1976년 방위대강"은 미소 냉전이라는 국제적 환경을 배경으로 상호 핵억지를 전략적 전제로 한, 한정 소규모 침략에 일본이 독자적으로 대처하는 방침을 제시하고 있었다. 그리고 확대 억지와 관련해서는 "우리나라(일본)의 방위는 우리나라 스스로 적절한 규모의 방위력을 보유하고, 이것을 가장 효율적으로 운용할 수 있는 태세를 구축하는 것과 함께, 미국과의 안전보장체제의 신뢰성 유지 및 원활한 운용태세를 정비하는…… 것을 기본으로 한다. 또 핵위협에 대해서는 미국의 핵억지력에 의존한다"고 제시하고 있다.

[32] "1995년 방위대강"은 "핵무기의 위협에 대해서는 핵무기 없는 세계를 지향하는 현실적이고 착실한 핵군축의 국제적 노력의 가운데 (일본은) 적극적인 역할을 수행하면서, 미국의 핵억지력에 의존한다"고 제시하고 있다.

기초이며, 더 나아가 지구적 규모의 문제에 관한 미·일 협력의 기반이 된다. 둘째, 냉전 종결 이후 세계적 규모의 무력분쟁이 발생할 가능성이 감소했고, 세계에서 가장 역동적인 아시아·태평양 지역이 출현했다. 그러나 이 지역에는 여전히 불안정 및 불확실성이 존재하며, 핵무기를 포함한 군사력이 변함없이 대량 집중되어 있다. 셋째, 아시아·태평양 지역의 안정과 번영을 위해서는 중국이 긍정적이며 건설적인 역할을 행하는 것이 극히 중요하며, 이를 위해 양국은 중국과의 협력을 더욱 강화시키고자 한다.33) 이처럼 동 공동선언은 소련 붕괴 이후 미·일동맹의 초점을 일본 방위에서 아시아·태평양 지역의 안정, 나아가서는 세계적 차원의 안전보장으로 확대시켰으며, 아시아·태평양 지역의 안정과 평화를 강조함으로써 일본의 군사작전 영역을 미국이라는 배경 하에 아시아·태평양 지역으로 확장시켰다. 물론 동 공동선언에서 미국과 일본은 중국을 직접적으로 위협이라고 언급하고 있지는 않았다. 그러나 중국이 긍정적이며 건설적인 역할을 행하도록 중국과의 협력을 한층 강화시키겠다는 통합정책을 표명하였다.

2) 2000년대: '잠재적 위협' 중국과 '통합·억지전략'

2000년대에 들어와 일본을 둘러싼 안보환경은 9·11로 대표되는 비국가주체에 의한 위협의 증가 및 미국의 쇠퇴와 중국의 부상으로 커다랗게 변화했다. 냉전시대 직면해 왔던 본토에 대한 본격적인 상륙침공의 가능성은 극히 희박해졌으나, 북한의 핵무기와 탄도미사일 문제, 계속되는 중국군의 근대화와 군사력의 증강, 불확실성이 계속되는 대만해협, 해양권익을 둘러싼 관계국들 사이의 대립, 다양한 영토문제 등

---

33) 「日米安全保障共同宣言―21世紀に向けての同盟」, http://www.mofa.go.jp(검색일: 2011. 12. 28).

〈표 4-4〉 중국의 연평균성장률 및 국방비 성장률

시기(연도)		1978~1987	1988~1997	1998~2007
연 평균 성장률(%)	GDP	14.1	20.7	12.5
	국방비	3.5	14.5	15.9
	재정지출	10.4	15.1	18.4

*자료: 日本防衛省 防衛問題セミナー, 「新たな時代の安全保障と防衛力整備の 方向性について」(2011. 9), p. 7에서 재인용.

〈표 4-5〉 2000년대 일본과 중국의 국방비 비교

시기(연도)		2000	2001	2002	2003	2004	2005	2006	2007	2008	2009	2010
일본	금액	438	442	447	448	444	441	437	436	465	510	514
중국	금액	238	280	331	336	403	443	519	583	849	1,004	1,143

자료: *단위: 10억 US$(백만 단위에서 반올림).
출처: *The SIPRI Military Expenditure Database*, Stockholm International Peace Research Institute (SIPRI) 각 년도 통계를 토대로 작성.

전통적인 안전보장 문제가 여전히 산적해 있었다.[34] 특히 1990년대 이래 10년간 꾸준히 증대되어 온 중국의 국방비는 해・공군 능력의 현저한 증강과 단거리미사일 공격능력의 질적・양적 향상으로 나타났다. <표 4-4> 중국의 연평균성장률 및 국방비 성장률이 제시하고 있듯이, 중국은 2000년대에 들어와 국내총생산(GDP)의 증가율이 1990년대의 20.7%에서 8.2% 둔화되어 12.5%에 머물렀음에도 불구하고, 국방비는 14.5%에서 15.9%로 꾸준히 증액시키고 있었다. 그 결과 중국의 해・공군 능력은 현저히 증강되었으며, 단거리미사일 공격능력도 질적・양적으로 향상되었다.

---

34) 東京財團政策研究部, 「政策て提言: 新しい日本の安全保障戰略ー多層協調的 安全保障戰略ー」(2008. 10), p. 9.

<표 4-5> 2000년대 일본과 중국의 국방비 비교에서 알 수 있듯이, 중국의 국방비는 2000년 238억 달러에서 5년 후인 2005년에는 약 2배인 400억 달러로, 그리고 10 후인 2010년에는 1,143억 달러로 약 5배 증가했다. 그 결과 중국은 미국에 이어 세계 2위의 국방비 사용 국가로 부상했다. 한편 이에 대해 일본의 경우는 2000년 438억 달러, 2005년에 441억 달러, 2010년에는 514억 달러로 그리 큰 변화가 없었다. 특히 주목할 점은 2000년 일본의 국방비가 438억 달러로 중국의 국방비 238억 달러의 약 2배였으나, 2004~05년 양국의 국방비가 400억 달러대로 근접한 이후 중국의 국방비가 지속적으로 증가하여 2010년에는 중국이 1,143억 달러, 일본이 514억 달러로 중국이 일본에 비해 2배가 많은 역전현상이 나타났다는 사실이다.

2002년 고이즈미 준이치로 수상이 조직한 "대외관계 데스크포스 보고서"는 북한의 핵개발과 함께 "중국 인민해방군의 급속한 현대화와 해군력의 현저한 증대가 중장기적으로 심각한 위협이 될 가능성이 높"으며, "장기적으로 동아시아 지역의 불안정 요인"이 될 것이라 전망하였다.[35] 이와 같은 정부의 인식을 반영하는 형태로 『2004년도판 방위백서』는 처음으로 중국의 군사력에 대한 경계를 명기했다.

중국에 대한 경계심은 2004년 12월에 발표된 "2005년 이후와 관계하는 방위계획의 대강"(이하 "2004년 방위대강"으로 칭)에서 더욱 구체화되었다.[36] "2004년 방위대강"은 안전보장의 목표를 첫째, 일본에 직접적인 위협이 미치는 것을 방지하고, 둘째, 국제안전보장 환경을 개선해 일본에 위협이 미치지 않도록 하는 것으로 선정하였다. 그리고 전후 일

---

35) 對外關係タスクフォース,「21世紀日本外交の基本戰略—新たな時代, 新たなビジョン, 新たな外交—」(2002.11. 28).

36) 日本防衛省,「平成17年度以降に係る防衛計畫の大綱」(2004.12). http://www.mod.go.jp(검색일: 2012. 1. 15).

본 방위의 기본방침인 전수방위, 군사대국화하지 않는다, 문민통제, 비핵 삼원칙, 절도 있는 방위력의 정비를 견지했다. 한편 중국과 관련해서는 "한반도와 대만해협을 둘러싼 문제 등은 불투명·불확실한 요소가 남아 있다.…… 이 지역의 안전보장에 커다란 영향력을 미치는 중국은 핵·미사일전력 및 해·공력의 근대화를 추진하면서, 해양에 있어서 활동범위의 확대 등을 시도하고 있다"고 지적했다. 사실 2000년대 들어와 일본 영해와 근처 해양에서 중국의 불법활동이 증가하고 있었으며, 이에 따라 일본은 중국을 '잠재적 위협'으로 경계하기 시작했다.

강화되는 중국의 군사력으로부터 안보를 확보하기 위하여 일본이 취한 방법은 첫째, 일본 스스로의 노력, 둘째, 동맹국과의 협력(미·일 안전보장체제), 셋째, 국제사회와의 협력, 그리고 이 세 가지 방법의 종합적인 조합이었다. 첫 번째 방법인 일본 스스로의 노력으로는 자위대의 체제 중 본토 침략에 대비해 온 장비·요원을 축소하고, 즉응성(卽應性)·기동성·유연성·다목적성의 보지(保持)로 임무를 변화시키는 것이 계획되었다. 이것은 장기적인 경기침체, 인구의 감소와 초고령화가 진행되는 상황에서 국방비를 증대시킬 수 없는 일본이 택할 수 있는 최선의 방법이기도 했다.[37]

두 번째 방법인 미·일 안전보장체제의 강화는 이미 1996년에 발표된 "미일 안전보장조약 공동선언"에서 제기되었던 것으로, 2000년대 들어와서는 특히 대중 군사동맹의 성격이 강화되었다. 우선 2005년 10월의 '미일안전보장협의위원회(2+2)' 회합을 통해, 양국은 "아시아·태평양 지역에 불투명성과 불확실성을 자아내는 과제가 계속하여 존재하고 있다는 사실"을 다시 한 번 강조하면서, "지역에 있어서의 군사력의 근대화에 주의해야 할 필요"를 제시하는 것을 통해 중국의 군사력

---

37) 日本財務省, 『資料2: 日本の財政と防衛力の整備』(2010. 4).

강화에 대한 경계심을 표현했다. 그리고 이에 대한 대응의 일환으로 미·일동맹을 변혁하고 재편하는 것에 합의했다.[38] 2006년 6월의 고이즈미 준이치로 일본 수상과 조지 W. 부시 미국 대통령 간의 정상회담에서 채택된 "신세기의 미·일동맹"이라는 공동문서는 양국의 공동목표가 공동의 위협에 대한 대처를 넘어 보편적 가치(자유, 인권, 민주주의, 시장경제, 법치)의 구현이라 선언하고, 양국은 강고한 협력을 통해 "중국의 활력을 활용해 동북아시아의 평화와 안녕을 유지하겠다"는 의지를 표명했다.[39] 냉전 붕괴라는 국제환경의 변화를 배경으로 일본 방위에서 지역 방위로 무게중심을 옮긴 미·일 군사동맹이 중국의 군사대국화가 초래할 수 있는 동아시아의 환경변화를 배경으로 단순한 군사동맹으로부터 보편적 가치를 공유하면서, 동맹의 범위를 일본열도, 아시아·태평양 지역, 전 세계적 차원으로 확장시키는 일종의 '복합동맹'으로 변화한 것이다.

세 번째 방법은 국제사회와의 협력방안이다.[40] 일본은 ODA의 전략적 활동을 포함한 외교활동을 적극적으로 전개하는 것을 통해, 아시아·태평양 지역에 있어서의 안전보장과 관련된 다국 간 틀을 마련하고자 했다.[41] 우선 ODA의 전략적 사용과 관련하여 일본은 제3장 제2

---

38) 「日米安全保障協議委員會(2+2)會合: 日米同盟: 未來のための變革と再編の骨子』(2005. 10. 29), http://kakujoho.net(검색일: 2012. 1. 15).

39) 「日米首腦會談: 新世紀の日米同盟』(2006. 6. 29). http://www.mofa.go.jp(검색일: 2012. 1. 15).

40) 日本防衛省, 「平成17年度以降に係る防衛計畵の大綱』(2004. 12. 10), 국제사회와의 협력의 방법으로 첫째, ODA의 전략적인 활용을 포함한 외교활동을 적극적으로 추진, 둘째, 특히 중동으로부터 동아시아에 이르는 지역의 안정은 극히 중요하며, 이 지역의 안정화에 힘쓴다, 셋째, 아시아·태평양지역에서 ARF 등의 안전보장에 관한 다국 간 틀 마련을 위해 노력한다가 제시되었다.

41) 日本防衛省, 「平成17年度以降に關わる防衛計畵の大綱』(2004. 12).

절에서 설명한 것처럼, 2005년 4월의 일·중 외상회담에서 1979년부터 실시되어 온 엔차관의 종료를 표명하고, 2007년도 분을 마지막으로 신규 엔차관의 승인을 종결시켰다. 엔차관이 일본의 대중외교의 주요 수단 중 하나였던 것을 고려하면, 엔차관의 종료는 중국에 대한 일본의 직접적인 영향력의 감소를 의미했다. 그러나 이와는 대조적으로 일본은 2000년대 후반부터 동남아시아 국가들에 대한 ODA를 증액시켰다. 여기에는 일본이 주도하는 다국 간 지역 안전보장제도에 대한 동남아시아 국가들의 지지를 확보해 중국을 견제하고자 하는 목적이 작용하고 있었다.

한편 아시아·태평양 지역에는 지역협력을 추구하기 위한 다양한 기구가 조직되어 있다. 대표적인 것으로는 동남아시아국가연합(ASEAN), 동아시아정상회의(ASEAN+3, EAS), ASEAN 확대외상회의(ASEAN·PMC), ASEAN 지역포럼(ARF)가 있다. 일본은 이들 조직 중 ASEAN을 제외한 모든 조직에 참여하고 있으며, ASEAN+3에는 일본, 중국, 한국이 옵서버로 참여하고 있다. 그리고 동아시아의 지역통합을 목적으로 해서는 동아시아공동체 구상과 동아시아 EPT 등이 추진되고 있다. 그러나 이 지역에는 다양한 문제점으로 인하여 아직 다국간 지역 안전보장제도가 확립되어 있지는 않다.

일본은 지역 안전보장 틀을 구축해 미국을 축으로 한 양국 간 동맹을 보완하고, 지역의 안정을 중층적으로 담보하는 것을 통해 중국을 규제하고 포섭하기를 원한다. 따라서 장기적으로는 중국이 구성원으로 참가하는 다국 간 지역 안전보장제도가 구축되는 것이 바람직하며, 동제도를 구축해 나가는 과정에서 미국 중심의 동맹 네트워크에 속하는 국가들과, 그렇지 않은 국가들과의 사이에 신뢰 양성이 이루어져 안전보장의 딜레마가 완화되어야 한다고 본다. 따라서 다국 간 지역 안전보장제도는 이상적으로는 모든 지역 국가들에게 열려 있는 조직이어야 하며, 동시에 실효적인 분쟁해결 능력을 소지한 조직이어야 한다고 생각한다. 이와 같은 구상에 가장 적합한 조직은 현재의 ASEAN 지역포럼(ARF)을 발전시키는 것으로 가능하다고 본다.[42]

ARF는 아시아・태평양 지역 전체의 안전보장 틀로, 발족부터 수십 년을 거치면서 제1단계의 '신뢰 양성 촉진'으로부터 제2단계의 '예방외교 추진'에 이르렀다. 따라서 일본은 ARF를 제3단계인 '분쟁처리 메커니즘'으로 발전시키는 것을 통해 중국의 등장에 의해 불안정성이 증대되고 있는 동아시아 지역의 안정화를 이룩하고자 한다. 물론 이를 위해서는 ARF를 지금까지의 의견교환의 장(a talk shop)에서 행동 지향형(action oriented)의 조직으로 변화시켜야 한다. 그러나 현실에서는 ARF에 분쟁해결 능력을 부여하는 것에 대해 중국이 부정적일 뿐만 아니라 참여국가 모두가 찬성하고 있지도 않다.[43] 그럼에도 불구하고 일본은 중국 견제라는 차원에서 ARF를 다국 간 지역 안전보장체도로 격상시키기 위해 끊임없이 노력하고 있다.[44]

3) 2010년대: '현실적 위협' 중국과 '억지전략'

일본 근해에서 중국 해군의 활동이 2000년대 후반기 들어 더욱 빈번해졌다. 2007년 1월 위성파괴 실험을 시작으로 2008년 10월과 11월 연

---

42) 日本內閣官房, 「安全保障と防衛力に關する懇談會(第1回)」(2001. 1. 9), pp. 6-7.

43) 東京財團 'アジア安全保障'プロジェクト, 「東京財團政策提言: 日本の對中安全保障戰略—パワーシフと時代の'統合'・'バランス'・'抑止'の追求」(2011. 6), pp. 45-46.

44) 日本外務省, 「ARF年次 安保槪觀2011年」, http://www.mofa.go.jp(검색일: 2012. 1. 25).

속해서 중국의 신형 구축함이 오키나와(沖繩) 본섬과 미야코지마(宮古島) 사이의 해역을 통과해 태평양으로 진출했다. 다음해인 2009년 3월에는 중국의 해군 정보수집선과 토로루어선 등이 남중국해에서 활동하고 있던 미 해군의 음향관측선인 인벡카프루에 접근해 방해활동을 하기도 하였다. 그리고 2010년 4월에는 키로급 잠수함과 소브래멘누이급 구축함 등 10척이, 7월에는 루조우급 구축함 등 2척이 오키나와 본섬과 미야코지마 사이의 해역을 또다시 통과해 태평양으로 진출했다. 일본정부는 중국정부에 대해 중국 해군의 활동이 일본의 영토인 오키나와, 이즈제도(伊豆諸島), 오가사와라제도(小笠原諸島)를 침범하고 있다고 우려를 표현했다. 그러나 중국은 중국 함대의 오키나와 본섬과 미야코지마 사이의 해역 통과는 "공해상에서의 항해이기 때문에 국제법상 문제가 없다"는 입장을 취했다.

중국이 설정하고 있는 군사적 방위선인 제1열도선은 큐슈(九州)를 기점으로, 오키나와(沖繩), 대만, 필리핀, 보루네오섬에 이르는 선이며, 제2열도선은 이즈제도를 기점으로, 오가사와라제도, 괌·사이판, 파푸아뉴기니에 이르는 선이다. 이처럼 제1·2열도선에는 일본의 영토인 큐슈, 오키나와, 이즈제도, 오가사와라제도가 포함되어 있으며, 특히 가고시마현(鹿兒島縣)부터 요나구니섬(与那國島)에 이르는 제1열도선은 일본의 주요 안보지역과 겹치고 있다.

일본은 중국이 해·공군(탄도미사일 및 순항미사일 시스템, 잠수함 및 선진형 기뢰를 포함한 해중전 시스템, 대우주 시스템, 특수작전부대 등)을 증강시킨 결과, 동중국해에서 중국의 군사력이 일본의 군사력보다 우수해졌다고 판단하고 있다. 그리고 해군의 활동영역을 제1·2열도선으로 확장하는 중국의 목적은 첫째, 동남아시아 국가들과 사이에 존재하는 남사도섬을 둘러싼 영유권문제를 중국에 유리하게 해결하기 위한 것, 둘째, 미국에 대한 핵억지력을 강화시키기 위한 것, 셋째, 동중국 해역의 해상교통로(SLOCs)를 확보하기 위한 것이라고 분석하고 있다. 앞으로 중국 해·공군의 작전능력이 동중국해의 제1열도선을 넘어 서태평양의 제2열도선까지 확대될 경우 동북아시아 전역, 더 나아가 동아시아 전역에 대한 미국의 억지능력에까지도 영향을 미칠 수 있을 것이라고 일본은 전망하고 있다. 또 향상된 중국의 중·장거리미사일 능력은 일본의 주요 도시·시설 및 주일 미군기지, 태평양에서 전개되는 미군의 부대 및 함정에 대한 공격능력을 높이는 직접적인 위협으로 작용할 수도 있다고 우려하고 있다. 간단히 말해 현저히 증강된 해·공군과 미사일능력, 그리고 핵전력이 중국의 핵심이익에 관계하는 문제영역에 대한 접근차단(anti-access) 능력과 함께, 종래 미국의 전방전개전력이 우위를 자랑하던 지역에 대한 거부능력, 이른바 지역거부(area-denial) 능력까지 높였다고 인식한다. 그리고 이를 배경으로 중국은 대만해협, 한반도, 동중국해, 남중국해 등의 지역적 문제에 대해 발언권과 영향력을 증가시키고 있다고 판단한다.

2010년 9월 7일 일본과 중국이 해양에서 직접 충돌한 센카쿠열도 사건이 발생했다. 일본 해상보안청 순시선 미즈키(みずき)가 센카쿠열도 부근에서 조업 중이던 중국적의 불심선에 대해 위법조업 조사를 실시하자, 불심선은 도주하면서 일본 순시선 2척과 충돌해 2척을 파손했다. 이에 해상보안청은 동 어선의 선장을 공무집행방해로 체포해 나하(那覇)지검으로 송검했다. 일본의 조치에 대해 중국정부는 센카쿠열도는 중국 고유의 영토라고 주장하면서, 센카쿠열도 해역의 어정(漁政) 순찰을 강화하는 한편, 각료급 인사의 왕래 정지를 비롯한 인적 교류 정지, 동중국해 가스전 문제의 협상 연기, 그리고 희토류의 대일 수출 정지를 결정했다. 중국의 강경한 자세에 일본은 굴복했다. 일본정부는 "일본도 중국도 편협하고 극단적인 민족주의를 자극하지 않는 것이 바람직하다"는 명분하에 중국인 선장을 석방했다. 25일 새벽 중국 측이 준비한

전세기로 중국인 선장은 이시가키시마(石垣島)공항에서 중국으로 송환되었다.

센카쿠열도 사건이 중요한 이유는 1970년대 초부터 센카쿠열도의 영유권을 주장해 오던 중국이 증강된 해군력을 배경으로 일본과 대결을 시도했다는 전통적인 영토 민족주의에 더하여 압력행사 수단으로 희토류의 대일 수출 정지라는, 이른바 테크노 민족주의(technonationalism)를 사용했기 때문이다. 중국의 희토류 수출금지 조치는 외교적 관계의 악화가 양국의 경제관계에까지 부정적 영향을 미칠 수 있다는 것을 의미했다. 즉 경제성장을 배경으로 강화된 중국의 민족주의는 일본과의 경제관계 악화까지도 개의치 않게 된 것이다.

양국 정부는 센카쿠열도 사건이 일단락되자 악화된 관계를 개선하기 위해 움직였다. 2011년 1월 반노 유타카(伴野 豊) 외무대신의 중국 방문을 시작으로 각료급 인사의 교류가 재개되었으며, 방위 담당자에 의한 안보대화도 재개되었다. 그러나 일본 국민들의 중국에 대한 친근감은 내각관방청이 1978년 조사를 실시한 이래 최악의 상태로 떨어졌다. 센카쿠열도 사건을 통해 일본정부는 물론 일본 국민도 중국을 '실질적 위협'으로 받아들이게 된 것이다.

2011년 12월 민주당 정권은 "2004년 방위대강"을 폐지하고, "2012년 이후에 관계하는 방위계획의 대강"(이하 "2011년 방위대강"으로 칭) 및 "중기방위력정비계획(2012~2016년)"을 채택했다. "2011년 방위대강"은 1955년 이후 약 반세기간 지속되어 온 자민당 보수정권이 붕괴하고 전년도인 2009년 9월에 등장한 진보정권 민주당이 처음으로 제시하는 안전보장 정책이라는 점에서, 또 센카쿠열도사건 이후 처음으로 발표되는 안전보장 정책이라는 점에서 대내외의 주목을 받았다. 민주당은 2009년 9월 중의원 선거에 앞서 제시된 "민주당의 정책 INDEX 2009"를 통해 자민당 보수정권과는 차별성을 갖는 외교정책을 제시했다. 즉

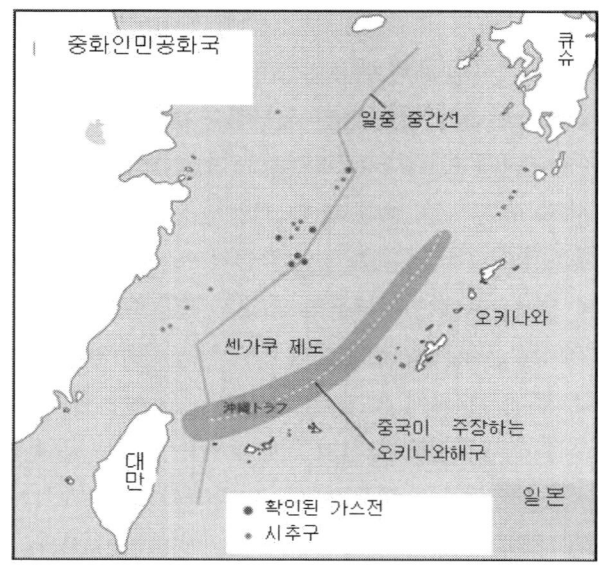

〈그림 4-4〉 센카쿠열도 주변 지도

출처: http://ja.wikipedia.org(검색일: 2012. 1. 30).

미국과의 관계가 일본 외교의 기반이기는 하나, 주체적인 외교전략에 입각해 미국과 역할을 분담하며, 중국, 한국을 비롯한 아시아 국가들과의 신뢰구축에 전력을 기울여 동아시아 국가들이 정치・경제・안전보장 등에서의 연대를 통해 공존과 공영을 이룩할 수 있게 하겠다는 내용이었다.

민주당 정권의 초대 수상 하토야마 유키오(鳩山 由紀夫)는 자민당 정권의 "2004년 방위대강"을 검토하고 민주당의 정신에 맞는 새로운 안보정책을 책정하기 위해 2010년 2월 '새로운 시대의 안전보장과 방위력에 관한 간담회'를 설치했다. 후텐마(普天間) 미군기지 이전문제를 둘러싼 미국과의 마찰 등이 원인이 되어 하토야마 수상이 사임한 이후 새롭게 수상에 취임한 간 나오토(管 直人)는 안전보장 정책과 관련하여, 미・일

안전보장체제를 견지하고 적절한 방위력 정비에 힘쓰겠다는 의사를 표명했다. 그리고 2010년 10월 개최된 민주당의 외교·안전보장조사회는 9월의 센카쿠열도 사건에 의해 현재화된 중국 위협을 의식해, 중국 해군의 확대에 대응하기 위해 큐슈·오키나와의 육상자위대를 증강하고 도서 방위에 즉시 대응할 수 있는 기동력을 강화할 것을 제안했다.

이와 같은 과정을 거쳐 2011년 12월에 발표된 "2011년 방위대강"은 일본을 둘러싼 안보환경이 일본에 대한 직접적인 위협이 가능하게 변했으며, 중국군의 급속한 근대화에 수반하는 확대된 활발한 활동이 지역·국제사회의 우려사항이라는 점을 명확히 지적하였다. 그리고 중국의 위협에 대응하기 위한 방법으로 적절한 규모의 방위력을 착실히 정비하면서, 방위력의 존재 자체에 의한 억지효과를 중시하는 기존의 '기반적 방위구상'을 변화시켜 '동적 방위력'을 구축한다고 제시하였다. '동적 방위력'은 "2005년 방위대강"이 제시한 기반적 방위구상의 유효한 부분은 계승하고 있으나, 즉응성, 기동성, 유연성, 지속성 및 다목적성을 구축하고, 군사기술 수준의 동향에 입각한 고도의 기술력과 정보능력을 구비한다는 점에는 새로운 개념이었다. 즉 일본의 방위정책은 위협사태가 발생하기 이전부터 정보수집·경계감시 등의 활동을 행하고, 또 아시아·태평양 지역 등에서의 중국 위협에 대비하기 위해 국제협력을 강화하며, 자위대의 운용을 중시하여 다기능적이며 탄력적이고 실효성 있는 방위력으로 발전시킨다는 '위협대응형 방위정책'으로 전환된 것이다. 구체적으로는 오키나와의 제15여단을 사단화해 약 2,100명에서 8,000명으로 증강시킨다. 약 15만 5,000명인 육상자위대의 정원을 2,000명 정도 늘려 오키나와 방면에 배치하고, 현재 2,000명 정도인 오키나와 본섬의 자위대원은 약 4,000명 규모로 2배로 증가시켜 취약한 난세이제도에 중점적으로 배치한다. 또 장래 오키나와 본섬의 제15여단을 사단화해 미군에 의존해 왔던 오키나와의 방위전력을 일본이 독자적으로 강화·개편한다. 한마디로 말해 "2011년 방위대강"은 대중 방위전략의 성격을 강하게 띠고 있었던 것이다.

"2011년 방위대강"과 "중기방위력정비계획(2012~2016년)"에 기초해 방위력이 정비된 첫해인 2012년 일본의 방위예산은 중국과의 갈등이 발생하고 있는 난세이제도에 대한 경계감시, 해양소계(哨戒), 방공(防空), 탄도미사일 대처, 운송, 지휘통신 등의 기능을 정비하고 구비하는 것에 중점이 주어졌다. 특히 일본 주변 해공역(海空域)의 안전을 확보하기 위해 상시 지속적인 정보수집·경계감시를 행하며, 각종 조후(兆候)를 조기 감지하기 위한 체제로 잠수함(SS)의 건조 및 고정 익초계기(翼哨戒機)(P-1)의 취득이 계획되었다. 그리고 도서부(島嶼部)에 대한 공격에 대응하기 위해 정보수집·정보감시태세의 정비 및 관련 부대의 신속한 전개 및 대응능력의 향상을 목적으로 관련 부대의 연습과 훈련 강화가 제시되었다.

5. 맺음말

이상의 논의에서 알 수 있듯이, 일본은 중국이 개혁·개방을 실시한 1979년부터 2011년 현재에 이르는 약 30년 동안 양국의 관계가 '일본 우위'에서 '일·중 대등'을 거쳐 '중국 우위'로 변화되고 있으며, '중국 우위'의 시대가 장기간 지속될 것으로 생각한다. 그리고 자국의 쇠퇴와 대비되는 중국의 경제·군사대국화가 일·중관계뿐 아니라 미·일관계, 아시아·태평양 지역의 구조를 변화시키고 있다고 인식한다.

일본이 바라는 이상적인 대국 중국은 '성숙한 대국' 중국으로 민주주의 가치와 비배타적인 민족주의를 구비하고, 아시아·태평양 지역의 미래상을 공유할 수 있는 이웃나라이다. 그러나 주객관적 조건으로 판단할 때 현재의 중국은 '미성숙한 대국' 중국이다. 즉 다양한 내부적 문제를 그대로 둔 채 경제발전과 군사력 증강을 지속적으로 추구하여 미국의 라이벌로 성장하면서, 아시아·태평양 지역에서 국익을 추구하기 위해서는 타국과의 마찰을 피하지 않는 교란자로서의 중국이다.

일본은 2000년대 이래 본격화되고 있는 중국의 경제적·군사적 대두에 대응하고자 해 왔다. 우선 경제 면에서는 2000년대 초반 중국경제가 성장함에 따라 '일본·(동)아시아·서구'라는 삼각무역 구조의 붕괴가 본격화되자 일본 국내에서는 일본의 경제를 위협하는 중국이라는, 이른바 '중국위협론'이 등장하기 시작했다. 그리고 2000년대 중후반 생산기지의 중국으로의 이전 등에 의해 일본 국내 산업에 부정적인 영향이 나타나게 되자, '중국위협론'은 폭넓은 공감대를 확보했다. 이를 배경으로 일본정부는 중국의 안정이 아시아·태평양 지역의 안정에 중요하며, 더 나아가 세계평화로 이어진다는 명분하에 1979년 중국이 개혁·개방정책을 표명한 이래 근 30년 가까이 실시해 왔던 ODA로 대표되는 관여정책을 중단했다. 이와 함께 일본정부는 아시아·태평양 국가들과의 FTA 체결 및 일본이 중심이 되는 동아시아 경제공동체를 형성해 중국의 경제성장을 '견제'하고자 했다.

한편 경제성장을 배경으로 진행되는 중국군의 근대화에 대해서도 주목하기 시작했다. 1990년대 국방비의 '투명성'을 요구하면서 중국을 '통합'하고자 시도했던 일본의 정책은 2000년대 들어와 미·일 군사동맹의 강화와 일본의 군사력 강화, 그리고 국제사회와의 협력을 통한 '억지'로 변경되었다. 2000년대 후반 일본 근해에서의 중국 해군의 활동이 빈번해지자, 일본의 중국군에 대한 인식은 '잠정적 위협'에서 '실질적 위협'으로 격상되었다. 그리고 2010년 9월 동일 해역에서 일본과 중국의 이익이 부딪힌, 이른바 '센카쿠 사건'이 발생했다. 이 사건을 계기로 일본은 급속히 증대되는 중국의 위협에 대응하기 위해, 억지에 맞추어져 왔던 기존의 '기반적 방위구상'을 '동적 방위력'의 구축으로 변화시키는 등 위협대응형 방위전략을 모색했다.

일본의 전문가들은 과거 2000년대의 경험을 토대로 일본이 중국을 단독으로 대처하는 것은 이미 불가능하기 때문에 미·중관계를 전제로 하면서, '통합', '균형', '억지'를 적절히 조합한 복합전략을 대중 기본전략으로 사용할 것을 제안한다. 즉 미·중관계가 미국 우위의 '계층적 리버럴 질서'로 유지될 경우에는 중국과의 협력을 확대하고 많은 국가들과 연대를 강화시키는 것을 통해 중국과의 통합을 추진한다. 그러나 현실의 미·중관계는 '비대칭적 세력균형 체제'의 특성을 보이고 있다. 따라서 일본은 미국 등과의 연대를 통해 중국과의 균형을 확보해야 하며, 강화되는 중국의 군사력에는 미국과의 적절한 협력과 분담을 통한 억지전략을 사용해야 한다는 것이다.

일본이 어떠한 전략을 사용하든지, 양국은 경제적 상호의존이 심화되는 가운데 외교·안보분야에서는 당분간 군사적 충돌까지를 포함하는 갈등과 긴장이 계속되는 '정냉경열'(政冷經熱)의 관계를 유지하게 될 것이다. 그리고 중국군의 근대화를 억제하기 위해 추진되는 미·일동맹의 확대·강화와 일본의 군사력 강화는 중국의 군사력 확대와 함께 동아시아의 평화와 안정을 위협하는 요인으로 작용하게 될 것이다.

변동하는 동북아시아 질서에 한국은 어떻게 대응해야 하는가? 미·일동맹과 중국의 경쟁과 대립 가운데 어느 편을 선택해야 하는 가? 아니면 미국, 일본, 중국의 강대국 컨소시엄에 종속되어야 하는가? 어느 쪽도 한국에게는 바람직하지 않다. 동북아시아의 질서변동이 한반도에 미치는 영향력을 최소화하기 위해 한국은 자율의 공간을 확보해야 한다. 이를 위해서는 먼저 북한문제 해결에서 한국이 주도권을 확보해야 한다. 그리고 미국, 일본, 중국 등 지역의 주요 국가들이 모두 참여하는 동아시아지역 안보공동체에 주요 멤버로 참가해야 한다.

참고문헌

이면우,『세종연구소 세종정책총서 2011-3 현대 일본 외교의 변용과 한일협력』(서울: 한울 아카데미, 2011).
신정화, "중국의 부상과 일보 안보전략의 변화,"『국제문제연구』제12권 제2호 (2012).
진창수,『일본의 정치경제: 연속과 단절』(서울: 도서출판 한울, 2009).
조양현, "민주당 정권 하의 중·일관계," 서울대학교 일본연구소 일본 민주당 연구팀 공개발표회 발표문『민주당 정권하에서의 대외관계』(2011. 4. 29).

"U.S to Help China Retool Arms Plants," *Washington Post* (October 18, 1994).
Stockholm International Peace Research Institute (SIPRI). SIPRI, *Yearbook: Armaments, Disarmament and International Security*, 각 년도 통계.

添谷芳秀,『日本外交と中國 1945~1972』(東京: 慶応通信, 1995).
猪口孝,『現代國際政治と日本—パールハーバー50年の日本外交』(東京: 筑摩書房, 1991).
徐承元,『日本の経済外交と中國』(東京: 慶応義塾大學出版會, 2004).
丸川知雄, "テクノ・ナショナリズムの衝突―レアアースをめぐる日中關係," 國分良成 編,『中國は、いま』(東京: 岩波書店, 2011).
細川護煕,『內訟錄―細川護煕總理大臣日記』(東京: 日本経済新聞出版社, 2010).
大西康雄, "中國・東アジアの経済關係と日本,"『IDE-JETRO』(東京: JETRO, 2011).
福田圭一郎, "'軍事の透明性'問題の深層―中國の議論の背景にあるもの―總合調査,"「世界の中の中國」(東京: 日本國立國會図書館, 2011).
今井理之, "様変わりする日中貿易," 國際貿易投資研究所,『季刊 國際貿易と投資』No.49 (Autumn, 2002).
田辺智子・牛島靖歐外, "資料: データで見る中國経済と日中経済關係,"『レファレンス』(東京: 日本國立國會図書館, 2006).
FTA研究グループ,「基礎データ編 No. 03 日本のFTAについて」(東京: NIRA

2009).

浦田秀次郎, "日本のFTA 戰略,"『フィナンシャル・レビュー』(東京: 財務省財務總合政策研究所, 2006, 4).

東京財團, 「政策て提言: 新しい日本の安全保障戰略—多層協調的安全保障戰略」(東京: 東京財團, 2008. 10).

_____, 「日本の對中安全保障戰略—パワーシフと時代の'統合'·'バランス'·'抑止'の追求」(東京: 東京財團, 2011. 6).

國會外交防衛調査室課, "日本の当面する外交防衛分野の諸問題—第177回國會(常會)以降の主要な論点: 國立國會図書館 ISSUE BRIEF NUMBER 717(2011. 6. 16),"『調査と情報』第717号.

國會經濟産業課, "東アジア經濟統合をめぐる論点: 國立國會図書館 ISSUE BRIEF NUMBER 489 (2005. 6. 28),"『調査と情報』第489号.

對外關係タスクフォース, 「21世紀日本外交の基本戰略—新たな時代. 新たなビジョン, 新たな外交―」(2002. 11. 28).

日本內閣官房, 「安全保障と防衛力に關する懇談會(第1回)」(2001. 1. 9).

日本防衛省, 「平成23年度以降に關わる防衛計畵の大綱について」(2011. 12. 17).

_____, 「平成17年度以降に係る防衛計畵の大綱」(2004. 12).

_____, 「わが國の防衛と予算―平成23年度予算の槪要」(2012. 2).

_____, 防衛問題セミナー, 『新たな時代の安全保障と防衛力整備の方向性について』(2011. 9. 28).

_____, 防衛研究所, 「中國安全保障レポート」(2011. 3).

日本財務省, 「資料2: 日本の財政と防衛力の整備」(2010. 4).

日本外務省, 「ＡＲＦ年次 安保槪觀2011年」(2011).

_____, 「對中國ODAに關する基礎資料」, http://www.mofa.go.jp.

_____, 「對中國ODA實績槪要」(2005. 5).

_____, "國別データブック(PDF)," 『國際協力―政府開發援助ODAホームページ』.

日本參議院, 『第1回參議院政府開發援助(ODA)調査―派遣報告書―』(2004. 11).

_____, 『第2回參議院政府開發援助(ODA)調査―派遣報告書―』(2006. 2).

日本經濟産業省, 『通商白書 2008』.

「日米安全保障共同宣言―21世紀に向けての同盟」(1996. 4. 17).

「日米首腦會談 '新世紀の日米同盟'」(2006. 6. 29).

"對中ODA 'もう卒業の時期' 首相, 廢止可能性に言及,"『朝日新聞』(2004. 11. 29).

http://www.mofa.go.jp.
http://www.sangjin.go.jp.
http://www.mod.go.jp.
http://kakujoho.net..
http://www8.cao.go.jp.
http://ecodb.net.
http://ja.wikipedia.org.

| 제 5 장 |

중국의 부상과 러시아의 실용주의 극동전략

홍 현 익*

1. 서 론

1970년대 말부터 30년간 연평균 9% 이상의 초고속 성장을 이루어 온 중국 경제는 2008년 세계 금융위기에도 불구하고 성장세를 이어 가고 있다. 외환보유고 또한 2009년 이후 2년 만에 1조 달러가 증가한 3조 2천억 달러를 기록하고 있으며 군사력도 빠른 속도로 증강하고 있어 중국의 초강대국화는 시간문제로 여겨지고 있다.

2000년 푸틴 대통령 집권 이후 소비에트연방 해체 후 추락했던 경제를 고속성장으로 복원하고 있는 러시아도 2008년 세계 금융위기와 유가하락으로 심각한 경제적 타격을 받았으나, 2010년부터 유가상승 등에 힘입어 다시 경제를 회복하고 있다. 러시아는 1996년 이후 미국의 세계질서 주도를 견제하고 국제질서의 다극화를 추구하기 위해 중국과 전략적 동반자 관계를 맺어 왔다. 그러나 중국이 국력 상승세가 매우 빠르고 강하며 4천 3백km 이상의 국경을 맞댄 접경국이므로, 러시아는 중국의 부상을 편승·활용하면서도 다른 한편으로는 중국의 초

---

* 세종연구소 안보전략연구실장. 이 글은 제주평화연구원, 『JPI정책포럼』 No. 2012-20(2011년 7월)에 게재된 논문을 수정·보완·발전시킨 것임.

강대국화와 공세적인 대외전략으로의 전환을 사전에 대비하는 중장기 전략을 취해 왔다. 특히 중국의 동북3성 개발, 창지투계획 추진과 라진을 통한 동해 진출을 예의 주시하고 있다.

따라서 러시아는 중국과의 접경지역이고 낙후지역인 극동지역을 보다 적극적으로 개발하고 아·태경제권에 편입시키는 한편, 동북아 국가들과의 에너지 및 철도 협력을 진흥하여 국가 균형발전과 국가경제 진흥을 이루기 위해 노력하고 있다. 동시에 중국의 초강대국화에 적절히 대응하며 아·태국가로서 러시아의 위상을 회복하고 영향력을 강화하는 정책을 펴고 있다.

이런 맥락에서 이 글은 중국이 강대국으로 부상하면서 동북지역 개발정책을 강화하고 있는 현황을 검토하고, 이에 대한 러시아의 인식 및 대응기조, 그리고 극동전략으로서 경제·군사·외교 및 한반도 전략을 제시하고자 한다.

2. 중국의 동북지방 개발정책 강화와 러시아의 대응기조

지난 30년 동안 중국은 경제 면에서뿐만 아니라 군사 면에서도 빠른 속도로 국력을 강화하여 초강대국으로 부상하고 있다. 이는 서로 국경을 맞대고 있는 중국, 러시아 및 북한의 3각관계를 변화시키고 러시아 및 중국의 대외정책도 이에 적응하고 있다. 특히 중국은 10년 전부터 동북지방 개발정책을 강화하고 북한에 대한 영향력을 획기적으로 증진시키고 있으며, 이제까지 러시아가 군사적·안보적 우위를 유지하고 있던 동해에도 진출하는 행보를 보이고 있다. 러시아는 중국과 전략적 동반자관계를 유지해 왔지만 이러한 중국의 행보를 기회의 측면보다는 주로 도전적 요인으로 파악할 수밖에 없을 것이다. 그러나 러시아는 현실주의적이고 실용적인 전략으로 최대한 기회의 측면을 살리면서 현명한 대응을 모색하고 있다.

따라서 여기에서는 중국의 부상 및 동북3성 개발정책, 그리고 북한과 동해 진출에 대해 이웃나라이자 전략적 동반자인 러시아가 이를 어떻게 인식하고 있으며, 그에 대한 대응기조는 무엇인지를 살펴보고자 한다.

1) 중국의 동북지방 개발정책 강화 및 동해로의 진출

세계 1위의 인구대국, 4위의 영토대국, 고대문명의 전통을 자랑하는 중국은 덩샤오핑이 제창한 실용주의적 사회주의 시장경제 노선을 성공적으로 적용하여 1978년 개혁·개방 이후 30년간 경이로운 경제성장을 기록하면서 초강대국으로 질주하고 있다.

중국의 부상은 경제부문에서 단연 두드러지지만 군사력 증강과 함께 동북지역 개발정책 강화 및 동해 진출로도 나타나고 있다.

중국정부는 2003년 말 낙후된 동북공업지구를 집중적으로 개발하는 동북 진흥전략을 추진하기 시작했다. 국무원은 2007년 8월 20일 향후 15년간 시행할 '동북진흥계획'을 발표하고 이에 따라 랴오닝성 연해 경제벨트와 지린성의 창지투(창춘-지린-투먼)선도구 개발을 추진하여 동북지구(동북3성과 내몽고 동부)에 경제벨트를 연계 구축하고 있다. 특히 2009년 8월 30일 '중국 두만강지역 협력개발 계획강요-창지투 개발·개방 선도구' 사업을 비준하여 헤이룽장성과 지린성의 지하자원을 개발하고 지린성의 주요 지역을 연계하여 산업을 진흥하며 두만강 유역을 통해 동해와 태평양 진출을 시도하고 있다. 훈춘을 물류거점 및 대외개방의 창구(세관도시)로 만들고 옌지, 룽징(龍井), 투먼을 물류허브 및 산업서비스 기지로 건설하며 창춘과 지린 두 도시를 중심 배후도시로 발전시켜 2020년에는 경제규모를 4배로 성장시킨다는 것이다.[1]

2010년 김정일 위원장이 두 차례 중국을 방문해 후진타오 주석과 정상회담을 가진 뒤 11월 20일 중국 상무부와 북한 합영투자위원회는 나선지역과 위화도·황금평 특구계획에 합의하였다. 12월 23일에는 중국 지린국제경제기술합작회사와 북한 합영투자위원회 간에 '북·중 라진항 개발협약'이 체결됐다고 알려졌다. 그 내용은 이미 중국의 창리그룹이 라진항 1호 부두 1번 선석의 10년 사용권을 확보한 가운데 중국 측이 중국 취안허(圈河)에서 라진항 간 고속도로 및 철도와 취안허대교를 설계·건설하고 4·5·6호 부두를 신규 건립하며, 북한은 이의 50년 사용권 및 자유무역구를 제공하고 유엔개발계획(UNDP) 사업에 참여하다는 것 등이라고 알려졌다.[2]

중국은 2010년 취안허통상구와 원정리를 잇는 두만강대교를 보수한 데 이어 2011년 4월 원정리-라진항 도로 보수공사에 착수했다. 북·중은 6월 9일 장성택 노동당 행정부장과 천더밍 중국 상무부장이 참석한 가운데 도로 보수공사 착공식을 거행하였고, 중국은 애초 공사를 2011년 말에 완공하기로 했다가 11월 중순 일단 개통하였으며 2012년 중 완공할 예정이다. 중국은 2011년 1월 1만 7천을 취안허 통상구-라진항 루트를 통해 상하이로 운송한 것을 시작으로 10월까지 5차례에 걸쳐 10만t 가까운 훈춘산 석탄을 남방으로 수송했다.[3] 중국은 원정리-라진

---

1) 위샤오, "창지투 개발계획과 국제협력의 구상 및 현황," 배정호·주시엔핑 편, 『중국의 동북지역개발과 한반도』(통일연구원, 2010), pp. 70-73.

2) 남문희, "'경협 훈풍' 부는 북·중 국경의 봄," 『시사인』(2011. 3. 12), pp. 48-51; 남문희, "나진항 개발 뛰어든 '매리'의 도전," 『시사인』(2011. 4. 2), pp. 18-24.

3) 『연합뉴스』(2011. 10. 27).

도로보수가 마무리되면 연간 100만t의 석탄을 라진항을 통해 상하이 등 중국 남방으로 운송할 계획인데, 이는 매년 100억 원 이상의 물류비 절감효과를 보일 것이다.4)

또한 중국은 함경북도 청진과 함경남도 단천을 통한 동해 진출도 추진하고 있다. 중국의 투먼(圖們)시는 북한의 합영투자위원회와 2010년 말부터 본격적인 협의를 시작해 황금평·나선 경제특구 착공식이 이뤄진 2011년 6월께 합의를 이뤄 본격적인 개발사업을 추진하고 있다. 중국이 자재와 비용을 부담하고 북한은 2011년 6월에 공병대를 투입해 훈춘-나선 간 도로에서 뻗어 나와 청진으로 향하는 약 15㎞ 길이의 도로를 개설하는 공사를 시작했으며, 청진항 보수·확장공사도 마무리 단계인 것으로 알려지고 있다. 중국은 이미 2010년 7월 청진항 3, 4호 부두를 15년간 이용할 수 있는 사용권을 북한으로부터 확보했으며, 이번 투자로 낡고 규모가 작은 청진항을 무역항으로 이용할 수 있을 만큼 확장할 계획이다. 또 2015년까지 청진-룽징(龍井)시 싼허(三合)통상구 고속도로(47㎞)와 허룽(和龍)-북한 남평-청진 고속도로(39㎞)도 신설할 예정이다. 양국은 이후 단천항 개발과 관련한 공동투자 협의도 진행해 최근 협약을 체결했으며 곧 도로와 항만 개·보수공사를 시작할 것으로 알려지고 있다.5)

더구나 중국은 동해로 군사적인 진출을 모색하는 듯한 행보도 보이고 있다. 북·중 우호협력조약 50주년을 기념하는 차원에서 중국 해군 훈련함대 소속의 정허(鄭和)호와 뤄양(洛陽)호가 2011년 8월 4일부터 4박5일간 원산항을 방문하였다. 중국 해군 훈련함대의 북한 방문은 1996년 이후 15년 만에 처음으로 이뤄진 것이다. 훈련함대를 이끈 중국 베

---

4) 『연합뉴스』(2011. 7. 15).

5) 『연합뉴스』(2011. 7. 24).

이징함대 사령관 톈중(田中) 중장을 비롯한 지휘부는 김영춘 인민무력부장을 만났고 평양 금수산기념궁전을 찾았다. 정명도 북한 해군사령관, 박재경 인민무력부 부부장, 염봉진 원산시당 위원회 책임비서 등도 중국 해군 훈련함대를 찾아 뤄양호에 탑재된 무기와 설비를 돌아보았다.6)

이처럼 중국이 동북3성을 개발하면서 결국 동해 진출에 성공한 배경에는 이를 허용한 북한 지도부의 고육지책에 가까운 결정이 있었다. 북한이 핵을 개발하고 대남 군사도발을 벌이면서 한국과 미국의 강력한 제재를 받자, 북한 경제는 더욱 어려워졌고 이에 따라 정권 생존전략 차원에서 중국이 염원하던 동해 진출을 마지못해 허용하고, 그 대가로 경제지원을 받는 결정을 내린 것이다.

중국은 두만강 지역과 러시아를 연계하는 인프라를 건설하여 러시아 극동의 항구를 통한 국제운송통로 개척도 모색해 왔다. 1997년 12월 11일 중국과 러시아는 "러시아 극동지역 항구를 이용하여 중국 화물을 수송하는 사안에 대한 의향서"를 체결하고 훈춘에서 창링쯔를 경유하여 블라디보스토크로 연결되는 고속도로 건설사업, 훈춘과 마하리노를 연결하는 철도세관 확장사업, 춘화분수령에 새로운 통상구를 건설하는 사업 등을 추진해 왔다.7)

2) 중국의 부상과 동진정책에 대한 러시아의 인식

전략적 동반자인 중국이 경제적·군사적으로 초강대국으로 부상하는 것은 러시아에게 이중적 의미를 갖는다. 양국관계의 역사를 보면 두

---

6) 『연합뉴스』(2011. 8. 6, 2011. 8. 8).

7) 림금숙, 『창지투선도구와 북한 나선특별시, 러시아 극동지역간 경제협력 과제』, KINU 정책연구시리즈 11-02(2011), pp. 24-25 참조.

나라는 긴 국경을 공유하는 접경 강대국이므로 늘 세력경쟁의 상대였다. 제정러시아 시절 연해주를 비롯한 청나라의 상당한 영토가 불평등조약에 의해 러시아로 편입되었고, 냉전시대에는 소련과 중공이라는 이념적 동지였지만 상호불신과 문화적 차이가 심하여 서로를 이질적으로 생각하였다. 결국 경쟁 측면이 강화되어 군사충돌까지 벌인 뒤 두 나라의 관계는 각각의 이념적 적대국인 미국과의 관계보다 더 나쁜 상태가 되었다.

그러나 소련의 붕괴로 냉전이 종식된 뒤 유일한 초강대국으로 남은 미국이 국제질서를 주도하자, 양국은 독자적인 목소리를 내보아야 국제무대에서 별 영향력을 행사할 수 없음을 깨닫게 되었다. 그래서 중·러 양국은 미국을 견제하여 국제질서를 다극화한다는 주목적 하에 1996년부터 전략적 동반자관계를 맺고, 현재까지 이를 강화해 왔다. 2011년 6월 러시아를 방문한 후진타오 주석은 메드베데프 대통령을 만나 양국관계를 전면적 전략협력 동반자관계로 격상시켰음을 선언하였고, 2012년 5월 푸틴 총리가 세 번째 임기를 위해 대통령으로 복귀한 이후 양국관계는 더욱 긴밀해지고 있다. 푸틴 대통령은 오바마 대통령의 초청에도 불구하고 2012년 5월 중순 미국에서 열린 G8 정상회담에 메드베데프 총리를 보내고, 자신의 첫 강대국 방문지로 중국을 택해 향후 대외정책에서 중국과의 관계를 가장 중시할 것임을 시사했다. 이렇게 중국을 방문한 푸틴 대통령은 후진타오 주석과 정상회담을 갖고 양국관계를 더 격상시키는 공동성명을 발표하였다. 특히 양국은 4354km 국경선을 따라 배치된 병력의 감축에 합의하였고, 2011년 835억 달러 규모인 양국 간 무역규모를 2015년 1,000억 달러, 2020년 2,000억 달러로 늘리는 목표를 재확인하는 등 경제협력을 더욱 강화하기로 했다.[8]

---

8) 『중앙일보』(2012. 6. 8).

푸틴이 방문한 베이징에서 상하이협력기구(SCO) 정상회담이 개최되었고, 푸틴과 후진타오 주석은 각각 여기에 옵서버로 참석한 이란의 아마디네자드 대통령과 아프가니스탄의 카르자이 대통령과 정상회담을 가졌다. 중국과 러시아가 결속을 강화하여 아시아 중시 기조를 천명한 미국 오바마 행정부의 대외정책을 견제하는 동시에 러·중 양국 공동의 이익을 지키고 영향력도 강화하겠다는 의지를 과시한 것이다.

그러나 이러한 러·중의 전략적 동반자관계는 초강대국 미국의 독주를 견제하기 위한 비항구적인 협력관계이므로, 두 나라 중 어느 한 나라에게라도 미국보다 상대국이 더 위협적인 나라로 인식되면 경쟁관계로 전환될 가능성이 크다. 이런 맥락에서 중국의 초강대국으로의 부상은 러시아에게 도전과 기회라는 양면적 의미를 가질 수밖에 없다. 왜냐하면 1990년 이후 러시아의 국력은 쇠퇴했다가 회복 중인 반면, 냉전시기에는 상대적으로 러시아보다 약했던 중국의 국력은 빠르게 강화되어 이제는 러시아를 능가하고 격차를 벌이고 있기 때문이다.

먼저 미국의 국력이 아직 양국 국력의 합보다 우세하므로 여전히 전략적 동지의 국력 강화는 자국에게도 유익하다. 그러나 접경국이고 중장기적으로는 또다시 경쟁상대가 될 가능성이 있는 중국의 국력 강화를 러시아는 도전적인 변화로 볼 수밖에 없을 것이다.

우선 중국 동북3성이 급성장하고 있을 뿐 아니라 1억 1천만 정도의 인구를 가지고 있는 반면, 러시아 극동지역은 상대적으로 후진지역이고 700만의 인구가 감소 추세를 보이는 등의 문제를 안고 있다. 따라서 러시아인들은 1860년 이전 청나라 영토였던 연해주가 중국인들에 의해 사실상 무혈점령될 수 있다는 가능성에 대해 내심 우려하고 있다.[9]

---

9) 드미트리 메드베데프 러시아 총리는 2012년 8월 9일 내각회의를 주재하는 자리에서 "극동지역을 인접국 국민의 지나친 팽창으로부터 보호하는 과제가 지금도 유효하다"고 강조하여 연해주 등 극동지역의 과도한 중국인 유입을

또한 중국의 국력 강화가 북한이나 중앙아시아에서 보듯이 러시아의 영향력을 보완해 주는 단계를 넘어 이를 약화시키는 단계에 접어들고 있다는 것도 걱정이다.

더구나 중국이 라진항과 청진항을 통해 동해와 태평양으로 진출하는 것은 러시아에게 몇 가지 중대한 문제를 야기한다. 라진항은 부동항이어서 러시아가 소련 시절부터 해군기지로 활용하려던 곳이었고, 소련 붕괴 이후 극동지역 물류 중심지화 사업을 지원할 주요 거점 항구로 상정해 왔던 곳이다. 시베리아횡단철도(TSR)와 남북한종단철도(TKR)가 연결되지 않는 한, 러시아 극동지역에는 항만시설이 부족하고 겨울에는 기존 항구의 바다가 얼기 때문에 물류에 많은 어려움이 있다. 이를 보완하기 위해 라진항을 정비하고 시베리아횡단철도를 라진까지 확장한 뒤, 부산이나 일본, 동남아에서 선박으로 라진까지 컨테이너를 실어와 철도를 통해 유럽으로 운송하는 사업을 추진함으로써 러시아를 동아시아와 유럽 간 물류중심지로 건설하려는 사업이 구상되고 있었다. 그런데 중국이 적극적인 물량공세를 앞세워 나선지구를 개발하고 항구 사용권을 확보하고 나섰기 때문에 러시아는 곤혹스러움을 느끼고 있는 것으로 보인다.

특히 중국이 라진항이나 청진항을 통해 동북3성의 자원이나 생산품을 상하이 등 중국 동남부로 실어 나르는 과정에서 수송로의 안전을 확보한다는 명분하에 중국 군함이 상주하게 될 것이고, 결국 동해가 중국의 내해처럼 변할 가능성이 있다. 이는 한국과 일본뿐 아니라 러시아의 극동 및 동북아시아 전략환경을 구조적으로 위협하는 요인이 될 것이다.

경고하였다. 『연합뉴스』(2012. 8. 9).

3) 러시아의 대응전략 기조로서의 실용주의적 양면정책

러시아는 중국의 초강대국으로의 부상을 기회와 도전 양 측면에서 인식하고 있다.[10] 따라서 현실주의적·실용적 관점에서 이를 편승·활용하는 동시에 이에 대한 대비책도 강구·시행하는 양면정책을 펴고 있다.

먼저 2009년 가을 양국은 국경지방의 교통과 물류, 시장 등을 공동 개발하고 교량과 도로, 항구 등 사회간접자본 건설에도 협력하는 한편 기술개발, 프로젝트 투자, 인적교류 등을 강화하는 내용이 담겨 있는 "중국 동북지방과 러시아의 극동 및 동시베리아 지역의 협력방안"[11]을 비준하였고 9월 23일 미국 뉴욕에서 후진타오 국가주석과 드미트리 메드베데프 대통령이 정상회담을 갖고 이를 적극적으로 추진하기로 합의했다.[12]

이 계획은 양국이 2009년 6월 러시아 극동지역 개발전략 및 중국 동북지역 진흥전략을 유기적으로 공동 진행하는 데 합의하여 쌍방이 협력을 강화하고 공동발전을 위해 노력하기로 하였다. 또한 2012년 5월 7일 푸틴 대통령이 서명한 대외정책에 관한 대통령령은 동시베리아와

---

10) 박병인 박사는 중국의 부상을 바라보는 러시아의 인식을 중국과의 관계발전 지지, 중국위협론, 전략적 평형정책 등 세 부류로 나눴다. 여기서도 중국의 부상이 가져다주는 기회와 위협요인에 대한 러시아 지도부의 고심이 드러난다. 박병인, "중국을 보는 러시아의 눈,"『동아시아브리프』7-2(2012), pp. 76-78.
11) 이 협력방안은 중국 헤이룽장성 지역과 러시아 극동지역 간 도로 등 인프라 건설, 농업부문 투자 등 205개 공동 프로젝트를 담고 있고, 그 중 27개 사업이 진행 중이며 사업규모는 100억 달러에 달한다. 지해범, "용과 곰~이 춤을 추면…, 중·러의 시베리아 밀월,"『주간조선』No. 2216(2012. 7. 23~29), p. 46.
12)『연합뉴스』(2009. 9. 24).

극동지방의 신속한 사회·경제발전 촉진을 위한 아태지역 통합과정 참여 확대와 이 지역에서 새로운 안보협력 구조 형성을 주도하겠다고 언급하고 있다. 또한 그러한 정책의 중심축으로 중국과의 '동등하고 신뢰하는 동반자관계와 전략적 상호협조'를 강조하였다.13)

따라서 내심 원하더라도 러시아는 중국의 적극적인 동진 행보가 경제 면에서 진행되는 것을 방해하거나 막을 명분이 없다. 뿐만 아니라 중국의 극동 및 동해 진출을 노골적으로 저지하려다 훨씬 더 중요한 국가과제인 중·러 우호관계를 훼손할 수 있으므로 현명하지 않다고 생각한다. 따라서 러시아 정부는 한편으로는 전략적 동반자인 중국과의 호혜적인 경제협력을 증진하여 우호관계를 유지하면서도, 다른 한편으로는 그간 소홀히 했던 극동지역 개발과 북한과의 경제협력을 보다 적극적으로 추진하여 중국의 라진을 통한 동해 진출을 견제하는 정책을 펴고 있는 것이다.

러시아의 대응책을 실용주의로 지칭한 것은 중국과 언젠가는 경쟁관계가 될 가능성이 있더라도 현 상황에서는 국익 극대화를 위해 중국과의 우호협력 관계를 최대한 활용하겠다는 정치적 의지를 가지고 있는 점, 중국의 동진정책이 위협적이기는 하지만 이에 대한 대응기조로 양국 간 우호관계의 유지를 우선시하여 중국 지도부가 반발할 명분을 주지 않는 점, 이런 중장기 전략의 관점에서 간접적이고 선린적이며 호혜적인 경제협력 방식으로 중국의 행보를 견제하는 정책을 펴는 점들을 지적한 것이다. 양면정책이라 지칭한 것은 중국과의 협력을 최대한 편승·활용하면서도 이에 몰입하기보다는 러시아의 국익 극대화를 위해 다른 한편으로는 중국의 전략적 의도를 견제하고 있음을 주목한 것이다. 특히 관련된 러시아 정책의 대다수는 명확하게 편승이나 견제로

---

13) 제성훈, "푸틴의 귀환, 러시아의 진로: 3기 푸틴 정부의 대외정책 및 한반도 정책전망," 『KNSI코리아연구원 현안진단』 제216호(2012. 5. 22), p. 3.

분류되기보다는 혼합되어 있다는 점에 유의해야 한다. 그러나 총체적으로 볼 때 러시아의 대중 정책이 중국의 부상을 편승·활용·협력하면서도 견제하는 측면이 있다는 것이다.

먼저 러시아가 중국의 급부상을 기회로 편승·활용·협력하는 정책을 살펴본다. 러시아는 중국과의 전략적 동반자관계를 활용하여 미국의 국제질서 운영상의 독주를 견제하려 한다. 먼저 다분히 권위주의적인 양국의 내정에 미국이 관여하려 할 때 이에 공동으로 대응한다. 또한 영토나 안보문제에서도 공동의 입장을 취하여 미국이나 일본의 전략적 공세에 맞대응한다. 이란, 시리아, 북한문제 해결과정이나 양국의 대일 영토문제에서 공조의 입장을 취하는 것이 이에 해당한다. 예를 들어 2010년 가을 댜오위다오(釣魚島, 일본명 센카쿠열도)를 둘러싸고 중국과 일본이 갈등을 벌이고 미국이 일본을 지원하고 나서는 가운데 메드베데프 대통령이 일본과 영토갈등 중인 쿠릴을 방문하여 외교적 비용은 최소화하면서 영유권을 강화하는 등 정치적·안보적 이득을 취했다. 물론 일본은 중국과의 갈등에 여념이 없어 제대로 대응하지 못했다. 러시아는 외견상 중국과의 유대 강화를 과시하면서 실상은 자국의 이익을 증진한 것이다. 이처럼 러시아는 국제정치를 현실주의적으로 접근하면서 중국의 부상을 활용·편승하고 있다.

또한 양국의 경제가 상호보완성이 크므로 이에 편승하려 한다. 접경국인 중국이 생산하는 소비재를 수입하여 국내수요를 충당하고 중국으로부터 산업개발 투자를 유치하며, 급속히 성장하고 있어 강대국을 꿈꾸는 중국에 에너지와 자원, 무기를 판매하고 상품을 수출하여 이익을 증진하려 한다. 또한 접경지역의 협력·개발사업을 추진한다.[14]

---

14) 후진타오 주석은 2011년 6월 16일 러시아를 방문하여 메드베데프 대통령과 양국 간 전면적 전략협력 동반자관계를 선언하면서 양국 무역액을 2015년까지 1,000억 달러, 2020년까지 2,000억 달러로 단계적으로 증진하자고 합의했

이런 맥락에서 2011년 들어 창춘에서 출발, 훈춘을 거쳐 나선을 다녀오는 자동차 관광코스가 신설되고 북한 최북단인 온성 1일 관광이 20년 만에 재개되는 등 중국의 대북 관광이 활기를 띠고 있다. 또 2011년 4월 훈춘과 블라디보스토크, 핫산 및 나선을 잇는 3국 무비자 관광이 개시되었고, 훈춘에서 러시아 극동 자루비노 항을 거쳐 부산으로 이어지는 항로도 2011년 6월 개통되었다. 북·중·러 3국 관광이 진흥되고 있는 양상이다.

중·러 변경지역 무역도 증가하고 있다. 러시아 극동과 맞닿아 있는 훈춘의 2011년 상반기 대러시아 교역량이 크게 늘었다. 대러시아 교역 거점인 훈춘 통상구의 수출입 화물량과 출입국 인원이 각각 3만 2,030t과 1만 488명으로 작년 동기보다 16.8%씩 증가하였다. 또한 2011년 1월 헤이룽장성의 대러시아 무역액이 5억 7,000만 달러로 전년 동기 대비 15.7% 증가하였다.

이처럼 러시아는 양측의 이해관계가 맞아떨어지는 호혜적인 부문에서는 중국과 적극적으로 협력을 증진하고 있다. 그러나 여타 부분에서는 협력과 견제 및 경쟁 또는 헤징(위험분산)을 동시에 도모하고 있는데, 이는 다음 절에서 본격적으로 살펴본다.

3. 러시아의 실용주의적 극동전략

앞에서는 러시아가 중국의 급부상을 적극적으로 편승·활용·협력하는 동시에 대응방안도 강구하는 양면정책을 펼치고 있다고 주장한

으며, '중국 동북지구와 러시아 원동 및 동서시베리아지구의 합작계획 요강'을 적극 추진하기로 하였다. 『동아일보』(2011. 6. 18).

뒤 주로 편승·활용·협력하는 측면을 살펴보았다. 이제 우리는 러시아가 중국의 급부상과 동진정책을 도전으로 간주하고 이에 대한 대응으로 펼치고 있는 실용주의를 기조로 한 극동정책을 검토하려 한다.

러시아의 극동정책은 지역개발, 경제정책 및 동북아정책의 강화로 나타나고 있다. 그 기조를 실용주의라 지칭한 것은 러시아의 전략적 의도가 극동지역을 개발하고 경제적 이익을 증진할 뿐만 아니라 중국의 동진을 견제하며 러시아의 동북아에 대한 영향력을 증대하는 데 있지만, 이를 경제협력과 투자유치 등 이웃나라들과의 호혜적인 경제협력을 통해 추진함으로써 어느 나라도 반대할 수 없는 명분을 확보하고 있다는 점을 주목한 것이다. 즉 러시아는 극동지역 개발과 이를 위한 해외투자 유치 및 국제협력 유도, 그리고 북한과의 적극적인 경협 등을 추진하고 있는데, 이러한 것들은 기능주의적인 경제협력에 속하지만 성공을 거둘 경우 궁극적으로 극동의 발전과 수익증대뿐 아니라 중국 견제와 한반도 및 동북아에 대한 영향력 증대도 획득한다는 것이 바로 실용주의적 전략이라는 것이다. 따라서 러시아의 극동정책에는 중국에 대한 협력·경쟁·견제·헤징 등이 혼합되어 나타나게 된다.

이러한 러시아의 실용주의적 극동정책을 극동개발 경제정책 강화와 군사·안보정책, 외교정책, 북·러 관계 정상화와 경협을 통한 한반도 정책 강화 순으로 분석한다.

1) 러시아의 극동개발 경제정책 강화

러시아의 정치·경제·사회·문화의 중심지는 유럽지역에 위치한 모스크바 및 상트페테르부르크이다. 극동지역은 러시아의 중심지에서 가장 먼 지역에 속하므로 중대 관심지역인 CIS나 유럽보다는 관심의 비중이 낮은 편이다.

그러나 러시아 중앙정부가 동시베리아·극동지역을 개발해야 하는 이해관계와 관심은 소련 해체와 러시아의 부활 이후 점점 더 커져 왔다. 그 배경은 다음과 같다.

첫째, 러시아 경제의 주력산업이 에너지와 천연자원 개발 및 수출인데, 유럽에 인접한 지역의 에너지와 자원의 개발은 거의 다 진척된 상황이다. 따라서 더 풍부한 에너지와 자원을 보존하고 있는 동시베리아·극동지역의 자원개발이 필요해지고 있다.

둘째, 러시아의 에너지 및 자원의 수출이 주로 유럽에 치중되어 유럽에 대한 의존이 심화되었다. 따라서 가격협상력 제고나 안정된 판로를 확보하기 위해서는 수출시장을 다원화하여야 하므로 빠른 경제성장으로 에너지 수요가 급증하고 있는 동북아 국가들과의 에너지 협력이 필요해지고 있다. 특히 이 지역에 부존된 풍부한 에너지와 자원에 대한 투자를 유치하여 탐사·개발한 뒤 수출함으로써 지역 및 국가경제를 살리려면, 중국, 일본, 한국 등 동북아 인접국들의 협력이 필요하다. 즉 러시아는 부존된 자원을 개발하여 국가경제를 진흥하고 이 지역의 경제를 세계에서 가장 역동적으로 성장·발전하고 있는 동북아 및 아·태경제권에 편입시켜 발전시킨다는 전략에 따라 이 지역에 관심을 기울이고 상당한 예산을 투자하고 있는 것이다.

셋째, 2012년 그리스와 스페인, 이태리를 비롯한 유럽연합 국가들의 재정·금융위기가 발생하고 불황이 내재화되어 러시아의 최대 교역 파트너에 문제가 발생하였으므로 극동과 동북아의 중요성이 급증했다.

넷째, 극동지역은 러시아 내에서 상대적인 낙후지역으로서 사회·경제상황이 열악하여 주민들의 중앙정부에 대한 반발이 커지고 있다. 또한 극동과 시베리아 지역의 인구가 계속 감소하여 이 지역을 균형 발전시킬 필요성이 커지고 있다. 즉 러시아는 국내정치적 요인과 국토 균형발전의 측면에서도 이 지역 개발에 종전보다 더 큰 노력을 기울이는 것이다.

다섯째, 러시아는 이 지역을 개발하여 에너지와 자원을 수출하고 물류기지로 육성함으로써 수익을 증진시키는 동시에 동북아 지역과의 상호의존·협력을 제고하면서 이 지역에 대한 영향력을 강화하고 강대국 위상을 회복하려 하고 있다. 특히 이 지역에서 군사적 우위를 활용하여 자국의 이익을 증진하는 방향으로 지역 질서를 주도하고 있는 미국을 견제하려 하는 것이다.

러시아의 극동·시베리아 개발정책은 러시아 정부가 2007년 8월에 비준하고 2008년에 수정한 '2013년까지 극동·자바이칼 지역의 경제·사회발전 연방 특별프로그램'(극동·자바이칼 개발계획)에 잘 나타나 있다. 그 주요 내용은 러시아 정부가 2008년부터 2013년까지 모두 5,660억 루블(약 210억 달러)을 투입, 시베리아 바이칼호 동쪽에서부터 베링해에 이르는 광대한 지역에서 산업인프라 구축, 투자환경 개선, 자원과 낙후된 산업의 종합개발, 외자유치나 합작기업 설립 및 자유경제지대 창설 등 역내국가들과의 협력을 추진하여 지역의 경제개발을 촉진하고 러시아의 아·태지역 경제로의 편입을 가속화한다는 것이다.[15] 특히 연해주, 하바로프스크, 사할린 등 한반도 인접 극동지역 3주에 총투자액의 50%가 투입될 예정이고, 2012년 9월 8~9일 APEC 정상회의가 개최될 블라디보스토크를 포함한 연해주에만 58억 달러가 배정됐다.[16]

---

15) 성원용, "러시아의 극동시베리아 개발과 남·북·러 삼각경제협력," 고재남·엄구호 편, 『러시아의 미래와 한반도』(한국학술정보, 2009), pp. 429-435.

16) 2007년 2월 러시아 정부는 동부문제에 대한 최고로 강력한 권위를 가진 조정기구로 총리가 지휘하는 '극동, 부랴티아공화국, 이르쿠츠크와 치타주 사회·경제발전문제 국가위원회'를 설립했고, 2008년 5월에는 '2025년까지 극동지역 및 부랴티아공화국, 자바이칼 변경지역 및 이르쿠츠크주의 사회·경제발전전략'을 편성하였다. 주시엔핑, "러시아 동부 발전전략이 한반도에 미치는 영향," 배정호·주시엔핑 편, 『중국의 동북지역 개발과 한반도』(통일연

메드베데프 정부는 2009년 말 보다 장기적인 '극동발전전략 2025'를 승인 하였다. 그 주요 내용은 3단계로 교통·운송, 에너지, 통신 및 기타 사회 프라를 구축하고 현대화한다는 것이다.17) 특히 2010년 푸틴 총리는 20억 달러의 투자능력을 가진 극동·바이칼지역개발기금을 창설하였으나 잘 운영되지 않았고, 2011년 11월 시베리아·극동지역을 개발하는 '자치국영공사' 설립을 추진하다 재무부장관이나 부총리 등 정부 관료의 집단적 반대에 부딪히자, 결국 2012년 5월 출범한 6년 임기 3기 정권의 대통령으로서 극동·시베리아 발전계획을 전담하는 극동개발부를 신설하였다. 이 부서의 관할지역은 당초 계획했던 '자치국영공사'가 개발하려던 지역의 절반 정도로 축소되었지만, 그럼에도 불구하고 러시아 전 국토의 36.3%에 해당하는 9개 연방주체들의 발전에 책임을 지게 된다. 연방부처 중 가장 강력한 재무부에 비견되는 막강한 권한을 가진 이 부서의 장관으로는 18년간 하바로프스크 주지사를 네 번이나 역임하고 극동연방관구 대통령 전권대표를 맡고 있는 빅토르 이사예프가 겸임·임명되었다.18) 극동개발부의 출범은 2012년 9월 블라디보스토크 APEC 정상회의와 함께 시너지효과를 거두면서 러시아 극동지역 개발과 러시아의 한반도 및 동아시아 정책에 활력을 불어넣을 것으로 기대되고 있다.

여기에서는 러시아의 극동개발 정책을 물류기지화 정책과 에너지 정책으로 나누어 검토한다.

구원, 2010), pp. 187-193.
17) 이재영, "러시아 극동개발과 한국의 대응," 『서울신문』(2010. 12. 27).
18) Nodari Simonia & Victor Sumsky, "As an APEC Summit Nears, So Does a Moment of Truth for Putin and Russia in Asia," *Global Asia* 7-2 (Summer 2012), pp. 35-37.

(1) 러시아 극동의 물류기지화 정책: TSR-TKR 연결사업과 라진항 개발 재착수

러시아의 TSR-TKR 철도연결 사업은 러시아 철도 기술자가 2003년 북한 동해안 선로를 실사하고, 북한 선로를 복원하여 TSR과 연결하는데 25억 달러가 든다는 비용 산출까지 마쳤으나, 다음 몇 가지 요인 때문에 진척을 이루지 못했다.

먼저 북한의 핵개발 강행으로 남·북·러 3각 협상이 진척되기 어려웠고, 러시아가 한국에 국제컨소시엄 구성을 포함한 자금조달을 부탁하였으나 한국정부가 난색을 표하는 등 러시아와 한국정부의 추진 의지가 부족하였다.

철도연결 노선에서도 북한은 동해선을 거쳐 핫산으로 연결되는 동부선을 원했지만, 한국의 입장에서는 산업지역에서 격리되어 운용비용이 비싸고 180km의 동해남부선 철도를 새로 건설해야 하는 어려움이 있다. 한국이 원한 서울-평양-신의주-만주-몽골-러시아로의 서부노선은 증가하는 한·중 화물 수송을 담당하는 이점과 기존 철로 상태가 비교적 양호하다는 이점이 있었으나 러시아가 적극적이지 않았다. 서울-문산-원산-핫산-우수리스크로의 중북부노선(경원선노선)은 북한이 군사상의 이유로 난색을 표하고, 북한 철도망의 북동쪽 1,000km의 인프라와 기술적 조건이 열악하여 개선비용으로 50~70억 달러가 소요된다는 단점이 있다.[19]

'라진-핫산 프로젝트'도 그 동안 크게 진척되지 못하다가 2011년에야 재개되었다. 이 사업은 라진항을 개건하고 라진-핫산 철도를 개보수

---

19) 알렉산더 보론초프, "러시아-한반도 철도연결 프로젝트: 현 상황과 전망," 배정호, Alexander N. Fedorovskiy, 『중국의 동북지역 개발과 한반도』(통일연구원, 2010), pp. 149-151.

및 현대화하며 화물 수송용 화차를 확보하여 부산을 비롯한 동북아지역 항구로부터 해상수송을 통해 오는 화물을 라진에서 받아 시베리아 횡단철도를 경유하여 유럽까지 보내는 컨테이너 물류수송 사업을 벌이는 것이다. '라진-핫산 프로젝트'는 먼저 2001년 8월 모스크바 북·러 정상회담에서 합의되었고, 상호 방문을 통해 철도 개건·현대화, 두만강-핫산 구간 광섬유 통신선 건설 및 공동운영이 합의되었다. 그리고 2008년 10월 4일 라진-핫산 철도 및 라진항의 개건 착공식이 나선시 두만강역 지구의 북·러 친선각 앞에서 열렸다.[20] 라진항의 개건사업은 3단계로 기획되었다. 노후화된 기존 설비의 제거와 컨테이너 크레인을 비롯한 새 설비의 반입, 부두시설의 건설, 도크의 확장 등을 주요 사업 내용으로 하는 제1단계는 2010년 10월 말까지 완공될 예정이었다.

러시아는 3호 부두의 50년 사용권을 확보하고 2008년 10월 라진과 핫산 간 철도 및 라진항의 개건 착공식까지 거행하였으나, 사업은 투자 자금난으로 인해 지연되어 왔다. 그 동안 한국도 관심을 기울였다. 한국 철도공사는 2007년 6월 18일 러시아철도공사와 4 대 6의 투자로 한·러 합작 물류회사를 설립하고, 이 합작기업과 북한이 8 대 2 또는 7 대 3의 지분을 갖는 합영기업을 설립하는 것에 합의하였다. 그러나 한·러 간 합작기업 설립이 지연되면서 북·러 간에 설립된 합영기업의 러시아 측 지분에 한국이 참여하는 모양이 되었다.[21]

---

[20] 착공식에는 북한의 전길수 철도상, 궁석웅 외무성 부상, 리명산 무역성 부상과 러시아의 알렉세이 보로다브킨 외무차관, 발레리 수히닌 주북대사, 블라디미르 야쿠닌 사장을 단장으로 한 러시아철도주식회사 대표단, 세르게이 다르킨 연해주 주지사 등이 참석하여 이 사업의 중요성을 보여주었다. 『연합뉴스』(2008. 10. 4).

[21] 성원용, "TKR-TSR 연결 시범사업으로서 '라진'-핫산 프로젝트'의 현황분석과 대륙횡단철도 연결을 위한 정책과제," 『슬라브학보』 제26권 4호(2011), p. 58; 정범진, "'라진-핫산 프로젝트'는 외면할 수 없는 남북경협사업이다," 『민

러시아는 2011년 들어서서야 중국의 라진에 대한 야심찬 진출에 경각심을 갖게 된 것으로 추정된다. 중국의 최근 10년간의 동진정책과 러시아의 150년 이상의 남진정책이 라진에서 만났다. 러시아가 자국의 내부사정과 한반도 정세 악화로 주춤하는 사이에 국력이 팽창하고 의욕이 넘치는 중국이 기선을 제압하는 모양새가 연출된 것이다. 2011년 접어들어 러시아는 중국의 동해 진출을 견제하려는 듯 라진항 3호 부두 위에 30만t 규모의 컨테이너 야적장을 짓는 것을 재추진하기 시작하였다.22) 그리고 러시아 극동 핫산과 북한 라진항을 잇는 54km 철도 개보수 공사에 갑자기 박차를 가하여 10월 13일 공사 완공을 기념하는 시범열차 운행행사를 북한 국경역인 두만강역의 '조·러(북·러) 친선각' 앞에서 성대하게 개최하였다. 러시아는 양국의 선로 방식의 차이에도 불구하고 차량의 바퀴를 바꿔 달 필요 없이 열차가 신속하게 운행할 수 있도록 하기 위해 핫산-라진 본선과 라진-라진항 지선 등 전체 54km 구간에 걸쳐 복합궤를 모두 새로 깔았다. 김창식 북한 철도국장은 2012년 4월 2일 철도 부설과 철도역, 터널, 신호, 통신공사가 진행되고 있고 2012년 10월 화물열차가 재개통될 예정이라면서 한 해 최소 10만 개의 컨테이너 운반이 가능할 것이라 말했다.23) 또한 러시아는 철도 개보수 공사에 이어 물류사업의 일환으로 장기 임대한 라진항 3호 부두에 현대화된 화물 터미널을 건설하는 작업에 착수해 2012년 상반기 중에 공

족화해』 통권 38호(2009. 05~06), p. 46 참조. 2008년 4월 24일 러시아철도공사(RZD)와 북한 철도부가 '라진-핫산프로젝트'의 실행을 위한 합작회사를 나선경제특구에 설립한다는 협약을 체결하고, 러시아철도공사의 '따르고브이 돔'과 북한의 라진항이 각각 70%와 30%의 지분으로 '나선콘트란스'라는 합작회사를 설립하여 동년 7월 16일 기업등록을 마쳤다. 성원용(2011), p. 59.

22) 남문희(2011. 3. 12).
23) 『조선중앙통신』(012. 4. 2) 보도. 『연합뉴스』, 동일 보도에서 재인용.

사를 끝낼 예정이었다.

그 외에도 러시아 정부는 제2시베리아횡단철도와 BAM철도 및 그 지선들, 사할린-극동본토 연결 철도를 기획하고 있다. 그리고 국제적으로도 2007년 러시아 동북부 지역과 북미대륙을 연결하는 베링해철도(사하-추코트카-베링해-알래스카) 건설을 제안하였으며, 극동본토-사할린-홋카이도-일본 본토 연결 철도건설 계획도 구체화하고 있다.[24]

(2) 러시아의 시베리아·극동 에너지정책 강화

러시아는 석유 생산 및 수출에서 세계 1~3위를 다투고(매장량 7위) 있고, 천연가스 부문에서는 단연 세계 1위이다. 또한 석유 및 가스 채굴 분야에서도 세계 1위, 철광석 매장량 세계 1위, 석탄 매장량 세계 2위를 기록하는 자원부국이다. 따라서 러시아의 에너지산업은 관세수입을 포함했을 때 세수의 40%를 차지하고 수출의 비중도 67%나 차지하고 있다. 2010년 에너지 수출량은 전년대비 33.1% 증가한 2,677억 달러에 달할 정도로 막대하다.[25] 그러나 러시아 경제가 건전하게 성장하려면 산업의 에너지에 대한 지나친 의존에서 벗어나야 한다. 즉 러시아는 중장기적으로 유가변동으로부터 경제안정을 보장하고 산업의 균형적 발전을 이루어야 할 필요가 있다. 이를 위해 러시아 지도부는 경제의 현대화와 균형적인 산업 육성에 노력해야 한다.[26]

---

24) 한종만, "극동·시베리아지역에서의 한·러 협력관계의 회고와 전망,"『시베리아 극동연구』제6호(2010), p. 151.

25) D. A. 소콜로프, "한·러 에너지분야 협력의 우선방향,"『Russia·CIS Focus』제112호(2011. 5. 23).

26) 러시아의 경제성장이나 재정수입은 국제유가 수준과 비례관계에 있는데, 배럴당 100달러가 유지될 때 4% 정도의 성장이 전망된다. 이처럼 러시아 경제가

동시에 러시아 정부는 에너지·자원분야에서의 러시아의 비교우위를 최대한 살리기 위해 새로운 에너지 및 천연자원을 개발하면서 낙후된 시베리아·극동지역을 발전시키고 산업을 진흥해야 한다. 또 유럽에 치중된 판로를 아시아 쪽으로 다변화하여 에너지 가격 협상력을 강화할 뿐 아니라 에너지 수출을 중심으로 동북아 및 아·태지역에서 러시아의 영향력을 강화하기 위하여 시베리아·극동지역에서 에너지정책을 집중적으로 추진하지 않을 수 없다.

러시아의 시베리아·극동 에너지정책은 크게 석유개발과 송유관사업, 가스개발과 가스관사업, 전력사업 등 세 가지로 나누어 볼 수 있다.

① 동시베리아·태평양 송유관(ESPO)

러시아는 국가 전략사업으로 송유관 건설사업을 추진하고 있다. 트란스네프트는 시베리아 이르쿠츠크 타이셰트에서 러시아 극동 나홋카 인근 코즈미노항(블라디보스토크 동쪽 100km)까지 총연장 4,663km의 ESPO 송유관 가운데 타이셰트-아무르주 스코보로디노 간 1단계(2,700km) 공사를 마치고 2009년 12월 28일 가동에 들어갔다.

또한 2010년 9월 27일 베이징에서 메드베데프 대통령과 후진타오 주석이 참석한 가운데 스코보로디노에서 헤이룽장성의 모허(漠河)를 거쳐 다칭(大慶)을 잇는 약 1,000km의 송유관 건설 완공식을 거행하였다. 같은 해 12월 19일에는 처음으로 시베리아 석유가 다칭에 시험적으로 도착하였고, 2011년 1월 1일 원유가 공급되기 시작했다. 중국은 2009년 양국 간에 맺은 협정대로 250억 달러의 차관을 지원하고 러시아는 20

국제유가에 지나치게 의존하는 것은 러시아 경제의 취약성이다. 따라서 러시아 정부는 이를 극복하기 위해 소비재산업뿐 아니라 IT 등 첨단산업 진흥 및 경제현대화를 추진하고 있다. 김영진, "푸틴의 복귀를 앞둔 러시아 경제: 전망과 과제," 『e-Eurasia』 Vol. 37(한양대학교 아태지역연구센터, 2011) 참조.

년간 하루 30만 배럴(4만 1,000t), 연 1,500만t의 원유(중국 연간 수요의 4%)를 공급할 예정이다.27)

타이셰트에서 보낸 원유 일부는 시베리아횡단철도를 통해 코즈미노 수출터미널로 운송되어 유조선을 통해 아·태지역으로 수출되고 있다. 한국은 이미 1999년부터 사할린산 원유를 도입하고 있으며, 2010년 1월 GS칼텍스가 ESPO 75만 배럴을 수입하는 등 2010년에 나홋카에 도착한 1억 배럴의 원유 중 39%를 한국이 수입하였다.28)

러시아는 사업 2단계로 2014년까지 코즈미노 항구까지 송유관을 완성할 예정이며, 이때까지 원유 공급량을 하루 120만 배럴로 증대시킬 계획이다. 당초 공급의 목표는 하루 160만 배럴이었다.29)

러시아는 원유 공급을 더 늘리기 위해 그간 수송인프라 미비로 방치해 온 동시베리아 및 극동지역 유전 개발을 추진하고 있다.30) 또한 로스네프트사는 러시아 연방정부와 지방정부의 지원 하에 하루 40만 배럴의 정유공장 건설을 계획하고 있으며 외국기업과의 협력을 모색 중이다. 2015년경 러시아 동부지역에서 하루 100만 배럴의 원유가 생산

---

27) 이 송유관의 최대 운송능력은 연간 3천만t이어서 양국 합의에 따라 공급량은 더 늘어날 수 있다. 『연합뉴스』(2011. 2. 4). 이 외에도 양국은 2010년 8월 50억달러를 공동 출자해 중국 톈진에 정유시설을 세우기로 하고, 향후 25년간 러시아 석탄을 중국에 공급하는 대신 중국은 60억 달러 차관을 제공하는 협정을 맺었다. 『머니투데이』(2010. 9. 27).

28) 『매일경제』(2011. 2. 28).

29) 이하 이성규, "ESPO 원유 등장으로 아시아원유 공동시장 가시화," 『Russia·CIS Focus』 제68호(2010. 7. 19) 참조.

30) 이들은 국영업체인 로스네프트사의 반코르 유전(2014년에 하루 46만 배럴)과 유루브체노·토홈스코예 유전(2016년에 하루 20만 배럴), 수르구트네프트·가스사의 탈라간 유전(2010년에 하루 7.2만 배럴), TNK-BP사의 베르흐넨촌스코예 유전(2014년에 하루 20만 배럴) 등이다. 이성규 참조.

되면 30만 배럴은 파이프라인을 통해 중국으로, 30~40만 배럴은 코즈미노 수출터미널을 통해 아시아지역으로 각각 수출되고, 나머지 40만 배럴은 지역 내 정유공장으로 공급될 것이다. 트랜스네프트는 2020년까지 원유선적 터미널의 규모를 연간 8천만t 규모로 늘려 아·태지역 원유 수출 비중을 현재 3.8%에서 30%로 대폭 확대할 방침이다.[31]

특히 ESPO 원유의 품질이 중동산 원유와 비교해 손색이 없는 데다 지리적인 인접성으로 인해 수송이 신속·안전하고 비용이 절감되는 등의 장점을 활용하여 아·태 시장으로의 원유 수출이 늘어나면 이 지역에 대한 러시아의 경제적·외교적 영향력도 증대될 것이다.

② 가스 개발·통합 및 수출

아·태지역 내 중국 및 기타 국가에 대한 가스 수출 가능성을 고려하여 가스의 채굴·수송 및 공급을 위한 단일 시스템을 동시베리아와 극동에 구축하기 위해 동부 가스프로그램이 수행되고 있다.[32] 이 사업은 국가 동부 단일 가스공급 시스템을 구축하고 있는 가스프롬이 주관하고 있으며, '사할린-하바로프스크-블라디보스토크' 가스수송 시스템 구축 및 발전과, 이 가스수송 시스템을 사하(야쿠티야)공화국의 차얀다 가스전의 가스 파이프라인과 통합하는 것을 목표로 하고 있다. 가스 채굴 중심지로는 러시아 동부의 크라스노야르스크, 이르쿠츠크, 야쿠츠크, 캄차카, 사할린 등이 선정되었다.

러시아는 2009년 2월 18일 사할린-2 가스전에서 드미트리 메드베데프 러시아 대통령, 아소 다로 일본 총리, 영국의 앤드루 왕자, 이윤호 지식경제부 장관 등이 참석한 가운데 시베리아·극동지역의 첫 상업

---

31) 『연합뉴스』(2009. 5. 11).

32) 마리아 부르두크스카야, "러시아의 특별한 지방-극동," 『Russia · CIS Focus』 제108호(2011. 4. 25).

적 가스 생산을 위한 액화천연가스(LNG) 플랜트 준공식을 가졌다. 사할린 LNG 생산시설 가동은 천연가스 매장량에서 세계 최고를 자랑하는 러시아가 유럽 수출에 이어 아·태 시장, 넓게는 미국으로의 수출 확대를 알리는 신호탄으로 해석되었다. 러시아는 이 시설에서 생산되는 가스의 약 60%를 일본으로, 나머지는 한국과 미국에 20년 정도의 장기계약을 맺고 수출할 예정인데, 지금까지 파이프라인을 통해 유럽에 가스를 공급했던 러시아로서는 선박을 통한 수출이 가능해지면서 판로를 대폭 확대할 수 있게 되었다.

한편 중국석유천연가스집단공사(CNOC)와 러시아 최대 석유·가스 생산업체인 가스프롬이 2010년 9월 시베리아에서 중국 서부 국경을 잇는 '알타이 가스관'을 건설, 2015년부터 연간 300억㎥의 시베리아산 천연가스를 중국에 공급하기로 합의하는 등 중·러 간 에너지 협력이 강화되고 있다.[33] 그러나 가격협상이 난항을 겪고 있어 사업은 아직 착수되지 않고 있다.[34]

한국이 가장 관심을 가질 사항은 러시아의 가스를 북한을 경유하는 파이프라인을 통해 수입하는 가스관 사업이다. 먼저 이명박 대통령의 2008년 9월 러시아 방문 시 양국은 이르면 2015년부터 사할린산 천연가스를 북한을 경유하는 파이프라인 방식(PNG: pipeline natural gas)으로 연간 750만 이상 도입하는 사업을 추진키로 합의하였다. 그리고 양 정

---

33) 『연합뉴스』(2010. 12. 8).

34) 중국은 러시아와의 가스 가격 협상에서 우위를 차지하기 위해 중앙아시아에서의 가스 수입에 박차를 가하고 있다. 2011년 6월 투르크메니스탄은 8,700km에 달하는 중국으로의 2차 장거리 천연가스관을 개통하였고, 중국에 연간 400억㎥의 천연가스를 공급할 예정이다. 중국의 현재 가스 수요는 1,300억㎥인데, 2015년에는 2,300억㎥로 늘어날 것으로 추정된다, "투르크메니스탄, 두 번째 가스관 개통으로 중국에 가스 수출 확대," 『유라시아 헤드라인』 제52호(한양대 아태지역연구센터, 2011. 7. 26).

상이 참석한 가운에 양국 국영 가스회사인 한국가스공사와 가스프롬은 이와 관련된 양해각서를 체결했다. 아울러 한국가스공사는 가스프롬과 함께 블라디보스토크에 연 100만t의 폴리에틸렌과 50만t의 폴리프로필렌을 생산할 수 있는 석유화학 공장과 500만t 규모의 LNG 액화플랜트를 건설하는 방안도 추진키로 하였다.

또한 김정일 위원장과 메드베데프 대통령의 2011년 8월 24일 울란우데 정상회담에서 김 위원장이 극동지역 가스의 한국 수출을 위해 필요한 북한을 통과하는 가스관 건설과, 이를 추진하기 위한 남·북·러 전문가 특별위원회 설립에 동의함으로써 이 사업은 새로운 추진력을 얻었다. 이명박 대통령도 9월 8일 방송 좌담에서 북한의 가스공급 차단 가능성에 대해 "걱정 안 해도 된다. 동일한 가격으로 LNG를 배로 받는 것을 러시아와 얘기하고 있다"고 설명하고, "가스관은 러시아 돈으로 설치하고 러시아가 (공급도) 책임지는 것"이라며 호혜적 경제성과 안정성을 강조하면서 이 사업에 힘을 실었다. 같은 날 사할린 가스전으로부터 하바로프스크를 경유하여 블라디보스토크에 이르는 가스관 1차 라인이 준공되어 러시아가 한국과의 협상에 더욱 적극성을 보일 것으로 예상되므로 사업이 성사될 가능성이 더 커졌다. 이어 알렉세이 밀레르 가스프롬 사장이 모스크바에서 9월 13일 김희영 북한 원유공업상과 양해각서를 체결하고 다음날 주강수 한국가스공사 사장과 실현 로드맵에 서명함으로써 사업이 실무적으로 진척되었다.

이 사업은 3자 모두에게 호혜성이 탁월하여 러시아는 30년간 안정된 천연가스 시장을 확보하여 매년 30억 달러(총 900억 달러)의 수익을 올리고 북한은 통과료로 매년 1억 내지 1억 5천만 달러 정도를 벌며 한국은 매년 4~5억 달러의 가스 수입비용을 절약할 수 있을 것으로 예상된다. 그러나 사업이 추진되려면 가스공급가 및 북한지역 가스관 설비자금 부담 주체가 3자 간에 합의되어야 하고, 특히 한국이 사업에 적극적으로 참여하려면 남북 간 신뢰구축이 긴요한데, 이를 위해서도 북핵문제 해결에 진척이 필요하다.

그러나 결국 사업의 최대 관건은 한국과 러시아 간의 가스가격 협상이다. 이와 관련하여 동시베리아에 매장된 대규모 가스물량은 러시아 국내소비를 월등히 뛰어넘기 때문에 러시아로서도 결국 동북아 국가들 특히 중국과 한국에 공급할 수밖에 없을 것이라는 점을 잘 활용해야 한다.[35]

③ 극동지역 전력계통 연계와 수출

극동지역의 전력산업은 Inter RAO 통합전력 시스템(unified electric System: UES)의 극동 지사인 보스토크에네르고가 독점적 지위를 점하고 있다.

그런데 극동지역의 전력수요가 제한적이므로 막대한 자금이 투입되는 대규모 수력발전소 건설은 필연적으로 인접한 중국이나 북한은 물론 한국과 일본으로의 수출이 전제될 수밖에 없다. 따라서 러시아는 이미 중국에 전력을 수출하고 있고, 남북한 및 일본에 전력 수출을 희망하고 있다.[36] 한 사례를 들면 러시아와 중국이 2008년에 합의한 전력망 구축사업에 따라 러시아 극동과 중국 헤이룽장성을 잇는 2,345km의 송전선 설치 공사가 2010년 11월 28일 완공되어 2011년부터 500kv의 전압으로 연간 43억kW의 러시아 전력이 중국에 공급될 예정이다.[37]

---

35) 안세현, "한국·러시아·중국 에너지 동맹: 잠재력과 문제점,"『국제관계연구』제15권 제1호(Jan. 2010), pp. 119-120.

36) 자세한 내용은 성원용 교수의 글(2010. 12) 참조

37) 조정원, "러·중 에너지관계의 변화: 협력과 갈등, 경쟁,"『슬라브학보』제26권 3호(2011), p. 138;『흑룡강일보』2010. 12. 8). 동일자『연합뉴스』에서 재인용.

특히 러시아는 부레야 발전소의 잉여전력을 동해선을 따라 북한에 수출하고, 가능하면 남한에까지 판매할 용의를 보이고 있다. 특히 만일 북한이 핵 포기에 성의를 보이면서 이에 대한 에너지 보상으로 전력을 선택한다면, 북한 동북부 지방은 러시아의 전기를 보내고 북한 서해지역의 전력은 남한이 보내주는 방식을 채택할 수 있을 것이다. 이 경우 러시아 극동의 잉여전력 수출은 탄력을 받을 것이다.

2) 러시아의 군사·안보정책

(1) 군사력 증강과 조직개편[38]

푸틴 대통령은 2007년 4월 "러시아는 이미 '2007-2015 국가무기 장비계획'의 실행단계에 들어섰다"고 선언하였는데, 이 계획에 따르면 러시아는 향후 1,670억 달러를 투입하여 2015년을 기점으로 21세기형 군사대국으로 발돋움할 예정이다.

2010년 9월 20일 아나톨리 세르듀코프 러 국방장관은 러시아가 향후 10년간 6천억달러 이상을 투입, 군장비 현대화에 적극 나설 것이고 미국 등 서방 무기체계와 관련 기술도 도입할 수 있다고 밝혔다. 블라디미르 포포프킨 러시아 국방부 제1차관도 2011년 2월 24일 기자회견에서 향후 10년간 군 현대화에 19조 루블(6,530억 달러)을 투자할 계획이라고 발표하였다.[39] 2015년까지 전체 무기의 45%를, 2020년까지 70%를 현대화하는 것이 목표이다. 푸틴 총리는 2012년 2월 러시아 일간지 <러시이스카야 가제타>의 기고문에서 향후 10년간 23조 루블(약 7,700억 달

---

38) 한국국방연구원, 『2010 동북아 군사력과 전략동향』 KIDA Press(2011. 4. 15), pp. 109-116 참조.
39) 『연합뉴스』(2011. 2. 25).

러)을 지출하여 400여 기 이상의 현대적 대륙간탄도탄, 핵미사일을 장착한 28대의 잠수함, 50대 이상의 군함, 600대 이상의 현대식 전투기, S-400 대공시스템과 비티아즈 요격미사일 시스템 등을 배치할 것이며, 러시아는 2017년까지 70만 명의 직업군인을 포함한 1백만의 병력을 유지할 것이라고 밝혔다.[40]

러시아 군사력 증강의 핵심은 실질적이고 효율적인 투자에 있으므로 2009년부터 시작된 병력감축을 2012년에 마무리할 예정이다. 또한 러시아는 2010년 10월 대통령령으로 군조직을 효율적인 군사작전을 위해 6개 군관구를 4개로 통합하고, 재편성된 4개 군관구에 각각의 전략사령부(서·남·중앙·동)를 설치하였다. 그 중 한반도와 관련된 동해와 극동지역은 하바로프스크에 본부를 둔 동부전략사령부가 과거 극동군관구, 시베리아군관부 일부, 태평양함대를 휘하에 관할하게 된다.

(2) 남쿠릴열도 실효지배 강화와 극동 군사력 강화[41]

2010년 댜오위다오를 둘러싸고 중·일 간에 갈등이 고조되는 가운데 메드베데프 대통령은 일본의 자제 요청을 무시하고 11월 1일 러·일 간 분쟁도서인 남쿠릴열도를 방문하였으며, 이후 실효적 지배 강화 조치를 계속 추진하였다.

먼저 러시아는 이미 '쿠릴열도 사회경제 발전계획 2007-2015'에 착수하여 2015년까지 6억 달러 이상을 투입, 인프라를 정비하면서 쿠릴

---

40) "러시아 푸틴 총리, 막대한 재군비와 군 개혁계획 제시,"『유라시아 헤드라인』제81호(한양대 아태지역연구센터, 2012. 2. 21).

41) 각주를 달지 않은 부분은 최태강, "메드베데프 대통령의 분쟁섬 구나시리 방문 이후 러·일관계의 변화,"『슬라브학보』제26권 2호(2011), pp. 209-222 참조.

열도에 대한 실효지배 강화에 나섰다. 2010년 6월 말에는 극동・시베리아 지역에서 '동방 2010' 훈련을 대규모로 거행하면서 남쿠릴 4도 중 하나인 에토로후를 훈련장으로 사용하였다. 또한 러시아 하원은 2010년 7월 일본이 2차대전의 항복문서에 서명한 9월 2일을 대일 전승기념일로 제정하는 법안을 가결시켰다.

한편 메드베데프 대통령 방문 이후에도 푸틴 총리는 12월 6일 하바로프스크를 방문하여 에토로후와 쿠나시리를 포함한 공항 정비를 추진하는 등 쿠릴열도와 극동지역 발전에 적극적인 관심을 보였고, 빅토르 바사르진 지역발전장관, 아나톨리 세르듀코프 국방장관, 세르게이 이바노프 부총리 등 러시아 지도부는 줄을 이어 쿠릴열도를 방문하여 쿠릴열도 발전 추진을 약속하였다. 끝으로 푸틴 정부에서 총리가 된 메드베데프는 2012년 7월 3일 또다시 쿠릴열도 4개 섬 가운데 하나인 쿠나시르(일본명 구나시리)를 방문했다.

쿠릴열도를 포함한 극동지역 군사력도 최근 강화되고 있다. 러시아 참모총장 니콜라이 마카로프는 2011년 2월 소련 붕괴 이후 러시아가 유럽에서 구입한 최대 규모 함정인 미스트랄급 헬기상륙함 4척 중 적어도 1척이 2013년 이후 태평양함대에 배치되어 남쿠릴열도 등의 방위 임무에 사용될 가능성을 언급하였다. 러시아는 미사일과 항공기를 요격할 수 있는 S-400 대공미사일부대도 극동에 배치할 예정이다. 러시아군은 2010년 10월 시험발사에 성공한 신형 잠수함발사 대륙간탄도미사일(SLBM) '불라바'((Bulava, 철퇴)를 장착한 보레이급 잠수함 '유리 돌고루키'를 캄차카반도 해군기지에 배치할 계획이다.[42] 끝으로 세르듀코프 국방장관은 2011년 2월 4일 에토로후와 쿠나시리를 방문하고 두 섬

---

42) 사거리가 1만km에 이르러 사실상 전 세계가 공격권인 불라바는 6개의 핵탄두를 동시에 싣고 마하 5의 극초음속으로 비행하며 발사 뒤에도 고도와 방향을 자유자재로 바꿀 수 있는 러시아의 차세대 주력 핵미사일이다.

의 군장비를 교체할 것임을 밝혔으며, 메드베데프 대통령은 2011년 2월 9일과 3월 18일 남쿠릴섬이 러시아의 전략적 지역이고 충분한 무기와 적절한 병력 및 군시설 현대화를 통해 이 지역 안보를 보장해야 한다고 강조하였다.

러시아 군용기의 일본 영공 접근으로 인해 항공자위대가 긴급 발진한 횟수가 해마다 증가하고 있는 가운데 노다 요시히코(野田佳彦) 일본 새 총리가 취임한 지 일주일도 채 안 된 2011년 9월 8일 러시아 공군의 장거리 폭격기 TU-95 2대(작전반경 1만 5,000km)가 한반도 동쪽에서 남하한 뒤 대한해협, 오키나와(沖繩)를 거쳐 태평양을 북상해 14시간에 걸쳐 공중 급유까지 받으면서 일본열도를 한 바퀴 돌고 돌아갔다. 이는 일단 러시아가 냉전시대의 '강한 러시아'로의 회귀를 목표로 태평양함대의 공조를 위해 훈련과 정보수집을 강화하는 것으로 분석된다.[43] 그러나 전략 면에서 볼 때 사실상 전 세계를 겨냥할 수 있는 미사일을 장착한 핵잠수함 배치와 함께 이 지역에서 러시아의 장거리 폭격기가 출몰하는 것은 유럽 지역에서 러시아의 안보위험이 줄어들어 안보 면에서 동아시아 쪽으로 관심이 전환되는 것이라는 평가가 있다. 또한 일본뿐 아니라 미국과 중국 등 G2에 대해 오호츠크해 인근지역은 러시아의 영역이므로 넘보지 말라는 메시지를 보내는 것이라는 평가도 있다.[44]

한편 푸틴 총리는 2010년 7월 20일 러시아가 247억 루블(9,750억 원)을 투자, 아무르주 대륙간탄도탄 기지가 있는 우글레고르스크에 '보스토치니 코스모드롬'(동방우주기지)을 건설하여 유인우주선 발사대 2대 등 7대의 발사대를 2018년 완공 목표로 건설할 예정이라고 발표하였다.

---

43) 『연합뉴스』(2011. 9. 9).
44) 『연합뉴스』(2011. 9. 15).

카자흐스탄 바이코누르 기지에 대한 의존을 줄이기 위해 이 기지가 건설되면 첨단기업들이 유치되고 기지 자체 고용인원만 2만~2만 5000명에 이를 것이며 주변 인프라까지 합치면 4,000억 루블 이상의 경제효과가 있을 것으로 기대되고 있다.[45]

(3) 군사훈련

2003년부터 러시아와 중국을 포함한 SCO 회원국들은 2004년을 제외하고 매년 '평화사명'(Peace Mission) 반테러훈련을 거행하여 왔다.

2005년 8월 러·중 양국은 사상 처음으로 최신예 전투기·전략전폭기와 첨단 구축함을 동원한 대대적인 양자 연합 군사훈련으로 '평화사명 2005'를 실시하고 낙하 및 상륙작전, 점령지 방어 및 미사일 발사 등 실전 공격훈련을 벌였다.[46] 양국은 러시아 우랄산맥 인근 첼랴빈스크에서 '평화사명 2007'을 실시하였다. 2008년 10월에는 미국이 항공모함 워싱턴호를 동아시아에 보내 '항모 외교'에 나서고 대만에 대한 무기판매를 결정하는 상황에서 '항공모함 킬러'로 불리는 중국의 현대급 미사일 구축함 '타이저우(泰州)호'를 비롯한 동해함대가 해군 600여 명을 태우고 블라디보스토크에 도착하여 러시아 태평양함대와 합동 군사훈련을 가졌다.

2009년 러시아는 4월 23일 중국 해군 창설 60주년을 맞아 산둥성 칭다오에서 열린, 한국을 비롯한 15개국 군함이 참가하는 대규모 해상 열

---

45) 『경향신문』(2010. 7. 22).
46) 훈련지가 대만과 유사한 지형을 가진 산둥반도와 칭타오 인근 연안도서였다는 점은 대만 점령 후 미·일 연합군의 공격을 저지하거나, 북한의 유사사태 시 미군 진입을 억지하기 위하여 양국 무기와 부대 간 상호 운용성을 높이는 연합작전 능력 강화를 모색한 것임을 보여주었다.

병식에 군함을 파견하였다. 그리고 같은 해 7월 22일부터 8월까지 양국 영토를 오가며 반테러 합동 군사훈련 '평화사명 2009'를 실시하였다. SCO 합동훈련의 주목적은 반테러훈련으로 2005년은 양안사태나 한반도 유사사태 대비의 성격이 강했고, 2009년 훈련도 북한 위협 요인에 대응하려는 의도가 엿보였다.[47]

한편 러시아는 2010년 6월 29일에서 7월 8일까지 극동 및 시베리아 지역에서 군·관이 참가한 대규모 기동훈련 '동방 2010'(East 2010)을 실시하였다.[48] 이 훈련을 통해 러시아군은 러시아 극동지역에 대한 위협을 상정한 전력 및 병력의 신속 전개훈련을 실시하여 동북아에 대한 위협 억지력을 과시하였다. 메드베데프 대통령은 직접 함정에 승선하여 해상훈련을 참관함으로써 훈련과 해군력의 중요성을 강조했다. 마카로프 총참모장은 "특정 국가를 겨냥한 것이 아니라 극동지역에서 가상의 적으로부터 러시아의 이익을 보호하기 위한 방어적 훈련"이라고 언급했지만, 한국 및 일본 언론은 북한 급변사태 대응훈련으로 보도하였으므로 주목된다.[49]

그러나 군사전문가들은 병력수송과 장비배치 방식은 실질적으로 중국의 위협에 대응하기 위한 것이었다고 지적하였다. 훈련에 필요한 중

---

47) 엄구호, "SCO에서의 러·중 협력: 현황과 전망,"『외교안보연구』제7권 제1호(2011), pp. 65-66.
48) 한국국방연구원, pp. 223-225.
49) 러시아는 7월 3일과 4일 연해주 핫산 일대에서 2003년 8월에 이어 대규모 북한 난민 유입에 대비한 훈련을 가졌다. 주로 수용시설 설치와 식량·의료지원을 점검하는 방식으로 진행되었다. '평화사명 2005'가 북한의 급변사태 발생 시 미군이 북·중·러 국경까지 진출하는 것을 막기 위해 선제적으로 북한에 공동 진입하는 훈련이라고 볼 때, 두 훈련을 종합해 보면 중국과 러시아는 소극적인 난민수용과 적극적인 북한 진입 모두에 대비하고 있다고 볼 수 있다.『동아일보』(2010. 7. 7).

장비 전부가 사전에 중국 인근 무기창고에 보관되었고 우랄 주둔군의 극동 도달시간을 48시간에서 6시간까지 대폭 단축하였다. 또한 중국 군사 참관단은 러시아 육군 기동훈련만 참관하였고 해상훈련 등 가장 중요한 훈련일정에서는 배제되었다. 단시간 내에 대량 병력 동원 수송 능력을 보여주어 북한, 일본, 미국, 중국으로부터의 가능한 위협에 대응할 능력이 있음을 과시한 것으로 여겨진다.

러시아는 동해상에서 다른 나라들의 군사훈련에 대해서도 민감한 반응을 보였다. 예를 들어 2010년 10월 미·일이 동해상에서 대대적인 합동훈련을 계획하자 러시아가 자국의 안보환경을 저해한다고 반발하였고, 미·일은 결국 훈련의 규모를 축소시켰다.[50]

러시아는 중국의 급속한 군사력 증강에 사전 대비하려는 의도인 듯 2011년 9월 미사일 순양함인 바랴크를 투입해 25일부터 동해에서 일본 해상자위대와 조난선박 수색 및 구조훈련을 가졌고, 미국령 괌에서 미 해군과 대테러 및 해적 소탕훈련을 실시할 것으로 예정되었으며, 캐나다 밴쿠버를 방문한 뒤 12월 초 블라디보스토크의 태평양함대 기지로 귀환한다고 보도되었다. 러시아가 미국과 태평양에서 군사훈련을 실시하는 것은 2006년 마셜제도에서의 훈련 이래 5년 만이며, 일본 해상자위대와의 훈련도 2008년 이후 3년 만이다.

2012년 4월 22일에서 27일까지 러시아는 중국과 서해 칭타오 연안에서 대규모 연합 해상군사훈련을 가졌다. '해상연합 2012'로 명명된 이 훈련의 과제는 해상 연합방어 및 포위망 돌파작전으로 한·일 해협 통과 훈련도 가진 것으로 여겨진다. 중국 측은 북해함대 소속 미사일유도 구축함 하얼빈호 등 함정 16척과 잠수함 2척이 참가하였고, 러시아 측은 태평양함대 기함인 미사일순양함 바랴크와 대함함정 '아드미랄 트

---

50) 유영철, "러시아연방의 안보전략과 대한반도 전략," 『군사논단』 제68호 (2011), pp. 59-60 참조.

리부츠' 등 함정 7척이 동원되었다. 특히 중국 국방부 양위쥔 대변인은 이 훈련의 목적이 "중·러 양국 간 전략적 동반자관계를 더욱 밀접하게 발전시키고 이 지역에 대한 새로운 도전과 위협에 대응하는 능력을 제고하기 위한 것"이고, 2011년 미국의 태평양 중시 안보전략 채택 이후 활발해진 "미 태평양함대의 군사훈련에 대응하기 위한 훈련"이라고 밝혔다.[51]

러시아와 북한 양국군은 2012년 중 러시아 극동지역 해상에서 양국의 해·공군 병사가 참가해 전투기 조종사가 조난당했을 때에 대비한 수색·구조훈련을 시행할 것으로 확인되었다. 그러나 한국과 일본도 러시아군과 수색·구조훈련을 시행하고 있으므로 이러한 성격의 북·러 합동훈련에 큰 의미를 부여할 필요는 없을 것으로 판단된다.[52]

3) 러시아의 외교정책

냉전시대 G2로서 미국과 팽팽한 경쟁을 벌여 온 소련이 해체되어 14개 공화국과 분리되었지만, 러시아는 핵무기 분야에서 미국을 견제할 수 있는 유일한 국가이다. 또한 유라시아대륙 전반에 펼쳐진 광대한 영토와 풍부한 에너지 및 자연자원을 보유하고 있으며 유엔안보리 상임이사국으로서 강대국 위상 회복을 꿈꾸고 있다. 물론 소련 해체 이후 국력이 축소되어 실용주의적인 외교를 채택해 왔다. 이에 따라 러시아

---

51) 이장훈, "미국과 중국, 태평양에서 힘겨루기," 『국방저널』(2012. 6), p. 60; 『서울경제』(2012. 3. 30); 『연합뉴스』(2012. 4. 18, 2012. 4. 24); 『중앙일보』(2012. 4. 23).
52) 북한 해군 동해함대 사령관 김명식 소장이 2011년 10월 20~27일 러시아 극동 블라디보스토크와 캄차카 등을 방문해 태평양함대 시설들을 시찰하고 양국군 간 해군교류 재개 및 활성화 방안 등을 논의하였다.

의 대외정책은 접경국인 구소련공화국들과의 관계가 우선시되고, 뒤이어 러시아의 정치 중심부인 모스크바, 상트페테르부르크와 인접한 유럽과의 관계, 그리고 강대국으로서 제반 국제문제 해결을 위한 미국과의 전략적 관계가 중시되고 있다. 따라서 러시아 외교의 전통에 따르면 중국을 포함한 동북아 국가들과의 관계는 크게 중시되지 않았다. 그러나 냉전 종식 후 국력이 약화된 러시아는 미국의 국제질서 주도를 견제하기 위해 중국과의 전략적 제휴를 맺지 않을 수 없었고, 이후 양국 간 전략적 동반자관계는 러시아 세계전략의 중심축이 되었다. 더구나 중국의 부상이 가속화되고 동북아 지역이 세계경제의 활력적인 견인차 역할을 수행하게 되었으며, 시베리아 및 극동지역 개발이 러시아의 재건에 관건이 되었으므로, 대중외교뿐 아니라 동북아 정책의 중요성이 빠른 속도로 강화되고 있다.

특히 전술했듯이 러시아는 중국의 급속한 부상에 대해 기회와 도전 양 측면에서 인식하고, 이를 최대한 편승·활용하는 동시에 준비·대응하고 있다.

중국의 급부상이 주는 기회적인 측면을 선용하여 러시아가 경제적 협력을 증진하는 것은 이미 살펴보았다. 또한 러시아는 G2시대를 맞아 미국이 중국의 부상을 포위·견제하는 동향을 보이는 가운데, 중국의 입장을 지원하면서 중국과의 전략적 협력을 강화하고 국력이 강화되고 있는 중국을 활용하여 미국의 국제질서 주도를 견제하는 이이제이 외교전략을 구사하고 있다. 예를 들어 2011년 6월 16일 메드베데프 대통령은 모스크바에서 후진타오 주석을 만나 "중·러의 협력이 아태지역의 평화안정에 핵심적 요인"이라 강조하여 중국의 입장을 배려하면서 미국을 견제하고, "러시아 안보에 대한 미국, 유럽의 위협과 중국의 핵심적 국가이익에 대한 미국의 압력에 대응하기 위한 상호협력의 필요성"을 강조하였다.[53)]

다른 한편으로 러시아는 중국의 급부상이 주는 도전적 측면을 우려하고 이에 대해 대응외교를 펼치고 있다. 양면정책과 함께 위험을 헤지(hedge, 위험분산 대처)하려는 정책을 구사하고 있다고 볼 수도 있다.

먼저 러시아와 중국은 인종, 문화, 풍습 및 전통이 이질적이고 연해주를 둘러싼 영토분쟁 가능성도 가지고 있다. 더구나 러시아 극동지역의 인구가 줄어드는 가운데 인접한 중국 동북3성의 1억이 넘는 인구 중 일부가 유입, 극동지역을 중국화하여 제정러시아 때 취득한 영토를 내줄 수도 있다는 우려를 가지고 있다. 또한 북한의 대중 의존도가 높아지는 가운데 북한 경제가 동북3성에 예속되고 중국이 라진항을 사실상 조차하여 동해가 중국의 내해화하는 것이 아닌가 하는 전략적 우려도 가질 수밖에 없다. 외교에서도 6자회담 전개과정에서 나타나듯이 동북아에서 중국의 역할과 영향력이 제고되는 것과 달리 러시아가 주요 관련 당사국으로 대우받지 못하는 상황이 지속되는 것을 우려하고 있는 듯이 보인다.

이런 맥락에서 러시아는 중국의 급부상이 주는 도전적 측면을 견제하는 신중하고 전방위적인 외교를 구사하고 있는 것으로 여겨진다.

먼저 중국과 협력을 유지하면서 일본이나 한국, 아세안 등과 보다 적극적으로 협력을 도모해 극동지역을 동아시아의 에너지 및 물류 중심지로 발전시키려 하고 있다. 그리고 동북아 다자안보협력 등을 구축하여 중국의 급부상을 통제·관리하며 미국과 중국 사이에서 균형추 역할을 수행하면서 동북아 지역에 대한 영향력을 회복하려 하고 있다.

또한 러시아는 사실상 중국을 견제하게 되지만 중국이 불만을 제기하기 어려운 인접국과의 경제협력 사업을 진척시키고 있다. 가스관 연결사업이나 송전선 부설, 그리고 철도연결 사업이 대표적인 사례이다.

---

53) 문흥호, "중국과 러시아의 전략적 협력과 북한,"『중소연구』제35권 제3호 (2011), p. 200 참조.

러시아는 중국 및 일본과의 영토갈등에 착안하여 쿠릴열도에 대한 실효적인 지배를 강화하고 극동지역의 군사력을 증강함으로써, 명분은 중국과의 대일 연합전선을 펼치는 것으로 포장하면서 실제로는 미국과 중국을 동시에 견제하는 효과를 추구하고 있는 것으로 여겨진다.
　끝으로 일본이나 미국과 정면으로 대립하거나 갈등을 벌이는 것을 자제하고, 공동 군사훈련을 갖는 등 부분적인 협력을 도모하여 중국에 편중된 외교에 균형감을 부여함으로써 결과적으로 중국의 부상을 견제하고 있다.

4) 북·러 관계 정상화와 경협을 통한 한반도 정책 강화

　구소련은 북한의 동맹국이자 후원국으로서 군사·외교·경제를 지원했는데, 구소련 붕괴 후 후계자인 러시아는 옐친 대통령 집권 시 동맹을 깨고 오히려 남한과 더 가까워지려 했다. 푸틴 대통령이 2000년 전격적으로 북한을 방문하여 양국관계를 정상화하였고, 다음해 김정일이 모스크바를 방문하였으며, 2002년에는 블라디보스토크에서 또 다시 정상회담을 가졌다. 그러나 2002년 10월 북핵문제의 재발과 양국 간 부채문제의 미해결, 러시아의 적극성 부족 등으로 양국관계는 또다시 소원해졌다.
　이런 맥락에서 메드베데프 대통령은 김정일 위원장을 초청하여 2011년 8월 24일 울란우데에서 화기애애한 분위기 속에서 정상회담을 가지고 그간 소원했던 양국관계를 정상화하였다. 메드베데프가 북한의 주장인 조건 없는 6자회담 재개를 지지하자, 김정일은 북한 경유 가스관 건설과 남·북·러 가스관 3자위원회 발족에 동의하였고, 비록 '6자회담 전'이 아니라 '회담의 과정'이라는 조건을 달았지만 "핵물질 생산과 핵실험을 잠정 중단할 수 있다"는 선물을 제공해 러시아의 체면을 세워 주었다. 북한과 러시아는 관계를 정상화하고 전략적·경제적 협력을 증진함으로써 중국을 공동으로 견제하는 동시에 대외협상력을 강화하였다. 이 회담에는 양측의 북핵문제 관련자들인 북한의 강석주 내각 부총리, 김양건 당비서, 김계관 외무성 제1부상, 러시아의 러시아의 세르게이 프리호디코 대통령 외교담당 보좌관, 알렉세이 보로다브킨 외무차관, 발레리 수히닌 주북 러 대사뿐 아니라 북한의 김영춘 인민무력부장과 아나톨리 세르듀코프 국방장관도 참석함으로써[54] 양국 간 군사협력 문제, 특히 북한 측의 군수품 지원에 대한 요구가 제시되었을 가능성이 있다.

2012년 5월 푸틴 대통령의 3기 정부가 출범하였으므로 러시아는 북핵문제나 6자회담에 대해 종전보다 더 적극적인 입장표명을 통해 관여 의지를 보일 것으로 예상된다. 2000년 초반에 그랬듯이 푸틴의 러시아는 정상회담을 포함하여 보다 활력적인 동북아 정책을 펼치면서 천연가스·전력·철도 등 인프라부문에서 북·러 또는 남·북·러 경협 확대를 모색할 것이다. 특히 2012년 6월 초 러시아가 110억 달러에 달하는 북한의 대러 채무상환 문제 해결방안에 전향적으로 합의해 줌으로써 양국관계의 정상화 및 발전을 가로막아 온 걸림돌이 제거된 점에 주목해야 한다. 이로써 러시아는 북·러 및 남·북·러 경협 증진에 박차를 가하면서 한반도에 대한 위상을 강화하는 한편, 동북아 다자안보 협력을 주창하면서 동북아에 대한 관여권 확보에 나설 것으로 보인다.

---

[54] 『연합뉴스』(2011. 8. 25).

4. 한국의 대외정책에 대한 함의

이 글에서 살펴본 한반도 동북부에서 벌어지는 북·중·러 3국의 역동적인 정책변화는 한민족의 장래와 우리 정부의 국가전략 여건에 구조적 변화를 일으키고 있다. 그러나 한국정부가 북한과의 기싸움이나 버릇 고치기에 열중하는 한 합리적이고 현명한 대응을 기대하기 어려운 것이 현실이다. 이명박 정부가 원칙에 입각한 대북 강경 압박정책을 구사한 이후 남북관계는 개성공단을 제외하고는 전면적인 정체상태로 후퇴하였다. 북한은 장거리미사일과 핵을 실험하고 군사도발을 감행하였다. 한국과 미국, 일본이 강력한 제재를 가하자, 북한은 이에 굴복하기보다는 오히려 자위력 강화를 명분으로 핵과 미사일 개발을 지속하면서 공멸 불사의 대남 강경책을 펼쳐왔다. 특히 그간 10년 이상 중국의 집요한 요청에도 불구하고 지켜 온 동해 진출을 허용함으로써 중국의 지원을 확보하여 정권의 생존을 보장받으려 하고 있다. 이에 러시아는 중국과의 우호관계는 유지하면서도 중국의 동진을 중장기전략 차원에서 간접적으로 견제하기 위해 극동지역 개발에 박차를 가하는 동시에 남·북·러 모두에게 호혜적인 가스관사업이나 철도연결 사업을 제창하고 동북아정책을 강화하고 있다. 정부가 호전적이고 도전적인 북한을 관리하여 한반도 평화를 지키며 북한 붕괴 시 북한 전 지역을 확실히 병합하려 한다면, 이제라도 발상을 전환하여 '상생과 공영의 대북 실용정책'을 진지하게 실천해야 할 것이다. 러시아가 제시하는 위기 탈출의 절호의 기회를 최대한 선용해야 한다.

이러한 북·중·러 3각관계에서 벌어지는 새로운 전략구도와 동향을 한국정부가 국익을 최대한 증진하는 방향에서 활용하려면, 중장기적인 관점에서 보다 전향적이고 진취적이며 합리적인 국가전략을 펼치면서 다음과 같은 사항을 유념해야 한다.

먼저 균형적 실용외교의 대외 안보전략 차원에서 중국과 러시아와도 우호관계를 유지하고 협력을 도모해야 한다. 한·미동맹을 한국 대외전략의 주축으로 삼아 우호관계를 꾸준히 강화하여 가되, 한·미관계 일변도로 치우치지 않으면서 중국과 러시아의 전략적 가치를 재인식하여 강대국으로 대우함으로써 중국 및 러시아와도 우호·협력관계를 유지하는 균형적 실용외교의 지혜를 발휘해야 한다.55)

특히 북한의 미사일과 핵개발 및 2010년 두 번의 무력도발, 한·일, 중·일, 러·일 영토갈등, 미국 패권에 대한 중국의 도전 등으로 동북아에서 대립·갈등적 안보질서가 형성되고 있으므로, 러시아와 협력하여 한·미동맹을 보완하는 동북아 다자안보 협력을 구축하여 동북아 질서를 협력구도로 전환시키고 한국의 국가안보를 중층적으로 보장해야 한다. 몇 년간 북한을 제외한 동북아 국가들의 다자안보 협력에 대한 이해관계와 인식이 호전되고 있는 점을 활용해야 한다. 중국의 인식 변화가 두드러지고 미국 역시 6자회담이 잘 되면 동북아 다자안보 협력으로 발전시키려는 의향을 보이고 있다. 러시아는 구소련 고르바초프 시대부터 동북아 다자안보 협력을 추구해 왔으므로 동북아 평화와 안정을 가장 희구하는 한국정부가 미국과의 공조와 러시아의 후원 하에 동북아 다자안보 협력을 제창·추진하는 외교적 이니셔티브를 취

---

55) 러시아의 대표적인 한반도 전문가이자 IMEMO 원장을 지낸 노다리 시모니아 MGIMO 교수는 "철도연결 사업과 가스관부설 사업으로 대표되는 한국횡단사업(Trans-Korean Projects)에 대해 남북한이 합의를 보려는 조짐을 보일 때마다 미국은 이에 제동을 거는 조치를 취했다"고 주장했다. Nodari Simonia & Victor Sumsky, p. 33.

하는 것이 바람직하다.

또한 한국은 세계 12위의 선진국으로 발돋움했지만 주변 강국들에 비해서는 국력이 약하므로 동북아에서 안보를 위주로 하는 권력정치가 작동할 때는 국익을 증진시키기 어렵다. 주변 강대국 간 관계가 협력적으로 전개되고 상호의존이 심화될 때 우리의 국익도 진흥될 수 있다. 이런 맥락에서 현재 한반도와 동북아에서 경제적·기능주의적 국제협력을 적극적으로 도모하고 있는 러시아를 활용하여 이 지역 질서를 경제적 상호의존 및 협력관계로 만들어 가야 한다. 또한 러시아와의 다양한 형태의 경제협력은 사업의 안정성을 제고하고 경제적 이득도 증진시켜 주므로 이를 보다 적극적으로 추진해야 한다. 한국과 러시아는 경제가 상호 보완적이므로 양국 모두에게 호혜적인 다양한 협력사업이 있다. 무엇보다 한반도와 이웃한 러시아 극동지역에 대한 투자를 증진시켜야 한다. 중국은 이미 러시아의 극동지역 개발을 자국의 동북 지역 발전과 연계하여 활용하는 전략을 수립하였고, 자원개발 사업뿐 아니라 교통인프라 구축과 농산물 및 목재의 생산·가공, 건축자재 생산분야에서 협력을 확대할 계획이다. 일본 역시 극동지역에 대한 투자를 확대하면서 가스 수송망·가스화학 플랜트 건설, 국제 항공노선 및 우주기지 개발, 에너지 효율성 제고, 관광, 수산업 등으로 투자 다각화를 꾀하고 있다. 한국은 북한을 잘 관리하기 위해서라도 북한과 국경을 맞대고 있는 러시아 극동과 협력해야 하지만, 극동지역 외국인 직접투자에서 1%에 못 미칠 정도이다.[56] 중국과 일본의 정책을 교훈 삼아 시

---

[56] 이재영(2010. 12. 27). 한·소 수교에 관여했던 러시아 극동연구소의 미하일 티타렌코 소장은 "한국은 시베리아에 관심이 있다면서도 투자는 하지 않는 등 한국에 대한 큰 기대가 환상이었음을 깨달았다"고 털어놓았다. 특히 그는 투자부진의 이유로 잠재력 문제 및 시베리아에 대한 흥미 결여와 함께 한국의 '배후에 있는 존재'인 미국의 방해를 거론하였다. 『중앙일보』(2012. 7. 18).

베리아·극동지역과의 경협 및 이 지역에 대한 투자를 증진시켜야 할 것이다. 특히 한국의 미래 에너지안보를 강화하기 위해 극동 및 동시베리아 에너지 및 자원개발에 대한 투자가 요망된다. 이미 동시베리아 가스를 선점한 중국의 에너지·자원확보를 위한 무조건적인 독점 열정을 감안하여 석유 290억t, 가스 23조m^3, 석탄 3조t이 매장되어 있는 러시아 극동에 대한 중장기적 관점의 보다 적극적인 투자가 필요하다. 더구나 한국이 수입하는 원유 중 81.8%가 중동산이므로 에너지 도입선 다변화를 위해 ESPO 주변의 유망한 유전·가스전을 한·러가 공동 개발하는 사업을 추진하는 것이 요망된다.

러시아와의 경협 증진은 호혜적 이익의 증대, 양국관계 개선뿐 아니라 북한의 안정적 관리에도 도움이 된다. 먼저 2012년 9월 8-9일 블라디보스톡 APEC정상회담의 합의사항을 성실히 이행하면서 러시아가 북한에게 추가도발을 삼가고 핵문제 해결에 성의를 보이도록 설득할 것을 유도할 수 있다.

특히 러시아와 다양한 협력사업을 전개하면서 북한을 이에 연계시키면 경제적 이득도 더 커지고 사업의 안정성을 보장받을 수 있으며 남북 주민 간 동질감 회복에도 기여할 것이다. 남·북·러 3국의 경제적 상호보완성이 뛰어나므로 이를 활용하는 다양한 경제협력을 추진해야 한다. 러시아의 영토와 자원, 북한의 저렴한 노동력 및 유휴 산업시설, 한국의 경영력과 기술·자본을 최대한 보완적으로 활용하는 다양한 경협을 추진할 수 있다.

현재 가장 유망한 사업으로 부각되고 있는 것이 가스관 연결사업이다. 협상력을 발휘하여 보장조치를 잘 준비하면서 가스관 연결사업을 추진하는 것이 바람직하다. 북한을 경유하는 가스관을 건설해 러시아의 천연가스를 도입하는 사업은 한국의 미래 에너지안보를 강화시켜 주고 북핵문제 해결을 위한 지렛대로 활용할 수도 있으므로, 사업의 안전성을 강화하는 조치를 강구하면서 보다 적극적으로 검토하는 것이 바람직하다. 북한이 이를 대남 압박수단으로 악용할 가능성이 존재한다. 하지만 북한이 계약에 위배되는 행위를 하여 가스공급이 차질을 빚을 경우, 러시아가 30% 이상 더 비싼 액화천연가스를 가스관 가스의 가격으로 공급할 것을 사전에 규정해 둔다면, 가스관은 오히려 북한의 행동을 규제하여 국제규범에 맞는 태도를 갖게 할 수 있을 것이다. 또한 남북 간 신뢰 형성에도 도움을 주어 북핵문제 해결 여건을 조성해 주는 긍정적인 기능을 할 것으로 예상된다. 즉 사전에 잘 준비하여 사업을 시행하면 가스관 연결사업은 경제적 이익과 에너지안보 강화뿐 아니라 러시아로 하여금 북한을 통제하게 하는 선의의 이이제이 방안이 될 것이다. 또한 북한에 매년 1억 달러 이상의 수익이 생겨 이것이 군사비로 쓰인다는 우려에 대해서는 대금을 천연가스 등 현물로 지불함으로써 해결할 수 있다. 끝으로 정부와 한국가스공사가 협상력을 발휘해 북한 내 송유관 건설비용은 러시아가 부담하도록 해야 한다.

또한 남·북·러 철도연결 사업을 추진하면 한반도 물류기지화 및 유럽으로의 화물 운송비의 획기적인 절감효과를 얻을 수 있다. 그 외에도 정부는 농업, 수산업, 자원 및 에너지개발·수송 및 가공 등 다양한 분야에서 남·북·중, 한·중·러, 남·북·중·러 등 다자간 경협사업을 발굴·장려·지원하고 진흥해야 한다.

끝으로 기업은 라진항에 대한 투자 참여를 확대하고 정부는 전략적 차원에서 이를 지원해야 한다. 정부는 라진항에 대한 전략적 중요성을 재인식하여 남북한종단철도 연결사업을 보다 전향적으로 검토하고, 이 사업 추진을 위해 러시아의 보다 적극적인 의지와 참여를 유도하여야 한다. 또한 다양한 형태로 라진항 물류사업에 참여할 방안을 강구하고 민간기업들이 중국이나 러시아 기업과 합작하여 진출하는 것을 장려하고 지원해야 한다.

참고문헌

남문희, "'경협 훈풍' 부는 북·중 국경의 봄," 『시사인』(2011. 3. 12).
_____, "나진항 개발 뛰어든 '매리'의 도전," 『시사인』(2011. 4. 2).
림금숙, 『창지투 선도구와 북한 나선특별시, 러시아 극동지역간 경제협력 과제』 KINU 정책연구시리즈 11-02(2011).
문흥호, "중국과 러시아의 전략적 협력과 북한," 『중소연구』 제35권 제3호(2011).
박병인, "중국을 보는 러시아의 눈," 『동아시아브리프』 7-2(2012).
보론초프, 알렉산더, "러시아-한반도 철도연결 프로젝트: 현 상황과 전망," 배정호, Alexander N. Fedorovskiy, 『중국의 동북지역개발과 한반도』(통일연구원, 2010).
부르두크스카야, 마리아, "러시아의 특별한 지방-극동," 『Russia·CIS Focus』 제108호(2011. 4. 25).
성원용, "러시아의 극동시베리아 개발과 남·북·러 삼각경제협력," 고재남·엄구호 편, 『러시아의 미래와 한반도』(한국학술정보, 2009).
_____, "러시아 극동지역의 전력공급체계와 남-북-러 전력계통 연계," 『JPI정책포럼』 2010-36(2010).
_____, "TKR-TSR 연결 시범사업으로서 '라진-핫산 프로젝트'의 현황 분석과 대륙횡단철도 연결을 위한 정책과제," 『슬라브학보』 제26권 4호(2011).
소콜로프 D. A, "한·러 에너지분야 협력의 우선 방향," 『Russia·CIS Focus』 제112호(2011).
안세현, "한국·러시아·중국 에너지 동맹: 잠재력과 문제점," 『국제관계연구』 제15권 제1호(2010).
엄구호, "SCO에서의 러·중 협력: 현황과 전망," 『외교안보연구』 제7권 제1호(2011).
위샤오, "창지투 개발 계획과 국제협력의 구상 및 현황," 배정호·주시엔핑 편, 『중국의 동북지역개발과 한반도』(통일연구원, 2010).
유영철, "러시아연방의 안보 전략과 대한반도 전략," 『군사논단』 제68호(2011).
이성규, "ESPO 원유 등장으로 아시아 원유 공동시장 가시화," 『Russia·CIS Focus』 제68호(2010).
이장훈, "미국과 중국, 태평양에서 힘겨루기," 『국방저널』(2012. 6).

이재영, "러시아 극동개발과 한국의 대응," 『서울신문』(2010. 12. 27).
제성훈, "푸틴의 귀환, 러시아의 진로: 3기 푸틴 정부의 대외정책 및 한반도 정책 전망," 『KNIS코리아연구원 현안진단』 제216호(2012).
조정원, "러·중 에너지 관계의 변화: 협력과 갈등, 경쟁," 『슬라브학보』 제26권 3호(2011).
주시엔핑, "러시아 동부발전전략이 한반도에 미치는 영향," 배정호·주시엔핑 편, 『중국의 동북지역개발과 한반도』(통일연구원, 2010).
지해범, "용과 곰이 춤을 추면... 중·러의 시베리아 밀월," 『주간조선』 No. 2216(2012. 7).
최태강, "메드베데프 대통령의 분쟁섬 구나시리 방문 이후 러-일관계의 변화," 『슬라브학보』 제26권 2호(2011).
한국국방연구원, 『2010 동북아 군사력과 전략동향』 KIDA Press(2011).
한종만, "극동·시베리아지역에서의 한·러 협력관계의 회고와 전망," 『시베리아 극동연구』 제6호(2010).
홍현익, "미·중·러 3각관계의 변화와 한국의 대응," 『세종정책연구』 2011-1 (2011).

Simonia, Nodari & Victor Sumsky, "As an APEC Summit Nears, So Does a Moment of Truth for Putin and Russia in Asia," *Global Asia* 7-2 (Summer, 2012).

| 제 6 장 |

중국의 부상과 ASEAN의 대응전략

변 창 구*

1. 서 론

1978년 덩샤오핑(鄧小平)이 개혁·개방정책을 시작한 지 30여 년이 지난 2010년에 드디어 미국 다음으로 세계 2위의 경제대국으로 성장한 중국은 국제정치·경제관계에 막강한 영향력을 행사하고 있으며, 2009년 이래 매년 개최되고 있는 '미·중 전략적 경제대화'는 'G2' 내지 '차이메리카'(Chimerica) 시대가 왔음을 분명히 보여주고 있다. 더욱이 중국의 성장과 세력 팽창은 앞으로도 계속될 것이라는 점에서 향후 20~30년 후에는 미국을 능가할 수도 있다는 미래학자들의 전망이 나오고 있고, 중국은 이를 바탕으로 '팍스 시니카'(Pax Sinica)시대를 꿈꾸고 있다.

이러한 중국의 부상을 둘러싸고 이해관계 당사국들, 특히 기득권을 유지하려는 미국이나 일본 같은 강대국들은 이른바 '중국위협론'을 제기하면서 견제를 모색하고 있지만, 중국 자신은 이러한 주장은 서구의 음모일 뿐이며, 오히려 경제협력을 통하여 상호이익을 창출하게 될 것이라는 '중국기회론'을 강조하면서 강대국에 걸맞은 책임과 역할을 다

---

* 대구가톨릭대학교 정치외교학과 교수. 이 글은 한국동북아학회,『한국동북아논총』제14권 제4호 통권 53집(2009. 12)에 게재된 논문을 수정·보완한 것임.

할 것이라는 '책임대국론'으로 맞서고 있다. 이처럼 상반된 입장은 국제정치연구의 방법론으로서 현실주의(realism)와 자유주의(liberalism)가 기초하고 있는 논리적 귀결이며, 각 접근법의 타당성을 둘러싸고 정치지도자 및 학자들 간에는 치열한 논쟁이 여전히 계속되고 있다.

이와 관련하여 우리의 관심사는 지정학적으로 중국과 인접하고 있어 역사적으로 적지 않은 영향을 받아 왔을 뿐만 아니라, 중국도 역시 강대국화의 과정에서 '전략적 파트너'(strategic partner)로 가장 중요시하고 있는 동남아국가연합(ASEAN: Association of Southeast Asian Nations) 회원국들은 중국의 부상을 어떻게 인식하고 있으며, 어떠한 대응전략을 강구하고 있는가 하는 것이다. 전통적으로 미국과 우호관계를 유지해 온 선발도상국으로서 ASEAN 창립 회원국들의 중국의 부상에 대한 입장과 후발도상국으로서 뒤늦게 ASEAN 회원국이 된 인도차이나 국가들의 인식은 반드시 동일하지는 않다는 점에서 ASEAN 차원의 대응전략 모색은 적지 않은 어려움과 일정한 한계를 가지고 있다. 따라서 ASEAN은 중국의 부상으로 인하여 예상되는 경제적·정치적·안보적 도전과 미·중 및 중·일 간의 세력 확대 경쟁 속에서 공동의 활로를 찾아야 하는 쉽지 않은 과제를 안고 있다고 하겠으며, ASEAN의 전략은 유사한 입장에 있는 우리의 중국에 대한 외교전략 모색에도 적지 않은 함의(implication)를 던져 주고 있다.

이 글은 ASEAN이 중국의 부상에 대해 어떻게 인식하고, 그에 따른 대응전략을 어떻게 강구하고 있는가를 규명하는 데 목적이 있다. 이를 위하여 먼저 중국의 부상을 이해하기 위한 기존의 이론들을 살펴보면서 유용성이 있는 이론적 관점이 무엇인지를 찾아보고자 한다. 다음으로는 이렇게 선택한 이론적 접근법에 의거하여 ASEAN은 중국의 부상에 대해서 실제로 어떻게 인식하고 있는지를 분석하고자 하는데, 여기에서는 여론조사와 같은 경험적 선행 연구의 결과 및 ASEAN 정치지도자들의 발언이나 성명, 그리고 관련 통계자료를 활용하고자 한다. 특히 중국의 부상과 ASEAN의 인식을 논의함에 있어 군사력이나 경제력과 같은 '하드 파워'(hard power)의 증대뿐만 아니라 외교·해외원조·무역·투자 등 이른바 '소프트파워'(soft power)의 사용도 크게 확대되고 있다는 점에 주목하고자 한다. 또한 본 연구의 분석수준(analysis level)은 원칙적으로 집단적 차원에서 ASEAN이라는 행위자(actor)의 인식과 행동이다. 다만 회원국들의 다양한 입장이나 견해차이가 ASEAN이라는 집단적 차원에서의 전략에 영향을 미치는 경우에는 필요에 따라 개별 회원국에 대한 논의도 함께 이루어질 것임을 미리 밝혀 둔다.

2. 중국의 부상을 보는 이론적 관점

중국의 부상은 경제·군사·외교의 영역에서 다각도로 나타나고 있는데, 무엇보다 중국의 급속한 부상은 화려한 경제적 지표가 잘 말해주고 있다. 중국은 GDP 기준으로 1978년 세계 27위에서 2012년 현재 2위로 급부상했고, 수출액 기준으로는 세계 1위의 경제대국이 되었다. 특히 최근 수년간 높은 경제성장률을 보여주고 있으며, 현재 1조 8,000억 달러에 달하는 세계 1위의 외환보유국으로서 세계경제에 막대한 영향력을 행사하고 있다. 중국이 현재와 같이 고속성장을 지속한다면 머지않은 장래에 일본과 미국을 능가할 수도 있을 것이라는 일부 전문가들의 예측도 무리가 아니라고 할 수 있다.

이뿐만 아니라 군사적 영역의 경우 스웨덴 스톡홀름국제평화연구소(SIPRI: Stockholm International Peace Research Institute)의 연례보고서에 따르면 중국의 국방비는 2008년 현재 849억 달러로 공식 발표되었는데, 이는 지출규모 면에서 볼 때 미국에 이어 세계 2위로 3위인 프랑스(657억 달러)와 4위인 영국(653억 달러)보다 많은 액수이며, 2006년에 처음으로 세계 4위에 오른 이후 매년 한 단계씩 급격히 상승한 결과이다.[1] 서방의 군사전문가들은 중국이 이러한 대규모 군사비지출을 통해 인민해방군의 현대화와 무기 첨단화, 해군력과 공군력의 강화를 추진하고 있다고 지적한다.[2] 특히 중국은 2008년에 시작된 미국발 글로벌 금융위기의 영향을 받지 않고 경제성장을 바탕으로 군현대화를 계속 추진하고 있다는 점에서 미국이 누려 온 아시아·태평양 지역에서의 군사적 우위가 사라져 가고 있다. 이처럼 중국은 세계 2위의 막강한 경제력을 바탕으로 해군력과 공군력의 강화에 중점을 두면서 전반적인 군현대화를 추진함으로써 '대국굴기'(大國堀起)를 가속화하고 있다.

나아가 중국의 부상은 외교적 영역에서도 괄목할 만한데, 경제력과 군사력을 바탕으로 정치외교 역량을 강화함으로써 국제적 위상을 더욱 제고시키고 있다. 특히 후진타오(胡錦濤) 정권 출범 이후 과거 "자신의 역량을 숨기고 때를 기다리는" 도광양회(韜光養晦)식의 소극적인 외교에서 탈피하여 '화평발전론'(和平發展論)[3]을 기치로 내걸면서 자신의

---

1) *SIPRI Yearbook 2009*, Stockholm: Stockholm International Peace Research Institute (2009).

2) US Department of Defense, *Annual Report to Congress: Military Power of the People's Republic of China 2008*, Washington D. C.: Office of the Secretary of Defense (2009).

3) 화평발전론은 기존의 화평굴기론(和平崛起論)을 수정한 것인데, 중국의 부상에 대한 외부의 인식이 '화평'보다는 '굴기'를 강조하고 있음을 고려하여 최근에는 '화평발전'이라는 용어를 사용함으로써 평화에 대한 의지를 더욱 강조하고 있다. 이에 대한 구체적 논의는 김애경, "중국의 화평굴기론 연구: 논쟁과 함의를 중심으로," 『국제정치논총』 제45집 4호(2005), pp. 215-233; 전성흥, "중국의 부상, 그 배경과 함의에 대한 재평가," 전성흥·이종화 편, 『중국의

역량을 충분히 활용해 현안 해결에 적극적으로 참여함으로써 국제적 위상을 견고히 하고 있다.4) 실제로 중국은 1990년대 후반의 동남아 금융위기 때 위안화 평가절하를 유보함으로써 리더십을 발휘했고, 1994년에 출범한 아시아·태평양 지역 최초의 공식적인 다자안보협의체인 ASEAN지역포럼(ARF: ASEAN Regional Forum)에는 처음부터 참여하였으며, 최근에는 북한 핵문제를 해결하기 위한 6자회담의 의장국으로서 적극적인 역할을 수행하고 있다. 또한 중국은 상하이협력기구(SCO: Shanghai Cooperation Organization)의 설립을 주도하고 ASEAN+3(APT: ASEAN Plus Three)와 동아시아정상회의(EAS: East Asia Summit)에도 적극 참여하면서 외교력을 발휘하고 있다.

이상과 같은 중국의 급속한 경제적·군사적·외교적 부상을 어떠한 이론적 틀로 설명하는 것이 타당할 것인가? 우리는 현상 설명의 수단으로 어떠한 이론을 사용하여 분석하는가에 따라 그 결과가 상이하게 도출될 수밖에 없다는 점에서 '이론'과 '사실'의 상호관계가 갖는 의미를 분명히 인식할 필요가 있다. 왜냐하면 중국의 부상이라는 현상을 관찰하고자 할 때 연구자는 이미 의식적이건 무의식적이건 어떤 이론이나 가치관을 가지고 보게 된다는 이른바 '관찰의 이론 의존성'(observation impregnated with theory)을 부정할 수 없기 때문이다.5) 이러한 점에서 중국의 부상을 연구해 온 대표적인 이론적 관점들이 가지고 있는 특성을 비교해 봄으로써 보다 객관적 시각에서 중국의 부상을 논의하기 위한 기초로 삼고자 한다.

부상: 동아시아 및 한중관계에의 함의』(서울: 오름, 2008), pp. 17-22. 등 참조.
4) Zheng Bijian, "China's Peaceful Rise to Great Power Status," *Foreign Affairs* 84-5 (2005), pp. 18-24.
5) Donald Gillies, *Philosophy of Science in the Twentieth Century: Four Central Themes* (Oxford: Blackwell, 1993) pp. 141-142.

현재까지 중국의 부상과 그에 따른 결과를 분석·예측해 온 학자들의 이론적 접근법으로는 대체로 현실주의, 자유주의, 구성주의, 세계체제론 등을 지적할 수 있다. 현실주의는 힘의 변화와 세력균형의 불안정에 주목하고 있으며, 자유주의는 연성권력과 행위자 간의 상호의존 가능성에 더 큰 관심을 갖는다. 또한 구성주의는 규범과 같은 관념적인 요소와 연계시키고 있으며, 마르크스주의적 관점인 세계체제론은 중국의 부상을 자본주의 세계체제 속의 종속으로 본다는 점에서 각각 이론적 관점의 특징이 있다.[6]

그런데 이러한 접근법 가운데 본 연구의 관심사인 중국의 부상이 ASEAN에게 위협인가 기회인가, 아니면 이 두 가지 속성을 모두 가지고 있는가 하는 의문과 관련하여 우리가 관심을 갖는 이론은 현실주의와 자유주의 및 이 두 가지를 혼합하는 절충주의이다. 먼저 현실주의자들이 주장하는 '세력균형이론'(balance of power theory)에 의하면 중국의 급속한 부상은 동아시아지역에서 강대국 간 또는 역내 세력균형을 붕괴시키게 되므로 국제질서의 불안정을 초래하여 위험하다는 것이다.[7] 또한 국가의 최고목표를 권력의 추구라고 보는 '공세적 현실주의'(offensive realism) 이론은 중국의 부상이 필연적으로 미국과의 경쟁과 갈등을 가져오게 될 것이라는 점에서 세력균형이론보다 더욱 부정적으로 본다. 역시 유사한 관점에 있는 '세력전이이론'(power transition theory)

---

6) 이러한 관점들에 대한 구체적 논의는 박홍서, "중국의 부상과 국제관계이론: 중국 위협에 대한 이론적 시각," 김태호 외, 『중국외교 연구의 새로운 영역』 (서울: 나남출판, 2008), pp. 23-60. 참조.

7) 이러한 견해에 대해서는 Richard Bernstein and Ross H. Munro, "The Coming Conflict with China," *Foreign Affairs*, 76-2 (1997), pp. 18-32; Steven H. Mosher, *Hegemone: China's Plan to Dominate Asia and the World* (San Francisco: Encounter Books, 2000) 등 참조.

은 중국의 부상으로 인하여 지배국인 미국과 도전국인 중국 간에 존재하는 격차가 좁아지고 있다는 점에서 갈등은 불가피하다고 보면서 전쟁의 가능성까지 거론하고 있다.[8] 이처럼 현실주의자들은 대체로 중국의 부상을 경제적 성장이 군사적 팽창으로 이어질 것이라는 경성권력의 관점에서 파악하고, 그러한 권력의 전이 내지 격차가 축소됨으로써 기존 질서에 대한 도전으로 인한 불안정, 강대국 간의 갈등과 경쟁으로 인한 불안정 등 부정적이고 위협적인 측면을 부각시키는 경향이 있다.

반면 자유주의자들은 중국의 부상을 보다 긍정적으로 보면서 상호의존을 통한 기회적 측면에 주목한다. 자유주의자들은 중국의 '능력'(capacity)이 증대되었다는 사실만으로 미래의 위협을 추론하는 것은 불완전하며, 중국의 '의도'(intention)를 파악하는 것이 더욱 중요하다고 본다. 중국은 강대국과의 상호작용 과정을 통해 얼마든지 그 인식이 변화할 수 있기 때문에 능력과 의도는 구분되어야 한다는 것이다.[9] 이들은 중국이 개혁·개방정책을 추진하면서 타국과의 경제적 상호의존이 심화되고 있을 뿐만 아니라 WTO나 NPT 및 ARF와 같은 국제기구나 국제제도에 적극적으로 참여함으로써 국제적 책임을 강화하고 있다고 본다.[10] 이는 서구에서 제기된 중국위협론에 대한 대응으로 중국에서 주장하는 '중국기회론'[11]이나 '책임대국론'[12]과 유사한 입장에 있다고

---

8) 김우상, "세력전이와 동아시아 안보질서에 관한 경험적 연구," 『한국정치학회보』 제35집 1호(2001), pp. 388-389.

9) Fei-Ling Wang, "To Incorporate China: A New Policy for a New Era," *The Washington Quarterly* 21-1 (1998), p. 69.

10) 이러한 자유주의적 견해에 대해서는 David Sambaugh, "China Engages Asia: Reshaping the Regional Order," *International Security* 29-3 (2005), pp. 64-99; Michael O'Hanlon, "Damn the Torpedoes: Debating Possible U. S. Navy Loses in a Taiwan Scenario," *International Security* 29-2 (2004), pp. 202-206. 등 참조

11) 중국기회론은 1999년 주룽지(朱鎔基) 총리의 뉴욕 연설에서 처음으로 제기

하겠다.

이와 같이 "현실주의자와 자유주의자는 대체로 중국위협론과 중국 기회론을 강조하는 이분법적 논쟁"13)을 전개해 왔다. 그러나 최근에는 이러한 이분법적 논쟁이 갖는 한계와 문제점을 지적하면서 중국의 부상과 관련한 국제관계를 갈등과 협력의 복합적인 관계로 보고자 하는 제3의 절충적 접근법이 확산되고 있다. '절충주의자들'14)은 중국의 부상이 국제정치·경제관계에 위기와 기회를 동시에 제공하고 있다고 본다. 그 동안 '중국의 부상이 위협인가, 기회인가'라는 이분법적 논쟁은 중국의 부상을 둘러싼 논의의 스펙트럼을 단순화시켰고, 중국의 부상에서 특정 영역만을 강조하거나 긍정적 혹은 부정적 영향의 한쪽 측면만을 지나치게 확대 해석하는 경향을 보였다. 중국의 부상은 경제·군사·외교의 영역에서 다각적으로 대두되고 있으며, 이에 대한 인식은 각 영역별로 상이할 수 있고, 한 영역에서의 긍정적 평가와 다른 영역에서의 부정적 평가도 공존할 수도 있는 것이다. 특히 중국의 부상이 어떠한 조건하에서 위협으로 인식되는지를 밝히기 위해서는 중국의

되었던 주장으로 중국의 경제발전이 세계경제에 상당한 기여를 하고 있다는 점을 주요 내용으로 하고 있다. *People's Daily*, 15 April 1999.

12) 책임대국론의 구체적인 내용 및 그 가능성에 대해서는 한석희, "중국의 부상과 책임대국론," 『국제정치논총』 제44집 1호(2004), pp. 191-209 참조

13) 물론 현실주의적 시각에서도 중국위협론을 부정하는 주장이 있고, 자유주의적 견해에도 중국의 부상을 우려하는 시각이 존재한다는 점을 간과해서는 안 된다.

14) 절충주의자들의 견해에 대해서는 서진영, 『21세기 중국 외교정책: 부강한 중국과 한반도』(서울: 폴리테이아, 2006); Thomas J. Christensen, "Fostering Stability or Creating a Monster?," *International Security* 31-1 (2006), pp. 81-126; Robert G. Sutter, *China's Rise in Asia: Promises and Peril* (Roman & Littlefield Publishers, Inc., 2005) 등을 참조할 것.

'능력'과 '의지'라는 변수와 함께 타국의 '인식'(perception)이라는 또 하나의 변수에 주목하여야 한다. 중국이 패권 추구의 의지와 능력을 가지고 있다고 해도 타국이 그러한 중국의 능력과 의지를 바라보는 관점에 따라 위협 인식은 상이하게 나타날 수 있기 때문이다.15) 이러한 점에서 중국의 부상이라는 객관적 사실을 바라보는 이해관계 당사국으로서 ASEAN의 인식이 어떠한가에 따라 양자 간에는 협력할 수도 있고 갈등이 일어날 수도 있는데, ASEAN 정치지도자들의 발언이나 성명서, 전문가들의 견해 및 여론조사의 결과를 종합해서 볼 때 ASEAN은 기본적으로 중국의 부상에 따른 위협적 요인과 기회적 요인을 동시에 주목하고 있다는 사실을 알 수 있다. 따라서 본 연구에서는 중국과 ASEAN의 관계를 갈등과 협력의 복합적인 관계로 파악하면서 현실주의적 시각과 자유주의적 관점을 함께 활용하는 절충주의적 입장에서 논의하고자 한다.

3. 중국의 부상에 대한 ASEAN의 인식

1) ASEAN의 위협 인식

ASEAN의 중국에 대한 위협 인식은 오랜 역사적 배경을 가지고 있는데, 오늘날의 위협 인식은 이러한 역사적 요인이 최근 중국의 부상이라는 변수와 접목되어 나타나고 있다는 데 그 특징이 있다. 중국은 역사적으로 동남아 국가들과 조공(朝貢)관계를 형성해 왔으며, 19세기에

---

15) 서진영·강수정, "중국의 부상을 바라보는 국제사회의 인식에 대한 실증적 연구," 『국제정치논총』 제48집 1호(2008), pp. 70-71.

는 서구 식민세력의 간접통치(indirect rule) 전략과 결탁하여 토착민을 착취하는 중간계층을 형성하였을 뿐만 아니라, 제2차 세계대전 이후 형성된 냉전기를 통하여 동남아지역에 반정부운동과 '친중국 공산 게릴라운동'16)을 이념적·군사적으로 지원함으로써 ASEAN 국가들의 위협 인식은 더욱 증대되어 왔다. 물론 최근 중국이 '평화적 부상'(peaceful rise)17)에 대한 지속적인 외교적 노력을 기울인 결과 상당히 긍정적인 분위기가 조성되고 있는 것은 사실이지만, 역사적 피해의식을 가지고 있는 동남아국가들은 중국의 부상과 함께 현실적으로 나타나고 있는 다양한 위협요인들로 인하여 완전히 신뢰하지는 못하고 있다.

우선 경제적 측면에서 볼 때 중국의 급속한 경제성장은 경쟁관계에 있는 ASEAN 경제에 커다란 도전이 되고 있다. 중국은 ASEAN과 같은 개발도상국이며 유사한 산업구조와 동일한 대외지향적 성장전략을 가지고 있다는 점에서 경제적 경쟁관계로 인한 위협과 압력을 우려하지 않을 수 없다. IMF가 발표한 것처럼 요소의 자질이 중국과 비슷하거나 세계시장에서 중국과 경쟁하고 있는 국가들은 과감한 구조조정과 생산 및 노동시장에서의 유연성을 가지고 경쟁할 수밖에 없게 된 것이다.18) 수출의 경우 ASEAN은 중국과 세계시장에서 경쟁하고 있으며,

---

16) 중국은 당시 비공산국가들의 반정부 공산게릴라들을 지원하였는데, 필리핀의 CPP(Communist Party of Philippine), 태국의 CPT(Communist Party of Thailand), 말레이시아와 싱가포르의 CPM(Communist Party of Malaya) 등이 그 대표적인 사례이다. 자세한 내용은 변창구, 『ASEAN 안보론』(서울: 형설출판사, 1987), pp. 59-62. 참조.

17) 평화적 부상에 대한 중국의 구체적 입장과 정책은 쩡삐젠, 이희옥 역, 『중국 평화부상의 새로운 길』(오산: 한신대학교 출판부, 2007) 참조.

18) International Monetary Fund, *The Global Implications of the US Fiscal Deficit and of China's Growth*, Washington D. C.: International Monetary Fund (2003), p. 63.

중국과의 교역에서 현재까지는 흑자를 기록하고 있지만, 중국의 급속한 경제성장이 앞으로도 지속될 경우에는 멀지 않은 장래에 무역구조에 역전현상이 일어날 수 있다는 점을 우려하고 있다. ASEAN은 노동집약적 상품의 세계 수출시장에서의 경쟁에서 중국에 밀리고 있는데, 미국 시장에서는 1990년대 중반에 최대 점유율을 차지하였고, 세계시장에서는 2000년을 분수령으로 점차 감소하고 있다. 과거에는 중국에서 생산되는 제품이 주로 신발, 복장, 완구 등 단순 임가공제품이었으나, 이제는 첨단산업으로까지 확대되었다. 휴대전화, 컴퓨터 등 IT제품에서 자동차, 선박에 이르기까지 첨단기술 제품 생산단지가 중국으로 빨려들고 있다. 중국은 현재 컬러TV, 자동차 등 210개 내구소비재 품목에서 세계 1위의 생산국으로 발전하였다.[19]

특히 2010년 1월 발효한 ASEAN-중국자유무역협정(ACFTA: ASEAN-China Free Trade Agreement)은 ASEAN의 수출경쟁력을 더욱 약화시킬 수 있다는 우려가 증대되어 왔다. 필리핀의 경우 ACFTA는 제조업부문을 공동화(空洞化)시키고 농업부문에 심각한 타격을 미치게 될 것을 우려하고 있다. 경제연구 단체인 '이본 파운데이션'(Ibon Foundation)은 ACFTA의 결과 중국산 값싼 수입품의 범람으로 필리핀의 농업과 산업에 강력한 재난이 올 것을 우려하면서 정부에 ACFTA의 재고를 요청한 바 있다.[20] 또한 인도네시아는 정부의 ACFTA에 대한 적극적인 대응에도 불구하고 노동집약적·수출지향적 제조업자들은 국내 및 해외시장에서 중국 상품과 어려운 경쟁을 할 수밖에 없었으며, 노동비용의 상승으로 섬유, 신발, 장난감 등 많은 경공업산업의 공장들이 다른 국가

---

19) 『중앙일보』(2009. 9. 14).

20) "Sino-Asean Free Trade Pact a Bane to RP, Says Ibon," *Mindanews* (November 13, 2004). http://www.bilaterals.org/article.php3?id_article=1036(검색일: 2010. 9. 26).

로 생산시설을 이전할 수밖에 없었다.[21] 이처럼 ASEAN 기업인들은 현재까지의 무역흑자에도 불구하고 장차 중국으로부터 무차별하게 흘러들어오는 수입상품의 위험을 크게 우려하고 있다.

이뿐만 아니라 ASEAN은 선진국으로부터 FDI 유치경쟁에서도 점차 중국에 밀리고 있다. 1998년 이후 중국의 경제적 부상 및 그에 따른 중국의 매력은 낮은 기술의 제조업이 FDI에 의존하고 있던 동남아지역의 경제성장에 부정적 영향을 미쳤다. 즉 FDI가 ASEAN보다는 중국에 집중되었는데, 2003년 기준으로 볼 때 전체 아시아 지역의 FDI 가운데 중국은 66%를 차지하였으나 ASEAN은 단지 16%에 불과하였다. 이는 1990년 당시 중국과 ASEAN의 FDI 비중에서 완전히 역전되었음을 보여주는 것이다.[22] 한 연구에 의하면 FDI는 ASEAN으로부터 중국으로의 이전이 점차 두드러지게 나타나고 있는데, 최근 수년간 FDI의 70% 이상이 동남아시아로부터 중국으로 전환된 것으로 밝혀지고 있다.[23] 이처럼 ASEAN은 중국의 경제적 도전에 직면하여 FDI 유치를 위해서도 매우 힘겨운 경쟁을 벌이고 있는 것이다.

한편 안보적 측면에서 볼 때 중국의 급속한 경제발전을 토대로 이루어지고 있는 군사력 강화, 특히 해군력과 공군력의 증가는 '남중국해도서 영유권분쟁'[24]을 겪고 있는 ASEAN 회원국들에게는 직접적인 위

---

21) Smith Kipp Rita, "Indonesia in 2003: Terror's Aftermath," *Asian Survey* 44-1 (2004), p. 64.

22) Roqan Callick, "China's Rise," *Australian Financial Review* 26 (2004).

23) Yunhua, Liu & NG Beoy Kui, "Impact of a Rising Chinese Economy and ASEAN's Responses," *Working Paper* No: 2007/03, Singapore: Economic Growing Center (2007), pp. 4-9.

24) 남중국해(South China Sea)상에는 스프라틀리(Spratly, 중국명 南沙), 프라타스(Pratas, 중국명 東沙), 파라셀(Paracel, 중국명 西沙), 마크레스필드(Macclesfield, 중국명 中沙) 등 4개의 군도가 있으며, 그 영유권을 둘러싸고 중국·대

협이 되고 있다. 중국의 국방비지출은 급격히 상승하여 지출규모 면에서 볼 때 2008년 현재 미국 다음으로 2위를 차지하고 있다. 더욱이 최근에는 미국발 금융위기로 인하여 미국은 불가피하게 '군비축소 정책'[25]을 모색하고 있으나 중국은 경제성장을 바탕으로 군사력 팽창정책을 가속화하고 있다. 2009년 10월 1일 건국 60주년을 기념하여 개최된 대열병식에는 전략미사일을 담당하고 있는 제2포병사령부의 최신형 대륙간탄도미사일(ICBM)인 사정거리 12,000km의 '둥펑(東風) 31A' 등 미사일 108기와 첨단무기들이 공개되었으며, 전차·장갑차 등 52개 종류의 주요 장비는 100% 중국 기술로 제작되었고, 90% 이상이 처음으로 선보였다. 특히 중국이 독자 개발한 3세대 전투기 '젠(殲)-10'과 공중경보기 '공경(公警)-2000'을 비롯한 항공기 151대는 강력한 중국을 과시하였다.[26] 이처럼 군사력 증강에서 중국과 미국의 명암(明暗)은 한동안 수면 아래로 내려가 있던 '중국위협론'을 다시 불러일으키면서 중국에 대한 경계를 강조하는 경향을 보여주고 있다.

특히 ASEAN의 입장에서 중국에 대한 안보위협 인식은 무엇보다도 남중국해 영유권분쟁과 관련하여 이루어지고 있는 중국의 팽창주의적 남진정책 및 이를 뒷받침하기 위해 이루어지고 있는 해·공군력의 강

만·베트남·필리핀·말레이시아·브루나이·인도네시아 등 7개국이 분쟁을 벌이고 있다.

25) 중국의 『해방군보』(解放軍報)는 "중국 군사전문가들은 미국의 군사역량이 냉전 이후 처음으로 수축되고 있다고 분석한다. 미국의 대외 군사확장 정책은 조지 부시 정부가 아프간과 이라크에서 전쟁을 일으키며 최고봉에 이른 뒤 100년 만에 터진 금융위기를 맞아 수축되고 있다. 세계 지도국으로서 미국의 지위도 흔들리고 있다. 이 같은 상황에서 나온 버락 오바마 정부의 군사정책은 상대적인 수축의 특성을 지니고 있다."고 분석했다. 『세계일보』(2009. 5. 5)에서 재인용.

26) 『세계일보』(2009. 10. 1).

화이다. 중국은 '남중국해의 전략적·경제적 가치'[27)]를 인식하고 적극적으로 남진정책을 추진해 왔는데, 이미 1980년대 후반부터 아세안 국가들이 자신의 영토라고 주장하고 있는 남중국해상의 도서들에 대해 무력으로 점령하는가 하면, 여기에다가 활주로나 군사통신 시설을 건설하고 해병대를 주둔시킴으로써 실효적으로 지배하여 왔다. 최근 중국은 베트남에 인접한 파라셀(Paracel, 중국명 西沙)군도의 융싱섬(永興島)에 최신예 전투기인 '젠-10'을 배치할 수 있도록 비행장 활주로를 2.5km로 확장하는 공사에 들어갔다. 중국은 이를 통해 이 섬에 대한 실효적 지배를 더욱 강화하고 있는데, 이미 지난해에는 이곳에 신병훈련소를 설치한 바 있다.[28)] 또한 후진타오 주석은 중국 해군 창군 60주년 기념식 축사를 통해 "중국 해군은 대양해군의 길로 나아가겠지만 군사력은 평화적이고 방어적으로 사용하겠다"[29)]고 대양해군 전략을 노골적으로 천명하였다. 이와 같이 중국은 전통적 해군전략인 연안 방어전략이 근해 방어전략으로 확대하고, 이것을 다시 원양 해군전략으로 변경하면서 ASEAN 국가들에게 상당한 군사적 위협을 주고 있다.

2) ASEAN의 기회 인식

ASEAN의 중국에 대한 인식은 1990년대 초반까지는 대체로 부정적인 측면이 강하였으나 시간의 경과에 따라 점차 긍정적으로 변화하고

---

27) 중국의 입장에서 볼 때 남중국해의 가치는 전략적 측면에서 도서영유권 확보, 해상수송로 보호뿐만 아니라 석유·천연자원·EEZ 등 경제적 측면에서도 매우 크다. 자세한 내용은 변창구,『아세안과 동남아 국제정치』(서울: 대왕사, 1999), pp. 186-187 참조.
28) 『한겨레신문』(2008. 9. 16).
29) 『한국일보』(2009. 4. 24).

있다. 중국은 1994년 ASEAN이 주도한 ARF 참여를 시작으로 동남아 국가들에게 선린우호정책을 시행함으로써 중국위협론을 해소하는데 커다란 진전을 가져왔다. 특히 1997년에 태국에서 촉발된 외환위기가 이 지역의 전반적 금융위기로 확산되자 중국은 동남아지역의 경제안정을 위하여 위안화의 평가절하를 유보하는 한편, 미국이나 IMF가 요구한 경제개혁 압력과는 달리 조건 없는 지원정책을 전개함으로써 ASEAN 회원국들에게 책임 있는 강대국으로서 긍정적인 이미지를 심어 주었다. 나아가 중국은 ASEAN 회원국들과 양자 간 및 다자 간 외교 차원에서 실질적인 경제지원과 신뢰구축 조치를 통해 점차 자신에 대한 위협 인식을 해소하면서 동남아지역의 평화와 경제발전에 건설적인 파트너임을 인식시켜 왔다. 이와 같이 중국의 부상에 대한 ASEAN의 인식 변화는 그 동안 중국이 추구해 온 이른바 '화평발전론'으로 대변되는 평화전략에 힘입은 바 크다. 중국의 평화정책에 대한 입장은 최근 후진타오나 원자바오 등 중국 최고지도자들이 여러 차례 공식적으로 언급한 바 있기 때문에 학계의 논의를 넘어 국가정책적 차원의 의미를 지니게 되었다. 중국의 입장에서 가장 좋은 전략은 역내국가들의 시장과 투자 및 기술의 제공자가 됨으로써 중국이 지역경제 성장의 견인차라는 사실을 인식하도록 하는 것이다. 이런 점에서 중국은 ASEAN과 협력하여 ASEAN 주도의 '동아시아공동체'(EAC: East Asia Community)를 적극 추진하는 한편 동아시아 지역의 제도 건설에도 노력하고 있지만, 자신이 동아시아 협력의 주도권을 추구하는 것으로 비치는 것은 피하고자 한다.[30] 바로 이러한 중국의 적극적인 외교적 노력이 있었기 때문에 ASEAN의 인식을 점차 긍정적이고 우호적인 것으로 변화시킬 수 있었다.

---

30) 전성흥(2008), p. 26.

특히 중국은 ASEAN 회원국 가운데 상대적으로 낙후한 인도차이나 국가들, 즉 미얀마·라오스·캄보디아·베트남 등에게 부채를 탕감해 주는 한편, 이들의 수출상품에 대해서는 관세면제의 특권을 부여하는 등 매우 우호적인 경제지원 정책을 전개함으로써 좋은 반응을 불러일으켰다. 중국은 이처럼 작지만 전략적으로 중요한 이들 국가에게 '가장 중요한 경제적 후원자'(primary economic patron)로 간주되어 왔으며, 인도네시아와 필리핀에도 상당한 경제적 원조를 제공하고 있다. 특히 중국의 지원은 흔히 다른 국가들이 지원의 조건으로 제시하고 있는 민주적 개혁·시장개방·환경보호 등을 요구하지 않는 무조건적인 것이라는 점에서 더욱 매력적인 것이었다.[31] 미얀마나 캄보디아, 라오스의 경우에서 보듯이 인권이나 민주주의와 같은 정치적 문제를 안고 있는 국가들의 입장에서는 서구의 압력에 대항하여 자신의 권위주의적 독재체제를 유지하는 유력한 외부 후원자로서 중국의 가치를 고려하지 않을 수 없다. 중국 역시 ASEAN과의 우호관계를 강화함으로써 미국의 패권주의를 견제할 수 있음은 물론이다. 따라서 중국이 ASEAN과의 교역에서 현재 적자를 기록하고 있을 뿐만 아니라 ACFTA가 발효될 경우 적자폭이 더욱 늘어날 수 있음에도 불구하고 "ASEAN에게 유리한 조건으로 자유무역협정을 체결한 것은 동남아 국가들에게 확실한 경제적 인센티브(incentive)를 제공함으로써 정치적으로 ASEAN의 친중국화를 유도하기 위한 것"[32]이라고 볼 수 있다.

ASEAN은 이러한 중국의 우호적 외교정책이 가져다주는 이점과 함께 중국의 부상으로부터 실제로 얻을 수 있는 기회요인도 적지 않다고

---

31) Thomas Lum, Wayne M. Morrison & Bruce Vaughn, "China's Soft Power in Southeast Asia," *CRS Report for Congress* (January 4, 2008), pp. 1-4.
32) 배긍찬, "중국의 부상과 동아시아 전략환경의 변화," 『주요 국제문제분석』 (서울: 외교안보연구원, 2007), p. 8.

본다. 무엇보다도 거대한 국내시장을 가지고 있는 중국은 ASEAN에게 수출을 위한 기회를 제공해 주고 있다. 중국과 ASEAN의 교역은 개혁·개방정책 이후 약 30여 년 동안 급속히 증가되어 왔는데, 드디어 2005년에는 처음으로 중국의 ASEAN에 대한 수출이 미국의 ASEAN에 대한 수출을 초과하였다.[33) ASEAN에게 중국은 중요한 무역 파트너로서 2008년 현재 4위의 수출시장이자 3위의 수입시장이다. ASEAN의 중국에 대한 수출은 후발도상국인 베트남·라오스·미얀마·캄보디아를 제외한 선발 6개국(태국·말레이시아·인도네시아·싱가포르·필리핀·브루나이)의 경우 총수출에서 차지하는 비중은 1990년의 1.8%에서 2000년 3.9%, 2007년 9.3%로 급격히 증가하였다. 이처럼 ASEAN에게 중국의 중요성을 2006년 당시 ASEAN 사무총장이던 옹캥용(Ong Keng Yong)은 다음과 같이 적절하게 지적한 바 있다.

> ASEAN은 중국을 커다란 잠재력을 가지고 제공할 수 있는 가까운 이웃이자 중요한 대화 파트너로 본다. 급속한 경제성장과 13억의 인구를 가지고 있는 중국은 ASEAN 상품의 거대한 시장인 동시에 이 지역의 미래 FDI 투자의 원천이다. 그뿐만 아니라 ASEAN은 엄청난 수의 중국인들이 동남아지역을 여행함으로써 커다란 이익을 얻고 있다"[34)

이러한 인식은 대체로 ASEAN 지도자들에게 공유되고 있다고 하겠는데, 싱가포르의 고촉통(吳作棟) 전 수상은 "중국의 활발한 경제성장

---

33) Donald Weatherbee, "Strategic Dimensions of Economic Interdependence in Southeast Asia" in Ashley Tellis & Michael Wills (ed.), *Strategic Asia 2006-2007* (Seattle: National Bureau of Asian Research, 2006), p. 6.

34) Ong Keng Yong, "ASEAN-China Relations: Harmony and Development" *in A Speech at a Commemrative Symposium to Mark the 15th Anniversary of China's Dialogue with ASEAN* (December 8, 2006).

과 WTO 가입은 ASEAN 상품을 위해 거대한 잠재력 있는 시장이 되었다"35)고 하였으며, 말레이시아의 바다위(Abdullah Ahmad Badawi) 전 수상은 2003년 중국 방문 시 "중국은 기회의 땅"이라고 하면서, 경제발전소로서 중국의 출현은 말레이시아에게 좋은 시장이 될 수 있다고 보았다.36) 이처럼 중국과 ASEAN 간의 무역액은 금년 안에 중국과 일본의 무역액을 추월할 전망이며, 내년에 ACFTA가 정식으로 발효될 경우 ASEAN은 중국의 3대 무역 파트너로 부상하는 동시에, 교역상품의 90% 이상이 무관세로 거래되어 '범북부만경제협력지대'37)가 중국과 ASEAN 간의 경제 및 무역협력의 중심지로 부상하게 되면서 인구 19억의 GDP 6조 달러라는 거대한 자유무역지대가 출범함으로써 상호 경제적 일체화가 더욱 가속화될 것으로 예상되고 있다.

한편 중국의 경제적 부상은 금융・통화위기의 해소라는 차원에서도 ASEAN에게 또 다른 기회를 제공하고 있다. 이미 1990년대 후반 태국발 금융위기를 경험한 ASEAN 국가들은 또다시 2008년 미국발 금융위기가 전 세계적으로 확산됨에 따라 그 대책을 강구할 필요성을 느꼈다. 이러한 시점에서 중국은 2009년 7월 2일 중앙은행인 인민은행 등 6개 부처가 '대외무역 위안화 결제 관리방법'을 발표, 상하이(上海)・광저우(廣州)・선전(深圳)・주하이(珠海)・둥관(東莞) 등 5개 도시와 ASEAN 간의 대외무역에서 위안화 결제제도를 시범 실시한다고 밝혔는데, 이로써 ASEAN 국가들은 미국 달러화에 대한 부담을 덜게 되었다.38) 물

---

35) *The China Times* 26 (2000).

36) N. Gansen, "Malaysia in 2003: Leadership Transition with a Tall Shadow," *Asian Survey* 44-1 (2004), p. 76.

37) 범북부만경제협력지대는 중국과 ASEAN 6개국 회원국(베트남・말레이시아・싱가포르・인도네시아・브루나이・필리핀)으로 구성되어 있으며, 2006년에 제1차 범북부만경제협력포럼을 개최하였다.

론 이러한 조치는 중국이 장기적으로 위안화를 미국 달러나 유로 달러와 함께 '기축통화화'하는 동시에 동남아지역을 포함하는 '위안화경제권'을 형성하기 위한 전략의 일환으로 볼 수 있지만, ASEAN의 입장에서는 달러화 부족으로 인한 외환위기의 가능성을 다소나마 줄일 수 있다는 점에서 그 의미가 있는 것이다. 이와 함께 그 동안 ASEAN과 중국이 공동으로 노력해 온 역내 금융위기 예방시스템인 '치앙마이 이니셔티브'(CMI: Chiang Mai Initiative)[39]의 다자화기금 1,200억 달러에 대한 배분이 2009년 5월 마침내 결정됨으로써 역내 외환위기 방지를 위한 안전판이 확보되었다. 이러한 ASEAN과 중국의 금융협력은 향후 아시아판 IMF인 아시아통화기금(AMF: Asia Monetary Fund)의 설립 논의에도 긍정적인 영향을 미치게 될 것이다.

이상에서 논의한 바와 같이 ASEAN의 현실적 이익과 중국의 적극적인 우호외교 전개로 인하여 ASEAN 회원국들의 인식은 상당히 긍정적으로 변화해 왔다. 그 결과 부상하는 중국의 역할에 대한 경험적 연구들에 의하면 조사대상국에 포함된 ASEAN 회원국인 인도네시아와 필리핀 등은 이슈 영역별로는 다소 편차를 보이지만, 미국이나 유럽의 대다수 국가와는 달리 상당히 우호적인 것으로 나타나고 있다. 즉 "중국이 현재보다 경제적으로 매우 강해지는 상황을 어떻게 생각하는가" 하

---

[38] 『세계일보』(2009. 7. 2).

[39] CMI는 2000년 5월 태국의 치앙마이에서 열린 APT 재무장관회의에서 다자화기금을 만들기로 합의한 사항을 말한다. 당초 상호 자금지원의 규모는 395억 달러였는데, 2008년 말 800억 달러로 확충되었으며, 2009년 2월에 다시 1,200억 달러로 확대되었다. 이후 중국과 일본이 주도권을 잡기 위해 서로 더 많은 분담금을 내겠다고 주장해 갈등을 빚어 오다 2009년 5월 한·중·일 재무장관회담에서 분담금이 최종 결정되었다. 이에 따라 중국과 일본은 똑같이 32%인 384억 달러씩 내고, 한국은 16%인 192억 달러를 부담하기로 하였으며, 나머지 20%인 240억 달러는 ASEAN 10개 회원국이 분담하기로 하였다.

는 질문에 대해 "대체로 긍정적으로 생각한다"는 대답이 미국(46%)이나 일본(35%)보다 인도네시아(65%)나 필리핀(63%)이 훨씬 많았다. 또한 "중국이 현재보다 군사적으로 매우 강해지는 상황에 대해서 어떻게 생각하는가"에 대한 답변 역시 '대체로 긍정적'이라는 대답이 인도네시아 27%, 필리핀 45%로 미국(19%)이나 일본(3%)보다 높게 나타나고 있다.[40] 이러한 여론조사 결과는 지역적·세계적 패권경쟁 관계에서 중국위협론을 부각시키고 있는 미국과 일본의 중국 부상에 대한 인식과 ASEAN 회원국들의 인식 사이에는 상당한 격차가 있음을 말해 주는 것으로, ASEAN은 중국의 부상을 반드시 위협으로만 보지 않는다는 것을 의미한다.

4. 중국의 부상에 대한 ASEAN의 대응전략

ASEAN은 중국의 부상으로 인한 도전과 기회의 양면적 가능성을 인식하고 있기 때문에 그 대응전략을 모색·추진할 때에도 항상 이 점을 고려하고 있다. 물론 이러한 ASEAN 회원국들의 인식과 대응 태도는 중국과의 역사적 경험 및 현실적 여건에 따라 편차가 있기 때문에 ASEAN이라는 집단적 차원에서 대응전략을 마련한다는 것은 결코 쉬운 일이 아니다. 그러나 중국에 비해 약자의 입장에 있는 ASEAN 회원국들이 개별적으로 정책을 추진하기보다는 힘을 모아 집단적 차원에서 공동으로 대응전략을 모색하는 것이 더욱 효과적이라는 데는 모두

---

[40] 이내영·정한울, 『중국의 부상, 위협인가 기회인가: 세계여론을 통해 본 중국의 현재와 미래』(서울: 동아시아연구원, 2007), p. 20; 서진영·강수정(2008), pp. 75-76.

인식을 같이하고 있다.

　이러한 인식에 기초하여 ASEAN이 추구하고 있는 전략은 기본적으로 중국의 부상에 따르는 '위험의 최소화와 기회의 최대화'에 역점을 두고 있으며, 그것은 역내적 차원과 역외적 차원에서 동시에 강구되고 있다. 먼저 역내적 차원에서 볼 때 중국의 경제적·군사적 부상에 대응하기 위해서는 무엇보다도 자신의 역량을 강화하는 것, 즉 국가적·지역적 '탄력성'(resilience)[41]을 강화하는 것이 중요하다고 판단하고 있다. ASEAN은 집단적 탄력성을 강화하여 중국에 대한 견제력을 제고하기 위한 노력의 일환으로 회원국 확대정책을 추진하였는데, 1995년 베트남 가입을 시작으로 1997년에는 라오스·미얀마·캄보디아 등이 차례로 가입함으로써 마침내 'ASEAN-10'을 실현하였다. 특히 미얀마나 라오스와 같은 친중국적 성향을 가지고 있는 인도차이나 국가들을 조기에 가입시켜 동남아지역 전체를 결속시킴으로써 중국의 ASEAN에 대한 '분할지배'(divide and rule) 전략을 차단하고자 하였다.

　또한 ASEAN은 중국의 급속한 경제성장으로 인한 도전에 대응하는 전략의 일환으로 먼저 역내 경제협력을 강화하기 위하여 1992년 싱가포르에서 개최된 제4차 ASEAN 정상회담을 통하여 'ASEAN자유무역지대'(AFTA: ASEAN Free Trade Area)[42]를 설립하기로 결정하였다. 이

---

[41] 인도네시아의 수하르토 대통령에 의하면 "탄력성은 대내적으로는 자국의 주체성을 유지하면서 필요한 사회변화를 보장하는 능력이며, 대외적으로는 모든 외부적 위협에 대처하는 능력"이라고 하였는데, 이는 다시 국가적 탄력성(national resilience)과 지역적 탄력성(regional resilience)으로 나누어진다. Suharto, "Address by the President of the Republic of Indonesia" in CSIS (ed.), *Regionalism in Southeast Asia* (Jakarta: Center for Strategic and International Studies, 1975), p. 8.

[42] ASEAN의 선발도상국 6개국(태국·말레이시아·인도네시아·필리핀·싱가포르·브루나이)은 1992년 1월 싱가포르에서 정상회담을 갖고 모든 역내

AFTA는 당초 1993년을 기점으로 15년에 걸쳐 완성하기로 하였으나, 중국의 급속한 경제적 부상을 비롯한 국제 경제환경의 변화로 인하여 1994년 9월 ASEAN 경제각료회의를 통하여 5년을 단축하여 2003년까지 완료하기로 하였는데, 1998년 12월 제6차 ASEAN 정상회담에서는 이것을 다시 1년 단축하여 2002년에 완료함으로써 역내 경제통합을 가속화하였다. 이처럼 ASEAN이 AFTA의 추진 기간을 단축시킨 또 하나의 중요한 이유는 2010년부터 발효되는 ACFTA 이전에 완료함으로써 중국과의 자유무역으로부터 야기될 수 있는 어려움을 최소화시킬 필요가 있었기 때문이다.

이뿐만 아니라 ASEAN은 지역적 결속과 탄력성을 더욱 강화하기 위하여 1997년 제2차 ASEAN 비공식정상회의를 통하여 "ASEAN 비전 2020"을 채택함으로써 ASEAN공동체(AC: ASEAN Community)를 형성하기로 하였다. 이어서 1998년 하노이에서 개최된 제6차 ASEAN 정상회의에서는 "ASEAN 비전 2020"의 구체적인 실천을 위하여 "하노이 행동계획"(Hanoi Plan of Action)을 채택하고, 향후 6년간(1999~2004) 지역안보 · 거시경제 · 무역 및 투자자유화 · ASEAN 조직운영 등 4개 분야의 구체적인 협력이행 방안을 제시하고 매년 정상회의에서 이를 점검하기로 하였다.[43] 이러한 AC 설립을 위한 일련의 노력은 결국 2003년 10월 발리에서 개최된 제9차 ASEAN 정상회담을 통하여 "ASEAN 화합선언 II"를 채택함으로써 공식화되었는데, 이 선언에서 ASEAN은 2020년까지 AC를 건설하기로 하였다. 나아가 AC 설립을 위한 구체적인 후속

공산품의 관세를 5% 이내로 인하하는 것을 내용으로 하는 자유무역지대를 설치하기로 하였다. 단 이후에 가입한 인도차이나의 후발도상국들(캄보디아 · 라오스 · 미얀마 · 베트남)은 AFTA 적응을 위하여 가입일로부터 각각 5년간 유예기간을 주었다.

43) *Hanoi Plan of Action*, Hanoi, Vietnam (December 16, 1998).

조치로 2004년 제10차 ASEAN 정상회의에서는 "비엔티엔 행동계획"(Vientiane Action Programme)을 채택하였으며, 여기에서는 향후 6년간 (2005~2010) AC의 3대 축(pillar)인 ASC(ASEAN Security Community) · AEC(ASEAN Economic Community) · ASCC(ASEAN Socio-Cultural Community)의 통합을 가속화하기 위한 구체적 이행방안과 실행 메커니즘을 제시하였다.44) 또한 2007년 1월 ASEAN은 제12차 정상회담을 통하여 당초 2020년까지 건설하기로 약속한 AC를 5년 앞당겨 2015년까지 완료하겠다는 "세부선언"을 채택함으로써 공동체 형성에 더욱 박차를 가하게 되었다.45) 이러한 ASEAN의 공동체 구축전략은 중국으로부터 예상되는 도전과 위협에 대처하기 위해서는 무엇보다도 ASEAN 자체의 결속과 역량을 강화함으로써 대외적 협상력을 제고시켜야 한다는 인식에 기초하고 있다.

한편 역외적 차원에서 ASEAN은 위험의 축소와 기회의 확대를 위한 경제 및 안보·외교전략을 추진하고 있는데, 그 전략적 특성은 '헤징'(hedging)과 '균형'(balance)에 있다. ASEAN이 이러한 헤징전략을 추구하는 데는 충분한 이유가 있다. 중국의 부상에 대한 ASEAN 국가들의 인식은 이미 지적한 바와 같이 중국위협론으로부터 중국기회론 및 중국책임론으로 변화하고, 중국의 역할을 반대하던 것으로부터 중국의 건설적인 역할을 인정하는 것으로 점차 전환해 가고 있다. 그럼에도 불구하고 ASEAN은 중국을 완전히 신뢰하지 못하고 있는데, 그 이유는 중국의 군사력 강화와 팽창주의적 남진정책, 경제적 긴장과 경쟁관계 등 지속적인 우려가 여전히 존재하고 있기 때문이다. ASEAN은 동남아지역의 안보와 경제발전을 위하여 중국과의 협조적인 관계가 절실히 필

---

44) *Vientiane Action Programme*, Vientiane, Laos (November 29, 2004).
45) *Cebu Declaration on the Acceleration of the Establishment of an ASEAN Community by 2015*, Cebu, Philippine (January 13, 2007).

요하지만, 동시에 지역패권을 추구하는 중국에 대한 경계심도 버리지 않고 있는 것이다. 이러한 시각에서 아차리아(Amitav Acharya)는 중국의 위협이 완전히 해소된 것이 아니기 때문에 중국의 ASEAN에 대한 '매력 공세'(charm offensive)에 대해서 신중하고도 장기적인 평가가 필요하다고 하면서, ASEAN은 중국에 대해 '헤징전략'(hedging strategy)을 취하는 것이 타당하다고 하였다.46) 중국의 부상에 따른 위험과 기회를 함께 인식하고 있는 ASEAN으로서는 헤징전략을 통하여 중국에 '깊은 개입'(deep engagement)전략을 취하면서 다른 한편으로는 잠재적인 중국의 공격과 현상유지를 깨는 행위에 대한 '유연한 균형'(soft balancing)전략을 취하는 이중전략(twin strategy)을 구사할 필요가 있기 때문이다.47)

이러한 헤징전략의 실제를 경제적 측면에서 보면 ASEAN은 ACFTA를 체결함으로써 중국을 경제성장의 또 하나의 엔진으로 활용하고자 하였다. 그러나 동시에 중국의 경제적 영향력 확대로 인한 화교경제권에 대한 종속과 같은 부작용을 최소화하고 중국을 견제하기 위하여 미국・EU・일본・호주・인도・한국 등 주요 경제대국과도 적극적으로 FTA를 추진하는 전략을 구사하고 있다. 또한 APT 참여국들만으로 EAS를 출범시켜 동아시아지역 협력을 주도하고자 하는 중국의 의도를 잘 알고 있는 ASEAN은 회원국 간의 입장차이를 조율하여 2005년 EAS 출범 시에는 중국의 반대에도 불구하고 인도・오스트레일리아・뉴질랜드 등 역외국가들까지 가입시킴으로써 중국의 영향력 확대를 견제・상쇄시키고자 하였다.

이와 같이 ASEAN은 중국이냐 미국이냐의 제로-섬(zero-sum) 게임적

---

46) Amitav Acharya, "Asia-Pacific: China's Charm Offensive in Southeast Asia," *International Herald Tribune* (November 8, 2003).

47) Evelyn Goh, *Meeting the China Challenge: The U.S. in Southeast Asian Regional Security Strategies* (Washington: East-Ewst Center, 2005).

선택을 피하고자 한다. ASEAN은 부상하는 중국으로부터 이익을 추구하는 동시에 미국과도 계속 좋은 관계를 유지하기를 희망하고 있다.[48] 중국은 동남아를 비롯한 동아시아지역에서 미국에 대항할 수 있는 유일한 강대국이라는 점에서 ASEAN이 추진하고 있는 균형외교 전략에서 매우 유용한 행위자라고 할 수 있다. 중국의 부상은 전략적 측면에서 볼 때 ASEAN에게 유리한 기회를 제공할 수 있는데, 그 이유는 강해진 중국을 통해 미국이라는 유일 패권국의 강압적 외교에 상당한 견제를 할 수 있어 동남아지역의 세력균형에 도움이 되기 때문이다. 바로 이러한 점에서 중국은 ASEAN의 전략적 파트너라고 할 수 있으며, 이에 따라 ASEAN은 2003년 중국과 '평화와 번영을 위한 전략적 파트너십'에 서명하였던 것이다. 그러나 동시에 ASEAN은 2004년에는 한국과 '포괄적 협력 파트너십' 및 인도와는 '평화·진보·공동번영을 위한 파트너십'에 서명하였고, 2005년에는 일본과도 '전략적 파트너십'에 서명하였다. 이와 같이 ASEAN은 전략적 파트너로서 중국만이 아니라 아시아 전역에 걸쳐 주요 국가들과 광범한 협력 메커니즘을 구축함으로써 균형을 잃지 않는 헤징전략을 구사하고 있다. 요컨대 ASEAN은 기본적으로 균형외교라는 큰 틀 속에서 안보환경의 변화와 강대국 간의 세력경쟁 여하에 따라 헤징전략과 비동맹 중립주의 전략을 구사하면서 자신의 안전과 국익을 추구하고 있다고 볼 수 있다. 태국의 실용주의적 중립외교가 19세기 서구 열강의 식민지배를 피할 수 있었던 것처럼 ASEAN의 역사적 경험과 교훈은 역외 강대국과의 관계에서 어느 일방에 치우치지 않는 헤징전략이 바람직한 선택이라는 것이었다. 중국의 부상에 대한 ASEAN의 선택과 전략도 역시 이러한 인식의 연장선에서 이루어지고 있다.

---

48) David C. Kang, *China Rising: Peace, Power, and Order in East Asia* (New York: Columbia University Press, 2007), p. 126.

5. 결 론

이상의 논의에서 알 수 있는 바와 같이 중국의 부상에 대한 ASEAN의 전략은 미국을 비롯한 서방세계가 주장하는 중국위협론이나 중국 자신이 주장하는 중국기회론의 흑백논리 차원에서 벗어나 이 두 가지 가능성을 함께 고려한 기초 위에서 강구되었으며, 그 특성은 헤징전략을 중심으로 한 '힘의 균형' 내지 '힘의 상쇄'를 통한 안전보장 및 ASEAN과 중국 모두에게 경제적·정치적 이익을 가져다주는 윈윈(win-win)전략에 있었다. 이러한 전략은 한편으로 중국의 급속한 부상에 따르는 불확실한 국제환경의 변화와 위험에 대처하는 동시에, 다른 한편으로는 중국이 책임 있는 강대국으로서 동남아지역의 평화와 번영에 기여함으로써 ASEAN과 중국 모두가 윈윈할 수 있도록 유도하는 데 그 목적을 두고 추진되어 왔으며, 그 결과 적지 않은 성과를 거두었다고 평가할 수 있다.

물론 이러한 성과는 그 동안 중국의 적극적이고 지속적인 협력외교가 있었기 때문에 가능한 것이었다. 중국이 그 동안 전개해 온 기민한 외교, 성공적인 동남아지역 안보전략, 힘의 사용 자제 등으로 최근에 ASEAN의 중국에 대한 위협 인식은 크게 감소됐으며, 중국과 ASEAN의 관계는 호혜적 기초 위에서 성숙되고 절제되면서 발전하여 왔다.[49] 중국은 ASEAN 회원국들에 대해 다양한 경제적 인센티브를 제공하는 동시에 ASEAN과의 정기적인 회담을 통하여 역사적 불신과 안보현안

---

49) Quansheng Zhao & Guoli Liu, "The Challenge of a Rising China," *The Journal of Strategic Studies* 30-4 (2007), p. 603.

해결을 위한 신뢰구축에 노력함으로써 우호관계를 증진시켜 왔다. 특히 중국은 동남아지역에 있어 문화·외교·해외원조·무역·투자 등을 포함하는 비군사적 유인책들(inducements), 즉 이른바 '연성권력'을 사용함으로써 ASEAN과의 관계를 강화해 왔다. 이러한 정책의 배경에는 중국의 입장에서 볼 때 동남아지역은 국경을 접하고 있는 중화경제권 형성의 핵심지역으로서 중국의 국가이익에 결정적 중요성을 갖고 있기 때문이다. 따라서 앞으로도 중국의 입장에서는 ASEAN과의 협력관계가 동아시아 지역패권뿐만 아니라 나아가 세계적 차원에서 미·중 패권경쟁에 대비한다는 차원에서도 매우 중요하다.

이러한 점을 잘 인식하고 있는 ASEAN은 부상하는 중국으로부터의 도전을 최소화하고 이익을 최대화하기 위한 전략으로서 그 성과를 보여주고 있는 '헤징'과 '균형' 전략의 개념을 특별한 환경변화가 없는 한 앞으로도 계속 활용할 것으로 보인다. 중국이 강조하고 있는 '평화적 발전'이 지난 30년 동안 중국과 ASEAN 모두에게 윈윈 상황을 만들어 주었다는 점에서 ASEAN은 중국이 이러한 정책을 지속할 수 있도록 하는 것이 현재로서는 최선의 전략이라고 할 수 있다. 다만 여기에서 ASEAN 회원국들이 명심해야 할 것은 중국의 평화적 협력외교를 지속시킬 수 있는 중요한 변수 가운데 하나가 ASEAN의 집단적 결속력이라는 사실이다. ASEAN 회원국들의 일체성과 결속력은 중국과의 협상에서 협상력을 제고시킬 수 있을 뿐만 아니라, 중국이 ASEAN 회원국들의 이해관계와 입장의 차이를 이용하여 분할지배하려는 기도를 차단할 수 있기 때문이다. 결국 ASEAN이 선택한 헤징 및 원원전략의 효율성과 그 성공 여부는 무엇보다도 모든 회원국들의 강력한 정치적 연대와 협력 여하에 달려 있다고 하겠다. 따라서 ASEAN은 현재 야심차게 추진하고 있는 AC의 구축을 통해서 역내적 통합을 더욱 강화해야 한다. ASEAN의 역내적 차원에서 이루어지고 있는 지역적 탄력성 강화전략이 역외적 차원의 헤징전략의 성과를 제고시켜 줄 수 있는 첩경이 되기 때문이다.

참고문헌

김우상, "세력전이와 동아시아 안보질서에 관한 경험적 연구," 『한국정치학회보』 제35집 1호(2001).
김애경, "중국의 화평굴기론 연구: 논쟁과 함의를 중심으로," 『국제정치논총』 제45집 4호(2005).
김재철, 『중국의 외교전략과 국제질서』(서울: 폴리테이아, 2007).
박홍서, "중국의 부상과 국제관계이론: 중국 위협에 대한 이론적 시각," 김태호 외, 『중국외교연구의 새로운 영역』(서울: 나남출판, 2008).
배긍찬, "중국의 부상과 동아시아 전략환경의 변화" 『주요국제문제분석』(서울: 외교안보연구원, 2007).
변창구, 『아세안과 동남아국제정치』(서울: 대왕사, 1999).
_____, 『ASEAN 안보론』(서울: 형설출판사, 1987).
서진영, 『21세기 중국외교정책:부강한 중국과 한반도』(서울: 폴리테이아, 2006).
_____ · 강수정, "중국의 부상을 바라보는 국제사회의 인식에 대한 실증적 연구," 『국제정치논총』 제48집 1호(2008).
이내영 · 정한울, 『중국의 부상, 위협인가 기회인가: 세계여론을 통해 본 중국의 현재와 미래』(서울: 동아시아연구원, 2007).
전성흥, "중국의 부상, 그 배경과 함의에 대한 재평가," 전성흥 · 이종화 편, 『중국의 부상: 동아시아 및 한중관계에의 함의』(서울: 도서출판 오름, 2008).
쩡삐젠, 이희옥 역, 『중국 평화부상의 새로운 길』(오산: 한신대학교 출판부, 2007).
한석희, "중국의 부상과 책임대국론," 『국제정치논총』 제44집 1호(2004).

『세계일보』(2009. 5. 5).
『세계일보』(2009. 7. 2).
『세계일보』(2009. 10. 1).

『조선일보』(2009. 10. 1).
『중앙일보』(2009. 9. 14).
『한겨레신문』(2008. 9. 16).
『한국일보』(2009. 4. 24).

Acharya, Amitav, "Asia-Pacific: China's Charm Offensive in Southeast Asia," *International Herald Tribune* (November 8, 2003).
ASEAN-India Partnership for Peace, Progress and Shared Prosperity. Vientiane, Laos (November 30, 2004).
ASEAN-Republic of Korea Plan of Action to Implement the Joint Declaration on Comprehensive Cooperation Partnership. Vientiane, Laos (November 30, 2004).
Bernstein, Richard & Munro, Ross H, "The Coming Conflict with China," *Foreign Affairs* 76-2 (1997).
Callick, Roqan, "China's Rise," *Australian Financial Review* 26 (2004).
Cebu Declaration on the Acceleration of the Establishment of an ASEAN Community by 2015. Cebu, Philippine (January 13, 2007).
Christensen, Thomas J., "Fostering Stability or Creating a Monster?," *International Security* 31-1 (2006).
Declaration of ASEAN Concord II, Bali, Indonesia (October 7, 2003).
Gansen, N., "Malaysia in 2003: Leadership Transition with a Tall Shadow," *Asian Survey* 44-1 (2004).
Gillies, Donald, *Philosophy of Science in the Twentieth Century: Four Central Themes* (Oxford: Blackwell, 1993).
CRS Report for Congress RL32688 (Washington,D.C.: Government Printing Office, 2006)
Goh, Evelyn, *Meeting the China Challenge: The U.S. in Southeast Asian Regional Security Strategies.* (Washington: East-Ewst Center, 2005).
Hanoi Plan of Action, Hanoi, Vietnam. (December 16, 1998).
International Monetary Fund, *The Global Implications of the US Fiscal Deficit and of China's Growth* (Washington D.C.: International Monetary Fund, 2003).
Joint Statement of the Ninth ASEAN-Japan Summit — Deepening and Broadening of ASEAN-Japan Strategic Partnership, Kuala Lumpur, Malaysia (December 13, 2005).

Joint Declaration of the Heads of State/Government of the Association of Southeast Asian Nations and the People's Republic of China on Strategic Partnership for Peace and Prosperity, Bali, Indonesia (October 8, 2003).

Kang, David C., *China Rising: Peace, Power, and Order in East Asia* (New York: Columbia University Press, 2007).

Kuik Cheng-Chwee, "The Essence of Hedging: Malaysia and Singapore's Response to a Rising China," *Contemporary Southeast Asia* 30-2 (2008).

Liu Yunhua & NG Beoy Kui, "Impact of a Rising Chinese Economy and ASEAN's Responses," *Working Paper No: 2007/03* (Singapore: Economic Growing Center, 2007).

Lum, Thomas, Wayne M. Morrison & Bruce Vaughn, "China's Soft Power in Southeast Asia," *CRS Report for Congress* (January 4, 2008).

Mosher, Steven H., *Hegemone: China's Plan to Dominate Asia and the World* (San Francisco: Encounter Books, 2000).

O'Hanlon, Michael, "Damn the Torpedoes: Debating Possible U. S. Navy Loses in a Taiwan Scenario," *International Security* 29-2 (2004).

Ong Keng Yong, "ASEAN-China Relations: Harmony and Development" *in A Speech at a Commemorative Symposium to Mark the 15th Anniversary of China's Dialogue with ASEAN* (December 8, 2006).

People's Daily (April 15, 1999).

Rita, Smith Kipp, "Indonesia in 2003: Terror's Aftermath," *Asian Survey* 44-1 (2004).

Sambaugh, David, "China Engages Asia: Reshaping the Regional Order," *International Security* 29-3 (2005).

"Sino-Asean free trade pact a bane to RP, says Ibon," *Mindanews* (November 13, 2004). http://www.bilaterals.org/article.php3?id_article=1036 (검색일: 2011. 9. 26).

SIPRI Yearbook 2009 (Stockholm: Stockholm International Peace Research Institute, 2009).

Suharto, "Address by the President of the Republic of Indonesia" in CSIS (ed.), *Regionalism in Southeast Asia* (Jakarta: Center for Strategic and International Studies, 1975).

Sutter, Robert G., *China's Rise in Asia: Promises and Peril*. Roman & Littlefield Publishers, Inc., 2005.

US Department of Defense. *Annual Report to Congress: Military Power of the*

People's Republic of China 2008. (Washington, D.C..: Office of the Secretary of Defense, 2009).

Vientiane Action Programme, Vientiane, Laos (November 29, 2004).

Wang, Fei-Ling, "To Incorporate China: A New Policy for a New Era," *Washington Quarterly* 21-1 (1998)_.

Weatherbee, Donald, "Strategic Dimensions of Economic Interdependence in Southeast Asia" in Ashley Tellis & Michael Wills (eds.), *Strategic Asia 2006-2007* (Seattle: National Bureau of Asian Research, 2006).

Zhao, Quansheng & Liu, Guoli, "The Challenge of a Rising China," *The Journal of Strategic Studies* 30-4 (2007).

Zheng, Bijian, "China's Peaceful Rise to Great Power Status," *Foreign Affairs* 84-5 (2005).

| 제 7 장 |

북한의 자주-의존 딜레마와 헤징전략

장 용 석*

1. 서 론

　최근 북한과 중국의 협력관계가 심화되면서 북한의 대중국 의존도 심화에 대한 우려의 목소리도 커지고 있다.[1] 이들은 기본적으로 북한의 중국에 대한 경제적 종속의 가능성을 지적하면서, 이것이 남북관계에 미칠 부정적 영향을 우려하며[2] 북한이 중국의 동북4성이 될 가능성

---

　* 서울대 통일평화연구원 선임연구원. 이 글은 서울대 통일평화연구원,「통일과 평화」제4집 1호(2012)에 게재된 논문과 평화문제연구소,「통일문제연구」제24권 1호(2012)에 게재된 논문을 종합하여 요약·정리한 것임.
　1) 서울대학교 통일평화연구원의 2012년 통일의식조사에 따르면 북한과 중국 간 협력강화에 대해 조사대상의 72.5%가 우려를 표명하였고 바람직하다는 응답은 4.4%에 불과했다. 송영훈, "동북아 정세변화와 주변국 대외인식,"「2012 통일의식조사 발표: 통일의식의 변화와 대북·통일정책의 재정립」, 서울대학교 통일평화연구원 주최 학술회의 발표문(2012. 9. 26), p. 93.
　2) 김영윤, "중국의 대북한 경제적 영향력 확대와 한국의 과제,"「정책과학연구」제20집 2호(2011); 배종렬, "최근 북중 경제관계의 특징과 시사점,"「수은북한경제」(2010년 겨울); 오승렬, "북중 경제관계의 구조와 정치경제적 함의에 관한 소고,"「북한연구학회보」제14권 1호(2010); 유승경, "북한경제의 중국 의존 깊어지고 있다,"「LGERI 리포트」(2010. 9. 29); 이종석, "북·중경제협력의

도 배제할 수 없다고 보거나[3] 중국의 동북공정과 연계하여 중국의 북한 및 대한반도 영향력 확대 의도를 지적하기도 한다.[4]

그렇다면 과연 북한은 글로벌 파워로 도약하면서 지역 내 영향력을 급속하게 확대해 가고 있는 중국에 속수무책으로 끌려들어 가고만 있는 것인가? 현실주의적인 국제관을 강하게 표출하고 있는 북한의 입장에서[5] 중국과의 전략적 소통 강화와 경제협력 심화가 야기할 정치적 부담을 고민하지 않을 수 없다. 북한은 특히 지난 역사에서 중국의 대국주의적 간섭으로부터 자유롭지 못하였던 기억을 가지고 있고 탈냉전 초기 국제적 고립을 '강요당한' 아픈 경험도 가지고 있다. 따라서 북한으로서는 여전히 대미관계가 풀리지 않고 그나마 일본과의 관계도 사실상 완전히 단절된 데다[6] 남한마저 이명박 정부 출범 이후 강경한 대북정책으로 돌아선 상황에서 의존도 심화를 감수하면서 중국과의 협력강화에 나섰으나 그 이면에서 끊임없이 의존도 분산 또는 완화를 고민하지 않을 수 없는 것이다.

이 글은 자주와 의존의 딜레마에 빠져 있는 북한의 입장에서 부상하

심화: 특징과 함의," 「정세와 정책」(2011년 7월); 조명철 외, 「북한경제의 대중국 의존도 심화와 한국의 대응방안」(대외경제정책연구원, 2005) 등 참조.

3) 남성욱, "중국자본 대북투자 급증의 함의와 전망," 「統一問題研究」 통권 제45호(2006년 상반기).

4) 이용희, "북한경제의 중국예속화 현상에 대한 이해와 대응," 「국제통상연구」 제14권 1호(2009); 원동욱, "동북공정의 내재화, 중국 동북지역 인프라개발의 전략적 함의," 「국제정치논총」 제49집 1호(2009).

5) 우승지, "김정일 시대 북한의 국제관계론 이해," 현대북한연구회 엮음, 『김정일의 북한, 어디로 가는가?』(서울: 한울, 2009); 최종건, "북한의 세계관에 나타난 국제정치이미지 분석-이미지 이론을 중심으로," 이수훈 편, 『북한의 국제관과 동북아질서』(서울: 한울, 2011) 참조.

6) 나미나, "일본의 대북외교 현황," 『KDI 북한경제리뷰』(2011년 11월) 참조.

는 중국에 대해 어떻게 대응하고 있는지를 살펴본다. 핵심적인 질문은 북한이 중국과의 협력을 강화하면서도 "중국에 대한 의존도 심화와 그로 인한 자율성 약화를 방지하기 위해 어떠한 전략을 추진하고 있는가"이다.[7] 제2절은 이를 위한 논의의 기초로 북한과 중국 관계의 성격과 북한의 대중국 인식을 살펴본다. 제3절은 협력강화와 그에 따른 위험성들을 회피하기 위해 북한은 어떻게 대응하고 있는지를 북한의 국가전략을 중심으로 정치·외교, 군사, 경제분야에 걸쳐 살펴본다. 그리고 마지막으로 북한의 대중국 정책이 던지는 정책적 함의는 무엇인지가 검토된다. 이 글은 시기적으로 탈냉전기를 다룬다. 그러나 북한과 중국의 협력관계가 심화되고 북한도 권력교체기에 들어간 2009년 이후를 특히 주목한다. 이는 김정일 위원장 시대에 만들어진 틀이 김정은 국방위원회 제1위원장 시대에도 지속될 것인지를 살펴보는 데 유용한

---

[7] 북한과 중국의 관계에 대한 논의는 많다. 그러나 이러한 논의들은 대부분 중국의 대북정책이나 북한과 중국 양자관계의 성격이라는 측면에서 양국관계 현황을 분석하고 있다. 따라서 북한의 입장에서 부상하고 있는 중국에 대해 어떠한 전략을 추진하고 있는지에 대한 연구는 매우 드물다. 북한의 입장에서 중국에 대한 대응을 연구한 논문으로는 허문영·마민호, 『중국의 부상에 대한 북한의 인식과 대응』(서울: 통일연구원, 2011)과 김예경, "중국의 부상과 북한의 대응전략: 편승전략과 동맹, 유화 그리고 현안별 지지정책," 『국제정치논총』 제47집 2호(2007); Kim, Sung Chull, "North Korea's Relationship with China: From Alignment to Active Independence" in Lam Peng Er and N. Ganesan, Colin Dürkop (eds.), East Asia's Relations with a Rising China (Seoul: Konrad Adenauer Stifung, 2010) 등이 있다. 허문영·마민호는 갈등적 편승이라는 틀에서 북한의 대중전략을 분석하고, 김예경은 방어적 편승 개념을 중심으로 북한의 대중국 대응을 분석하고, 김성철은 북한이 중국을 혈맹이 아니라 배신자로 인식하고 중국에 대한 입장도 지지(alignment)에서 자주(independence)로 변화시키고 있다고 본다. 그러나 이들은 북한의 대중국 정책에서 균형(balancing)의 요소가 있음을 주목하지는 않고 있다.

시사점을 제공할 수 있기 때문이다.

2. 중국의 부상에 대한 북한의 인식

1) 북·중관계 성격: 전략적·비대칭적 협력과 갈등

북한과 중국은 공식적으로 동맹의 형식을 취하고 있다. 북한과 중국은 1961년 7월11일 군사동맹조약인 '조선민주주의인민공화국과 중화인민공화국 간의 우호, 협조 및 호상원조에 관한 조약'을 체결하였다. 북한과 중국은 냉전기와 동서데탕트 그리고 탈냉전기를 거치면서도 외교 전략의 일환으로 이 조약을 수정 또는 폐기하지 않고 있다.

그러나 북한과 중국의 관계를 동맹관계로 바라보는 시각은 특정한 사안, 특히 안보현안에 대한 설명에서는 일정하게 의의가 있으나, 북한과 중국의 관계를 포괄적으로 규정하고 설명하기에는 어려움 또한 지니고 있다. 국가 간의 관계는 안보분야뿐 아니라 정치, 외교, 경제, 사회, 문화 등 제반 분야에서 형성되고 이들은 상호 영향을 미치면서 충돌하는 경우도 존재한다. 따라서 북한과 중국의 관계를 동맹이라는 좁은 틀에서 벗어나 포괄적으로 규정할 수 있는 틀이 필요한 것이다.

실제로 탈냉전기 북한과 중국의 관계는 전통적인 혈맹관계가 형해화되면서 점차 전략적 이해관계의 공유에 기초한 협력관계로 변하고 있다.[8] 김정일 국방위원장도 2000년 올브라이트 미 국무장관을 면담하

---

8) 이종석, 『북한-중국관계: 1945~2000』(서울: 중심, 2000); Andrew Scobell, "China and North Korea: The Limits of Influence," *Current History* (September, 2003); International Crisis Group, *China and North Korea: Comrades Forever?*,

면서 "소련이 무너지고 중국이 개방하면서 두 나라와 북조선(북한)의 군사동맹이 소멸된 지 10년이 지났다"고 언급하였다.[9]

탈냉전기 북한과 중국의 관계에서 가장 크게 주목할 것은 이념적 동질성이나 정서적 유대가 사실상 사라진 데다 전략적 이해관계와 포괄적인 안보위협에 대한 평가에서도 큰 차이를 보인다는 점이다. 중국은 1978년 이후 사회주의 시장경제를 표방하면서 지속적으로 개혁개방을 추진해 왔고, 정치적으로도 공산당 지배체제는 유지되고 있으나 전체주의적 특성보다는 권위주의 양태를 보이고 있다.[10] 반면 북한은 우리식 사회주의를 표방하면서 여전히 사회주의 계획경제 개선을 모색하

Asia Report No. 112 (February 1, 2006); 박창희, "지정학적 이익 변화와 북중동맹관계: 기원, 발전, 그리고 전망,"『중소연구』통권 제113호(2007년 봄); 이태환, "북중관계," 세종연구소 북한연구센터 엮음,『북한의 대외관계』(서울: 한울, 2007); 현성일,『북한의 국가전략과 파워엘리트』(서울: 선인, 2007); International Crisis Group, *Shades of Red: China's Debate over North Korea* Asia Report No. 179 (November 2, 2009); 장공자, "북한의 대중 협상전략과 우리의 대응전략,"『통일전략』제9권 2호(2009); 최명해, "북한의 대중의존과 중국의 대북 영향력 평가,"『주요국제문제분석』(2010년 여름); 김강일, "북·중관계 현황과 변화전망," 평화문제연구소 주최 "한반도 주변정세 변화와 재외동포사회의 통일의식" 학술회의 발표문(2010. 10); Kim, Sung Chull, "North Korea's Relationship with China: From Alignment to Active Independence" in Lam Peng Er and N. Ganesan, Colin Dürkop (eds.), *Facing a Rising China in East Asia* (Seoul: Konrad Adenauer Stifung, 2010); 서보혁, "북중러 3국의 협력 실태에 관한 세 가지 질문,"「통일과 평화」제3집 2호(2011); 이기현,『중국의 대북정책과 북·중동맹의 동학』JPI 정책포럼 No. 2011-15(2011); 정재호,『중국의 부상과 한반도의 미래』(서울: 서울대학교출판문화원, 2011); 김흥규, "한반도 통일에 대한 중국의 입장 및 역할," 제122회 흥사단 금요통일포럼 발표문(2012. 3. 23).

9) 매들린 올브라이트, 백영미 외 역,「마담 세크리터리(*Madam Secretary*)」(서울: 황금가지, 2003), p. 367.
10) 정재호(2011), p. 339.

고 있으며, 정치적으로도 최고영도자의 유일적 지배체제를 추구하면서 3대에 걸친 권력세습을 추진하고 있다. 과거 항일무장투쟁기나 한국전쟁 시기에 맺어진 인적 유대도 사실상 끊어졌다.[11]

그러나 북한과 중국 관계의 성격을 규정짓는 가장 중요한 요소 중 하나는 양국의 전략적 이해관계가 다르다는 점이다.[12] 중국은 지속적인 경제성장을 바탕으로 지역질서 주도자로 부상하고 있고, 아직까지 지구적 차원에서 공공재를 공급할 수준은 아니지만 국제경제 질서의 유지 및 변화나 주요한 안보현안에 대한 영향력을 증가시키고 있다. 이런 중국의 입장에서 한반도의 안정은 중요한 정책목표일 수 있고, 이를 달성하기 위한 대북정책의 방향은 안정적 상황 관리와 변화 촉진이다.

이는 북한의 입장에서 자국에 대한 개혁개방 요구와 영향력 확대, 그리고 핵개발 포기에 대한 명시적 또는 암묵적 압력으로 나타난다. 반면 북한은 중국의 영향력 확대와 개혁개방 요구가 정권과 체제의 안정에 미칠 부정적인 영향을 우려한다. 핵개발도 마찬가지이다. 북한은 중국을 포함해 국제사회가 지속적으로 우려를 표명하고 포기를 요구하고 있는 핵개발도 정치적 자주의 상징이자 주변 강대국에 대한 레버리지로서 쉽게 포기할 수 없다.

북한과 중국이 혈맹에서 탈피하여 전략적인 협력과 갈등관계로 전환되는 또 다른 핵심요인은 양국의 포괄적 안보위협 평가가 상이하다는 점이다.[13] 냉전시대에 북한과 중국은 사회주의 종주국인 구소련에 대한 평가에서 입장을 달리하였다. 중국은 1960년대 소련과 노선 및 국경분쟁 등을 거치면서 구소련을 주적으로 삼고 미국과 관계개선을 모

---

11) 이종석(2000), p. 290; 정재호(2011), p. 338; 현성일(2007), pp. 343-344.

12) 최명해(2010), pp. 81-85.

13) 최명해(2010), pp. 851-86; 김동성, 『한반도 동맹구조와 한국의 신대외전략』 (서울: 한울아카데미, 2011), pp. 124-125.

색하기 시작하였다. 1960년대 말부터 가시화되기 시작한 연미제소(聯美制蘇) 전략이 그것이다.14) 반면 북한은 구소련과 동맹관계를 유지하는 가운데 중소분쟁의 틈새에서 구소련과의 협력관계를 발전시키면서 경제적 실리도 적극 도모하였다.15) 1970년대 이후 북한과 중국은 미국이 야기하는 위협에 대한 평가에서 커다란 차이를 드러냈다.16) 1960년대 말부터 전략적 접근이 시작된 미·중 간에는 1972년 닉슨 미국 대통령의 중국 방문에 이어 1979년 관계정상화가 이루어졌기 때문이다.

그리고 탈냉전기에 들어 중국의 급속한 경제성장과 국제적 위상 강화에 따라 중국과 미국은 전략적 공존의 틀 안에서 갈등하면서도 협력체제를 발전시켜 나가고 있다. 반면 북한은 미국과의 대결관계를 청산하지 못하였고 세계적으로 냉전이 종식된 1990년대 이후에도 이러한 상황은 달라지지 않고 있다. 북한과 중국은 또한 남한에 대한 평가에서 결정적인 차이를 보인다. 중국은 1992년 남한과의 관계정상화 이후 양국관계를 '전략적' 협력 동반자관계로까지 발전시켰다. 반면 북한은 여전히 남한과의 군사적 대치에서 벗어나지 못하면서 남한에 의한 북한체제 붕괴 유도와 흡수통일 가능성마저 우려하는 상황에 처해 있다.

따라서 동맹의 틀에서 벗어나 외연의 확장성과 다양한 정책에 대한 포용성을 지닌 전략적 파트너십(strategic partnership) 개념이 북한과 중국의 관계를 설명하는 데 더 적절할 수 있다. 전략적 파트너십은 고전적인 균형과 편승이 아니라 변화하는 환경 속에서 사용되는 관여와 저항(engage and resist) 또는 헤징전략(hedging strategies)들을 보여준다. 전략적 파트너십은 타 국가와의 공식적인 군사동맹 체결은 제약하지만

---

14) 최명해, 『중국·북한 동맹관계: 불편한 동거의 역사』(서울: 오름, 2009), p. 276.
15) 이종석(2000), pp. 237-245.
16) 최명해(2009), pp. 292-302.

다양한 강대국들과 유사한 파트너십을 추구하는 것은 막지 않는다.[17]

한편 북한과 중국은 약소국과 강대국 간의 비대칭적 상호의존(asymmetric interdependence)의 특성도 보이고 있다.[18] 비대칭적 상호의존과 관련하여 강대국의 약소국에 대한 영향력이 영토나 인구, 경제력이나 군사력 등 경성국력의 크기와 반드시 비례관계에 있는 것은 아니다. 국제체계 내에서 국가의 행위는 국가 간의 힘의 관계와 그 차이에 의해 결정되지만, 중요한 것은 국가의 크기가 아니라 상대적인 영향력이다.[19] 약소국은 강대국 간에 협력보다 갈등이 고조될 때 협력의 대가를 극대화하면서 협상의 입지를 강화할 수 있고, 경쟁하는 강대국과 인접해 있거나 국제적 거래 네트워크의 중심에 있을 경우 지정학적 이점을 활용하여 입지를 강화할 수 있다. 또한 인종적 단일성이나 기본적 가치와 관련된 정치엘리트들의 통일성, 주민들의 의지 결집능력, 강대국의 다자적 관계와 다양한 대응 현안에 비해 양자적 관계 중심의 적은 대응 현안에 대한 역량집중, 고도로 집중되고 안정적인 정권의 의사결정 체계 등을 기초로 강대국에 대한 협상력을 제고할 수 있는 것이다.

---

17) Vidya Nadkarni, *Strategic Partnerships in Asia: Balancing without Alliances* (New York, N.Y.: Routledge, 2010), p. 45.

18) Samuel S. Kim and Tai Hwan Lee, *North Korea and Northeast Asia* (Lanham, Maryland: Rowman & littlefield Publishers, Inc., 2002); 이상숙, "김정일-후진타오시대의 북중관계: 불안정한 북한과 부강한 중국의 비대칭적 협력강화," 『한국과 국제정치』 제26권 4호(2010); 최명해(2010), p. 76. 중국과 동아시아 국가들 간의 비대칭적 상호의존에 대해서는 Brantly Womack, "Asymmetry Theory and China's Concept of Multipolarity," *Journal of Contemporary China* 13-39 (May 2004); Brantly Womack, *China among Unequals: Asymmetric Foreign Relationship in Asia* (Singapore; Hackensack, N.J.: World Scientific, 2010) 참조.

19) Michael Hendel, *Weak State in the International System* (London: Frank Cass, 1981), p. 10.

약소국은 또한 강대국을 상대하면서 자신의 취약함을 무기로 강대국을 협박할 수도 있다.[20]

북한과 중국의 관계에서도 이와 같은 특성들이 존재한다. 북한은 자신이 지닌 지정학적 이점[21]과 중·소 또는 미·중 간의 갈등,[22] 정치적 통일성과 주민결속, 취약함을 무기로 삼은 협박 등을 기반으로 자주를 견지하고 있다. 이는 북한의 핵실험이나 장거리미사일 발사에서 가장 분명하게 나타난다. 강대국인 중국의 반대와 자제 요구에도 불구하고 북한은 핵실험을 실시하거나 장거리미사일 발사를 강행한다. 이는 중국의 대북 영향력이 한계를 지니고 있으며, 역설적으로 북한의 대중국 협상력이 상대적으로 클 수 있음을 의미하기도 한다.[23]

---

20) Ulf Lindell and Stefan Persson, "The Paradox of Weak State Power: A Research and Literature Overview," *Cooperation and Conflict* 21-79 (1986), pp. 81-91.

21) 우승지(2009), p. 126. 북한은 미국이 주도하는 해양세력의 전쟁정책을 막는 억지력이 핵개발이라는 논리를 내세우고 있다.

22) 북한은 미국과 중국의 협력에 대한 경계심을 양국 간 갈등 가능성에 대한 강조로 표현한다. 조택범, "전략적 리해관계를 둘러싸고 심화되는 모순," 「로동신문」(2011. 1. 13); 리학남, "대립되는 리해관계, 마찰의 불씨," 「로동신문」(2011. 5. 23); "공연한 생트집, 미국의 <중국군사위협론>," 「조선중앙통신」(2011. 9. 7); 리영, "무기판매를 둘러싸고 격화되는 중미갈등," 「로동신문」(2011. 10. 3); 리학남 "풀릴 수 없는 대립관계," 「로동신문」(2011. 11. 7) 등 참조. 2011년 1월 13일 기사는 후진타오 주석의 1월 18일 방미를 앞두고 나왔으며, 2011년 5월 13일 기사는 5월 9~10일간 열린 미·중 간 경제 전략대화 직후에 나왔다.

23) 중국의 대북 영향력에 대해서는 이상숙(2010); 최명해 (2010); Andrew Scobell, "China and North Korea: The Limits of Influence," *Current History* (September, 2003) 참조.

2) 북한의 대중국 인식: 세력균형 변화와 경계

북한은 현실주의적 국제관을 지니고 있다. 북한은 국제관계 담론에서 국가와 민족을 국제관계의 주요 단위로 강조하고 이분법적 사고 하에서 협력보다는 갈등과 대결을 주목하며 군사력을 중시한다.[24]

북한은 이러한 현실주의적 국제관에 입각해 지역 차원에서 아시아 국가들의 부상에 따른 세력균형 변화를 주목하고 평화와 안정을 위해 균형유지가 필요하다고 본다. 북한은 제국주의자들이 국제무대에서의 세력균형 파괴를 기화로 세계적 지배권 확보를 도모한다고 주장하거나,[25] 중국과 인도의 부상에 따른 아시아·태평양 지역에서의 경제와 군사력 균형의 변화를 주목하고 있다.[26] 또한 세계적 군비경쟁 종식과 평화 및 안정을 위해서는 (미국에 의한) 전략적 균형 파괴가 중단되어야 한다거나[27] 대국들의 이해관계가 복잡하게 얽혀 있고 방대한 군사력

---

24) 우승지(2009), pp. 107-113.
25) "막을 수 없는 시대적 흐름," 「조선중앙통신」(2011. 1. 28)
26) "새 세기에 아시아태평양지역의 경제, 군사력 균형에서는 급속한 변화가 일어나고 있다. 중국, 인디아 등 여러 나라들이 신흥강국으로 등장하고 있다"("미국의 새 군사전략보고서는 무엇을 시사하는가," 「조선중앙통신」(2011. 3. 2); "현시기 국제정치의 중심은 아시아태평양지역으로 옮겨지고 있다. 경제위기로 인한 미국과 유럽의 쇠퇴, 일부 아시아태평양지역 나라들의 국력강화 등은 냉전종식 후 미국을 중심으로 형성되었던 힘의 균형에 커다란 변화를 가져오고 있다"("군사적 패권 유지를 노린 무모한 망동," 「로동신문」 2011. 12. 7). 이와 관련 북한은 이미 1990년대 중반부터 『로동신문』 사설 등을 통해 중국의 부상을 자국에 대한 직접적인 위협으로 보지 않으면서 중국의 국제적인 지위 상승과 세계의 다극화를 주목하는 인식을 표출해 왔다(김예경, 2007, p. 80).
27) "전략무력분야에서 심화되는 로미대립," 「조선중앙통신」(2011. 10. 28).

이 대치하고 있는 동북아에서 미국의 한·미·일 삼각동맹 강화 움직임은 지역 내 힘의 균형을 파괴하여 전쟁 위험성을 높인다는 인식을 표출하고 있다.28) 자주와 균형을 강조하는 북한은 중국의 부상으로 미국의 패권에 도전할 수 있는 하나의 축이 만들어지고 있으며,29) 이미 지역 내에서는 세력균형이 변화되고 있음을 주목하고 있다.

북한은 또한 중국 등 부상하고 있는 아시아 국가들이 미국에 대한 잠재적 경쟁자이자 적수라고 평가하면서 자신의 지정학적 가치를 부각시키고 있다. 북한은 미국의 '아시아 복귀'에 대해 "아시아태평양지역에는 미국의 잠재적인 경쟁적수로 되고 있는 대국들이 집중되어 있다"며 중국 등의 부상을 주목하는 동시에 "미국은 조선반도에 큰 의의를 부여하고 있다. 미국은 이곳을 틀어쥐지 않고서는 아시아대륙을 지배할 수 없으며, 나아가서 유라시아대륙에 대한 군사적 포위환을 형성할 수 없다고 판단하고 있다"며 미국과 중국의 대립 속에서 자신의 지정학적 가치를 부각시키고 있다.30) 특히 북한은 김정은 제1위원장으로의 권력승계를 정당화하면서 전략적 요충지론을 내세운다. 즉 탁월한 영도자인 김정은 최고사령관이 '조선'이 큰 나라들 간 각축전의 무대라는 지정학적 숙명론을 부정하고 '조선'이 불리한 위치가 아니라 전략적

---

28) "침략적 3각 군사동맹 형성을 노린 망동," 「조선중앙통신」(2011. 11. 17).
29) 김예경(2007), p. 80.
30) 조택범, "아시아태평양 <중점외교>에 비낀 흉계," 「로동신문」(2011. 12. 2); 리현도, "동북아시아에서 랭전구도는 제거되여야 한다," 「로동신문」(2011. 3. 10). 실제로 중국의 입장에서 보면 북한과의 관계는 순망치한(脣亡齒寒)과 같을 수 있다. 중국 내에 북한이 존재하지 않고 압록강과 두만강까지 미군이 주둔하게 되면 1,400여 km에 달하는 방어선을 상실한 셈이 되고 랴오둥반도와 발해만의 출구가 봉쇄되며, 수도를 옮기지 않으려면 100만 명의 병력을 배치하여 방어선을 새롭게 구축해야 했다는 인식도 있다(어우양산, 박종철·정은이 공역, 『중국의 대북조선 기밀파일』, 서울: 한울, 2008, pp. 46-47).

요충지라고 결론 내렸으며, 최근년에 '적대국들에 맞서 연전연승한' 바탕에 이러한 '전략적 요충지 사상'이 있다고 선전한다.31) 이는 물론 김정은 제1위원장의 배짱과 영도실력을 선전하기 위한 것이지만 북한의 '큰 나라'에 대한 경계심과 지정학적 가치 및 위상에 대한 인식을 보여주는 것이기도 하다.

한편 북한은 양자 차원에서 기본적으로 중국의 발전상을 높이 평가하면서 양국 간의 협력 확대를 모색한다. 이는 김정일 위원장이 중국의 경제성장 등을 언급하는 데서 확인된다.32) 김정일 위원장은 또한 북·중 양국이 많은 측면에서 서로 배우고 경험을 교류해야 한다며 양국 간 협력의 필요성을 강조하였다. 이는 북한이 경제분야를 중심으로 동북아라는 지역적 틀 속에서 중국과의 협력을 긍정적으로 평가하고 이를 적극적으로 활용해야 한다는 인식으로 이어지고 있다.33)

그러나 북한은 중국에 대한 경계심을 감추지 않는다. 북한이 중국을 불신하는 것은 김일성 전 주석으로 거슬러 올라간다. 김일성 전 주석은 간부들과의 비공개 협의에서 "중국 사람들을 너무 믿다가는 자칫 등

---

31) 김지영, "일심단결의 중심에서 최고사령관의 령도력-3,"「조선신보」(2012. 3. 17).
32) "김정일동지께서 중화인민공화국 동북지역을 비공식방문하시였다,"「조선중앙통신」(2010. 5. 7); "김정일동지께서 중화인민공화국을 비공식방문하시였다,"「조선중앙통신」(2010. 5. 8); "김정일동지께서 중화인민공화국을 비공식방문하시였다,"「조선중앙통신」(2010. 8. 30); "김정일동지께서 중화인민공화국을 비공식방문하시였다,"「조선중앙통신」(2011. 5. 26); "김정일동지께서 중화인민공화국을 비공식방문하시였다,"「조선중앙통신」(2011. 5. 26).
33) 리기성, "라선무역지대는 동북아시아지역 경제협력의 기본 거점," 제10차 코리아학 국제학술회의 논문집(2011. 8. 24~25); 송현철, "동북아시아 지역 내 경제협력의 강화와 조선반도종단철도," Tumen River Academic Forum 2011 발표 논문집(2011. 8. 21- 22).

뒤에서 칼을 맞을 수 있다"고 언급하기도 하였다.34) 김정일 위원장도 마찬가지이다. 김정일 위원장으로서는 북·중관계에서 발생한 역사적 사건과 인식들에 더해 자신의 권력'세습'에 대해 '원칙적'으로 부정적 입장을 보였던35) 중국을 우호적으로 생각하기 어려웠다. 김정일 위원장은 중국 견제의 일환으로 주한미군을 동북아 안정을 위한 균형자로 용인할 수 있다는 인식을 보이기도 하였다.36) 김정일 위원장은 또한 2009년 방북하였던 현정은 현대그룹 부회장에게도 자신은 "중국을 믿지 않는다."고 언급했던 것으로 알려졌다.37) 김정일 위원장의 이러한 언급은 중국에 대한 경계심을 분명하게 보여주는 것이다.38)

특히 김정은 제1위원장 시대에 들어 권력교체기라는 특성과도 연관

---

34) 현성일(2007), p. 165.
35) You Ji, "China and North Korea: A Fragile relationships of Strategic Convenience," *Journal of Contemporary China* 10-28 (2001), p. 389; 어우양산 (2008), p. 64.
36) 임동원, 『피스메이커: 남북관계와 북핵문제 20년』(서울: 중앙북스, 2008), pp. 115-116. 사실 북한은 탈냉전기에 주한미군을 용인할 수 있다고 지속적으로 의사를 밝혀 왔다. 현성일(2007), pp. 340-341. 올브라이트 전 미 국무장관도 2000년 10월 방북 시 김정일 위원장이 미군의 한국 주둔을 받아들였다고 하였다. 이승관, "올브라이트 '김정일, 주한·미군 인정했었다'," 『연합뉴스』(2012. 5. 14).
37) Tokola, "Hyundai Chairwoman on DPRK Trip, Kim Jong-Il," U.S. Embassy Seoul Cable (Reference ID: 09SEOUL1386, 2009.8.28), http://wikileaks.org/cable/2009/08/ 09SEOUL1386.html(검색일: 2012. 3. 30).
38) 한편 중국도 자국에 대한 북한의 불신을 인식하고 있다. 중국의 분석가들에 따르면 북한 지도부는 중국 지도부가 자신들보다 서방 세계 특히 남한과 더 많이 대화하고, 중국공산당 대외연락부가 미국이나 남한과 긴밀한 관계를 만들기 위한 역할을 수행하고 있으며, 심지어 미국의 강경한 대북정책에 협조할 가능성마저 있다고 본다. International Crisis Group (2006), p. 16.

되어 중국에 대한 경계와 자주성 강조가 더욱 두드러지고 있다. 앞서 언급하였듯이 북한은 김정일 위원장의 최대 유산으로 핵과 인공위성을 들면서 이를 대국 틈에서 자주성을 고수할 수 있게 해 준 업적으로 인식할 뿐 아니라 "혁명하는 당과 인민은 제국주의자들과 지배주의자들의 압력이 클수록 자기의 주견을 더욱 확고히 내세워야 하며 자신이 결정한 로선과 정책을 끝까지 관철해 나가야 한다"고 한 김정일 위원장의 언급을 재확인하며[39] 지배주의자(중국)에 맞선 자주성 견지를 강조하고 있다. 특히 김정은 제1위원장은 김일성 전 주석의 생일 100주년 기념 열병식에서 한 연설에서 '자주의 길, 선군의 길, 사회주의의 길'을 가겠다며 "강성대국 건설과 인민생활 향상을 총적 목표로 내세우고 있는 우리 당과 공화국정부에 있어서 평화는 더 없이 귀중"하지만 "민족의 존엄과 나라의 자주권이 더 귀중"하다며, 인민군이 만단의 전투동원 태세를 유지할 것과 '총대'로서 강성대국 건설을 담보할 것을 요구하였다.[40] 김정은 제1위원장이 평화보다 자주를 강조하면서 자주를 달성하기 위한 총대를 언급한 것은 "선군은 우리의 자주이고 존엄이며 생명"[41]이라는 인식에서 나온 것으로 이 또한 주변 대국인 중국에 대한 경계와 자주성 견지의 함의를 지니고 있는 것이다.

---

39) 김준혁, "자주정신의 강자로 된 인민," 「로동신문」(2012. 4. 7).

40) "김일성대원수님 탄생 100돐경축 열병식에서 하신 김정은동지의 연설," 「조선중앙통신」(2012. 4. 15).

41) 김정은, "위대한 김정일동지를 우리 당의 영원한 총비서로 높이 모시고 주체혁명위업을 빛나게 완성해나가자(2012년 4월 6일 조선로동당 중앙위원회 책임일군들과 한 담화)," 「로동신문」(2012. 4. 19).

3. 북한의 대중국 헤징전략

일반적으로 강대국의 부상에 대한 주변국의 대응은 크게 세 가지로 분류할 수 있다. 첫째는 부상 자체를 좌절시키는 것이다. 둘째는 부상의 속도를 지연시키는 것이다. 셋째는 부상 과정과 결과에 관여하고 적응하는 것이다.[42]

이러한 세 가지 대응방안 가운데 현실적으로 북한이 중국의 부상에 대응해 선택할 수 있는 것은 세 번째이다. 이는 북한과 중국 간의 국력 차이 등을 감안하면 불가피한 선택이다. 북한으로서는 부상하는 중국에 적응하고 관여할 수밖에 없다. 이런 점에서 부상하는 중국에 대한 북한의 대응은 헤징(hedging)전략으로 볼 수 있다. 헤징전략은 대상국가의 현재와 미래의 불확실한 의도, 즉 불확실성에 대비하는 보험과 같은 전략이다.[43] 헤징전략은 안보나 경제, 정치적인 영역에서 높은 불확실성과 위험에 대비해야 하기 때문에 간접 균형(indirect balancing), 지배 거부, 경제적 실용주의, 결속적 관여(binding engagement), 제한적 편승(limited bandwagoning) 등 다양한 정책을 포함한다. 따라서 전형적인 균형(balancing)이나 편승(bandwagoning)을 제외한 다양한 정책이 헤징전

---

42) 전재성, "강대국의 부상과 대응 메커니즘: 이론적 분석과 유럽의 사례," 『국방연구』 제51권 3호(2008), pp. 6-18.

43) Evelyn Goh, "Understanding Hedging in Asia-pacific security," *PacNet* 43 (August 31, 2006); Brock Tessman and Wojtek Wolfe, "Great Powers and Strategic Hedging: The case of Chinese Energy Security Strategy," *International Studies Review* 13 (2011), p. 216.

략에 포함될 수 있다.44)

북한이 중국에 대해 헤징전략을 취하는 가장 큰 이유는 자주성의 견지이다. 북한의 입장에서는 과거 중국의 대국주의적 간섭과 '배신'의 기억을 갖고 있고 동서 데탕트와 탈냉전기에 전략적 이해관계와 포괄적 안보위협 평가가 달라진 상황에서 부상하는 중국이 제공하는 기회 못지않게 그로 인한 대중국 종속 또는 의존 심화가 북한체제와 정권에 야기할 정치적 위험성을 인식하지 않을 수 없다. 북한이 '자주의 길, 선군의 길, 사회주의의 길'로 나아가고 있음을 강조하는45) 이유도 이와 무관치 않다.

이런 점에서 북한의 대중국 전략의 출발점은 중국이 지닌 경제력과 외교력을 최대한 활용하되 중국의 내정간섭과 정치적 영향력을 철저

---

44) Kuik Cheng-Chwee, "The Essence of Hedging: Malaysia and Singapore's Response to a Rising China," *Contemporary Southeast Asia* 30-2 (2008), pp. 163-172. 이외에 헤징전략의 틀로 유럽연합의 안보전략이나 중국의 부상에 대한 동아시아 국가들의 대응 등을 분석한 글로 Robert A. Manning and James J. Przystup, "Asia's transition Diplomacy: Hedging Against Future shock," *Survival* 41-3 (Autumn 1999); Eric Heginbotham and Richard J. Sammuels, "Japan's Dual Hedge," *Foreign Affairs* 81-5 (September/October 2002); Chung Chien-Peng, "Southeast Asia-China Relations: Dialectics of Hedging and Counter-Hedging," *Southeast Asian Affairs* (2004); Denny Roy, "Southeast Asia and China: Blancing or Bandwagoning?," *Contemporary Southeast Asia* 27-2 (2005); Stephen G. Brooks and William C. Wohlforth, "Hard Times for Soft Balancing," *International Security* 30-1 (Summer 2005); Evans S. Medeiros, "Strategic Hedging and the Future of Asia-Pacific Stability," *The Washington Quartely* 29-1 (Winter 2005-2006); Asle Toje, "The EU Strategy Revised: European Hedging in Its Bets," *European Foreign Affairs Review* 15 (2010) 참조.

45) "위대한 김정일동지의 유훈을 받들어 경애하는 김정은동지를 우리 당의 최고수위에 높이 추대할 데 대한 결정서," 「조선신보」(2012. 4. 12).

히 견제하는 것이며, 체제와 정권유지를 위해 '중국의 대한반도 이해관계를 역이용'하는 것으로 볼 수 있다.46)

1) 정치·외교적 대응: 자주와 연성균형

(1) 정치적 대응: 자주

먼저 정치적 영역에서 북한이 어떻게 대응하고 있는지는 우리식 사회주의론과 그 구체적 비전인 강성대국 건설론, 그리고 이를 달성하기 위한 선군정치에서 확인된다. 이는 자주성 고수를 위한 국가전략이지만 자주성 견지는 대외정책의 기본원칙이라는 점에서 인접한 '대국'이자 '지배주의자'이기도 한 중국에 대한 대응의 의미를 지니고 있기 때문이다.

소위 '인민대중 중심'의 우리식 사회주의론은 중국의 변화와 동유럽의 사회주의권 붕괴 등 대외적 위기가 체제나 정권의 위기로 이어지는 것을 막기 위해 북한식 사회주의 고수를 천명한 위기대응 담론으로 1980년대 말 등장하였고 1991년 김정일에 의해 정식화되었으며47) 김정은 시대에도 유훈으로 계승되고 있다.48) 그리고 이는 중국에 대한 대응의 성격도 지니고 있다. 1970년대 말부터 개혁개방을 추진한 중국은 이미 북한에 대해 개혁개방의 압력으로 작용하고 있었기 때문이다.49)

---

46) 현성일(2007), p. 346.
47) 김정일, "인민대중 중심의 우리식 사회주의는 필승불패이다"(1991년 5월5일 조선로동당 중앙위원회 책임일군들과 한 담화), 『김정일 선집 11권』(평양: 조선로동당출판사, 1997).
48) "위대한 김정일 동지의 사회주의 강국 건설업적을 끝없이 빛내여 나가자," 「로동신문」(2011.1 2. 27).

강성대국은 우리식 사회의주의가 현실 속에 구체화된 국가비전이자 전략일 수 있다. 강성대국은 국가발전 목표와 새로운 비전을 담고 있는 북한의 국가발전 전략으로서[50] 김정일 위원장 시대에 등장하여 김정은 시대로 이어지고 있다. 북한은 1995~97년까지 고난의 행군을 마치면서 1998년 국가비전으로 강성대국론을 제시하였다.[51] 특히 북한은 2007년 11월 30일~12월 1일 개최된 지식인대회에서 김일성 전 주석의 100회 생일을 맞는 2012년에 강성대국의 문을 열겠다는 목표를 설정하고, 이를 달성하기 위한 '대고조'를 강조하였다. 북한은 강성대국론이 "민족사에서 처음으로 제시된 가장 웅대한 국가건설 목표"로서 북한과 같은 작은 나라도 대국이 될 수 있는 길을 열었다며, 이를 정치와 사상, 군사, 경제, 과학문화 강국으로 대별하고 사상중시와 총대중시에 더해 과학기술을 강성대국 건설의 3대 기둥으로 강조한다.[52]

북한의 국력이 대국에 미칠 수 없는 현실을 감안하면 이는 주변의 대국들과 어깨를 나란히 할 수 있다며 정권과 체제의 정당성을 강조하

---

49) 허문영·마민호(2011), pp. 25-29, 59-60; 어우양산(2008), pp. 63-64.
50) 정우곤, "김정일 정권의 국가발전전략: '강성대국'을 중심으로,"『한국과 국제정치』제20권 4호(2004), p. 37.
51) "김정일 총비서의 숭고한 애족애리념,"「로동신문」(1998. 7. 12); "조선혁명을 이끄시는 위대한 령도자,"「로동신문」(1998. 8. 11); "청년들은 당의 위업에 충실한 청년전위가 되자,"「로동신문」(1998. 8. 28); "김일성주석의 건국업적을 빛내이시는 걸출한 령도자,"「로동신문」(1998. 8. 28); "승리자의 50년,"「로동신문」(1998. 9. 1); "올해를 강성대국건설의 위대한 전환의 해로 빛내이자,"『로동신문·조선인민군·청년전위』(1999. 1. 1) 등 참조. 이 당시 북한은 '주체의 강성대국'이나 '사회주의 강성대국'이라는 용어를 사용하면서 사상의 강국과 군사의 강국을 이미 달성하였다고 선전하였다.
52) 조선로동당 중앙위원회 당역사연구소,『우리당의 선군정치』(평양: 조선로동당출판사, 2006), pp. 327-382.

고 주민들을 결집시키려는 선전적 의미가 강한 수사일 수 있다. 그러나 다른 한편에서는 주변의 대국이 자신의 자주권을 침해하는 것을 수용할 수 없다는 의지의 표현이기도 하다. 중국의 영향력에 대한 경계와 대응의 의미가 있는 것이다.

선군정치는53) 강성대국을 이룩할 수 있는 정치방식이다. 북한은 선군정치가 강력한 국력을 마련하여 북한을 강성대국으로 전변시키는 정치방식이라고 주장한다. 그 이면에는 대국의 지위가 군사력에 의해 좌우되며 아무리 방대한 경제력과 과학기술을 갖고 있어도 군사력이 약하면 외세에 지배당하게 된다는 인식이 놓여 있다. 북한은 선군정치가 "군사적, 정치사상적, 경제적 위력을 비상히 강화하여 군사강국, 사상강국, 정치강국, 경제강국을 성과적으로 건설"할 수 있게 하며 '강성대국 건설의 확고한 담보'가 된다고 주장한다.54)

북한은 선군정치를 통해 "미국을 비롯한 제국주의 나라들이 우리나라(북한)를 존중하지 않을 수 없게 하고" 있으며 "우리나라(북한)가 대국들과 어깨를 견주고 국제문제를 론하며 세계 여러 나라들이 중시하는 나라로 되게 하고" 있다고 주장한다.55) 이는 선군정치가 자주성을 견지하면서 대국인 중국과도 어깨를 견주며 중국이 자신을 중시하게 만들고 있다는 인식이다. 이런 맥락에서 북한은 김정일 위원장의 중국 방문(2000. 5, 2001. 1, 2004. 4, 2006. 1)이 선군정치에 기초한 북한의 "대외적 권위와 위신을 온 세계에 힘 있게 시위한 역사적인 방문"이었다고

---

53) 북한 문헌에서 선군정치가 등장하기 시작한 것은 1997년 12월이며 본격적으로 제기된 것은 1999년부터이다. 선군정치의 등장과정에 대해서는 진희관, "북한에서 '선군'의 등장과 선군사상이 갖는 함의에 대한 연구," 『국제정치논총』 제48집 1호(2008) 참조.
54) 조선로동당 중앙위원회 당역사연구소(2006), pp. 191-197, 462.
55) 위의 책, p. 417.

평가한다.56)

북한이 자주성을 강조하면서 내세운 '인민대중 중심의 사회주의'인 우리식 사회주의, '강성국가'로 낮추어진 강성대국 건설과 '사회주의 기본정치 방식'인 선군정치는 2012년 4월 11일 4차 당대표자회에서 개정된 노동당규약에도 명시되었으며 2011년 12월 17일 김정일 위원장 급서 이후 김정은 제1위원장 시대에 들어서도 계승되고 달성되어야 할 유훈으로 강조되고 있다.57) 이는 김정은 제1위원장 시대에도 미국 등 소위 제국주의 세력뿐 아니라 중국과 같은 '대국'에 대한 북한의 자주성 견지 노력이 지속될 것임을 의미한다.

(2) 외교적 대응: 연성균형

외교적으로 북한은 중국의 부상을 인정하고 이를 활용하기 위해 제한적 편승(limited bandwagoning)58) 하에서 부상하는 중국에 대한 의존도

---

56) 위의 책, p. 423.
57) "위대한 김정일 동지의 사회주의 강국 건설업적을 끝없이 빛내여 나가자," 「로동신문」(2011. 12. 27); "조선로동당 중앙위원회, 조선로동당 중앙군사위원회 공동구호: 위대한 수령 김일성동지의 탄생 100돐에 즈음하여," 「조선중앙통신」(2011. 12. 31); "위대한 김정일동지의 유훈을 받들어 2012년을 강성부흥의 전성기가 펼쳐지는 자랑찬 승리의 해로 빛내이자," 「로동신문」·「조선인민군」·「청년전위」 공동사설(2012. 1. 1) 등 참조. 북한이 추진하고 있는 강성대국 건설 동향에 대해서는 변상정, "북한의 2012년 강성대국 건설 추진 동향과 전망,"「군사논단」제67호(2011) 참조. 북한은 김정일 위원장 급서 이후에도 강성대국 건설을 위해 선군정치를 지속하고 자력갱생과 첨단과학기술을 강조하면서 경제특구 개발도 모색하고 있다.
58) 약소국은 위협을 회피하거나 이익(profit)을 얻기 위해 강대국에 편승한다. 이때 제한적 편승은 정치적·군사적 지지(alignment), 한 강대국에 편승하기 위해 다른 강대국과 거리를 두는 영합(zero-sum) 시나리오, 후견국과 약소국

를 분산시키면서 중국을 견제하기 위한 연성균형(soft balancing)의59) 일환으로 미국이나 러시아와의 관계개선이나 협력확대를 추구하고 있다.

　북한은 한중수교로 급속히 냉각되었던 중국과의 관계를 1990년대 말부터 회복한 뒤 중국과의 전략적 협력관계를 적극적으로 발전시키고 있다. 특히 북한은 2009년 하반기부터 중국의 대북정책이 적극적인 포용으로 변화된 점을60) 최대한 활용하여 중국과의 전략적 소통강화와 협력관계를 심화시키고 있다. 2009년 10월 원자바오 총리의 북한 방문, 2010년 5월과 8월, 그리고 2011년 5월 불과 1년 사이에 세 차례에 걸친 김정일 위원장의 중국 방문과 이를 통한 양국 지도부 간 대화, 군사나 공안부문의 협력강화, 중앙관료뿐 아니라 지방의 당·정 간부들과 청소년에 이르기까지 광범위하게 진행되는 교류 등은 이러한 협력

간의 지배·종속관계 수용을 수반하는 순수한 편승과 달리, 선택적인 이슈 조정과 큰 상대에 대한 자발적 존중(deference)으로 표현되는 정치적 파트너십, 비영합 시나리오, 약소국의 자율성 상실이나 과도한 의존 회피를 포함한다. 이런 점에서 순수한 편승은 위계질서를 수용하는 것이지만 제한적 편승은 위계질서를 회피하는 것이다. Kuik Cheng-Chwee (2008), pp. 168-169.

59) 연성균형 정책은 제3자에 대항하는 군사적 동맹 대신 정치적·외교적 관계를 발전시킴으로써 균형을 도모하는 것이다. 약소국들은 강대국 간의 경쟁관계들을 자국에 유리하게 활용하기 위해 연성균형 정책을 채택한다. Lam Peng Er, Narayanan Ganesan, and Colin Dürkop, "Introduction: China and East Asia's Mutual Accommodation" in Lam Peng Er and N. Ganesan, Colin Dürkop (eds.), *Facing a Rising China in East Asia* (Seoul: Konrad Adenauer Stifung, 2010), p. 16.

60) 이용인·김태형, "북, 중국에 안보·경제 더 의존…중, 6자 재개 적극 나설 것," 「한겨레신문」(2010. 5. 11). 이 기사 중 이희옥에 따르면 중국은 2009년 7월 후진타오 주석이 조장인 당중앙 외사영도소조를 열어 북한문제가 (중국의) 안정을 저해하는 일이 없도록 북한문제와 북핵문제를 분리하고 북한과의 관계를 안정적으로 유지하는 방향으로 대북정책을 추진하기로 결정하였다.

관계를 보여주는 단적인 사례들이다. 특히 김정일 위원장이 2010년 5월 중국을 방문하였을 때 양국은 내정에 대한 문제까지 포함하여 전략적 소통을 강화하기로 합의하였고,[61] 조선로동당과 중국 공산당 간에 '전략대화'를 개최하기도 하였다.[62]

북한은 중국과의 전략적 협력을 강화하는 가운데 양국 간에 이해관계가 일치하는 현안들에 대해서는 선택적으로 중국의 입장을 지지하는 행태를 보이고 있다. 대표적인 사례가 미국의 동북아 미사일방어체계 구축이나[63] 인권문제,[64] 대만과 영토문제[65] 등에 대한 북한의 입

---

61) 당시 북한은 김정일 위원장이 "두 나라 고위급의 래왕과 협조를 부단히 심화시켜 나갈 용의를 표명"하였다고 보도하였으나("김정일동지께서 중화인민공화국을 비공식방문하시였다," 「조선중앙통신」 2010. 5. 8) 중국은 후진타오 주석이 주요한 내정과 외교문제(major domestic and diplomatic issues)를 포함한 전략적 조정 강화를 비롯해 고위급 접촉 유지, 경제와 무역협력 심화, 인적교류 증대, 지역의 평화와 안정을 위한 국제적·지역적 문제에 대한 조정 강화 등 5가지를 제의하고 김정일 위원장도 이에 전적으로 동의한 것으로 발표하였다. "Top leaders of China, DPRK hold talks in Beijing," *Xinhua* (May 7, 2010. 그러나 북한이 중국과 내정까지 포함한 전략적 소통을 강화하기로 합의한 것은 안정적인 권력승계 등 당면한 현안 해결을 위해 중국의 도움이 절실하다는 일시적이고 현실적인 이해관계에서 비롯된 것으로 북한의 대중국 인식으로 일반화하기는 어렵다. 실제 위에서도 언급하였듯이 북한은 정상회담 결과를 발표하면서 이를 언급하지 않고 있다.

62) "조선로동당대표단과 중국공산당대표단 전략대화," 「로동신문」(2011 .6. 11). 당시 양당 간의 전략대화에는 지방당 관계자들도 참석하였는데 북한 측에서 평양시당 부장이 참석하였고 중국 측에서는 지린성과 상상하이시, 장수성의 당 관계자들이 참석하였다. 이는 북·중 간의 협력이 중앙뿐 아니라 지방 차원으로도 확대될 수 있음을 시사하였다. 2012년 들어서도 북한은 4월 중순 김정은 제1위원장으로의 공식적인 권력승계를 마무리하고 4월 21일 베이징에서 중국과 전략대화를 개최하였다.

63) 북한은 미국의 미사일방어망 구축에 대한 러시아의 대응을 적극적으로 소개

장이다.

한편 북한은 탈냉전기에 전방위적인 관계개선을 추구하면서도[66] 대미관계 개선 또는 정상화를 가장 중요한 외교목표로 삼고 있다.[67] 이를 중국에 대한 대응이라는 측면에서 보면, 북한은 대미관계 개선을 통해 중국에 대한 의존도를 분산시키면서 중국의 영향력 확대를 견제하는 연성균형을 지속적으로 추구하고 있는 것이다. 과거 냉전기에 북한은 중국과 소련 사이에서 적절한 균형을 취함으로써 자주성을 견지하는 가운데 실리를 극대화하는 정책을 추진하였다. 이른바 중소와의 등거리외교가 그것이다. 탈냉전기에 동아시아에서 미국과 중국을 축으로 한 양극적 질서가 형성되면서 이는 중국과 미국에 대한 등거리・균형 정책으로 나타나고 있다.[68]

하고 지지하는 가운데 미국의 동북아 미사일방어망 구축 움직임도 강하게 비난하고 있다. 조택범, "전략적 안전을 수호하기 위하여," 『로동신문』(2012. 3. 27); 박송영, "미싸일방위체계문제를 둘러싼 대립," 『로동신문』(2012. 2. 22); "미국과 나토의 미싸일방위체계전개책동에 강력히 대응," 『로동신문』(2011. 12. 9); 김현철, "첨예한 대립을 낳는 제주해군기지건설," 『로동신문』(2012. 3. 21) 등 참조.

64) 서남일, "파렴치한 <인권재판관>에 대한 항의규탄," 『로동신문』(2011. 4. 30).
65) "미국의 <두개 중국>개념을 배격," 『로동신문』(2011. 5. 28); 배금희, "일본은 왜 령토분쟁에 매달리는가," 『로동신문』(2011. 7. 16); 진철, "령유권문제를 둘러싼 중일마찰," 『로동신문』(2012. 2. 20). 북한은 댜오위다오를 둘러싼 중국과 일본의 영토분쟁과 관련, 일본이 "국제법과 국제관례를 무시하고 저들의 리기적 야욕을 실현하기 위해 중국의 리익을 침해하는 불순한 행동'을 하고 있다며 일본을 비판한다.
66) 김계동, 『북한의 외교정책: 벼랑에 선 줄타기외교의 선택』(서울: 백산서당, 2002), pp. 142-152.
67) 탈냉전기 북한과 미국의 관계에 대해서는 장달중 외, 『북미대립: 탈냉전 속의 냉전 대립』(서울: 서울대학교출판부, 2011), pp. 168-187 참조.

이러한 북한의 입장을 잘 보여주는 사례가 앞서 서술하였듯이 주한 미군을 지역안정을 위한 균형자로 인식하는 김정일 위원장의 발언이다. 북한이 중국에 대한 경계심을 표출하면서 미국과의 우선적인 대화나 관계개선 의지를 밝힌 경우는 미국을 방문하였던 김계관 외무성 제1부상이나 이용호 부상의 말 속에서도 확인된다. 김계관 제1부상은 2007년 3월 뉴욕을 방문하면서 "중국은 우리(북한)를 이용만 하려 한다," "중국은 우리에게 큰 영향력이 없다. 미국은 핵문제 해결을 위해 중국에 너무 기대하지 말라"며[69] 노골적으로 중국을 비판하면서 미국과의 대화의지를 강하게 표출하였다. 이용호 부상도 2012년 3월 뉴욕을 방문하면서 "미국이 우리와 동맹을 맺고 핵우산을 제공하면 당장이라도 핵무기를 완전히 포기할 용의가 있다"며 미국과의 관계개선 의사를 표명하였다.[70] 이는 북한으로서는 언제든 미국과 손잡을 수 있음을 시사하여 미국과 중국의 갈등을 조장하고 이를 통해 이득을 취할 수 있음을 보여주는 것이자[71] 미국과의 관계개선을 통해 중국을 견제하는 연성균형을 지속적으로 추구하고 있음을 보여주는 사례들이다.

김정일 위원장을 비롯한 북한 당국자들의 언급뿐 아니라 실제 북한은 핵심적인 지역현안에 대한 협의에서 중국의 영향력을 제어하려는 움직임도 보이고 있다. 2007년 제2차 남북정상회담에서 채택된 10·4정

---

[68] 이상숙, "북미관계 개선 이후 북한의 대중정책: 미중관계 변화를 중심으로," 『북한학연구』 제4권 1호(2008). 이상숙은 등거리외교를 위해서는 대립적인 두 국가가 존재해야 한다는 점에서 미국과 중국이 갈등하는 경우 북한이 이들을 상대로 등거리외교를 전개할 것으로 본다. 이와 관련, 앞에서도 살펴보았지만 (각주 23 참조) 북한이 미국과 중국이 협력적이기보다는 갈등과 마찰을 겪을 것이라는 인식을 표출하고 있다는 점이 주목된다.

[69] 박승준·김기훈, "北 김계관, 美는 中에 기대 말라," 『조선일보』(2007. 3. 9).

[70] 이우탁, "北 리용호 '화려한 발언'…美 신중행보," 『연합뉴스』(2012. 3. 13).

[71] 현성일(2007), p. 340.

상선언에 한반도 평화체제 수립과 관련하여, 북한의 요구로 '직접 관련된 3자 또는 4자 정상'들의 종전선언 추진이 적시된 것도 '3자'에서 중국을 배제할 수 있음을 시사하여 이 또한 중국을 견제하려는 북한의 의도를 보여주는 한 사례이다. 또한 북한에 대한 비핵화 논의과정은 중국을 중재자로 활용하지만 결국 미국과의 대화를 통해 핵심적인 문제들을 풀어 감으로써 중국의 과도한 영향력 확대를 경계하는 북한의 입장을 잘 보여준다. 이는 2011년 7월과 10월, 2012년 2월 북·미 고위급 회담을 통해 비핵화 사전조치에 먼저 합의하고 북·미 간에 비핵화에 대한 핵심적인 사항들을 우선적으로 협의한 다음 6자회담 재개로 나가려는 북한의 전략에서 분명하게 확인된다.

러시아도 북한의 대중국 연성균형 정책의 주요한 대상이다. 이는 과거 중소 사이에서 등거리외교를 통해 실리를 극대화했던 양태의 연장선에서 북한 외교의 일반적 특징으로 이해될 수 있지만, 중국에 대한 의존도가 심화되는 과정에서 더욱 주목되는 것이다. 김정일 위원장은 2010년부터 1년 사이에 중국을 세 차례나 방문한 뒤 2011년 8월 극동시베리아 지역을 방문하여 남·북·러 가스관연결 사업 등 러시아와의 경제협력 문제를 협의하였고, 특히 메드베데프 러시아 대통령과의 정상회담에서 핵물질 생산과 핵실험 중단 가능성을 언급함으로써[72] 동북아의 핵심적인 안보현안에 대한 러시아의 중재자적 입지를 제고시켜 주었다. 이는 러시아를 적절히 활용하여 중국이나 미국을 견제하려는 전략으로 "중국의 동진정책을 러시아의 남진정책으로 견제"하는[73] 효과가 있는 것이다.

---

72) 유철종, "러-북 정상, 울란우데서 어떤 합의했나," 「연합뉴스」(2011. 8. 24).
73) 홍현익, "김정일의 러시아 방문과 북·러의 전략," 『세종논평』(2011. 8. 22), p. 1.

2) 군사적 대응: 자위와 내적 균형

군사적 차원에서 북한은 자위적 군사력 강화를 지속적으로 추구하면서 중국의 반대에도 불구하고 핵무기와 미사일 개발을 지속함으로써 내적 균형(internal balancing)을[74] 도모하고 있다. 북한의 자주성 견지는 군사부문에 가장 강하게 투영되고 있다. '군력'(軍力)을 핵심요소로 삼아 전반적인 국력을 강화함으로써 강성대국을 달성하겠다는 선군정치 논리나 강성대국의 핵심지표인 군사강국 추구가 이를 보여준다. 이는 기본적으로 한·미·일 등의 군사적 위협에 대응한 자구노력일 수도 있으나, 주변 대국, 특히 중국과의 관계도 고려한 '내적 균형' 정책의 전형적인 사례로 볼 수도 있다.

북한은 1960년대부터 철저하게 국방에서의 자위를 견지해 왔다. 북한은 1963년 이래 전군의 간부화와 현대화, 전민 무장화와 전국 요새화라는 4대 군사노선을 본격적으로 추진해 왔고 이는 선군정치 하에서도 지속적으로 강조되고 있다. 북한은 자위적 군사노선을 관철하기 위해 국방공업에 대한 우선적인 자원배분도 선군정치 시대의 경제노선으로 천명하고 있다. 2002년부터 천명된 국방공업 우선과 농업·경공업 동시발전 노선이[75] 그것이다.

북한의 자위적 국방과 관련하여 가장 중요한 요소는 핵무기와 이를

---

74) 내적 균형은 동맹 형성과 같은 외적 균형(external balancing)의 불리한 점들을 해결하기 위해 군사비지출 증대나 징병제 시행과 같이 자신의 추가적인 자원을 동원하여 상대방에 대한 균형을 모색하는 정책으로 '자위'(self-help)를 의미한다. John J. Mearsheimer, *The Tragedy of Great Power Politics* (New York, N.Y.: W. W. Norton & Company, 2001), p. 157.

75) 통일연구원, 『2009 북한개요』(서울: 통일연구원, 2009), p. 187.

운반할 수 있는 미사일의 개발이다. 북한은 한국전쟁 종전 직후인 1955년 원자 및 핵물리학 연구소를 설립한 이후 1963년 소련으로부터 실험용 원자로인 IRT-2000을 도입하고 1986년에는 자체적으로 개발한 영변의 5MWe 원자로를 가동하는 등 반세기 이상 꾸준하게 핵개발을 추진해 왔다. 그 결과 북한은 2006년 10월과 2009년 5월 두 차례에 걸친 핵실험을 통해 핵무기를 제조할 수 있는 능력이 있음을 과시하고 핵무기 보유를 기정사실화하였다.[76]

북한은 특히 2009년부터 기존의 플루토늄 프로그램을 사실상 폐기

〈표 7-1〉 북한의 1·2차 핵실험 비교

구 분	1차 (2006.10.9)	2차 (2009.5.25)
위 력	지진규모 3.9, 1kt 이하	지진규모 4.5, 2~4kt
결 과	핵폭발 성공, 폭발위력 제한	핵폭발력 증대
의 미	핵무기 제조능력 확인	핵보유 기정사실화

* 출처: 함형필(2012), p. 1.

〈표 7-2〉 북한의 미사일 제원

구분	SCUD-B	SCUD-C	노동	무수단(IRBM)	대포동1호	대포동2호
사거리(km)	300	500	1,300	3,000 이상	2,500	6,700 이상
탄두중량(kg)	1,000	770	700	650	500	650~1,000(추정)
비고	작전배치	작전배치	작전배치	작전배치	시험발사	개발 중

* 출처: 국방부, 『국방백서 2010』(서울: 국방부, 2010), p. 282.

---

76) 함형필, "서울 핵안보 정상회의와 한반도비핵화 전망," 제26차 서울대학교 통일평화연구원 통일정책포럼 발표문(2012. 3. 13), p. 1.

하고 우라늄농축 프로그램에 기반한 핵개발로 옮겨갔다. 북한은 2010년 11월 미국의 핵전문가들에게 원심분리기 2,000기 규모의 우라늄농축시설을 공개하였고 25~30MWe 규모의 실험용경수로도 자체적으로 건설하고 있다.77)

북한은 동시에 1998년 8월, 2006년 7월, 2009년 4월에 이어 2011년 4월에 장거리미사일 또는 위성운반 로켓을 발사하여 사실상 대륙간탄도미사일(ICBM) 개발을 완료해 가고 있다.

북한의 핵무기와 장거리미사일 개발은 중국의 분명한 반대 속에서 추진되고 있다. 중국은 2006년 '횡포하게'(悍然) 핵실험을 했다며 북한을 비난하였고, 유엔안보리의 대북제재 결의 1718호 채택에 협조하였을 뿐 아니라 2009년 핵실험 시에도 이전의 대북제재 결의 1718호보다 제재가 훨씬 더 강화된 유엔안보리 대북제재 결의 1874호 채택에 협조하였다. 2012년 4월 북한의 광명성 3호 발사에 대해서도 중국은 반대입장을 표명하고 발사에 대한 유엔 차원의 대북제재 강화에 협조하였을 뿐 아니라78) 북한의 추가적인 핵실험에 대해 여러 차례 반대입장을 표명하기도 하였다.79)

북한이 이렇게 국제사회, 특히 중국의 반대에도 불구하고 핵무기를

---

77) Siegfried S. Hecker, "A Return Trip to North Korea's Yongbyon Nuclear Complex" (November 20, 2010). http://iis-db.stanford.edu/pubs/23035/HeckerYongbyon.pdf(검색일: 2011. 11. 5). 2012년 8월 IAEA 평가에 따르면 북한의 경수로 건설은 경수로 건물의 돔이 완공되고 냉각시스템도 갖추어졌으며 내부 기기도 설치됐을 가능성이 있을 정도로 진전된 것으로 알려졌다. "IAEA '북한, 경수로건설 크게 진전'," 「연합뉴스」(2012. 8. 31).

78) United Nations Security Council, "Statement by the President of the Security Council," S/PRST/2012/13 (April 16, 2012).

79) 신삼호, "中, 北핵실험 반대의사 재차 표명," 「연합뉴스」(2012. 4. 26); "中, 북한 핵실험 반대" 「연합뉴스」(2012. 4. 29).

개발하는 목적은 여러 가지일 수 있다. 일반적으로 특정 국가가 핵무기를 개발·보유하는 이유로는 핵으로 무장한 적의 공격 억제, 재래식군비의 비대칭성 극복, 군사적 우위 추구, 지구적 또는 지역적 강국으로 부상, 국제적 지위 강화, 외톨이 국가의 생존능력 과시, 정치적·군사적 독립자산, 국내 사기진작, 초강대국에 의한 지역적 개입 억제, 경제적 방위부담 경감 등이 지적되고 있다.[80] 북한이 핵무기를 개발한 배경에도 이와 같은 요인들이 존재한다고 볼 수 있다. 특히 북한의 입장에서는 대내적으로 재래식군비의 열세를 극복하고 방위비부담을 경감하며 주민들의 사기를 진작하여 정치적 정당성을 강화하는 것과, 대외적으로 정치적·군사적 자주성을 확보하며 국제적 지위를 강화함으로써 미국이나 남한으로 인한 안보위협에 대처하면서 정권과 체제의 생존을 모색하기 위해 핵개발을 강행하고 있다.

그러나 이를 부상하고 있는 중국에 대한 대응이라는 관점에서 보면 중국에 대한 견제심리를 집중적으로 표출한 것일 수도 있다.[81] 북한은 인공위성 발사국에 더하여 핵을 보유함으로써 대국들 틈에서 어깨를 펴고 살 수 있게 되었다며[82] 이러한 속내를 드러내고 있다.

3) 경제적 대응: 자립과 실용주의

북한은 중국의 경제성장과 특히 동북진흥에 대해 실용적으로 접근하면서 경제적 실리를 적극 도모하고 있다. 이는 최근 북한과 중국 간의 경제협력 심화로 나타나고 있다. 그러나 경제협력 심화는 사실상 중

---

80) Stephen M. Meyer, *The Dynamics of Nuclear Proliferation* (Chicago: University of Chicago Press, 1984), pp. 48-49.
81) 현성일(2007), p. 350.
82) 리동찬, "김정일 동지의 혁명 유산," 「로동신문」(2011. 12. 28).

국에 대한 의존도 심화로 이어지고 있으며, 북한이 정치군사적인 자주성을 견지할 토대를 침식하고 있다.

북한의 대중국 경제협력 심화는 우선 양국 간 무역규모와 비중에서 확인된다. <표 7-3>에서 보듯 북한의 대중국 무역 의존도는 2010년 83%에 달하였다. 2위인 러시아는 2.6%에 불과할 정도로 북한의 중국에 대한 무역 의존도는 압도적이다.[83]

최근 북·중 간의 경제협력이 보이는 또 다른 특징은 중국자본의 북한 진출이 늘어나고 있다는 점이다. 북한에 진출한 중국기업의 수나 투

〈표 7-3〉 북한의 10대 무역상대국 (단위: US$천, %)

국가명	북한의 수출		북한의 수입		수출입합계		점유율	
	2009	2010	2009	2010	2009	2010	2009	2010
중국	793,048	1,187,861	1,887,686	2,277,816	2,680,734	3,465,677	78.5%	83.0%
러시아	20,628	26,960	41,060	83,619	61,688	110,579	1.8%	2.6%
독일	26,798	34,368	43,177	24,579	69,975	58,947	2.0%	1.4%
인도	8,108	32,976	52,331	25,500	60,439	58,476	1.8%	1.4%
태국	14,017	21,527	30,273	29,759	44,290	51,286	1.3%	1.2%
싱가포르	1,860	720	55,385	47,777	57,245	48,497	1.7%	1.2%
방글라데시	28,730	36,788	7,277	97	36,007	36,885	1.1%	0.9%
홍콩	29,974	12,358	26,331	18,476	56,305	30,834	1.6%	0.7%
이탈리아	1,219	1,001	23,106	24,728	24,325	25,729	0.7%	0.6%
멕시코	4,615	10,723	927	14,723	5,542	25,446	0.2%	0.6%
10개국합계	928,997	1,365,282	2,167,553	2,547,074	3,096,550	3,912,356	90.7%	93.6%
기타	133,789	148,349	183,479	113,700	317,268	262,049	9.3%	6.4%
총합	1,062,786	1,513,631	2,351,032	2,660,774	3,413,818	4,174,405	100%	100%

* 10대 무역국은 2010년 수출입 합계를 기준으로 작성.
* 출처: KOTRA, 『2010 북한의 대외무역 동향』 KOTRA자료 11-033(2011. 8), p. 9.

---

[83] 여기에는 남북교역이 제외되어 있다. 그러나 2010년 남북교역액 19.1억 달러를 포함한다 하더라도 북한의 전체 대외무역에서 중국이 차지하는 비중은 57.1%에 달한다. 홍익표 외, 「북한의 대외경제 10년 평가(2001~2010)」(서울: 대외경제정책연구원, 2011), p. 100.

자규모 등은 정확히 집계되지 않고 있지만,[84] 대북투자가 다양한 부문으로 확대되고 있는 점은 주목된다. 중국은 동북진흥을 위한 인프라구축 과정에서 북한과의 교통 일체화를 추구하고, 자국의 경제성장에 필요한 자원개발과 이에 필요한 인프라구축 등에 집중적으로 투자하며[85] 제조업에 더해 주민생활과 밀접히 연관된 상업·유통부문까지 진출하고 있다.[86]

북한과 중국의 경제협력과 관련하여 가장 주목되는 것은 양국이 경제특구를 공동으로 개발하고 관리하기 시작하였다는 점이다. 북한과 중국은 김정일 위원장이 생존하고 있었던 2011년 6월 위화도·황금평 경제지대와 라선경제지대 공동개발을 위한 착공식을 개최하였다.[87]

---

[84] 중국의 대북투자에 대해서는 Drew Thompson, *Silent Partners: Chinese Joint Ventures in North korea*, A U.S.-Korea Institute at SAIS Report (February 2011) 참조. 톰슨이 중국 당국의 자료, 중국 투자가들과의 인터뷰, 언론보도 등을 통해 조사한 결과 1997년부터 2010년까지 공식적으로 법적 지위를 확보한 138개의 북·중 합작기업이 설립되었는데, 이 가운데 채취업이 41%, 경공업이 38%, 서비스업이 13%, 중공업이 8%를 차지하였다. Thomson (2011), p. 53.

[85] 교통·물류인프라 구축을 위한 북한과 중국 간 협력에 대해서는 안병민, "북중 간 경제협력 현황과 향후 발전전망: 교통인프라를 중심으로," 서울대학교 통일평화연구원 통일정책포럼 발표문(2011. 8. 18). 북한과 중국 간 인프라구축 협력의 대표적 사례인 신압록강대교 건설을 보면, 중국은 1단계(단둥-신의주)와 2단계(신의주-평양), 3단계(평양-개성)로 나누어 프로젝트의 타당성을 조사함으로써 향후 북한의 주요 간선축과의 연계를 통해 대북 경제협력 확대뿐 아니라 한반도(남북)와 중국 간 연계발전과 협력심화까지 모색하고 있음을 보여주었다. 안병민(2011), p. 18. 북한과 중국은 만포-지안 간 다리도 공동으로 건설하고 관리하기로 합의하였다. "조선과 중국 만포-지안국경다리의 공동건설과 관리 및 보호에 관한 협정 조인,"「조선중앙통신」(2012. 5. 10).

[86] 홍익표 외(2011), pp. 103-110.

[87] "황금평·위화도경제지대와 라선경제무역지대 조중공동 착공식,"「조선중

그리고 김정은 제1위원장 시대에 들어서도 2012년 8월 장성택 국방위원회 부위원장이 중국을 방문하여 두 경제지대 개발을 위한 '조중 공동지도위원회' 3차 회의를 갖고 두 경제지대 관리위원회 설립을 선포하는 등 개발협력을 진전시키고 있다.[88] 두 경제지대 공동개발은 중국의 동북진흥전략과 북한의 외자유치를 통한 경제회생 전략이 만들어 낸 성과물이다. 중국은 균형개발 차원에서 2001년 서부대개발에 이어 2003년부터 동북진흥을 추진하고 있으며 이를 위한 핵심과제로 '랴오닝연해 경제벨트'와 '창춘-지린-투먼 개방개발선도구'를 개발 중이다.[89] 이러한 중국의 개발전략은 북·중 간 접경지역의 안정과 발전에 더해 북한지역이 지닌 지경학적 가치를 활용할 필요성을 증대시켰고 그 결과 북·중 양국은 동서 접경지대를 공동으로 개발하고 있다. 특히 중국의 창지투 개발계획은 출해 통로를 필요로 하였고 이는 라선경제지대의 공동개발과 청진항 공동이용[90] 등으로 나타나고 있다.

앙통신』(2011. 6. 9). 두 경제지대 개발의 배경과 현황에 대해서는 홍익표 외 (2011), pp. 111-122; 안병민(2011); 원동욱, "중국의 창지투 개발계획과 대북협력 확대의 현황 및 과제," 평화재단 평화연구원 제50차 전문가포럼 발표문 (2011) 등 참조. 북한 최고인민회의 상임위원회는 2011년 12월3일 '황금평·위화도경제지대법'을 채택하고(정령 2006호), 1993년 제정된 '라선경제무역지대법'을 수정, 보충하였다(정령 2007호).

[88] "라선경제무역지대와 황금평·위화도경제지대 공동개발 및 공동관리를 위한 조중공동지도위원회 제3차 회의 진행,"「조선중앙통신』(2012. 8.1 4).

[89] 랴오닝연해 경제벨트는 2009년 7월 국무원 승인을 받았고 창지투 개발개방선도구는 2009년 8월 국무원의 승인을 받은 사업이다.

[90] 북한은 2010년 청진항을 중국에 임차하여 중국의 투먼에서 북한의 남양과 청진으로 이어지는 물류체계 구축에 협조하고 있는 것으로 알려졌다. 임명, "2000년대 북한의 대중 경제의존 및 영향 분석," 한국수출입은행·통일연구원·한국경제신문사 공동주최 "북한 시장경제의 현주소와 발전 전망" 학술회의 발표문(2011. 7. 15), p. 67-68. 중국의 청진항 이용은 단순한 물류 차원을

북·중 간의 이러한 경제협력 확대는 북한의 대중국 의존도를 구조화할 수 있다는 점에서 심각성을 내포하고 있다. 사실 중국이 북한과의 경제협력을 북한의 동북4성화라는 고도의 정치적 기획에 따라 추진하고 있는 것은 아니며 북·중 경제협력 또한 한반도의 평화와 발전에 긍정적으로 기능하는 측면도 가지고 있다.[91] 그럼에도 불구하고 북한은 원유나 식량과 같은 전략물자와 원자재 등을 대부분 중국에 의존하고 있으며[92] 시장에서 판매되는 공산품의 70% 이상이 중국산이라는 점에서[93] 주민들의 생활필수품조차 중국에 의존하고 있다. 이는 북한의 자생적인 산업생산 회복을 사실상 불가능하게 할 수도 있다는 점에서 북한의 산업기반을 붕괴시킬 수 있다. 이런 상황에서 중국의 대북투자 확대는 북한경제의 대중국 의존도를 구조적으로 더욱 심화시킬 수 있다.

북한도 이에 대한 대응방안을 강구하고 있다. 북한은 대외적으로 중국에 대한 견제세력이 될 수 있는 러시아와 천연가스관 통과, 시베리아 횡단철도와 한반도 종단철도 연결, 라진항 공동개발 및 이용, 러시아의 극동지역 잉여전력 수입 등 다방면의 경제협력을 모색하면서[94] 지난 9월에는 러시아와 구소련 시절 채무를 조정한 협정을 체결하여[95] 러시

넘어 북·중 간의 군사협력 차원에서 중국이 동해로 진출할 가능성을 열어준다는 점에서 매우 주목되는 사안이다.

91) 이희옥, "중국의 대북한정책 변화의 함의: 동북4성론 논란을 포함하여,"「현대중국연구」, 제8집 2호(2006) 참조.

92) 홍익표 외(2011), p. 101; 임명(2011), pp. 57-60.

93) 이영훈, 『탈북자를 통한 북한경제 변화상황 조사』(서울: 금융경제연구원, 2007), p. 10.

94) 홍익표 외(2011), pp. 262-270. 이에 더해 남북관계 개선을 통한 경제협력 확대나 일본과의 관계개선 움직임도 경제적 실리 극대화라는 측면과 함께 대중국 의존도 분산을 위한 북한의 자구적 움직임일 수 있다.

아와의 경제협력 본격화를 위한 여건을 마련하였다. 한편 북한은 대내적으로 경제자립을 지속적으로 강조하는 가운데[96] 국방위원회 주도하에 2010년 국가개발은행을 설립하여[97] 국가 경제개발의 전략적 목표를 담은 국가개발10개년 계획[98]을 수립・추진하고 조선대풍국제그룹[99]을 통해 이에 필요한 외자유치를 추진하고 있다. 또한 2010년 7월 내각 산하 합영투자국을 무역성과 동급의 합영투자위원회로 격상시켰으며[100] 중국뿐 아니라 싱가포르, 인도네시아 등 다양한 국가들로부터 외자를 유치하는 데 박차를 가하고 있다. 북한의 입장에서는 경제협력

---

[95] "조선과 로씨야사이에 빚조정에 관한 협정 조인," 「조선중앙통신」(2012. 9. 18).
[96] 한치일, "현시기 원료, 연료의 주체화, 국산화는 자립경제강국 건설의 필수적 요구,"『경제연구』제154호(2012년 제1호); 좋은벗들, "국산품으로 수출품을 밀어내라," 「오늘의 북한소식」 제450호(2012. 4. 11).
[97] "국가개발은행 리사회 제1차회의,"『조선중앙통신』(2010. 3. 10).
[98] 김치관, "단독입수: 북 대풍그룹 '2010-2020 북한 경제개발 중점대상',"『통일뉴스』(2011. 10. 6). 2010년 내각 결정으로 채택된 국가개발 10개년계획에 따르면 북한은 2010년부터 2020년까지 총 1,000억 달러의 외자를 유치하여 김책광업제련단지, 청진중공업지구, 나선석유화학공업지구, 남포첨단과학기술단지 등 공업지구를 개발하고, 철도 4,772km, 도로 2,490km를 건설하며 평양국제공항을 연인원 1,200만 명을 수용할 수 있는 규모로 확장하고, 에너지부문에서는 연간 4,000만 톤 생산규모로 탄광을 개발하며 60㎾ 화력발전소 10기를 건설하여 600만㎾의 전력을 생산하고 1,500km에 달하는 송전망도 건설할 예정이며 농업부문에서도 농약공장, 종자기지, 종합기계공장 등을 건설하고 축산업을 진흥시킬 계획이다.
[99] "조선대풍국제투자그룹 리사회 제1차회의,"『조선중앙통신』(2010. 1. 20)
[100] "합영투자지도국을 합영투자위원회로 개편,"『조선중앙통신』(2010. 7. 8); 정무헌, "합영투자위원회 김지혁 연구원에게서 듣다, 강성대국건설 위한 외자 유치,"『조선중앙통신』(2011. 6. 22).

을 다변화시키면서 내부의 성장기반 확충을 위한 움직임을 보이는 것이다.

문제는 이러한 노력이 성과를 내기 어려운 상황이라는 점이다. 북한이 핵무기와 장거리 미사일 개발을 지속함으로써 국제적 제재와 압박, 그에 따른 고립이 더욱 심화되는 상황에서 외자유치를 통한 산업기반 구축은 불가능하기 때문이다. 이런 점에서 북한이 경제협력의 다변화와 산업기반 재구축을 지속적으로 모색함에도 불구하고 경제의 대중국 의존도는 당분간 지속될 가능성이 높다.

4. 결론: 평가 및 정책적 시사점

이제까지 살펴본 바에 따르면 북한은 중국의 국제적 위상이 높아지고 있음을 인식하고 실용적인 측면에서 경제적 기회를 활용하면서도 그로 인한 정치적·외교적 위험성들을 회피하기 위한 헤징전략을 다방면에 걸쳐 전개하고 있다. 그러나 헤징전략은 비용을 발생시킨다.[101] 북한이 지불하고 있는 가장 큰 비용은 핵무기와 미사일개발에 대한 국제적 제재와 압박에서 발생하는 국제적 고립이며, 내적 균형을 위한 과도한 군사비지출로 인한 자원배분 왜곡과 경제회복 지체이다. 이는 역설적으로 북한의 대중국 헤징전략의 토대를 약화시키면서 대중국 의존도를 심화시키는 요인이 되기도 한다. 경제적 의존도 심화가 그것이다. 북한으로서는 핵개발 등 내적 균형정책에서 벗어나고 과감한 개혁개방을 시도하지 않는 한 자주와 의존의 딜레마에서 벗어나기 어려운 형국에 처해 있는 것이다.

---

101) Tessman and Wolfe (2011), p. 220.

이런 가운데 북한의 대중국 헤징전략은 크게 세 가지 차원에서 정책적 함의를 던지고 있다. 첫째, 대외관계 개선과 관련하여 북한은 단기 정세와 무관하게 남북관계 개선 수요를 지속적으로 갖고 있으며 중국의 부상이 가속되면 될수록 그 수요는 커질 것이다. 북한으로서는 남한과의 관계를 개선함으로써 중국과 일정한 거리를 유지할 기반을 확보할 수 있기 때문이다. 북한의 대중국 헤징 성격을 지니고 있는 남·북·러 경제협력도 남북관계가 개선되어야 실현될 수 있다. 북한은 또한 중국을 견제할 균형자로 주변 강대국들과의 관계개선에 대한 수요를 갖고 있다. 북한은 탈냉전기 들어 미국을 주목하고 있다. 러시아도 북한의 대중국 의존도 분산의 대상이다. 북한은 국제적 고립에서 벗어나고 경제적 실리를 극대화하기 위함뿐 아니라 특히 중국의 부상에 대한 헤징 차원에서라도 미국 등 주변 강대국과의 관계개선을 필요로 하고 있다. 따라서 남한이나 미국의 입장에서는 북한의 중국에 대한 경계와 대응을 적절히 활용하여 북한에 건설적으로 관여할 수 있는 여지가 존재하는 것이다.

둘째, 동북아 차원에서 한반도의 지정학적 가치에 대한 재인식과 동북아 전략환경의 변화에 던지는 함의이다. 현재와 같이 한·미·일과 북·중(러)이 대치하는 상황에서 1953년 정전협정에 따른 한반도의 분단선은 동북아 세력균형선일 수 있다. 반면 북한이 미국 및 일본과의 관계를 정상화하고 동시에 남북관계를 개선하면서 한반도 평화체제가 수립된다면 동북아의 세력균형은 변화를 겪을 수밖에 없다. 미국과 중국의 대립이 향후 더욱 심화될 가능성이 높은 상황에서 한반도가 더 이상 동북아 세력균형의 대치점이 아니라 미국과 중국 사이에서 안정과 협력 촉진자의 역할을 담당하면서 평화적 공존과 협력의 모멘텀을 제공할 기회의 창이 열릴 수 있다는 것이다. 북한의 대중국 헤징전략이 적절히 활용된다면 한반도의 지정학적 가치는 지역의 안정과 협력을 향해 극대화될 수 있는 가능성을 지니고 있다.

셋째, 동북아 불안정의 중요한 진원인 북한의 핵무기개발을 단념시키기 위해서는 중장기적인 차원에서 접근할 필요성이 있다는 점이다. 북한은 미국뿐 아니라 부상하는 중국에 대한 헤징전략의 일환으로도 핵무기개발에 집착하고 있다. 이는 북한의 핵무기개발이 단순히 외부의 침공에 대한 안보우려에서 비롯된 것이라기보다 대내 정치적 성격과 함께 주변 강대국들 사이에서 체제와 정권의 생존과 위신 제고를 위한 선택일 수 있음을 의미한다. 그리고 무엇보다 북한의 허약한 경제적 토대가 중국에 대한 의존도 심화로 발전하면 할수록 정치적·군사적 차원의 자주성 견지를 위한 핵무기개발에 북한이 더욱 매달릴 수도 있음을 시사한다. 이런 점에서 북한 핵문제의 기본적 해법은 북한이 자주와 의존의 딜레마에서 벗어날 수 있는 내적 조건을 마련하는 데 놓여 있을 수 있다. 그 핵심은 북한 경제발전일 수 있다. 경제발전은 중장기적으로 사회변동을 수반하고 정치적인 변화를 위한 구조들을 창출하여 '북한문제'를 근본적으로 해결할 길을 열 수도 있다. 대외적으로 평화적인 안보환경을 조성하는 것뿐 아니라 북한경제를 점진적인 성장 궤도로 올려 세울 수 있는 내적 개혁·개방 촉진과 외적 협력확대가, 북한의 핵보유를 인정하는 것이 아니라, 북한체제와 정권의 불안정문제를 일정하게 해소하는 가운데 점진적인 체제전환과 핵포기를 위한 토대를 제공할 수 있다.

참고문헌

국방부,『국방백서 2010』(서울: 국방부, 2010).
김강일, "북·중관계 현황과 변화전망," 평화문제연구소 주최 '한반도 주변정세 변화와 재외동포사회의 통일의식' 학술회의 발표문(2010. 10).
김계동,『북한의 외교정책: 벼랑에 선 줄타기외교의 선택』(서울: 백산서당, 2002).
김동성,『한반도 동맹구조와 한국의 신대외전략』(서울: 한올아카데미, 2011).
김영윤, "중국의 대북한 경제적 영향력 확대와 한국의 과제,"『정책과학연구』제20집 2호(2011).
김예경, "중국의 부상과 북한의 대응전략: 편승전략과 동맹, 유화 그리고 현안별 지지정책,"『國際政治論叢』제47집 2호(2007).
김정일, "인민대중 중심의 우리식 사회주의는 필승불패이다(1991년 5월 5일 조선로동당 중앙위원회 책임일군들과 한 담화),"『김정일 선집 11권』(평양: 조선로동당출판사, 1997).
김흥규, "한반도 통일에 대한 중국의 입장 및 역할," 제122회 흥사단 금요통일포럼 발표문(2012. 3. 23).
나미나, "일본의 대북외교 현황,"『KDI 북한경제리뷰』(2011. 11.).
남성욱, "중국자본 대북투자 급증의 함의와 전망,"『統一問題硏究』통권 제45호 (2006).
리기성, "라선무역지대는 동북아시아지역 경제협력의 기본 거점," 제10차 코리아학국제학술회의 논문집(2011. 8. 24-25).
매들린 올브라이트, 백영미 외 역,『마담 세크리터리(Madam Secretary)』(서울: 황금가지, 2003).
박창희, "지정학적 이익 변화와 북·중동맹관계: 기원, 발전, 그리고 전망,"『중소연구』통권 제113호(2007).
배종렬, "최근 북·중 경제관계의 특징과 시사점,"『수은북한경제』(2010년 겨울).
변상정, "북한의 2012년 강성대국 건설 추진 동향과 전망,"『군사논단』제67호 (2011).
서보혁, "북·중·러 3국의 협력 실태에 관한 세 가지 질문,"『통일과 평화』제3집 2호(2011).
송현철, "동북아시아 지역 내 경제협력의 강화와 조선반도종단철도," Tumen River Academic Forum 2011 발표 논문집(2011. 8. 21-22).

안병민, "북·중 간 경제협력 현황과 향후 발전 전망: 교통인프라를 중심으로," 서울대학교 통일평화연구원 통일정책포럼 발표문(2011. 8. 18).
어우양산, 박종철·정은이 공역, 『중국의 대북조선 기밀파일』(서울: 한울, 2008).
오승렬, "북·중 경제관계의 구조와 정치경제적 함의에 관한 소고," 『북한연구학회보』 제14권 1호(2010).
우승지, "김정일 시대 북한의 국제관계론 이해," 현대북한연구회 엮음, 『김정일의 북한, 어디로 가는가?』(서울: 한울, 2009).
원동욱, "동북공정의 내재화, 중국 동북지역 인프라개발의 전략적 함의," 『國際政治論叢』 제49집 1호(2009).
_____, "중국의 창지투 개발계획과 대북협력 확대의 현황 및 과제," 평화재단 평화연구원 제50차 전문가포럼 발표문(2011).
유승경, "북한경제의 중국 의존 깊어지고 있다," 『LGERI 리포트』(2010. 9. 29).
이기현, 『중국의 대북정책과 북·중동맹의 동학』 JPI 정책포럼 No. 2011-15 (2011).
이상숙, "북미관계 개선 이후 북한의 대중정책: 미중관계 변화를 중심으로," 『북한학연구』 제4권 1호(2008).
_____, "김정일-후진타오 시대의 북·중관계: 불안정한 북한과 부강한 중국의 비대칭적 협력 강화," 『한국과 국제정치』 제26권 4호(2010).
이영훈, 『탈북자를 통한 북한경제 변화상황 조사』(서울: 금융경제연구원, 2007).
이용희, "북한 경제의 중국 예속화 현상에 대한 이해와 대응," 『국제통상연구』 제14권 1호(2009).
이종석, 『북한-중국관계: 1945~2000』(서울: 중심, 2000).
_____, "북·중 경제협력의 심화: 특징과 함의," 『정세와 정책』(2011. 7).
이태환, "북·중관계," 세종연구소 북한연구센터 엮음, 『북한의 대외관계』(서울: 한울, 2007).
이희옥, "중국의 대북한정책 변화의 함의: 동북4성론 논란을 포함하여," 『현대중국연구』 제8집 2호(2006).
임동원, 『피스메이커: 남북관계와 북핵문제 20년』(서울: 중앙북스, 2008).
임명, "2000년대 북한의 대중 경제의존 및 영향 분석," 한국수출입은행·통일연구원·한국경제신문사 공동 주최 '북한 시장경제의 현주소와 발전 전망' 학술회의 발표문(2011. 7. 15).
장공자, "북한의 대중 협상전략과 우리의 대응전략," 『통일전략』 제9권 2호(2009).
장달중 외, 『북미대립: 탈냉전 속의 냉전 대립』(서울: 서울대학교출판부, 2011).

전재성, "강대국의 부상과 대응 메커니즘: 이론적 분석과 유럽의 사례,"『국방연구』제51권 3호(2008).
정우곤, "김정일 정권의 국가발전전략: '강성대국'을 중심으로,"『한국과 국제정치』제20권 4호(2004).
정재호,『중국의 부상과 한반도의 미래』(서울: 서울대학교출판문화원, 2011).
조선로동당 중앙위원회 당역사연구소,『우리당의 선군정치』(평양: 조선로동당출판사, 2006).
조명철 외,『북한경제의 대중국 의존도 심화와 한국의 대응방안』(서울: 대외경제정책연구원, 2005).
조선민주주의인민공화국 라선경제무역지대법(2011. 12. 3. 최고인민회의 상임위원회 정령 제2007호로 수정 보충).
_____ 황금평, 위화도경제지대법(2011. 12. 3. 최고인민회의 상임위원회 정령 제2006호로 채택).
진희관, "북한에서 '선군'의 등장과 선군사상이 갖는 함의에 대한 연구,"『國際政治論叢』제48집 1호(2008).
최명해,『중국·북한 동맹관계: 불편한 동거의 역사』(서울: 오름, 2009).
_____, "북한의 대중 의존과 중국의 대북영향력 평가,"『주요국제문제분석』(2010년 여름).
최종건, "북한의 세계관에 나타난 국제정치이미지 분석-이미지 이론을 중심으로," 이수훈 편,『북한의 국제관과 동북아질서』(서울: 한울, 2011).
KOTRA,『2010 북한의 대외무역 동향』KOTRA자료 11-033(2011. 8).
통일연구원,『2009 북한개요』(서울: 통일연구원, 2009).
한치일, "현시기 원료, 연료의 주체화, 국산화는 자립경제강국 건설의 필수적 요구,"『경제연구』제154호(2012).
함형필, "서울 핵안보정상회의와 한반도비핵화 전망," 제26차 서울대학교 통일평화연구원 통일정책포럼 발표문(2012. 3. 13).
허문영·마민호,『중국의 부상에 대한 북한의 인식과 대응』(서울: 통일연구원, 2011).
현성일,『북한의 국가전략과 파워엘리트』(서울: 선인, 2007).
홍익표 외,『북한의 대외경제 10년 평가(2001~2010)』(서울: 대외경제정책연구원, 2011).
홍현익, "김정일의 러시아 방문과 북·러의 전략,"『세종논평』No. 222(2011. 8. 22).

朱鋒, "中朝關係中的同盟因素: 變化与調整,"『중북 우호협조 및 상호원조조약과 한・미동맹』(국가안보전략연구소 주최 학술희의 발표문, 2011. 9. 1).

Brooks, Stephen G. and William C. Wohlforth, "Hard Times for Soft Balancing," *International Security* 30-1 (Summer, 2005).

Chung, Chien-peng, "Southeast Asia-China Relations: Dialectics of Hedging and Counter-Hedging," *Southeast Asian Affairs* (2004).

Goh, Evelyn, "Understanding Hedging in Asia-pacific security," *PacNet* 43 (August 31, 2006).

Hecker, Siegfried S.,, "A Return Trip to North Korea's Yongbyon Nuclear Complex" (November 20, 2010). http://iis-db.stanford.edu/pubs/23035/HeckerYongbyon.pdf (검색일: 2011. 11. 5).

Heginbotham, Eric and Richard J. Sammuels, "Japan's Dual Hedge," *Foreign Affairs* 81-5 (September/October, 2002).

Hendel, Michael, *Weak State in the International System* (London: Frank Cass, 1981).

International Crisis Group. *China and North Korea: Comrades Forever?* Asia Report No. 112 (February 1, 2006).

International Crisis Group, *Shades of Red: China's Debate over North Korea*. Asia Report No. 179 (November 2, 2009).

Kim, Samuel S. and Tai Hwan Lee, *North Korea and Northeast Asia* (Lanham, Maryland: Rowman & littlefield Publishers, Inc., 2002).

Kim, Sung Chull, "North Korea's Relationship with China: From Alignment to Active Independence" in Lam Peng Er and N. Ganesan, Colin Dürkop (eds.). *East Asia's Relations with a Rising China*. (Seoul: Konrad Adenauer Stifung, 2010).

Kuik, Cheng-Chwee, "The Essence of Hedging: Malaysia and Singapore's Response to a Rising China," *Contemporary Southeast Asia* 30-2 (2008).

Lam Peng Er, Narayanan Ganesan, and Colin Dürkop, "Introduction: China and East Asia's Mutual Accommodation" in Lam Peng Er and N. Ganesan, Colin Dürkop (eds.), *Facing a Rising China in East Asia* (Seoul: Konrad Adenauer Stifung, 2010).

Lindell, Ulf and Stefan Persson, "The Paradox of Weak State Power: A Research and Literature Overview," *Cooperation and Conflict* 21-79 (1986).

Manning, Robert A. and James J. Przystup, "Asia's transition Diplomacy: Hedging against Future Shock," *Survival* 41-3 (Autumn, 1999).

Mearsheimer, John J., *The Tragedy of Great Power Politics*. (New York, N.Y.: W.W. Norton & company, 2001).

Medeiros, Evans S., "Strategic Hedging and the Future of Asia-Pacific Stability," *The Washington Quarterly* 29-1 (Winter, 2005-2006).

Meyer, Stephen M. *The Dynamics of Nuclear Proliferation* (Chicago: University of Chicago Press, 1984).

Nadkarni, Vidya, *Strategic Partnerships in Asia: Balancing without Alliances*. (New York, N.Y.: Routledge, 2010).

Roy, Denny, "Southeast Asia and China: Blancing or Bandwagoning?," *Contemporary Southeast Asia* 27-2 (2005).

Scobell, Andrew, "China and North Korea: The Limits of Influence," *Current History* (September, 2003).

Tessman, Brock and Wojtek Wolfe, "Great Powers and Strategic Hedging: The Case of Chinese Energy Security Strategy," *International Studies Review* 13 (2011).

Thompson, Drew, *Silent Partners: Chinese Joint Ventures in North korea*. A U.S.-Korea Institute at SAIS Report (February, 2011)

Toje, Asle, "The EU Strategy Revised: European Hedging in Its Bets," *European Foreign Affairs Review* 15 (2010).

Tokola, "Hyundai Chairwoman on DPRK Trip, Kim Jong-Il," U.S. Embassy Seoul Cable (Reference ID: 09SEOUL1386, 2009.8.28). http://wikileaks.org/cable/2009/08/09SEOUL1386.html (검색일: 2012. 3. 30).

Womack, Brantly, "Asymmetry Theory and China's Concept of Multipolarity," *Journal of Contemporary China* 13-39 (May, 2004).

_____. *China among Unequals: Asymmetric Foreign Relationship in Asia*. (Singapore; Hackensack, N.J.: World Scientific, 2010).

You Ji, "China and North Korea: A Fragile relationships of Strategic Convenience," *Journal of Contemporary China* 10-28 (2001).

『로동신문』.『조선중앙통신』.「조선신보」.『경향신문』.『연합뉴스』.『조선일보』.『통일뉴스』.『한겨레신문』.「오늘의 북한소식」.
Xinhua.

| 제 8 장 |

한국의 G2 강대국 외교전략과 동아시아 정책

조 성 렬*

1. 문제제기

　중국은 2010년을 기점으로 국민총생산(GDP)에서 일본을 앞지르기 시작했고 경제성장률을 뛰어넘는 국방비지출을 통해 미국과 더불어 국제정치의 담론을 주도할 수 있는 사실상의 G2국가가 되었다. G2시대의 도래는 중국이 GDP 면에서 세계 2위에 오른 이듬해에 열린 2011년 1월 미·중 정상회담이 이를 상징적으로 보여주었다. 여러 경제전망들은 빠르면 오는 2025년 이전까지 국민총생산(GDP)에서 중국이 미국을 추월할 것으로 보고 있다.[1] 하지만 미국의 전략가 브레진스키는 2025년 이후의 세계질서가 미국을 대신해 중국이 주도하기보다는 혼돈의 시대가 될 것으로 예측하고 있다.[2] 중국이 부상하고 미국이 상대적

---

* 국가안보전략연구소 책임연구위원. 이 글은 연세대 동서문제연구원, 『동서연구』 제24권 제4호(2012년)에 게재 예정인 논문임.

1) 중국의 미국 경제규모 추월 시기에 대한 주요 예측기관들이 내놓은 전망에 대해서는 다음을 볼 것. 황병덕 외, 『중국의 G2부상과 한반도 평화통일 추진전략 제3부』(통일연구원, 2011), p. 89.

2) Zbigniew Brzezinski, *Strategic Vision: America and the Crisis of Global Power*

으로 쇠퇴하는 혼돈의 시대에 동아시아질서는 어떻게 될 것인가?

21세기 벽두에 미국은 9·11 테러사태라는 초유의 사건을 겪으면서, '테러와의 전쟁'을 선포하였다. 중국은 중앙아시아 지역에서 전개한 반테러전쟁에서 미국과 협력했을 뿐 아니라 6자회담을 통한 북한 핵문제와 월스트리트발 금융위기에서도 미국과 협력했다. 오바마 정부 들어와 중국을 첫 방문한 힐러리 클린턴 미 국무장관은 당면한 금융위기를 극복하기 위해 미·중이 협력해야 한다는 의미로 "같은 배를 타고 강을 건널 때 서로 평화롭게 지내자"(同舟共濟)고 말했고, 이에 원자바오 총리는 "강을 건넌 뒤에도 손잡고 나아가자"(携手共進)고 화답하였다.[3]

하지만 이러한 양국의 밀월관계도 그리 오래가지 않았다. 오바마 미 행정부가 이라크전쟁과 아프간전쟁에서 손을 떼기 시작하고 2010년부터 '아시아로의 중심축 이동'(pivot to Asia)을 선언하면서 양국관계는 흔들리기 시작했다. 중국은 두 자릿수의 높은 국방비 증가율을 유지하면서 해양통제 능력을 강화하고 주변국들과 해양영토 분쟁을 벌이고 있다. 미국은 중국의 부상에 대한 견제에 본격 나서며 중국과 갈등을 겪고 있는 나라들과 경제 및 군사협력을 확대·강화하고 있다. 중국의 주변국들과 연합 군사훈련을 확대 실시하고 탈냉전기에 들어와 폐쇄했던 미군기지도 부활시키려 하고 있다.

이처럼 미국과 중국의 관계가 냉각되기 시작하면서 이들 두 나라와의 관계를 어떻게 재정립할 것인가 하는 것이 한국의 대외전략을 수립하는 데 커다란 과제로 떠올랐다. 한국의 대외전략은 냉전시대에서 탈냉전시대를 거쳐 탈탈냉전시대(the-post-post-cold war)로 전환한 국제정세, 미·소 양극체제에서 미국 유일패권 체제를 거쳐 G2라고 불리는

(Basic Publishing, 2012), pp. 75-89.

3) Richard Spencer, "Hillary Clinton: Chinese Human Rights Secondary to Economic Survival," *The Telegraph* (Feb 20, 2009) (Internet version).

새로운 국제 역학관계의 형성 등과 같은 외부환경에 의해 영향을 받지 않을 수 없기 때문이다. 하지만 새로운 한국의 대외전략은 단지 국제정세의 흐름이나 강대국 관계의 변화에 맞춰 피동적으로 결정되어서는 안 된다. 그보다는 지난날 우리의 외교정책에 대한 면밀한 검토를 토대로 오늘날 우리의 국력에 대한 올바른 평가와 바람직한 외교행위를 찾아내 능동적으로 이루어져야 할 것이다.

2. 한국의 외교안보 신패러다임과 대외전략 기조

1) 한국 외교안보 신패러다임의 필요성

한국의 국력이 크게 신장하고 사회민주화가 진전되면서 국내에서는 진영외교에서 벗어나 고유의 국가이익에 입각한 외교전략을 모색해야 한다는 목소리가 대두하기 시작하였다. 이러한 논의의 촉발제가 된 것은 2005년 노무현 대통령(당시)이 밝힌 '동북아균형자론'이었다.[4] 2005년 2월 25일 노무현 대통령은 취임 2주년 국회연설에서 "우리 군대는 스스로 작전권을 가진 자주군대로서, 동북아시아의 균형자로서 동북아 지역의 평화를 굳건히 지켜낼 것"이라고 밝혔다. 그 뒤 이 발언은 3·1절 기념사, 공군사관학교 및 육군 3사관학교 졸업식, 외교부 및 국방부 업무보고로 이어졌다.

그러나 '동북아균형자론'은 보수언론들의 비판뿐만 아니라 일부 국제정치학자들로부터도 개념 사용의 부적절성, 정세인식의 오류, 국가역량에 대한 오판 등 여러 측면에서 지적을 받았다.[5] 이러한 비판과

---

4) 장달중, "시론: 국민과 함께 할 국가이익을 제시하라," 『조선일보』(2005. 4. 8).

지적이 계속되는 가운데 2005년 6월 10일 열린 한·미 정상회담 이후 노무현 정부가 더 이상 '동북아균형자론'에 대해 언급하지 않음으로써 이 개념은 더 이상 공식적으로 사용되지 않았다.[6] 하지만 '동북아균형자론'은 한국의 외교안보 패러다임을 재검토하는 계기를 제공하였다.[7]

국내 학계에서 한국 외교안보 패러다임 전환에 대한 재검토의 또 다른 계기가 된 것은 평화국가에 관한 일련의 연구들이다. 참여사회연구소를 중심으로 이루어진 시민사회 중심의 평화국가 연구는 동맹외교나 세력균형론에 경도된 현실주의 국제정치이론에 대한 도전으로서, 대외분야에서 바람직한 한국의 국가목표가 무엇이어야 하는지 하는 문제를 던져 외교안보 패러다임에 대한 재검토를 촉진하는 또 다른 계기가 되었다.[8]

---

5) 곽태환, "한국의 동북아 균형자 역할구성 무엇이 문제인가," 『지방자치』 통권 200호(2005), pp. 14-17; 여의도연구소, 「동북아균형자론, 무엇이 무엇인가」, (2006. 6. 14), 여의도연구소 홈페이지(www.ydi.or.kr).

6) 이지운, "한·미 정상회담 진단: 동북아 균형자론 사실상 포기한 듯," 『서울신문』(2005. 6. 11).

7) 김기정, "21세기 한국외교의 좌표와 과제: 동북아 균형자론의 국제정치학적 의미를 중심으로," 『국가전략』 제11권 4호(2005); 이근, "한국외교 패러다임의 대전환과 비전," 인터넷신문 프레시안(2005. 11. 22); 황병덕, 「동북아 정세변화와 한국의 동북아 균형자 역할 연구」 통일연구원(2006); 박영준, "'동북아 균형자'론과 21세기 한국외교," 『한국정치외교사논총』 제28집 제1호(2006); 배종윤, "동북아시아 지역질서의 변화와 한국의 전략적 선택: '동북아 균형자론'을 둘러싼 논쟁의 한계와 세력균형론의 이론적 대안," 『국제정치논총』 제48집 3호(2008).

8) 참여사회연구소 편, 『시민과 세계』 제10호에는 '안보국가를 넘어 평화국가로'라는 주제로 다음 세 편의 특집 논문이 실렸다. 구갑우, "한반도분단체제와 평화국가 만들기," 『시민과 세계』 제10호(2007); 이태호, "평화국가 만들기와 시민사회운동," 같은 책; 조성렬, "한국형 평화국가는 어떤 모습일까?: 평화중

이와 같은 외교안보 패러다임의 재검토와 외교정책의 재구축 논의가 이 시기부터 시작된 것은 무엇보다 정부 차원에서의 문제제기와 정부와 시민사회 간의 소통이 활발했던 당시의 국내정치적 상황이 반영됐기 때문이다. 이것은 국력신장에 따른 한국의 국제적 위상 제고라는 객관적 요인과 국제평화를 위한 외교적 역할의 자각과 같은 주체적인 요인들이 복합적으로 작용한 결과였다.

한국의 국력신장은 한국의 외교안보 패러다임을 전환하게 되는 출발점이 된다. 언제부터 중견국가가 되었는지에 대한 견해차이가 있을지언정, 한국이 경제력·국방비 등의 경성국력과 문화 등과 같은 연성국력을 고려한 종합국력으로 볼 때 약소국의 지위에서 벗어나 중견국가의 지위에 오른 것은 누구도 부인할 수 없는 사실이기 때문이다.[9]

하지만 한국이 국제적 위상에서 중견국가가 되었다고 외교행위까지 반드시 그에 상응해야 하는 것은 아니다. 실제로 한 국가의 국제적 위상과 그 나라의 외교행위가 반드시 일치하는 것은 아니다. 전후 일본의 경우는 국력으로 볼 때 일찍이 강대국의 지위에 올랐지만, 일본헌법 제9조의 제약 때문에 외교행위로 볼 때는 중견국가 외교를 수행해 왔다고 평가할 수 있다.[10]

급국가론의 모색," 같은 책; 구갑우, 『비판적 평화연구와 한반도』(후마니타스, 2007).

9) Jeffrey Robertson, "South Korea as a Middle Power: Capacity, Behavior, and Now Opportunity," *International Journal of Korean Unification Studies* 16-1 (2007), pp. 153-154. 중견국가들은 Middle Power Initiative를 구성해 활동해 왔으나, 2011년부터 Constructive Power Initiative(CPI)로 이름을 변경하여 회의를 개최하고 있다. CPI 1차 회의는 2011년 이스탄불, 2차 회의는 2012년 멕시코시티에서 열렸으며, 2013년부터는 연 2회 개최하기로 하고, 3차 회의를 오타와, 4차 회의를 서울에서 개최할 예정이다.

10) 添谷芳秀, 『日本のミドルパワー外交: 前後日本の選擇と構想』,(筑摩書房, 20

한국도 국제적 위상으로는 이미 1990년대 중반부터 중견국가의 지위에 올라섰지만, 그에 걸맞게 중견국가 외교행위를 보여주었다고 할 수는 없다. 국제적 위상에 맞는 외교안보 패러다임의 전환을 위해서는 상응한 국가자원을 동원해야 하기 때문에 이에 대한 국가지도자의 의지와 국민들의 동의가 필요하다.11) 외교안보 패러다임 논쟁이 벌어졌을 당시 과연 어떤 외교행위를 해야 하는 것이 바람직할지를 놓고 약소국가, 중약국가, 중견국가 등 논쟁이 전개된 것도 이 때문이다.

2) 새로운 외교안보 패러다임의 유형

(1) 약소국가 외교론

동북아균형자론을 비판하는 국제정치학자들의 견해는 주로 약소국 현실주의(small state realism) 외교론에 입각해 있다.12) 약소국 현실주의 국제정치학자들은 국제정치에서 국력의 평가가 상대적일 뿐 절대적인 의미는 없다고 보고, 동북아균형자론이 잘못된 국력평가에 기초하고 있다고 비판한다. 일반적으로 약소국가는 국가주권의 수호가 외교의 최우선 목표이기 때문에 초강대국과의 동맹을 선호하고, 전략적으로

---

05).

11) 케오핸(Robert O. Keohane)은 중급국가를 "혼자서는 효과적으로 행위할 수 없지만, 소그룹이나 국제기구를 통해서 시스템적인 영향력을 가질 수 있다고 생각하는 국가지도자들이 있는 국가"로 정의하고 있다. Robert O. Keohane, "Lilliputians' Dilemmas: Small States in International Politics," *International Organization* 23 (Spring 1969), p. 296.

12) 약소국 연구의 패러다임으로는 현실주의 외에도 다원주의, 구조주의 등이 있다. 김덕, 『약소국 외교론: 국제체제 속의 약소국』(서울: 탐구당, 1992), pp. 20-30.

균형보다는 편승을 선호하는 경향이 있다.13)

약소국 외교론은 미국, 중국, 일본, 러시아와 같은 강대국 앞에서 한국이 상대적 약소국이라는 현실을 깨닫고 초강대국 미국에 의존하여 한국의 생존과 번영을 지켜내는 외교를 추진해야 한다고 주장한다. 세계 차원의 냉전종식, 중국의 부상과 동북아 역관계의 변화, 한국의 국력신장과 민주화, 남북한의 국력격차 심화 등 과거와 달라진 한국의 국제적 위상을 인정하면서도, 세계적 강대국들이 포진한 동북아지역에서 한국이 상대적 약소국 지위에서 벗어나지 못하고 있다는 점을 지적하고 있는 것이다.14)

하지만 국력평가의 상대성만 주장한다면 미·일·중·러와 같은 강대국에 둘러싸인 한국은 세계 유일 초강대국이 되지 않는 한 언제나 약소국외교를 해야 한다는 지정학적 숙명론에서 벗어날 수 없게 된다. 한국이 아무리 근대화에 성공하고 경제적·군사적 위상이 높아져도 미국, 중국 등 주변에 자기보다 월등히 강한 국가가 한 나라라도 존재하는 한 기존의 약소국외교를 지속해야 한다는 모순에 빠지게 되는 것이다.

---

13) 이동윤, "아세안(ASEAN)의 강대국 외교관계: 미국과 중국 사이에서," 고려대학교 일민국제관계연구원 편, 『국제관계연구』 통권 제32호(2012). 국력이 약소국 지위에 있더라도 '편승' 혹은 '편승을 통한 균형'이 아니라, 비대칭 강제의 강압외교 형태를 취하는 북한과 같은 예외적인 국가도 있다. 서훈, 『북한의 선군외교: 약소국 북한의 강대국 미국 상대하기』(서울: 명인문화사, 2008), pp. 11-7.

14) 김영호, "'동북아 균형자론' 비판과 실용주의적 국가전략의 모색"(2005. 4. 21), 자유기업원 홈페이지(www.cfe.org).

(2) 중약국가 외교론

새로운 한국외교의 패러다임에 대한 첫 논의는 동북아균형자론을 이론적으로 뒷받침하기 위해 등장한 중소국가 또는 중약국가 외교론이다. 이에 따르면 한국은 세계적 차원에서 볼 때는 중견국가이지만 동북아 국제정치 판도에서는 상대적으로 약소국가라는 이원적인 국가위상을 가지고 있다. 노무현 정부의 동북아균형자론이 평화지향의 외교, 협력과 상생질서의 구축을 추구해야 한다는 의미에서 중견국가 외교정책의 특징을 보여주고 있지만, 안보를 우선적으로 보장받으려는 전략적 판단이 내포되어 있다는 점에서 약소국가 외교정책의 특징을 내포하고 있다고 평가하고 있다.

실제로 한국외교는 2002년 월드컵 개최 이후 상승한 국민들의 자긍심 때문에 세계의 다른 지역에 대한 평화유지 활동에 적극 동참해야 한다는 여론이 대두되는 등 기존의 약소국가 외교행위에 대해 일정 정도 변화를 요구받고 있으면서, 동시에 동북아지역에서 여전히 한국의 안보를 우선적으로 보장받고자 하는 상대적 약소국가의 위상에서 벗어나지 못하고 있다고 평가하고 있다.[15]

이러한 평가에 기초하여 한국외교의 과제를 안보와 자율성의 두 가지 측면에서 주권을 지키기 위한 것이라고 규정하면서 동북아균형자론을 정당화하고 있다. 안보 영역의 주권을 확보하기 위해 약소국가 외교의 특징인 편승동맹을 기초로 자주국방론과 협력안보론을 결합하고, 자율성 영역의 주권을 확보하기 위해 균형동맹이나 중립외교가 아닌 중견국가 외교의 특징인 균형외교를 취해야 한다고 주장한다.[16]

---

15) 김기정, 앞의 글, pp. 161-3.
16) 같은 글, pp. 163-7.

국제정치학적으로 볼 때 중약국가 외교론이란 약소국형 생존우선 전략과 중견국가형 외교전략의 절충론이라고 할 수 있다. 다시 말해 중약국가 외교론은 국력상 중견국가의 위상에 있으면서도 지정학적인 조건과 분단국가라는 특성상 한미동맹을 토대로 외교정책을 내세울 수밖에 없는 현실을 반영한 것이다. 하지만 이러한 중약국가 외교론은 균형외교의 개념이 모호하고, 안보 영역의 주권을 확보하기 위한 모든 정책들을 망라하면서도 자율성 영역의 주권을 확보하기 위한 정책은 지극히 제한하고 있어 기본적으로 약소국가 외교론의 한계를 극복하지 못하고 있다.

(3) 중견국가 외교론

중견국가 외교론은 기존 한국의 외교를 약소국의 위상에 근거한 약소국 외교론이었다고 평가하면서, 유엔안보리 개혁 논의에서 커피클럽(Coffee Club)을 주도하고 G20의 주요국가로 등장하는 등 변화된 국제적 위상과 역할에 맞게 중견국가(middle power) 외교안보 패러다임으로 전환하여 한국의 외교정책을 새롭게 구축해야 한다는 주장이다. 중견국가론의 제기는 단순히 동북아균형자론을 뒷받침하거나 비판하기 위한 목적보다는 한국 외교안보 패러다임의 전환을 겨냥한 한 것이었다.[17]

중견국가란 단지 강대국과 약소국을 제외한 여집합의 국가들을 가리키는 중진국의 총칭이 아니라 중진국 가운데 상위그룹에 해당되는

---

17) 한국외교를 중견국가(middle power) 외교안보 패러다임에 맞게 재구축할 것을 주장한 글로는 다음을 볼 것. 조성렬, 「21세기 한국 외교안보의 새로운 구상: "중급 평화국가"의 모색」, 평화재단 전문가포럼 발표문(2006. 6. 14); 조성렬(2007), 앞의 글. 당시 middle power를 '중급국가'로 번역했으나 최근 국내 학계에서 '중견국가'로 통일해 사용하고 있어 본고에서도 이에 따른다.

국가들이다. 중견국가의 정의는 국력, 국제적 위상을 기준으로 하는 현실주의 접근법과 외교적 기능과 행태를 기준으로 하는 자유주의 접근법으로 나뉜다. 국력을 규정하는 핵심요소인 경제력으로 볼 때 대부분의 중견국가들은 세계 5대 경제대국에는 들지 못하지만 상위 30위 안에 드는 국가들이다. 외교행위 면에서 볼 때 중견국가들은 어느 정도 국제적인 영향력을 가지고 있는 국가로서 국제사회에서 자신들의 공동관심사를 집약하고 의견을 조율하며, 강대국과 약소국 사이에서 가교역할을 하고 있다.

최근의 연구는 중견국가를 구조적 능력(국력)과 외교적 능력(외교행위)을 종합적으로 파악하는 절충적 방법으로 정의하고 있다.[18] 이러한 정의로 볼 때, 한국의 국제적 위상은 1965년과 1975년, 1985년까지는 중약국가였으나 탈냉전기에 들어선 1995년 무렵에는 이미 중견국가로 변화되었다. 2005년 한국의 국가능력을 볼 때 구조능력(국력)으로는 중진국의 하위그룹(lower-middle)으로 평가되지만, 외교능력(외교행위)으로는 중진국의 상위그룹(upper-middle)인 것으로 평가된다.[19]

최근 들어 한국을 중견국가로 받아들일 뿐 아니라 중견국가 외교안보 패러다임에 입각하여 한국외교를 재구축하려는 연구가 활발해지고 있다. 여기서 주목할 것은 한국이 보여준 중견국가적 위상의 객관적 지표뿐만 아니라 중견국가 한국이 처해 있는 외교환경의 특수성과 관련된 것이다. 한국의 외교정책을 재구축하기 위해서는 중견국가 요인만으로는 충분하지 않으며, 한국이 처해 있는 지정학적 요인과 분단국가 요인

---

18) 김치욱, "국제정치의 분석단위로서 중견국가(middle power): 그 개념화와 시사점,"『국제정치논총』제49집 1호(2009), pp. 17-21.

19) 국내 연구에 따르면, 일본과 중국 두 나라 모두 1965년 무렵에는 중견국가였으나 1975년 이후에는 줄곧 강대국으로 분류되고 있다. 김치욱, 앞의 글, pp. 28-30.

도 고려하지 않으면 안 된다. 또한 한국이 국제사회에서 추구하는 외교 목표나 지향점도 재구축될 외교정책에 반영하지 않으면 안 된다.[20]

3) 한국의 G2 강대국 외교전략

19세기 말 중국과 일본, 러시아, 미국 등 제국주의 열강의 틈에 끼어 있던 조선왕조는 전략적 선택의 기로에 서 있었으나 너무나도 취약한 국력과 잘못된 대외전략의 선택으로 국권을 상실하고 말았다.[21] 1945년 일본 제국주의로부터 해방되었으나 남북한에 서로 다른 정부가 들어서고, 한국전쟁을 거치면서 한국은 초강대국 미국에 편승하여 사회주의 진영에 균형을 취하는 전략을 선택했다.

이제 탈냉전, 탈탈냉전을 거치면서 중국의 부상과 미국의 상대적 쇠퇴가 진행되면서, 대부분의 동아시아 국가들은 급부상하고 있는 중국과 경제적으로 밀접한 관계를 맺으면서도 군사안보적으로는 여전히 미국에 의존하고 있다. 이러한 미·중의 G2 대를 맞이하여 중견국가 한국은 또다시 전략적 선택의 기로에 서 있다.[22]

---

20) 중견국가 한국이 처해 있는 분단국가 요인, 지정학적 요인은 한국 외교정책의 재구축과정에서 고려해야 할 특수성을 보여주는 것일 뿐, 한국외교가 약소국 외교나 중약국 외교에 머물러야 할 근거가 되지는 않는다.
21) 1880년 제2차 수신사로 일본에 갔던 김홍집이 주일 청국 공사 황준헌과 외교정책에 관하여 의견을 교환한 뒤 귀국길에 그가 쓴 『조선책략』(朝鮮策略)을 가져와 고종에게 바쳤다. 당시 이 책에는 조선이 러시아의 남하정책을 막고 (防俄) '친중·결일·연미'(親中·結日·聯美)하는 전략을 제시했다. 황준헌, 조일문 옮김, 『조선책략』(서울: 건국대학교 출판부, 2001).
22) 브레진스키는 미국의 쇠퇴로 지정학적으로 가장 위험에 빠질 나라들 가운데 하나로 한국을 꼽으면서, 변화된 안보환경 속에서 한국이 선택할 대외전략으로 △중국의 지역패권을 받아들이고 중국에게 안보를 의존하는 방안과 △역

(1) G2 강대국 외교 전략의 유형

현재 한국 내에서 거론되는 미·중 두 강대국에 대한 전략적 선택지는 크게 △미국과 연합하여 중국의 지역패권 도전을 막는 연미방중(聯美防中), △미국과 중국에 대해 등거리외교를 취하는 연미연중(聯美聯中), △미국과 군사적으로 연합하되 중국과는 경제협력으로 잘 지내는 연미화중(聯美和中)으로 나누어 볼 수 있다.[23] 이 밖에도 연합의 정도에 따라 연미통중(聯美通中), 결미연중(結美聯中), 비대칭 연미연중(非對稱聯美聯中) 등 다양한 대외전략이 제시되어 있다.

첫째, 연미방중(聯美防中)은 한국이 초강대국 미국에 편승하여 중국을 방어한다는 한미동맹 중심의 편승(bandwagonning) 전략이다.[24] 이 전략은 고위정치인 안보와 저위정치인 경제를 구분하여 안보 면에서 더 중요한 미국과 손잡고 중국의 지역패권을 막으려는 발상이다. 하지만 오늘날과 같은 21세기에 안보와 경제의 중요성을 차별적으로 접근하는 양자택일적 사고로서 부정확할 뿐만 아니라 위험하기까지 하다.[25]

둘째, 연미연중(聯美聯中)은 완전한 균형외교 전략으로 한국이 미국과 군사동맹과 대등한 수준으로 중국과도 군사협력을 강화해 나가는

사적 반감에도 불구하고 민주적 가치를 공유하고 북한·중국의 위협을 함께 느끼고 있는 일본과의 관계를 강화하는 방안 두 가지를 제기하고 있다. 하지만 최근 독도를 둘러싼 갈등으로 한·일 간 군사교류가 중단되는 등 난항을 겪고 있다. Brzezinski (2012), p. 93 및 『朝日新聞』(2012. 9. 2).

23) 주펑(朱峰), "한국의 對中전략에 대한 中의 시각," 『동아일보』(2012. 6. 19).
24) EAI 국가안보패널 보고서, 「2020 한국외교 10대 과제」(동아시아연구원, 2012. 6), p. 6.
25) 김흥규, "미중 정상회담이 한국 대외정책에 주는 교훈- 연미화중(聯美和中) 및 연미연중(聯美聯中) 전략의 추진," 『KPI칼럼』(2011. 2. 16).

일종의 등거리외교(equidistance diplomacy) 전략을 가리킨다. 이 전략은 한국이 한반도문제의 해결과 통일국면의 주도를 위해 미·중 양국을 모두 연결하는 전략이 필요하다는 미국과 중국에 대한 비영합(non-zero sum)적 인식을 전제로 하고 있다.[26]

하지만 아직까지 급속한 군사력 증강과 주변국과의 해상영토 분쟁 등 중국의 전략적 의도가 불명확하고 우리와 동맹관계인 미국이 중국을 잠재적 적국으로 간주하고 있으며 혈맹수준의 북·중관계가 유지되고 있다. 그렇기 때문에 한중관계를 한미관계와 동급으로 놓을 수는 없으며, 더군다나 동맹관계로까지 발전시키는 것은 현실적으로 어렵다.[27]

셋째, 연미화중(聯美和中)은 비대칭 균형외교 전략으로 한국이 미국과 군사동맹을 견지하면서 동시에 중국과는 경제협력을 강화해 나간다는 전략이다. 이 전략은 한미동맹 아래에서 중국과의 경제관계를 모색하던 연미통중(聯美通中)보다는 한 단계 진전된 것이지만, 대중 관여(engagement)의 중요성을 인정하면서도 중국의 전략적 목표에 대한 의구심을 버리지 않고 있어 한미동맹을 통한 대중 균형(balancing)을 꾀해야 한다고 주장한다는 점에서 헤징(hedging)전략에 가깝다.

헤징전략이란 외교·경제분야에서 중국에 대해 관여전략을 취하면서도 중장기적으로 국방분야에서 대중 균형전략에 동참한다는 전략구상이다.[28] 이들이 제시하는 한국판 헤징전략은 한편으로 한중관계에서 우호적인 경제관계를 유지하여 실익을 얻고 다른 한편으로 현존 구

---

26) 김흥규, "중국은 변수 아닌 상수…연미연중 전략 활용을 - 한·중 수교 18주년 전문가 인터뷰 <하>," 『중앙일보』(2010. 8. 26).

27) 박민형, "중국의 부상과 한국의 군사적 대응," 한국국제정치학회 편, 『국제정치논총』 제52집 1호(2012), p. 105.

28) Fereed Zakaria, "A 'Hedge' Strategy toward China," *The Washington Post* (November 15, 2010).

조와 질서를 유지하기 위해 미국의 대중국 견제노선에 암묵적으로 동참하는 병행전략을 가리킨다.29)

(2) 헤징전략을 넘어: 결미연중 전략

하지만 중국의 경제적 부상을 한국의 번영과 발전을 위해 최대한 활용하기 위해서는 한·중 두 나라의 정치적·안보적 관계의 강화가 필요하다.30) 중국의 군사적 역할이 확대되고 있고 북한의 군사적 도발을 억제하는 데 중국의 협력이 필요한 시기에 경제전략과 안보전략을 분리하는 헤징전략은 한계를 가질 수밖에 없다. 또한 이 전략은 한국에 대한 중국의 불신과 불만을 고조시키고 역설적으로 중국의 군비증강에 명분을 제공해 역내 군비경쟁을 촉진시키는 안보딜레마에 빠뜨릴 수 있다.31) 이미 중국은 한국이 경제적으로 중국이라는 급행열차에 올라탔으면서도 군사적으로는 미국에 의존해 중국을 견제하려고 한다면서 "한국은 미국의 대중 포위망에 응하지 말라"고 경고하고 있다.32)

그렇다면 향후 우리가 취해야 할 바람직한 G2 강대국 외교전략은 어떤 것인가? 그것은 말할 것도 없이 한미동맹을 한층 심화시키되 이

---

29) NEAR재단 편,『미·중 사이에서 고뇌하는 한국의 외교안보 연미화중(聯美和中)으로 푼다』, 매일경제신문사, 2011; 김태호, "중국의 '反접근전략'과 동아시아 안보환경 변화-역내 유사 및 전략적 대비를 중심으로,"『STRATEGY 21』 통권 29권(2012), p. 148; EAI 국가안보패널 보고서, 앞의 글, p. 6.
30) 조영남, "한·중 관계의 발전추세와 전망: 바람직한 중국정책을 위한 시론," 서울대학교 국제학연구소 편『국제지역연구』20권 1호(20011), pp. 110-111.
31) 조성렬, "신국제질서의 태동에 대한 미국의 인식과 전략," 국가안보전략연구소 편,『국제문제연구』제12권 제1호(2012), pp. 92-93.
32) "社評: 韓國不應助美日擠壓中國,"『环球時報』(2012. 7. 3). http://opinion.hanqiu.com/1152/2012-07/2876394.html, 검색일 2012. 7. 4).

름뿐인 한·중 전략적 협력 동반자관계를 실질화하여 양자의 조화를 추구하는 것이다. 이러한 비대칭 균형외교 전략은 전통적인 용어로 볼 때 결미연중(結美聯中) 전략이라고 표현할 수 있을 것이다.[33] 이 전략은 기존의 연미화중(聯美和中)에서 한 발 더 나아가 한국이 미국과의 군사동맹을 성숙시켜 나가면서, 중국과는 경제협력은 물론 군사교류를 넘어선 군사협력으로까지 확대·발전시켜 나가는 것이다.[34]

결미연중(結美聯中) 전략에 따라 미국과는 한미 군사동맹과 한·미 FTA로 포괄적인 동맹으로 기존 동맹관계를 심화시키고 글로벌 차원에서 국제 평화협력 활동을 통해 협력한다. 중국은 한국전쟁에 참전했던 적대국이었지만, 경제분야의 협력 외에 군사협력을 확대·강화하여 북한의 도발억제와 동아시아 지역의 평화와 안정에 협력함으로써 전략적 협력 동반자관계를 실질화해 나아간다.

중국이 보이고 있는 전략적 불투명성을 이유로 대중 포위망 구축에 참가하기보다 오히려 한·중 군사대화와 군사교류·협력을 통해 양국 간의 군사적 신뢰구축을 적극 추진함으로써 중국에 대한 전략적 불신을 점차 해소해 나가는 것이 바람직하다. 또한 '한·중 평화우호협력조약'(가칭)을 체결하여 전략적 재보증(strategic reassurance)을 위해 '반패권 조항'을 삽입하는 방법도 검토해 볼 수 있다.[35] 그런 점에서 결미연중

---

33) 결(結)이란 '묶는다'는 의미로, '잇는다'는 뜻의 연(聯)보다 강한 결속의 의미를 지니고 있다. 이는『조선책략』에서 황준헌이 '친중·결일·연미'의 순서를 매겼던 데서도 결속도의 차이가 드러난다.

34) 일반적으로 군사관계는 군사교류(military exchange)→군사협력(military cooperation)→군사동맹(military alliance)의 3단계로 구분된다. 최영종, "우리나라 군사외교의 이론과 실제,"『전략연구』통권 32호(2004), pp. 184-186.

35) 중·일 양국은 1972년 9월 "중·일공동성명"을 통하여 "아시아·태평양 지역에서 패권을 바라지 않으며, 패권을 확립하려는 다른 어떤 나라 또는 집단에 의한 시도에도 반대한다"고 밝혔고, 1978년 8월에 체결된 "중·일 평화우

은 헤징전략이 가진 한계를 뛰어넘는 '헤징 넘어서기(beyond the hedge)' 전략이라고 부를 수 있을 것이다.36)

3. 중견국가 한국의 대외전략 기본방향

1) 대외분야의 국가목표

탈냉전기 이후 한국은 국력의 향상에 따라 국제사회에서의 지위와 영향력도 크게 향상되었다. 그런 점에서 한국은 과거의 왜곡된 국가이미지를 벗어 버리고 대외분야에서 바람직한 국가목표를 설정해 적극적인 외교를 전개할 필요가 있다. 19세기 말 한국은 '은둔의 나라'로 비쳤고, 국권을 상실한 이후에는 '식민지 피지배국'으로, 한국전쟁 직후에는 '전쟁과 가난의 나라', 1960년대 베트남파병 이후에는 '용병국가'라는 부정적인 국가이미지를 갖고 있었다. 1970~80년대 고도성장을 이룩한 뒤에는 '한강의 기적', '네 마리 용' 등 경제적인 측면이 부각되다가 최근 들어서는 '한류' 등 문화적인 측면이 부각되기도 하였다.

이러한 국가이미지는 국제사회에 비친 한국의 모습일 뿐, 한국이 대외분야에서 의도적으로 만들어 낸 것은 아니다. 하지만 한반도, 동아시

호조약"에도 "아시아·태평양 지역을 포함한 전 지역을 대상으로 어떤 국가의 패권 시도도 반대한다"는 내용이 포함됐다. 조약체결 당시 반패권조항과 댜오위다오(센카쿠열도) 영유권문제가 쟁점이 됐었다.

36) 최근의 연구에 따르면, 이 글에서 제시하고 있는 중견국가의 비대칭 균형외교를 가리켜 '이중적 헤징전략'이라는 개념으로 유형화하기도 한다. 이수형, "동아시아 안보질서에서 강대국과 중견국의 헤징전략," 『한국과 국제정치』 제28권 제3호(2012), pp. 17-19.

아 및 글로벌 차원에서 중견국가에 맞는 21세기 한국의 새로운 국가목표를 세울 필요가 있다. 한국이 처해 있는 다음과 같은 조건과 역할을 종합적으로 고려해 볼 때 새로운 국가목표로는 평화국가(peace nation)가 가장 바람직할 것이다.

첫째, 한국은 아직 법적인 전쟁상태(state of war in law)에 있고 무역의 존도가 높아 국가의 번영을 위해서는 한반도의 안정과 평화를 중시할 수밖에 없는 평화애호국이다. 둘째, 동아시아의 유력한 중견국가로서 한국에게 요구되는 역할은 지정학적으로 대륙세력과 해양세력, 강대국과 약소국을 잇는 평화가교국이다. 셋째, 국가발전의 토대인 자유무역체제의 유지를 위해 중견국가로서 국제분쟁의 예방과 평화적 해결, 인간안보의 실현을 담당해야 할 평화선도국이다.

한국이 지향해야 할 국가목표로서의 평화국가는 2차 세계대전의 패전국가인 일본이 취했던 피동적인 평화국가와는 다르다. 일본을 가리킬 때 말하는 평화국가의 경우는 '맥아더 헌법'이라 불리는 평화헌법을 통해 전범국가 일본의 재무장을 막고 재침능력을 제거하려는 의도에서 강제된 '비무장의 평화국가'인 것이다. 하지만 한국의 평화국가는 자발적이고 능동적으로 국제평화의 선도적인 역할을 수행하고자 한다는 점에서 본질적으로 다르다.

한국은 평화가 필요할 뿐만 아니라 평화를 중재하고 선도할 수 있는 능력을 갖춘 중견국가라는 점에서 국제사회에서 평화국가라는 국가이미지를 만들어 갈 필요가 있다.[37] 이처럼 우리가 지향해야 할 평화국가는 국제평화를 옹호하고 선도하는 능동적인 평화국가이다.[38] 그런

---

37) 구갑우는 평화국가를 구성하는 원칙으로 △군사력의 적정규모와 최소화, △평화외교와 윤리외교 지향, △적극적 평화지향의 축적체제 등 세 가지를 들고 있다. 구갑우, 『비판적 평화연구와 한반도』(서울: 후마니타스, 2007), pp. 67-71.
38) 조성렬(2007), 앞의 글, pp. 88-89.

점에서 한국의 새로운 외교안보 패러다임을 평화중견국가(pacifist middle power) 구상이라고 명명할 수 있을 것이다.

2) 대외분야의 국가이익

국가이익(national interests)은 국가목표를 추구하고 달성하기 위하여 국가의지를 결정하는 기준이 된다.[39] 국가이익을 규정하는 방식은 국가마다 다르지만,[40] 국가이익의 구체적인 내용은 일반적으로 국가번영과 국가안보, 국가위신 또는 물리적 생존, 경제복리, 자결권으로 파악된다. 이러한 국가이익을 관철하고 수호하기 위해 국가는 외교력, 경제력, 국제법과 같은 평화적 수단을 사용하지만, 최후의 정책수단으로는 군사력에 의존하게 된다.

해방 이후 한국은 한미 군사동맹의 체결과 미국 주도의 자유시장질서 편입으로 미국에 편승하는 전형적인 약소국가 외교를 전개하였다. 이를 통해 한국은 고도성장을 달성하고 민주주의를 이루는 외교적 성과를 거두었다. 한국은 약소국이었기 때문에 세계 최강대국 미국에 대한 편승 이외에 다른 대외전략을 선택할 여지가 없었고 고유한 국가이익을 규정할 필요성을 느끼지 않았다.

---

[39] 국가이익에 대한 상세한 소개는 다음을 볼 것. 김종하·김재엽, 『국가안보전략 어떻게 수립해야 하나?』(한남대학교 출판부, 2012), pp. 17-24.

[40] 미국 국가이익위원회는 미국의 국가이익을 사활적 이익(vital interest)과 긴요한 이익(extremely important interest), 중요한 이익(important interest), 부차적 이익(secondary Interest) 등 네 가지로 나누고 있다. 중국정부는 절대 타협하지 않고 지켜야 할 국가이익을 핵심이익(core interest)의 개념으로 규정하면서, 처음으로 6가지 핵심이익을 공식 규정한 바 있다. The Commission on America's National Interests, *America's National Interests* (July 2000); 中國國務院, 『中國的和平發展白皮書』(2011. 9).

오늘날 국제정세가 진영 간의 대립이 끝난 탈냉전시대를 거쳐 탈·탈 냉전시대로 접어들고 한국이 중견국가로 자리 잡고 있는 국내외 정세를 반영하여 우리나라에 걸맞은 고유한 국가이익을 재규정할 필요가 있다.[41] 냉전시대에는 동맹 간의 공통이익이 우리의 국가이익으로 간주되기도 했지만, 탈·탈 냉전시대에는 동맹국의 이익과 우리의 국가이익을 일치시켜야 할 이유가 약해졌기 때문이다.[42]

아직 우리나라에서 국가이익을 정확하게 규정한 문서는 없지만 헌법에 규정된 가치를 통해 이를 유추해 보면, △국가의 안전보장, △경제의 번영과 복지, △민주주의의 발전, △평화통일의 실현, △세계평화에의 기여 등으로 파악할 수 있다. 이러한 헌법적 가치들 가운데 1973년부터 1987년까지는 국가안보와 경제번영이 중요한 국가이익으로 간주되었고, 1993년이 되어서야 비로소 민주주의가 국가의 최고가치로 인정되고 추진되었으나 여전히 통일은 먼 장래의 과제로 남아 있었다.[43] 평화통일이 중요한 국가이익이자 국가목표로 등장하기 시작한 것은 2000년 6월 남북정상회담 이후이다.

우리나라는 아직 국가이익에 대한 전문가들의 합의가 완전히 이루어지지 않았다. 우리나라의 국가이익을 대외분야에서 크게 사활적 이

---

[41] 국가이익이란 "한 국가의 최고 정책결정과정을 통하여 표현되는 국민의 정치적, 경제적 및 문화적 욕구와 갈망"으로 정의된다. 하지만 국가이익을 너무 앞세울 경우 주변국가들의 경계심을 자극해 오히려 외교적 입지를 좁힐 수 있다는 비판도 있다. 구영록, 『한국의 국가이익』(서울: 법문사, 1995), pp. 25, 27.

[42] 한용섭과 장달중은 각각 북·미 제네바 협상과 2차 북핵위기의 분석을 통해 한·미 간 공통이익 못지않게 양국이 서로 다른 국가이익을 갖고 있음을 지적하고 있다. 한용섭, 앞의 글 및 장달중, 앞의 글.

[43] 한용섭, "미북 핵합의와 한국의 국가이익," 한국국방연구원 편, 『국방논집』 제33호(1996), pp. 63-64.

익과 긴요한 이익, 중요한 이익의 셋으로 나누어 살펴볼 수 있다. 사활적 이익이란 국가주권 및 체제수호와 직결된 사안으로 전쟁억제, 영토수호, 평화통일을 들 수 있다. 긴요한 이익으로는 국가안보나 경제적 이익에 중대한 영향을 미치는 것으로 지역패권국의 등장 억제, 북한 핵폐기, 북한체제 안정화, 평화체제 구축, 자위적 억제력 보유, 해상교통로 확보, 재외국민 보호 등이다. 중요한 이익으로는 우리나라의 대외적 위신 및 영향력과 관련된 것으로 개방 무역체제 유지, 북한의 개혁·개방, 해외자산 보호, 해외자원 확보, 한민족 네트워크 구축 등으로 분류할 수 있을 것이다.

3) 대외전략의 3대 결정요인과 기본정책 방향

한국은 지정학적으로 중국, 러시아 등 대륙세력과 미국, 일본 등 해양세력 사이에 존재하며, 식민지배에서 해방되자마자 남북한의 정부수립과 뒤이은 한국전쟁을 계기로 장기간 분단상태에 있다. 이러한 불리한 조건 속에서도 한국은 고도성장을 지속하여 1990년대 이후 중견국가의 국력을 갖추게 되었다. 한국의 대외전략은 우리가 처해 있는 지정학, 분단국가, 중견국가 등 세 가지 요인을 고려해 수립되어야 한다.

(1) 분단국가 요인과 한반도 평화·통일정책

분단국가 요인은 한국전쟁으로 분단이 장기화된 채 법적으로 전쟁이 종식되지 못한 데 기인한다. 이러한 남북분단은 한국의 국제신용도를 떨어뜨리는 코리아 디스카운트의 원인이 되고 있다. 특히 국제적 고립에 빠진 북한이 체제유지를 위해 대량살상무기를 개발하면서 한반도와 동북아의 평화와 안정을 흔들고 있다. 그런 점에서 북한에 대한 평화적 관리가 시급한 과제가 아닐 수 없다.

한반도의 분단은 단순히 남북한의 대립을 넘어 미·중이 포함된 동아시아 차원의 세력균형을 반영하고 있다. 따라서 한반도에서 군사적 긴장이 고조되면 미·중 갈등으로 확대되는 구조를 띠고 있어 한반도의 평화뿐만 아니라 지역의 안정을 훼손하고 있다. 이러한 상황이 지속될 경우 한국이 미국과 중국 사이에서 외교적 선택을 강요받는 상황에 직면할 가능성도 배제할 수 없다. 이것은 한반도의 당면한 평화와 안정뿐만 아니라 중장기적으로 평화통일에도 불리하기 때문에 피해야만 할 상황이다.

이와 같은 분단국가 요인에 따라 한국의 외교전략은 한반도 평화·통일의 기반 조성에 맞춰져야 한다. 대량살상무기 확산방지, 군사도발의 억제, 대규모 탈북사태에 대한 대처를 위해 대북 관여정책을 통한 '위험'관리에 적극 나서야 한다. 한반도 평화체제 구축을 위해서는 북핵문제의 완전한 해결을 토대로 한국전쟁에 참가한 미국과 중국의 동의를 받아 평화협정의 체결을 추진한다.

(2) 지정학적 요인과 동아시아 선린외교 정책

지정학적 요인은 해양세력과 대륙세력 사이에 위치한 한반도의 조건에 기인한다. 냉전기에는 한·미·일 남방삼각과 북·중·러 북방삼각 간에 세력균형을 이루고 있었으나, 탈냉전기 이후 북방삼각이 붕괴되고, 탈·탈 냉전시대를 맞아 중국의 부상과 미국의 상대적 쇠퇴로 새로운 세력균형이 만들어지고 있다. 한국은 무역의존도가 100%를 넘고 에너지 수입의 97%를 해상교통로에 의존하고 있어 해양세력과의 전략적 협력이 불가피하다.[44] 하지만 중국이 한국의 최대교역국으로 부상하면서 중국과의 전략적 협력 필요성도 점증하고 있다.[45]

이러한 조건에서 한국외교는 지정학적 리스크를 줄이고 지경학적 프리미엄을 확보해야 하는 과제를 안고 있다. 한국은 지정학적으로는 대륙세력과 해양세력 사이에 존재하는 불리한 위치에 있지만, 지경학적으로 한국은 대륙과 해양을 잇는 에너지, 물류의 중심(hub)이 될 수 있는 위치에 있기 때문에 오히려 지역의 평화와 안정의 촉진자 역할을 할 수 있다.

따라서 한국의 외교전략은 동아시아 평화와 안정의 안보환경을 조성하는 방향으로 추진되어야 한다. 이를 위해 한편으론 한반도경제권 형성을 중심으로 동북아경제공동체를 만들어나가고 해양세력에 대한 과도한 군사적·경제적 의존을 점차 줄여 나가야 한다. 다른 한편으론 지역패권국의 등장을 억제하기 위해 역외균형자로서 미국의 적극적인 역할을 활용하고 동북아안보협력체 구축을 통해 이를 관리한다.

(3) 중견국가 요인과 국제 평화협력정책

중견국가 요인은 한국이 약소국 현실주의를 넘어 국제적 위상에 맞는 적극적인 역할을 요구받고 있는 데 따른다. 중견국가의 외교적 역할은 특정 강대국에 의존하는 편승외교나 독자적인 세력균형을 추구하는 자주외교가 아니라, 국제무대에서 외교적 의제를 제안하는 촉매자의 역할, 국제회의에서 각종 의제를 설정하고 지지연합을 구축하는 촉

---

44) 한국은행에 따르면, 2000년대 초반 60~70%대에 머물렀던 무역의존도는 2000년대 중반부터 급격히 올라 2010년 105.2%, 2011년 113.2%이고 2012년 1/4분기에는 116.3%로 역대 최고치를 기록 중이다. 『연합뉴스』(2012.10.30).

45) 한국무역협회의 통계에 따르면, 2011년 말 현재 한·중 교역액(홍콩 제외)은 1,342억 $로, 한국이 미국(562억$), 일본(397억$)과 교역한 금액의 합 959억$보다 더 많다. http://stat.kita.net 참조.

진자 역할, 국제제도의 수립을 지원하는 관리자의 역할을 담당하고 틈새외교(niche diplomacy)를 특징으로 한다.46)

한국의 적극적인 외교적 역할은 과거 국제사회의 도움으로 오늘날과 같은 중견국가가 된 데 따른 의무감을 넘어 국가이익을 지키기 위해서도 필요하다. 탈냉전기에 들어와 미·소 진영 간 대결이 끝나면서 국제개발 협력의 사각지대가 발생하고 소수민족의 분리독립 문제가 부각되면서 국제평화 협력활동의 필요성이 커지고 있다. 대외의존도가 높은 한국으로서는 실패국가의 재건과 안정화 지원을 통해 국제적인 평화협력의 환경을 만드는 것이 국가이익에도 도움이 된다.

따라서 국제평화 협력정책의 목표는 한편으로 국제사회의 빈곤과 불평등 감소, 개발도상국 주민들의 삶의 질 향상에 기여하는 다양한 국제개발 협력에 참여하여 지속발전이 가능한 평화롭고 안정된 국제환경을 만드는 것이며, 다른 한편으로 다변적인 자유무역협정(FTA)의 추진과 한민족 네트워크공동체의 강화를 통해 한국의 경제, 문화, 외교적 가상영토(virtual territory)를 확장하는 것이다.

4. 새로운 동아시아 선린외교 정책의 모색

1) 외교안보 정책

평화 중견국가 대외전략 구상 속에서 결미연중(結美聯中)의 동아시아 선린외교(good neighbor diplomacy in East Asia)를 구현하기 위해서는 △

---

46) Cooper, Andrew F. (ed.), *Niche Diplomacy: Middle Powers in After the Cold War* (New York: Macmillan Press, 1997).

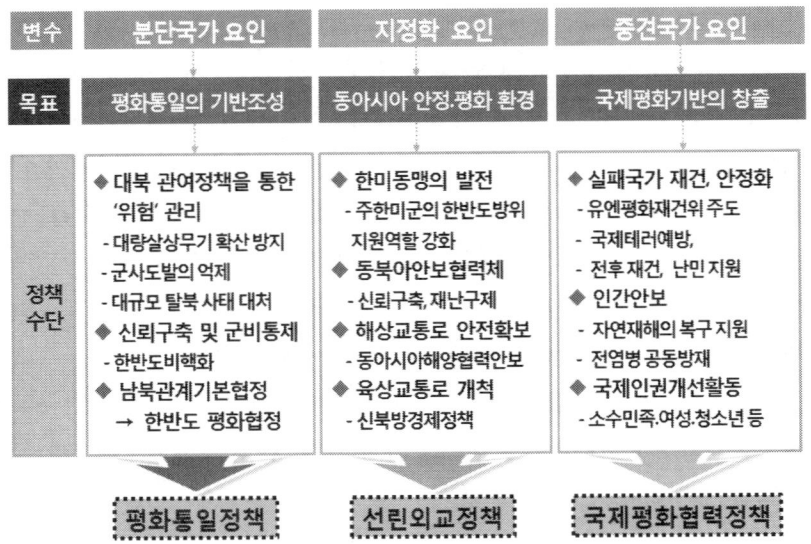

〈그림 8-1〉 한국의 대외전략에 미치는 3대 요인과 기본정책 방향

굳건한 한미동맹을 활용하여 지역패권 국가의 등장을 억제하고, △평화체제를 조기 구축하며 한반도를 동북아 평화번영의 중심지로 만들고, △동북아 다자안보기구를 만들어 역내 협력안보 체제를 확립하는 등 세 가지 외교안보 정책방향을 견지할 필요가 있다.

(1) 지역패권 국가의 등장 억제를 위한 한미동맹의 발전

동아시아 선린외교 정책을 추진하는 데서 최대의 걸림돌은 지역패권국의 등장이다. 지역패권국의 등장은 동아시아지역에서 새로운 갈등을 유발하여 지역의 안정을 해칠 뿐만 아니라 이러한 갈등에 따른 안보의 불안정성 증대로 인해 지역의 번영을 가로막게 된다. 따라서 동아시아 선린외교 정책의 주요 과제는 지역패권 국가의 등장을 억제하는 것

이다.47)

미·중 강대국 관계가 안정되고 중국의 대외전략 목표가 한국의 국가이익과 상치되지 않는다는 것이 보증될 때까지 당분간은 미국의 건설적인 역외균형자 역할을 적극 활용할 필요가 있다. 이와 같이 한미동맹을 중심에 놓고 결미연중(結美聯中) 전략을 실현하기 위해서는 중국과의 군사관계를 군사교류를 넘어 군사협력으로 단계적으로 강화해 나가는 것이 바람직하다.

한반도의 평화와 안정이 동아시아의 평화·번영에 이바지하는 길이라는 점에서 한미동맹은 한반도 방위협력을 위주로 발전시켜 나가야 한다. 한반도 방위협력을 넘어선 지역적·세계적 차원의 한·미 안보협력은 해당 사안이 발생할 때에 우리의 국가이익과 국민의 동의에 기초하여 수용 여부를 결정하도록 한다.

한국은 비핵화의 원칙을 견지하되 러시아, 중국은물론 헌법 전문에 핵무기 보유국을 선언한 북한까지 포함한 주변국들의 잠재적인 핵위협에 대처하기 위한 안보방안을 마련해야 한다. 동북아 제한적 비핵지대(LNWFZ-NEA) 구상과 같은 안보방안이 확보될 때까지 2009년 6월 한·미 정상회담의 '한미동맹 공동비전'과 2010년 및 2011년 한·미 안보회의(SCM)에서 밝힌 미국의 확장억제력(extended deterrence) 제공 공약을 구체화해야 할 것이다.48)

---

47) 시진핑 국가부주석은 제9회 중국·아세안 엑스포(CAEXPO) 행사의 비즈니스 정상회의 기조연설을 통해 중국을 "지역, 세계의 평화 안정에 이바지하는 역량"이라고 규정하고 중국은 영원히 패권을 다투지 않을 것이라고 밝혔다. 『연합뉴스』(2012. 9. 21).

48) 정경영, 『동북아 재편과 한국의 출구전략』(21세기 군사연구소, 2011), pp. 171-172. 2010년 제42차 SCM에서 확장억제의 실효성을 높이기 위해 확장억제정책위원회를 신설하기로 했으며, 2011년 제43차 SCM에서 한·미 안보정책구상회의(SPI), 전략동맹 2015 공동실무단회의(SAWG), 확장억제정책위원회

한국의 동아시아 선린외교 정책은 특정국의 부상이 지역패권화로 흐르는 데는 반대하지만, 그렇다고 해서 특정국에 반대하는 어떠한 연대 구축에 참여하는 것에도 반대해야 할 것이다. 특히 결미연중(結美聯中) 전략을 실현하기 위해 한미동맹이 중국을 반대하는 동맹이 되지 않도록 경계할 필요가 있다.[49] 이를 위해 미·중 간 충돌이 발생할 경우 한국이 연루되지 않도록 한미동맹의 역할을 분명히 규정함으로써 안정장치를 마련해 둘 필요가 있다.

한미동맹에서 주한미군의 전략적 유연성을 인정하되 한반도 방위에 국한하도록 해야 한다. 이를 위해서는 주한미군의 역할에 따라 3가지로 구분하여 관리할 필요가 있다. "한미 상호방위조약"에 규정된 작전출동은 허용하되, 소속 변경을 통해 국제분쟁에 참가하는 역외이동은 사전협의를 거쳐 허용 여부를 결정하고, 한국이 국제분쟁에 연루될 위험이 높은 역외출동은 원칙적으로 금지하도록 해야 할 것이다.

(2) 한반도 비핵화와 평화체제의 병행 추진

현재의 한반도 정전체제가 동북아 세력균형의 산물이라는 점에서 한반도 평화체제의 구축과정은 동북아 질서재편 과정과 밀접히 연관되지 않을 수 없다. 한반도 평화체제의 구축이 새롭게 재편되는 동북아 신질서의 결과에 따라 좌우될 수도 있지만, 그와 반대로 한반도 평화체제 구축을 통해 동북아 질서재편 과정에 큰 영향을 미칠 수도 있다. 따라서 한국의 입장에서는 북한 핵문제의 완전한 해결과 한반도 평화체제 구축, 나아가 평화통일을 이루어 나가는 전략을 취하는 것이 바람직

(EDPC) 등 기존 협의체를 조정·통합하기 위해 한·미 통합국방협의체(KIDD)를 신설했다.

49) 박민형, 앞의 글, p. 106.

하다.

한반도 평화협정 체결 등 한반도문제가 획기적으로 진전되기 위해서는 북한의 핵포기 의사가 전제되어야 하지만, 이와 함께 북·미, 북·일 수교 및 평화협정 체결이 이루어져야 한다. 여기서 평화협정의 유효성이 보장되기 위해서는 미국과 중국이 한반도 평화의 보증자로 나서 주어야 한다. 그런데 미·중 관계가 경쟁관계 혹은 갈등관계에 있을 경우 북한과 미국의 국교정상화나 한반도 평화체제에 대한 보증자 역할은 물론이고 북한 핵문제의 평화적 해결도 사실상 불가능하다. 이러한 과제를 해결하기 위해서는 한반도문제가 미·중 갈등의 원인으로 작용하지 않도록 남북관계를 평화적으로 관리하는 것이 중요하다.

남북관계의 평화적 관리를 통해 한반도 비핵화를 실현하고 평화체제를 구축하기 위해서는 상호 조율된 안보조치(coordinated security measures)를 통한 '안보·안보 교환'이 이루어져야 한다.[50] 여기서 최대 걸림돌은 현재 남북한 간에는 이름만 남은 군사정전협정 말고는 정치·군사문제를 규율한 법규범이 존재하지 않는다는 점이다. 그런 점에서 남북 간 합의를 계승하되 핵심쟁점을 우회하는 방식으로 기존 남북 간 합의를 계승하는 내용의 "남북관계기본협정"(가칭)을 체결하여 낮은 수준의 안보·안보 교환을 이룬 뒤, 이를 토대로 남북 경제협력을 본격화할 필요가 있다.

남북경협이 일정한 궤도에 오르면, 남북 간에 상품교역의 관세·비관세 장벽을 완전히 철폐하는 것은 물론 서비스무역 개방, 투자보장, 분쟁해결, 지적재산권 보호 등 남북 경제협력의 모든 분야를 망라하는 포괄적인 "남북경제협력기본협정(ECBA)"(가칭)을 체결하여 남북경제공

---

50) 한반도 비핵화, 평화체제, 통일을 이루기 위한 한반도문제에 대한 종합적인 해법은 다음을 볼 것. 조성렬, 『뉴 한반도비전: 비핵 평화와 통일의 길』(서울: 백산서당, 2012).

동체의 제도적인 기초를 완성한다. 이를 토대로 높은 수준의 안보·안보 교환을 실현한다. 한반도 비핵화를 완성하고 이와 동시에 미·중 강대국의 보증으로 한반도 평화협정을 체결한다. 더불어 북한과 미국·일본이 국교를 정상화한다. 이렇게 한 뒤 남북한 주민들의 정치적 합의를 거쳐 남북연합을 발족시킴으로써 '사실상의 통일'을 달성한다.

(3) 동아시아 안보협력 체제의 구축

최근 들어 동아시아지역에는 대립과 갈등의 분위기가 크게 고조되면서 새로운 냉전의 분위기마저 감돌고 있다. 미국은 중국의 해양통제력 강화 움직임에 맞서 한·미·일 3각 협력체계를 구축하고자 하고, 중국은 이를 대중국 포위망 구축이라며 강하게 반발하고 있다. 또한 남북한은 대화와 교류를 전면 단절하였고, 한·일 양국은 독도영유권 문제로 심한 갈등을 겪고 있다. 동중국해에서는 중국·타이완·홍콩과 일본이, 남중국해에서는 중국과 필리핀·베트남이 도서영유권 문제로 심하게 갈등하고 있다.

미국과 일본이 조어도(일본명 센카쿠열도, 중국명 댜오위섬)가 "미·일 안보조약"의 적용대상이라고 발표하면서도,[51] 영토주권 문제에 개입하지 않는 것이 미국정부의 공식입장이라는 말을 되풀이하며 당사국들의 외교적 해결을 촉구하고 있다.[52] 비록 한미동맹과 미일동맹이 있

---

51) Paul Eckert, "Treaty with Japan Covers Islets in China Spat-US Official," *Reuters* (21 September, 2012); Kyodo News, "Senkakus to Be Covered by Japan-U.S. Security Pack: Campbell," *Kyodo* (Sep. 20, 2012).

52) Kurt Campbell, "Maritime Territorial Disputes and Sovereignty Issues in Asia," Testimony of Kurt Campbell Assistant Secretary of State, Bureau of East Asian and Pacific Affairs U.S. Department of State Before the Senate Foreign Relations

지만, 무력충돌로까지 가지 않는다면 한·일 간의 독도분쟁은 물론 중·일 분쟁에도 미국이 개입할 가능성은 거의 없다. 이처럼 오늘날 동북아의 안보구조는 과거 냉전시대와 달리 매우 복잡할 뿐만 아니라 취약하다.

그러나 동아시아지역에 이러한 대립과 갈등의 분위기만 있는 것은 아니다. 한·중·일 3국은 정상회담의 정례화와 함께 3국협력사무국(TCS)을 설치하고 한·중·일 FTA 공동연구에도 착수했다. 최근 북한과 중국은 라선 및 황금평·위화도 경제특구를 본격 개발하기 위해 관리위원회를 설치했으며, 중국은 라진항에 이어 청진항 사용권도 확보했다. 러시아는 일찍이 제안한 남·북·러를 잇는 가스관, 전력, 철도 연결망 구상을 적극 추진한다는 자세를 보이고 있다. 메콩강유역 개발계획(GMS)도 다국 간 협력에 의해 활발히 추진되고 있다.

이처럼 동아시아지역을 관통하는 대립·갈등과 협력의 두 흐름 가운데 협력의 흐름을 확대·강화하여 동아시아 평화와 번영의 기초를 닦는 데 외교적 노력을 기울여야 한다.

우선 북핵문제를 풀기 위해 만들어진 6자회담의 구조를 활용하여 동북아 다자안보기구를 발족한다. "9·19공동성명"에서 합의한 대로, 6자회담의 동북아 평화·안보 실무그룹을 발전시켜 남북한과 미국, 중국, 일본, 러시아 6자가 참여하는 동북아 협력안보 체제를 발족할 필요가 있다. 이를 통해 북핵문제 해결뿐만 아니라 북한의 군사적 모험주의를 막을 수 있는 안전판의 역할을 수행한다.

다음으로 현재 진행 중인 동아시아의 해양갈등을 평화적으로 관리하고 해결을 모색하기 위해 동아시아 해양안보 협력체를 수립한다. 동아시아 각국에 대해 해양항행의 자유, 도서 영유권분쟁의 평화적 해결,

---

Committee Subcommittee on East Asian and Pacific Affairs (September 20, 2012), p. 7.

배타적 경제수역 경계획정의 외교적 모색을 제창하면서, 기존의 미·중, 중·일, 한·일, 한·중 간의 양자 해양안보 협력체의 경험을 발전시켜 동아시아 해양안보 협력체를 창설한다.[53]

끝으로 낮은 수준에 머물러 있는 동남아지역포럼(ARF)을 한 단계 높은 안보협력 기구로 발전시킨 뒤, 동북아 다자안보기구와 동아시아 해양안보 협력체 등과 결합하여 동아시아 안보협력체로 발전시켜 나간다. 동아시아 안보협력체를 구축함으로써 동아시아 질서재편이 가져다 주는 미래에 대한 불확실성을 개선해 줄 수 있을 것이다.

2) 대외경제정책

한국의 대외경제정책은 '지속적 성장'이라는 한국경제의 목표를 달성하는 전략의 일환이다. 한국이 '지속적 성장'을 달성하기 위해 취할 수 있는 전략으로는 선진통상국가 전략과 지역개발협력 전략, 그리고 금융안정화 전략 등이 있다. 선진통상 전략은 다중적 FTA의 추진, 지역개발협력 전략은 새로운 북방경제권의 형성과 메콩강유역 개발 참여, 통화안정화 전략은 치앙마이구상 다자화기금(CMIM)의 확대를 거쳐 아시아통화기금(AMF)의 창설로 구체화될 수 있다.

(1) 선진통상국가: FTA의 다중적 추진

한국은 무역입국(貿易立國)으로서 어느 특정한 국가나 지역에 국한되지 않은 해외시장의 확보가 사활적 과제이다. 그 때문에 노무현 정부에서는 선진통상국가 전략의 핵심정책으로 여러 나라들과 동시 병행

---

53) 박영준, "동아시아 해양안보의 현황과 다자간 해양협력 방안," 『JPI 정책포럼』 No. 2012-10, pp. 18-20.

적으로 FTA 협상을 전개하는 다중적 접근(multi-track approach)전략을 취해 왔다. 이는 언제나 변화하는 국제경제 환경 속에서 협상타결의 타이밍을 놓치지 않고 착실하게 FTA정책을 실현하기 위해 여러 나라들과 동시 병행적으로 협상할 필요성에 따른 것이다.

이러한 FTA정책에 대해 수출주도형 불균등성장 전략으로 양극화를 심화시킬 뿐이라는 국내의 비판이 존재한다. 하지만 무역의존도가 100%가 넘는 현실 속에서 민족경제론이 '지속적 성장'을 위한 대안이 되지 못한다는 점에서 선진통상국가론에 입각한 FTA전략의 추진은 불가피한 측면이 있다.[54] 실제로 한국의 GDP가 세계 GDP에서 2%를 차지하는 데 불과하지만, FTA전략의 추진으로 한국이 관계하고 있는 경제영토(economic territory)는 세계 GDP의 61%에 이르게 된다.[55]

이러한 다중적 접근의 관점에서 한국은 미국이나 EU, 인도와의 FTA 체결, 나아가 한·중, 한·일 FTA 협상 및 한·중·일 FTA 공동연구에 착수했다. 한국이 다변적 FTA 추진전략을 채택하면서 처음에는 한·일 FTA에서 출발했지만, 일본이 한·중·일 FTA에 소극적인 데다 한·일 FTA 협상이 결렬되면서 한국은 한·미 FTA 추진으로 방향을 선회했다. 한·미 FTA의 우선 추진 배경에는 노무현 대통령의 중국추격론에 따른 대응전략과 일본에 대한 경쟁적 관점이 깔려 있는 것으로 평가된다.[56]

향후 다중적 FTA 추진전략에서 중요한 점은 위험분산을 위해 중국에 대한 의존도 감소 전략을 지속적으로 전개하는 것이다.[57] 현재 미

---

54) 유시민, 『대한민국 국가개조론』(서울: 도서출판 돌베개, 2007), pp. 39-42.
55) 崔炳鎰(韓國經濟研究院長), "韓國のＦＴＡ政策と日韓ＦＴＡの展望," 第80回外交円卓懇談會(2012. 6. 7), 日本國際フォーラム會議室.
56) 박용수, "노무현대통령의 한미FTA 추진 이유: 대통령리더십을 통한 접근," 『평화연구논집』 제19권 1호(2011), p. 54.

국은 중국의 아시아지역 경제블록화를 저지하기 위해 자국 주도의 환태평양동반자협정(TPP)을 추진하고 있다. 중국을 배제한다는 명문은 없으나, TPP의 가입조건으로 국영기업의 비율을 적용할 경우 자연스럽게 중국은 제외된다. 그런 점에서 경제적 균형외교의 일환으로 혼합형의 양자협상(한·중 및 한·일 FTA)과 절충형의 3자협상(한·중·일 FTA), 그리고 높은 수준의 다자협상(TPP)을 병행 추진할 필요가 있다.

(2) 지역개발 협력: 북방경제권과 남남협력

중국에 대한 과도한 경제적 의존도를 완화하고 새로운 시장을 개척함으로써 중국의 경제성장률 저하에 따른 한국경제의 불안정을 예방하고 한국의 역내 경제적 역량을 강화하기 위한 역내 국제개발 협력에 주목할 필요가 있다. 이를 위해 두 방향에서 새로운 지역개발 협력에 적극 참가할 필요가 있다. 하나는 1991년부터 유엔개발기금(UNDP)의 두만강유역 개발계획(TRADP)에서 출발했다가 광역두만강계획(GTI)으로 확대된 초국경 경제협력 사업이고, 다른 하나는 1992년부터 아시아개발은행(ADB)의 지원으로 시작한 동남아시아 메콩강유역 개발계획(GMS)의 참가이다.

첫째, 북방경제권 형성의 초기단계에서 적극 참여하여 역내국가들이 공동으로 주도하는 구조를 만들어야 한다. 새롭게 북방경제권을 형성하고자 하는 목적은 무엇보다 한국(한반도)이 안고 있는 지정학적 리스크를 완화하고 지경학적 프리미엄을 높이려는 데 있다. 현재 이 지역에는 중국의 동북진흥계획에 따라 창지투(長吉圖)선도구 개발계획과

---

57) 일본무역진흥기구(JETRO)는 중국에 대한 의존도를 완화하기 위해 기업들에게 중국 외에 동남아에도 공장을 짓자는 '차이나 플러스 원' 캠페인을 벌인 바 있다.

랴오닝연안 경제벨트 개발계획이 시행중이며, 북한도 중국의 도움을 받아 라진·선봉 경제특구와 함께 황금평·위화도 경제특구를 개발하려 하고 있다.[58]

남북관계 개선과 동북아 평화를 위해 라진항을 중심으로 남·북·러를 잇는 가스관 및 철도, 전력망 연결사업을 본격화할 필요가 있다. 당초 라진항은 남·북·러를 중심으로 하고 중국이 포함되는 동북아 물류협력의 중심항으로 우리 측에서 전략적으로 개발하고자 계획한 곳이다. 최근 중국이 라진항에 이어 청진항의 개발권을 따냄으로써 동북진흥계획의 추진을 위한 관문항으로 활용하려 하고 있다. 또한 환동해 해상물류의 선점과 활성화를 위한 사업, 그리고 라진을 통한 백두산 항로를 개설할 필요가 있다.[59] 이렇게 되면 남북한의 협력으로 북방경제권의 형성이 재추진될 수 있을 것이다.

둘째, 메콩강유역 개발계획(GMS)은 1992년 아시아개발은행(ADB)이 시작하였으며, 타이, 베트남, 라오스, 캄보디아, 미얀마와 중국(운남) 등 6개국이 참여하는 소지역 개발계획이다. 이 지역은 동남아 중에서도 가장 낙후된 곳이기 때문에, 당초 이 사업은 회원국 간 역내통합을 통하여 빈곤감소와 지속가능한 경제성장을 촉진할 목적으로 교통, 에너지, 통신, 교육, 관광, 환경, 수자원, 농업, 무역, 민간투자의 10개 분야에 걸쳐 공동개발이 진행 중이다.

---

[58] 2010년 5월 김정일의 방중 때 합의한 황금평과 라선지구의 공동개발이 2012년 8월 장성택의 방중으로 본격화되고 있다. 노영돈·이현미, "중국의 두만강 지역개발 및 출해권에 관한 연구," 『백산학보』 제89호(2011); 김갑식, "북한과 중국의 황금평·나선 관리위원회 출범 합의," 『이슈와 논점』 제516호, 국회입법조사처(2012).

[59] 김영윤, "북·중·러 경협: 현황, 위험, 기회," 『시선집중 GSnJ』 제137호, GS&J Institute(2012), pp. 10-1.

메콩강유역 개발계획은 중국의 지역통합 전략에서 매우 중요한 위치를 차지하고 있다. 중국은 범북부만(통킹만) 경제발전계획과 함께 GMS사업을 통해 중국 남부(운남, 광시 등) 경제와 동남아 경제를 연결하고자 하고 있다. 일본은 중국의 동남아시아에 대한 영향력을 견제하기 위해 동남아 남부-미얀마-인도를 연결하는 산업벨트 구상을 내놓고 있다.[60] 미국도 2009년 7월 클린턴 미 국무장관이 처음으로 GMS장관회의에 참가하여 재정지원을 약속하였고, 그 뒤 캠벨 미 국무부 동아태 차관보가 미얀마를 방문하여 관계개선에 나섰다.

한국은 그 동안 메콩강 유역 국가들의 경제발전을 위해 도로건설, 수자원관리 등 소규모 개발프로젝트에 대외경제개발협력기금(EDCF) 17억 8,000억 달러 가운데 9억 3,200억 달러를 GMS프로그램에 투입해 왔다. 이러한 ODA 원조를 ASEAN과의 전략적 협력을 강화하기 위해 메콩강유역 개발사업에 일정 부분 투입할 필요가 있다. 뿐만 아니라 ODA 원조를 단순히 개발협력에 그치지 않고 한국의 개발경험과 결합하는 전략을 수립해야 한다.

(3) 아시아 금융안정화: 아시아통화기금의 설립

국제경제 분야에서 한국이 중견국가로서 적극적인 가교역할을 할 수 있는 분야가 바로 아시아 국가들의 외환위기나 금융위기에 대비한 아시아통화기금(AMF)의 설립이다. 역내 자금지원제도(치앙마이구상 다자화기금체제, CMIM)에서 중국과 일본이 동일한 지분을 갖게 됨에 따라, 한국이 양자의 입장을 조율할 수 있는 캐스팅보트의 역할을 할 수 있게

---

60) 이선진, "메콩강유역 개발계획과 중국·일본의 경쟁: 중국의 남하전략과 일본의 서진전략," 『동아시아 브리프』 제5권 제1호(2010), p. 56.

되었다. 이 기금체제(CMIM)를 발전시켜 엔화나 위안화가 단독으로 지배하지 못하도록 아시아통화기금(AMF)을 창설해야 한다.

1997년 아시아 국가들의 외환위기를 계기로 국제금융시장의 상황에 공동으로 대처하기 위한 노력을 기울여 왔다. 그 결과 2000년 5월 6일 '아세안+3 재무장관회의'를 개최하여 역내 외환위기 재발방지를 위해 역내 국가 상호간에 자금을 지원하는 양자 간 통화스와프 계약을 체결하는 '치앙마이 구상'(CMI)을 발표하였다. 2006년부터 CMI 다자화 논의가 시작되어, 마침내 2010년 3월 기금 1,200억 달러로 하는 역내 공동기금인 치앙마이구상 다자화체제(CMIM)가 공식적으로 출범하였다.[61]

그런데 오늘날 그리스, 스페인을 넘어 유럽 전역으로 재정위기가 확산되면서 2012년 5월에 열린 'ASEAN+3 재무장관회의'에서 1,200억 달러의 기금을 두 배로 늘린 2,400억 달러로 증액하기로 결정하였다. 이러한 공동기금은 동아시아 각국이 출연해 금융위기 발생 때에 신속히 대응하고자 하는 것이다. 이 기금은 동아시아 각국의 금융이 연쇄 붕괴되는 현상을 막고 헤지펀드와 같은 단기투기성 자본의 폐해를 막기 위한 필요성에 따라 만들어진 것이지만, 현재 아시아에서 벌어지고 있는 기축통화 주도권경쟁과도 관련해 의미가 있다.

오늘날 국제통화기금(IMF)의 결제수단인 특별인출권(SDR)에는 달러화, 유로화, 파운드화, 엔화 등이 가입되어 있다. 그런데 중국의 무역액이 급속히 늘어나고 무역결재에서 위안화의 비중이 높아지면서 중국 정부는 위안화가 SDR에 가입하기를 희망하고 있다. 아직 중국 금융시

---

[61] 기금 분담금의 배분비율은 한국과 중국, 일본, ASEAN이 각각 16%, 32%, 32%, 20%씩이며, 한국은 전체의 16%인 192억 달러를 분담하게 되었다. 인출비율은 중국, 일본이 자기출자금의 0.5, 한국이 1, 아세안 상위 5개국이 2.5, 하위 5개국이 5이다. 오용협, 오승환, "CMI(치앙마이이니셔티브) 다자화 의의와 시사점," 「KIEP 오늘의 세계경제」, 대외경제정책연구원(2009. 5. 11).

장의 개방도가 낮아 당장 실현되긴 어렵지만, 위안화가 SDR 자격을 얻게 되면 아시아 기축통화의 자리를 놓고 중국과 일본이 경쟁하게 될 것으로 보인다.[62]

이와 같은 중국, 일본 두 나라 화폐 간의 기축통화 주도권을 견제하면서 한국 원화의 국제화를 촉진하여 동아시아 통화질서의 균형을 잡을 필요가 있다. 앞으로는 복수의 국제통화가 공존하는 시대가 올 가능성이 높기 때문이다.[63] 이를 위해 치앙마이구상 다자화기금(CMIM)을 바탕으로 원화, 엔화, 위안화를 결제수단으로 하는 아시아통화기금(AMF)의 창설에 한국이 중추적인 역할을 담당할 필요가 있다.

3) 국방정책

새로운 동아시아 질서재편에 대비해 한국이 취해야 할 국방정책은 크게 세 가지 방향에서 이루어져야 할 것이다. 먼저 지역패권국의 등장을 억제하기 위한 적정군사력의 보유이다. 이것은 외교안보정책 차원에서 지역패권국의 등장을 억제하기 위해 한미동맹 강화 정책과 짝을 이루는 것이다. 다음으로 지역분쟁의 억제 및 분쟁의 평화적 해결을 위한 메커니즘을 구축하는 것이다. 끝으로 국제평화협력활동의 전개를 들 수 있다.

---

62) 이정선,『KB Daily 지식비타민: 최근 위안화 국제화 추진동향 및 향후 전망』12-90호(KB금융지주경영연구소, 2012. 7. 3), p. 4; 이봉걸, "중국 위안화 국제화 추진과 시사점,"『Trade Focus』Vol. 11, No. 5(한국무역협회 국제무역연구원, 2012), pp. 15-16.

63) 배리 아이켄그린, 김태훈 옮김,『달러제국의 몰락: 70년간 세계를 지배한 달러의 탄생과 추락』(서울: 북하이브, 2011), p. 28.

(1) 적정군사력 보유와 다각적 군사대화

한국의 대외분야 국가목표가 평화국가라고 해서 반드시 비무장 중립노선을 취할 이유는 없다. 한국형 평화국가는 선제공격권을 부정하고 분쟁의 평화적 해결을 원칙으로 하지만, 비무장이 아니라 중견국가에 맞는 군사력의 건설은 지지한다. 특히 한국은 남북으로 분단되고 주변에 강대국이 포진한 지정학적 특성을 안고 있는 데다 2015년 12월 전시작전통제권의 전환을 앞두고 있어 사활적 국가이익의 보호를 위해 적정군사력의 보유가 필요하다.

먼저 한국은 방어적 충분성(defense sufficiency)의 원리에 입각한 적정수준의 군사력 보유를 추구해야 한다.[64] 방어충분성 전략이란 "한국정부가 북한의 침략이나 주변국들의 무력도발을 격퇴하기에는 충분하지만, 공격을 감행하기에는 적절하지 않도록 명백하게 방어적인 것으로 군사조직을 재편성하고, 그 규모는 합리적이고 신뢰할 만한 충분한 수준에서 적의 공격을 억제하는 전략"을 의미하게 된다.[65]

한국이 갖춰야 할 군사력의 수준은 군사적 강대국과 같은 보복적 억제력을 추구하지는 않으나 지역패권 국가의 등장을 막기 위해 거부적 억제력(deterrence by denial)은 갖춰야 한다. 거부적 억제력 가운데 중요한 것은 중국의 해양통제력 확대전략(이른바 島鏈戰略)을 억제할 수 있는 반(反)접근차단·지역거부(反A2/AD) 능력을 구축하는 것이다. 이것

---

64) 전성훈, "'방어적 충분성'(NOD) 이론과 한반도 안보전략," 『국가전략』 1권 2호(1995), pp. 32-46.
65) NATO에서 처음 이론화한 방어적 충분성 개념은 옛소련에서 합리적 충분성이라는 개념으로 재해석되어 수용되었다. 전성훈, 앞의 글, p. 9-10; 최병운, "페레스트로이카와 소련의 군사개혁," 한국국제정치학회 편, 『국제정치논총』 제40집 3호(2000), p. 181.

은 중국의 해양통제 전략이 한국 및 통일한국의 안보환경에 부정적인 영향을 미치지 못하도록 억제하기 위한 것이다.

다음으로 주변국들과의 군사대화를 활성화하여 현재 군사교류 수준에서 군사협력의 단계로 격상해야 할 것이다. 현재 한국과 중국은 2007년 해·공군 작전사령부급의 군사핫라인을 설치한 데 이어 2011년부터는 차관급 국방전략대화를 갖기 시작했고, 미국·러시아에 이어 한·중 국방부 간에 핫라인을 설치하기로 하였다.66) 한·일 간에도 2009년 "국방교류에 관한 의정서"에 따라 각급 군사대화를 갖기로 하고, 2011년 1월부터 국방장관 및 차관급 대화를 정례화하기로 합의한 바 있다.67)

현재 한국과 중국, 일본과는 군사교류 단계에 머물러 있다. 2012년 6월 한·일 간에는 군사협력 차원의 군사정보보호협정(GSOMIA) 체결 직전까지 갔다.68) 중국과의 비례성 원칙에 따라 한·중 간의 군사정보보호협정이나 상호군수지원협정과 함께 추진된다면 굳이 반대할 이유는 없을 것이다. 한·중, 한·일, 나아가 한·중·일 군사협력이 확대된다면, 동북아 협력안보기구의 창설을 앞당기는 신뢰구축의 토대가 될 것이다.

(2) 해상영토 및 해상교통로의 보호

해상교통로는 한국 수출입 물동량의 99.7%가 운송되는 우리의 생명

---

66) 이창형, "'전략적 협력동반자' 시대의 한중 군사관계 발전방향," 「주간국방논단」 제1420호(12-29)(2012. 7. 23); 『국방일보』(2012. 8. 1).
67) 일본 측은 한일 군사협력의 필요성을 김정은 정권의 비예측성, 중국의 급속한 군사력 건설에서 찾고 있다. Hiroyasu Akutsu, "A Case for a Common Japan-ROK Strategic Vision," *AJISS-Commentary* No. 159 (September 26, 2012), p. 2.
68) 정민정, 「한일군사정보보호협정 체결과 관련한 주요 쟁점」, 국회입법조사처 편, 『이슈와 논점』 487호(2012. 7. 6).

선으로, 한국의 5대 항로에는 전시(북한) 및 평시(해적, 해상테러리즘, 해양분쟁)의 위협이 상존한다. 유사시 해상교통로가 차단되면 우리의 안보는 물론 국가경제가 마비되고, 생필품 부족으로 국가 전체가 혼란에 빠질 수 있다.

현재 중국과 관련하여 동중국해와 남중국해에서 벌어지고 있는 해상영토분쟁은 어업과 천연자원이라는 경제적 이해와 깊은 연관이 있다. 특히 동중국해상에 있는 댜오위다오(일본명 센카쿠열도)의 영유권을 둘러싼 분쟁이 군사적 충돌로까지 확대된다면 한·일 간의 독도 해상영토영유권 분쟁으로 비화될 위험성이 있다. 또한 한·중 간의 이어도, 가거초를 둘러싼 배타적 경제수역(EEZ) 갈등도 증폭될 수 있다.

이와 같은 해상영토를 둘러싼 분쟁은 자칫 남게주에서 오키나와 부근을 거쳐 말레카 해협으로 이어지는 서남 항로의 안전에 심각한 위협이 될 수 있다. 만약 한·중 간에 배타적 경제수역(EEZ) 획정문제로 이어도, 가거초를 둘러싸고 분쟁이 발생한다면 한·중 항로가 위험에 빠질 수 있으며, 한·일 간의 해상영토분쟁이 확대된다면 한일항로와 북방항로가 위험에 처할 수 있다.

한반도 유사시 평시의 해상교통로 보호 차원을 넘어 한국의 5대 항로는 심각한 위험에 처할 가능성이 높다. 미국은 유사시 평택기지 등을 활용해야 하기 때문에, 한국 내 미군기지가 중국의 해상통제(A2/AD) 전략의 표적이 될 수 있다. 이처럼 중국의 해상통제 전략이 한반도 유사시 미 해군의 개입을 지연시키거나 저지하는 데 성공한다면, 미 해군의 분쟁개입 또는 전쟁수행이 커다란 차질을 빚을 수 있다. 특히 중국이 한반도 주변해역에 대한 해상통제(A2/AD)를 실시하여 미 해군의 개입을 지연시킨 뒤, 서해에 미 해군이 도착하기 전에 중국 해군이 한국 해군을 무력화시키고자 할 가능성이 있다.

이에 대비해 한국 해군은 적어도 한반도 주변허역에 대한 소규모 접

〈표 8-1〉 한국의 5대 항로별 특성 및 미래위협 분석

구 분	주요 수입물품 및 특성					위 험 도			
						전시	평시		
	에너지 (원유 등)	식 량	원자재 (철광석 등)	핵심 부품	전쟁 수행	북 한	해 적	해상테러	해양분쟁
한중항로		○				상	하	하	중
서남항로	○					상	상	상	상
동남항로		○	○			상	하	하	하
한일항로				○	○	상	하	하	중
북방항로						상	하	하	중

출처: 백병선, "미래 한국의 해상교통로 보호에 관한 연구," 『한국국방연구』(2011년 봄)제27권 1호, 통권 제91호, p. 187.

근차단 능력(mini anti-access capabilities)을 갖출 필요가 있다.69)

(3) 역내 평화협력활동의 전개

냉전이 끝난 이후 유럽, 아프리카는 물론, 아시아에서도 전쟁 가능성은 많이 줄었지만, 인종적·종교적·정치적 갈등으로 내전이 빈발하고 있다. 인신매매, 무기와 마약의 불법거래, 테러, 난민, 전염병 등 지역의 평화와 안정, 인간의 안전을 위협하는 요인들이 새롭게 국제사회의 과제로 떠오르고 있다. 이러한 국제환경의 변화는 유엔을 중심으로 군사모델 성격의 '제1세대' 평화유지 활동에서 보다 복합적이고 다차원적인 통합모델 성격의 '제2세대' 평화협력 활동이 주목을 받고 있다.70)

한국은 유엔평화유지군을 파견한 데 이어 지방재건팀(PRT) 파견이

---

69) 김태호, "중국의 '反접근전략'과 동아시아 안보환경 변화: 역내 유사 및 전략적 대비를 중심으로," 『STRATEGY 21』 통권 29권(2012), pp. 146-147.

70) 정은숙, "제2세대 유엔PKO: 특징, 현황, 정치," 『세종정책연구』 제4권 1호 (2008), pp. 214-5.

나 국제적인 긴급재난 구호활동에도 눈을 돌리기 시작했다. 2004년 9월 국방부는 국방개념에 치중한 전통적인 안보개념을 확대하여 포괄적 안보개념으로 국가 재난관리 업무를 국가 위기관리의 핵심 업무로 적극 추진해 갈 방침을 발표했다.[71] 이와 더불어 국내 재난관리 업무뿐만 아니라 동북아를 비롯한 국제적 재난 협력체계 구축 등도 대상에 포함됐다.

2004년 12월과 2005년 2월 두 차례에 걸쳐 남아시아 지진해일로 큰 피해를 입은 스리랑카에 공군수송기 C-130와 해군상륙함 비로봉함을 투입해 복구장비와 구호물자를 수송하였다.[72] 또한 2005년 2월 인도네시아 카랑 지역의 지진해일 피해지역에 해군 제중부대 향로봉함을 파견해 구호물자 수송지원 임무를 수행하였다. 그 밖에 2008년 5월 중국의 쓰촨(四川)대지진과 2011년 3월 일본의 동일본대지진 때에는 구호자금과 119구조대 등을 파견하였다.

한국은 평화중견국가의 위상에 걸맞게 국제적인 긴급구호활동 외에도 평화유지 활동을 군 본연의 임무로 추가하고 이를 위한 종합적인 훈련시스템을 구축할 필요가 있다. 평화중견국가의 국제평화 유지활동은 국가목표와 국가이익을 실현하기 위한 방안이며, 국제사회를 상대로 한 일종의 장기보험이다. 또한 장기적으로 국가의 정치·경제·군사분야에서 이익을 도모하는 데 유리하게 하는 연성국력(soft power) 효과를 얻을 수 있는 정책수단이다.[73]

---

71) 『소방방재신문』(2004. 9. 23).

72) 조성렬, 「전환기 한국군의 역할과 국제평화협력활동」, 국가안보전략연구소 편, 『INSS 주요안보정세분석』 2007-03(2007), p. 20.

73) 전경만, "국제평화유지활동의 기여외교 정책적 평가와 발전방안," 『국방정책연구』 제26권 제2호(2010), pp. 17-20.

5. 맺음말

본격적인 동아시아 질서재편을 앞두고 주요국에서 리더십 교체가 이루어졌거나 진행 중이다. 2012년 3월 러시아에서 푸틴 대통령이 권좌에 복귀하고, 타이완의 마잉주 총통이 연임에 성공했다. 김정일 국방위원장의 갑작스런 사망으로 2012년 4월에 김정은 체제가 조기에 확립되었다. 2012년 11월 6일 미국 대선에서 오바마 대통령이 연임에 성공했고, 11월 8일 중국에서 시진핑이 이끄는 제5세대 지도부가 선출되었다. 12월 한국에서도 새 대통령을 뽑고, 일본에서도 연내 총리 선출이 예정되어 있다.

동아시아 주요국에서 리더십 교체가 이루어지면서 새로 출범하는 정부들의 동아시아 전략이 주목받고 있다. 한국과 일본, 중국과 일본 사이에 해상영토를 둘러싼 갈등이 본격화하는 가운데, 초강대국인 미국 차기 행정부의 정책과 중국 시진핑 체제의 정책에 따라 동아시아 질서재편의 방향이 크게 영향을 받게 될 것으로 보인다. 특히 한반도 정세는 강대국들의 정책 못지않게 한국의 대통령선거 결과가 큰 영향을 미칠 것으로 보인다.

이처럼 앞으로 닥쳐올 한국의 외교안보 환경은 한치 앞을 내다볼 수 없을 정도로 불투명하다. 한국은 지정학적 조건이나 분단국가적 상황에 따른 제약 때문에 현존하는 미국의 세계패권 질서와 한미동맹의 중요성을 인정하지 않을 수 없다. 또한 미국과 중국의 강대국 관계에 영향을 받지 않을 수 없다는 점에서 전통적인 '힘의 외교'에서 자유롭지는 않다. 이러한 외교안보 환경 속에서 한국의 외교안보 전략은 국제무대에서 미·중 갈등을 완화하고 한반도 평화와 동아시아의 안정과 번영, 더 나아가 국제적인 평화환경을 만들어 나가야 하는 엄중한 과제를 안고 있다.

과거와 달리 한국은 중견국가로서의 국가역량을 갖추고 있기 때문에 올바른 외교안보 전략을 수립한다면 여러 난관을 극복하고 한반도의 평화정착과 통일의 기반을 마련할 수 있을 것이다. 이런 점에서 평화중견국가 한국의 외교안보 정책구상은 중국의 부상에 따른 동아시아 질서재편과 한국의 국력신장과 국제위상 제고라는 미래적 지향을 염두에 두고 있기 때문에 외교안보 패러다임에 대한 전환의 의미를 갖는 것이다.

참고문헌

곽태환, "한국의 동북아 균형자 역할구성 무엇이 문제인가," 『지방자치』 통권 200호(2005).
구갑우, "한반도 분단체제와 평화국가 만들기," 『시민과 세계』 제10호(2007).
_____, 『비판적 평화연구와 한반도』(서울: 후마니타스, 2007).
구영록, 『한국의 국가이익』(서울: 법문사, 1995).
김갑식, "북한과 중국의 황금평·나선 관리위원회 출범 합의," 『이슈와 논점』 제516호(국회입법조사처, 2012).
김기정, "21세기 한국외교의 좌표와 과제: 동북아 균형자론의 국제정치학적 의미를 중심으로," 『국가전략』 제11권 4호(2006).
김 덕, 『약소국 외교론: 국제체제 속의 약소국』(서울: 탐구당, 1992).
김영윤, 「북·중·러 경협: 현황, 위험, 기회」, 『시선집중 GSnJ』 제137호, GS&J Institute (2012. 5. 24).
김영호, "'동북아 균형자론' 비판과 실용주의적 국가전략의 모색," 자유기업원 홈페이지(www.cfe.org, 검색일: 2005. 4. 21).
김종하·김재엽, 『국가안보전략 어떻게 수립해야 하나?』(한남대학교 출판부,

2012).
김치욱, "국제정치의 분석단위로서 중견국가(Middle Power): 그 개념화와 시사점,"『국제정치논총』제49집 1호(2009).
김태호, "중국의 '反접근 전략'과 동아시아 안보환경 변화-역내 유사 및 전략적 대비를 중심으로,"『STRATEGY 21』통권 29권(2012).
김흥규, "미중 정상회담이 한국 대외정책에 주는 교훈- 연미화중(聯美和中) 및 연미연중(聯美聯中) 전략의 추진,"『KPI칼럼』(2011. 2. 16).
_____, "중국은 변수 아닌 상수…연미연중 전략 활용을 - 한·중 수교 18주년 전문가 인터뷰 <하>,"『중앙일보』(2010. 8. 26).
노영돈·이현미, "중국의 두만강지역개발 및 출해권에 관한 연구,"『백산학보』제89호(2011)..
박민형, "중국의 부상과 한국의 군사적 대응," 한국국제정치학회 편,『국제정치논총』제52집 1호(2012).
박영준, "'동북아 균형자'론과 21세기 한국외교,"『한국정치외교사논총』제28집 제1호(2006).
_____, "동아시아 해양안보의 현황과 다자간 해양협력 방안,"『JPI 정책포럼』No. 2012-10(2012).
박용수, "노무현 대통령의 한미FTA 추진 이유: 대통령 리더십을 통한 접근,"『평화연구논집』제19권 1호(2011).
배리 아이켄그린, 김태훈 옮김,『달러제국의 몰락: 70년간 세계를 지배한 달러의 탄생과 추락』(서울: 북하이브, 2011).
배종윤, "동북아시아 지역질서의 변화와 한국의 전략적 선택: '동북아 균형자론'을 둘러싼 논쟁의 한계와 세력균형론의 이론적 대안,"『국제정치논총』제48집 3호(2008).
서훈,『북한의 선군 외교: 약소국 북한의 강대국 미국 상대하기』(인문화사, 2008).
여의도연구소「동북아균형자론, 무엇이 무엇인가」(2006. 6. 14), 여의도연구소 홈페이지(www.ydi.or.kr)
오용협·오승환, "CMI(치앙마이이니셔티브) 다자화 의의와 시사점,"「KIEP 오늘의 세계경제」(대외경제정책연구원, 2009. 5. 11).
유시민,『대한민국 국가개조론』(도서출판 돌베개, 2007).
이근, "한국 외교패러다임의 대전환과 비전,"『인터넷신문 프레시안』(2005. 11. 22).
이동윤, "아세안(ASEAN)의 강대국 외교관계: 미국과 중국 사이에서," 고려대학교 일민국제관계연구원 편,『국제관계연구』통권 제32호(2012).

이봉걸, 「중국 위안화 국제화 추진과 시사점」, 『Trade Focus』 Vol. 11, No. 5(한국무역협회 국제무역연구원, 2012).
이선진, "메콩강 유역개발계획과 중국·일본의 경쟁- 중국의 남하전략과 일본의 서진전략," 『동아시아 브리프』 제5권 제1호(2010).
이수형, "동아시아 안보질서에서 강대국과 중견국의 헤징전략," 『한국과 국제정치』 제28권 제3호(2012).
이정선, 「KB Daily 지식비타민: 최근 위안화 국제화 추진동향 및 향후 전망」 12-90호(KB금융지주경영연구소, 2012).
이지운, "한·미 정상회담 진단: 동북아 균형자론 사실상 포기한 듯," 『서울신문』 (2005. 6. 11).
이창형, "'전략적 협력동반자' 시대의 한중 군사관계 발전방향.," 「주간국방논단」 제1420호(12-29) (2012. 7. 23).
이태호, "평화국가 만들기와 시민사회운동," 『시민과 세계』 제10호(2007).
장달중, "시론: 국민과 함께 할 국가이익을 제시하라," 『조선일보』(2005. 4. 8).
전경만, "국제평화유지활동의 기여외교 정책적 평가와 발전방안," 『국방정책연구』 제26권 제2호(2010).
전성훈, "'방어적 충분성'(NOD) 이론과 한반도 안보전략," 『국가전략』 1권 2호 (1995)
정경영, 『동북아 재편과 한국의 출구전략』(21세기 군사연구소, 2011).
정민정, "한일군사정보보호협정 체결과 관련한 주요 쟁점," 국회입법조사처 편, 『이슈와 논점』 487호(2012).
정은숙, "제2세대 유엔PKO: 특징, 현황, 정치.," 『세종정책연구』 제4권 1호(2008).
조성렬, "21세기 한국 외교안보의 새로운 구상: '중급평화국가'의 모색," 평화재단 전문가포럼 발표문(2006. 6. 14).
_____, "한국형 평화국가는 어떤 모습일까?- 평화중급국가론의 모색," 『시민과 세계』 제10호(2007).
_____, "전환기 한국군의 역할과 국제평화 협력활동," 국가안보전략연구소 편, 『INSS 주요 안보정세분석』 2007-03(2007).
_____, "신국제질서의 태동에 대한 미국의 인식과 전략," 국가안보전략연구소 편 『국제문제연구』 제12권 제1호(2012).
_____, 『뉴 한반도비전: 비핵 평화와 통일의 길』(서울: 백산서당, 2012).
조영남, "한·중 관계의 발전추세와 전망: 바람직한 중국정책을 위한 시론," 서울대학교 국제학연구소 편, 『국제지역연구』 20권 1호(2011).
주펑(朱峰), "한국의 對中전략에 대한 중의 시각," 『동아일보』(2012. 6. 19).

崔炳鎰(韓國經濟研究院長), "韓國のＦＴＡ政策と日韓ＦＴＡの展望," 第80回外交円卓懇談會, 2012. 6. 7, 日本國際フォーラム會議室.
최병운, "페레스트로이카와 소련의 군사개혁," 한국국제정치학회 편, 『국제정치논총』 제40집 3호(2000).
최영종, "우리나라 군사외교의 이론과 실제," 『전략연구』 통권 32호(2004).
한국무역협회 홈페이지(http://stat.kita.net).
한용섭, "미북 핵합의와 한국의 국가이익," 한국국방연구원 편, 『국방논집』 제33호(1996).
황병덕. 「동북아 정세변화와 한국의 동북아 균형자 역할 연구」(통일연구원, 2006).
황병덕 외, 『중국의 G2부상과 한반도 평화통일 추진전략 제3부』(통일연구원, 2011).
황준헌, 조일문 옮김, 『조선책략』(서울: 건국대학교 출판부, 2001).

EAI 국가안보패널 보고서, 「2020 한국외교 10대 과제」(동아시아연구원, 2012. 6).
NEAR재단 편, 『미·중 사이에서 고뇌하는 한국의 외교안보 연미화중(聯美和中)으로 푼다』(매일경제신문사, 2011).

Brzezinski, Zbigniew, *Strategic Vision: America and the Crisis of Global Power* (Basic Publishing, 2012).
Campbell, Kurt, "Maritime Territorial Disputes and Sovereignty Issues in Asia," Testimony of Kurt Campbell Assistant Secretary of State, Bureau of East Asian and Pacific Affairs U.S. Department of State Before the Senate Foreign Relations Committee Subcommittee on East Asian and Pacific Affairs (September 20, 2012).
Cooper, Andrew F. (ed.), *Niche Diplomacy: Middle Powers in After the Cold War* (New York: Macmillan Press, 1997).
Eckert, Paul, "Treaty with Japan Covers Islets in China Spat-US Official," Reuters (September 21, 2012); Kyodo News, "Senkakus to Be Covered by Japan-U.S. Security Pack: Campbell," Kyodo (September 20, 2012).
Hiroyasu Akutsu, "A Case for a Common Japan-ROK Strategic Vision," AJISS-Commentary, No. 159 (September 26, 2012).
Keohane, Robert O., "Lilliputians' Dilemmas: Small States in International Politics," *International Organization* 23 (Spring 1969).

Robertson, Jeffrey, "South Korea as a Middle Power: Capacity, Behavior, and Now Opportunity," *International Journal of Korean Unification Studies* 16-1 (2007).

Spencer, Richard, "Hillary Clinton: Chinese Human Rights Secondary to Economic Survival," *The Telegraph* (Feb. 20, 2009) (Internet version).

The Commission on America's National Interests, *America's National Interests* (July 2000).

Zakaria, Fereed, "A 'Hedge' Strategy toward China," *The Washington Post* (November 15, 2010).

添谷芳秀, 『日本のミドルパワー外交: 前後日本の選擇と構想』(筑摩書房, 2005).
中國國務院, 『中國的和平發展白皮書』(2011. 9).
"社評: 韓國不應助美日擠壓中國," 『環球時報』(2012. 7. 3).
  (http://opinion.hanqiu.com/1152/2012-07/2876394.html, 검색일 2012. 7. 4)

『국방일보』(2012. 8. 1).
『소방방재신문』(2004. 9. 23).
『연합뉴스』(2012. 9. 21).
『연합뉴스』(2012. 10. 30).
『朝日新聞』(2012. 9. 2).

찾아보기

(ㄱ)

가스프롬 206
간 나오토(管 直人) 174
간접 균형 275
간접통치(indirect rule) 238
강대국 정치 37
강대국 협조체제 23
강성국가 274
강성대국 277
개혁·개방 140, 297
결미연중(結美聯中) 328
결속적 관여 275
경성국력 268
경제강국 279
경제영토(economic territory) 333
경제적 공생관계(economic symbiosis) 100
경제적 상호의존 29
경제적 실용주의 275
경제적 팍스시니카('economic' Pax Sinica) 105
경제특구 291
고르바초프 223
고이즈미 준이치로(小泉純一郎) 145
고촉통(吳作棟) 245

공세적 현실주의(offensive realism) 234
공자학원 125
과학적 발전관 80
관세무역일반협정(GATT) 120
관여와 확대 110
광역두만강계획(GTI) 334
구성주의 234
9·11테러 31
9·19공동성명 331
국가수출구상(NEI) 121
국방공업 286
국제통화기금(IMF) 120, 337
국제평화협력활동 338
군사강국 279
군사정보보호협정(GSOMIA) 113, 340
군사대국화 168
규칙 제정자 78
균형 147, 275
균형자 273
균형적 실용외교 223
극동·자바이칼 개발계획 198
기반적 방위구상 175
긴요한 이익 322

김계관   221, 284
김영춘   221
김일성   272, 274, 278, 280
김정일   208
김정은   4, 38, 93, 133, 263, 271, 280, 292, 340, 344

(ㄴ)
나머지의 부상(the rise of the rest)   17, 103
남·북·러 가스관   220
남북경제협력기본협정   329
남북관계기본협정   329
남북연합   330
남북한종단철도(TKR)   191
남진정책   251, 285
내적 균형   286
내정간섭   276
노다 요시히코(野田佳彦)   213
노무현   305, 310, 332, 347

(ㄷ)
다국간 지역 안전보장제도   169
다극적 국제질서   101
다칭(大慶)   204
단극상황(unipolar moment)   15
단극체제(unipolar system)   15
대국굴기(大國堀起)   232
대국주의   262
대량살상무기확산방지(PSI)   113

대륙세력   29
대미종속형 외교   145
대북투자   291
대외경제개발협력기금(EDCF)   336
댜오위다오   68
댜오위다오(일본명 센카쿠열도)   194, 341
덩샤오핑(鄧少平)   55, 79, 143, 185, 229
도광양회(韜光養晦)   32, 232
도련선   75
도련전략(島鏈戰略)   125, 339
돌돌핍인(咄咄逼人)   33
동남아국가연합   230
동남아지역포럼(ARF)   332
동맹 네트워크   112
동방 2010(East 2010)   215
동부전략사령부   211
동북3성   190
동북4성   261
동북아 다자안보 협력   223
동북아 다자안보기구   326
동북아 제한적
   비핵지대(LNWFZ-NEA) 구상 327
동북아균형자론   306
동북진흥계획   185
동시베리아·태평양 송유관(ESPO) 204
동아시아 선린외교   325, 328

동아시아 탄도미사일방어(BMD)   117
동아시아 해양안보 협력체   332
동아시아경제그룹(EAEG) 구상   120
동아시아공동체   243
동아시아자유무역협정(EAFTA)   122
동아시아정상회의(EAS)   113, 233
동적 방위력   175
동진정책   285
두 개의 주요 전쟁 승리전략   116
두만강유역 개발계획(TRADP)   334
등거리외교   283, 315

(ㄹ)

라선경제지대   291
라오스   245
라진   189
라진·선봉 경제특구   335
라진·핫산 프로젝트   200, 201, 227
랴오닝연안 경제벨트   335
랴오닝연해 경제벨트   292, 335
로스네프트   205

(ㅁ)

마카로프   212
매력 공세(charm offensive)   252
메드베데프   189
메콩강 하류 구상   113
메콩강유역 개발계획   335, 336
명목GDP   141
무극체제(nonpolarity)   17

미 국가안보 전략보고서   115
미·일·호 3국 간 장관급 전략대화   112
미·일동맹   162
미·중 아태협의회   115
미·중 양극적 국제질서   101
미·중 전략·경제대화(S&ED)   104, 114
미사일방어(MD)체제   116
미성숙한 대국 중국   142
미일 안전보장조약 공동선언   163

(ㅂ)

바랴크   216
반(反)접근차단·지역거부 능력   339
방어적 충분성(defense sufficiency)   339
배타적 경제수역(EEZ)   341
범북부만경제협력지대   246
베르사유 질서   15
베이징 컨센서스(Beijing Consensus)   105
보스토치니 코스모드롬(동방우주기지)   213
보스토크에네르고   209
복합동맹   168
봉쇄   34, 37
부레야 발전소   210
북·중 우호협력조약   187
북한문제   297

분할지배(divide and rule)　249
불안정한 대국 중국　143
브레진스키　104
브릭스(BRICs)　17
비국가행위자　17
비대칭적 상호의존　268
비대칭적 세력균형 체제　178
비엔티엔 행동계획　251
빅토르 이사예프　199

(ㅅ)

4개년 국방보고서 2010(QDR2010)　115
사상강국　279
사실상의 통일　330
사활적 이익　321
사회주의 개도국　60
상하이협력기구(SCO)　68, 190, 233
상호 조율된 안보조치(coordinated security measures)　329
상호군수지원협정(ACSA)　113, 119, 340
선군정치　277
성숙한 대국 중국　141
세계무역기구(WTO)　120
세계은행　120
세계체제론　234
세력균형　28, 234, 270, 328
세력전이　31, 234
세르듀코프　210

세부선언　251
센카쿠열도　131, 139
소규모 접근차단 능력(mini anti-access capabilities)　342
소프트파워(soft power)　125, 231
스코보로디노　204
시베리아횡단철도(TSR)　191
시진핑(習近平)　131, 133, 344
신국방전략지침(new defense strategy guidance)　116
신방위대강　148
신세기의 미·일동맹　168
실질적 위협　173
실험용경수로　288

(ㅇ)

아·태 자유무역협정(FTAAP)　121
아세안 확대국방장관회의(ADMM+ Plus 8)　113
아세안지역포럼(ARF)　109
아시아·태평양경제협력기구(APEC)　120
아시아개발은행(ADB)　120, 335
아시아통화기금(AMF)　247, 338
아시아통화기금(AMF) 구상　120
안보·안보 교환　329
안보딜레마　26, 36, 128
약소국 외교론　309
얄타 질서　15
억지　145, 147

역외균형자(offshore balancer)　113, 324
연미방중(聯美防中)　314
연미연중(聯美聯中)　314
연미화중(聯美和中)　315, 317
연성균형　280
지역거부(area-denial) 능력　172
오바마　52, 189, 344
왕지쓰(王緝思)　54
외적 균형　34, 36
우리식 사회주의　265
우호협력조약(TAC)　113
워싱턴 컨센서스(Washington Consensus)　105
원자바오　54
위험대비전략(a hedge strategy)　127
위협균형　26
위협대응형 방위정책　175
위화도·황금평경제지대　291
유소작위(有所作爲)　32
유엔개발기금(UNDP)　334
6자회담　68
의존도 분산　262
의존도 심화　263
이르쿠츠크 타이셰트　204
이명박　131, 207, 222, 262
이어도　69
이익균형　26
이중전략(twin strategy)　252
2004년 방위대강　166

2011년 방위대강　173, 175
이해상관자(responsible stakeholder)　31
일·호 안보협력 공동선언　112
1995년 방위대강　162

(ㅈ)

자유무역협정(FTA)　156
자유의 확산　110
자유주의　234
자주와 의존의 딜레마　295
장성택　186
재균형(rebalance)　120
재래식군비　289
적극적 방어　75
적대적 경쟁관계　14
전략적 균형　270
전략적 기회의 시기(戰略機遇期)　56
전략적 동반자 관계　183
전략적 불신(strategic mistrust)　108
전략적 삼각관계　40
전략적 소통　282
전략적 요충지론　271
전략적 이해관계　265
전략적 재보증(strategic reassurance)　31, 108, 317
전략적 파트너십　267
전략적 협력관계　14
전략적 호혜관계　146
전면적 소강(小康)사회　56

절충외교　145
접근차단(anti-access) 능력　172
접근차단·지역거부 능력(anti-access and area denial capability)　116
정냉경열(政冷經熱)　178
정부개발원조(ODA)　150, 153
정치강국　279
제1세계(first world)　25
제1열도선　171
제1차 아미티지 보고서　106
제2세계(second world)　25
제2열도선　171
제2차 아미티지 보고서　107
제3세계(third world)　25
제국주의자　274
제한적 편승　275
조중 공동지도위원회　292
조화로운 사회(和諧社會)　57
종전선언　285
중견국가 외교론　311
중견국가(middle power)　311, 345
중국 주도의 단극적 국제질서　101
중국 평화발전 백서　57
중국기회론　229, 235
중국석유천연가스집단공사(CNOC)　207
중국위협론　152, 153, 229
중국의 평화적 부상　102
중기방위력정비계획(2012~2016년)　176

중약국가 외교론　310
중요한 이익　322
중추적 중견국가들(pivotal middle powers)　25
지경학적 가치　292
지구적 공유지(global commons)　18
지방재건팀(PRT)　342
지배주의자　274
지역패권 국가　326
지정학적 경쟁　18
지정학적 요인　312
진주목걸이(string of pearls, 珍珠鏈) 전략　131
질서 붕괴의 중국　143

(ㅊ)

차이메리카(Chimerica)　50, 103, 229
창지투(長吉圖)선도구 개발계획　184, 292, 334
책임 있는 이해상관자(responsible stakeholder)　106
책임대국론　230, 235
책임전가　37
천안함 사태　36, 69, 100
총대중시　278
출해구(出海口)　132
치앙마이 이니셔티브(CMI: Chiang Mai Initiative)　247
치앙마이구상 다자화기금(CMIM)　338

친디아(Chindia)   19

(ㅋ)
커피클럽   311
코리아 디스카운트   322
클린턴   109
키신저   93

(ㅌ)
타산적 전략   67
탄력성(resilience)   249
탈・탈냉전(the-post-post-cold-war)   102
탈구조적 안보체제(less structured security system)   18
테크노 민족주의   173
통화스와프   337
트랜스네프트   206
특별인출권(SDR)   337
틈새외교(niche diplomacy)   325

(ㅍ)
팍스 시니카(Pax Sinica)   229
팍스아메리카나   105
패권적 대국 중국   142
편승   37, 275
평화국가(peace nation)   319
평화발전(和平發展)   57
평화비둘기(和平鴿) 구상   124
평화사명(Peace Mission)   214

평화적 부상(peaceful rise)   107, 238
평화적 부상론(和平崛起論)   48
평화중견국가(pacifist middle power)   320, 343
포괄적 관여(comprehensive engagement)   112
포괄적인 안보위협   265
푸틴   183

(ㅎ)
하노이 행동계획   250
하드 파워(hard power)   125, 231
하토야마 유키오(鳩山 由紀夫)   174
한・일 군사기밀보호협정(GSOMIA)   119
한・중 FTA   130
한・중・일 FTA   130
한국가스공사   208
한민족 네트워크   322
한반도 평화체제   133
합영투자위원회   186, 294
해상교통로(SLOCs)   125, 341
해상연합 2012   216
해양세력   29
해양통제력 확대전략   339
핵심이익   61
핵우산   284
핵확산금지조약(NPT)   37
헤게모니   27
헤징 넘어서기(beyond the hedge)   318

헤징전략(hedging strategy) 14, 33, 252, 275, 315
현실주의 66, 234
혈맹 264
협상력 268
호소가와 모리히로(細川護熙) 161
화평굴기(和平屈起) 33
화평발전론(和平發展論) 232
확장억제력(extended deterrence) 327
환태평양동반자협정(TPP) 88, 121
황금평 · 위화도 경제특구 335
후진타오(胡錦濤) 53, 186
희토류 173

CPP 238
CPT 238
FDI 240
G20 회의 86
G2시대 48
G2콘도미니엄("G2" condominium)
IMF 238
NPT 235
UN 124
WTO 235

(A~Z)

ACFTA 239
AEC 251
APEC 198
ARF 235
ASC 251
ASCC 251
ASEAN 68, 230, 250
ASEAN 비전 2020 250
ASEAN+3 87, 122
ASEAN자유무역지대 249
ASEAN지역포럼 233
ASEM 124
CPM 238

집필진 소개

이수형 : 1장
(현) 국가안보전략연구소 연구위원
한국외국어대학교 정치학 박사
전공: 국제안보, 유럽정치
저서 및 논문:『북대서양조약기구: 이론, 역사, 쟁점』, "동아시아 안보질서에서 강대국과 중견국의 헤징전략", "관계적 계약이론과 한미 전략동맹에서의 잔여통제권 문제" 외 다수

이문기 : 2장
(현) 세종대학교 중국통상학과 조교수
고려대 정치외교학과 졸업, 중국 북경대학 정부관리학원 정치학 박사
전공: 중국정치, 한중관계
저서 및 논문:『중국모델론: 개혁과 발전의 비교역사적 탐구』(공저),『체제전환의 중국정치』(공저), "국제금융위기에 대한 중국의 대응과 국가능력"(신아세아, summer 2010) 외 다수.

조성렬 : 3장, 8장
(현) 국가안보전략연구소 책임연구위원
서울공대 졸업, 성균관대학교 정치학 박사
전공: 국제안보, 한미관계, 일본정치
저서:『정치대국 일본: 일본의 정계개편과 21세기 국가전략』,『주한미군: 역사, 쟁점, 전망』(공저),『한반도평화체제: 한반도비핵화와 북한체제의 전망』,『뉴 한반도 비전: 비핵·평화와 통일의 길』 외 다수.

신정화 : 4장
(현) 동서대학교 국제학부 부교수
일본 게이오대학 정치학 박사
전공: 한일관계, 일본정치
저서: 『일본의 대북정책(1945~1992년)』, 『55년체제의 붕괴와 정치변화』, 『朝鮮半島と國際政治―冷戰の展開と変容』 외 다수

홍현익 : 5장
(現) 세종연구소 안보전략연구실장
서울대 외교학과 졸업, Paris 1 대학 정치학박사
전공: 외교정책, 한반도안보
저서 및 논문: 『21세기 대한민국의 한반도대전략: 북한문제 해결과 평화 구축 및 통일전략』, "오바마 행정부의 대북정책과 한국의 대응방안," "미·중·러 3각관계의 변화와 한국의 대응" 외 다수

변창구 : 6장
(現) 대구가톨릭대학교 정치외교학과 교수
고려대 정치외교학과 졸업, 경북대학교 정치학박사
전공: 국제정치, 동남아정치
저서: 『동아시아 지역질서의 변화와 한국의 선택』, 『아세안과 동남아국제정치』, 『21세기 동아시아 안보와 한국』 외 다수

장용석 : 7장
(현) 서울대학교 통일평화연구원 선임연구원
성균관대학교 정치학박사
전공: 비교정치, 북한정치
저서: 『통일대비를 위한 북한변화 전략』(공저), 『북한 '변화'의 재평가와 대북정책 방향』(공저), 『국가사회주의와 국가계급 지배의 동태성』 외 다수

중국의 부상과 동아시아
― 인식과 대응전략 ―

초판 제1쇄 펴낸날 : 2012. 11. 20

지은이 : 이수형 · 이문기 · 조성렬 · 신정화
　　　　홍현익 · 변창구 · 장용석
펴낸이 : 김 철 미
펴낸곳 : 백산서당

등록 : 제10-42(1979.12.29)
주소 : 서울 은평구 갈현동 394-27 준빌딩 3층
전화 : 02)2268-0012(代)
팩스 : 02)2268-0048
이메일 : bshj@chol.com

※ 저작권자와의 협의 아래 인지는 생략합니다.

값 18,000원

ⓒ 평화재단 평화연구원 2012

ISBN 978-89-7327-483-3 93340